普通高等教育土建学科专业"十五"规划教材

高校工程管理专业指导委员会规划推荐教材

房地产市场营销

广州大学　潘蜀健　陈琳　主编
清华大学　刘洪玉　　　　主审

中国建筑工业出版社

图书在版编目(CIP)数据

房地产市场营销/潘蜀健,陈琳主编.—北京:中国建筑工业出版社,2003
高校工程管理专业指导委员会规划推荐教材
ISBN 978-7-112-05470-1

Ⅰ.房… Ⅱ.①潘…②陈… Ⅲ.房地产—市场营销学—高等学校—教材 Ⅳ.F293.35

中国版本图书馆 CIP 数据核字(2003)第 008430 号

本书主要内容包括:市场营销导论、市场营销分析、营销策略和营销管理与营销控制四大部分。本书系统介绍了房地产营销的基本理论和基本技能,并附有案例。

本书是工程管理专业、房地产经营管理专业方向的主干教材,适用于工程管理专业房地产经营管理专业方向、物业管理专业方向,以及其他涉及房地产经济及市场营销经济活动的大学本科专业,也可供建设行业相关专业人士自学参考。

普通高等教育土建学科专业"十五"规划教材
高校工程管理专业指导委员会规划推荐教材
房地产市场营销

广州大学 潘蜀健 陈琳 主编
清华大学 刘洪玉 主审

*

中国建筑工业出版社出版、发行(北京西郊百万庄)
各地新华书店、建筑书店经销
北京建筑工业印刷厂印刷

*

开本:787×960毫米 1/16 印张:25$\frac{3}{4}$ 字数:515千字
2003年5月第一版 2020年7月第十六次印刷
定价:**43.00**元
ISBN 978-7-112-05470-1
(20756)

版权所有 翻印必究
如有印装质量问题,可寄本社退换
(邮政编码 100037)

前　言

《房地产市场营销》是根据全国高校工程管理学科专业指导委员会成都会议（2000年8月）的决定编写的。参加本书编写的有广州大学、重庆大学、天津城建学院，由清华大学主审。

本教材由广州大学潘蜀健、陈琳主编，清华大学刘洪玉主审。主要编写人员有：天津城建学院董肇君（第一、二章），重庆大学许远明（第八、十一章）广州大学潘蜀健（第六、十三、十四、十五章），王朋（第三、十二章），陈琳（第四、七、十章），贾士军（第五、九章）。

《房地产市场营销》是工程管理专业房地产经营管理专业方向的主干课程。本教材适用于工程管理专业房地产经营管理专业方向、物业管理专业方向，以及其他涉及房地产经济及市场营销经济活动的大学本科专业。本教材还适用于房地产经营管理人才、项目策划人才、市场推广及市场营销人才的培训。

经过近20年的历程，我国的房地产业从无到有、从小到大，逐渐成长起来，房地产经济科学亦逐渐成熟、逐渐完备。《房地产市场营销》课程正是在这一历史条件下创建起来的。健康的、规范的竞争环境的形成、买方市场的形成，终于使我们认识到，不仅那种完全依靠关系，依赖"后门"搞开发的时代已经过去；就是那些虚无的"点子"、空头的"策划"也再不能创造奇迹，左右局势了。我们面临的是一个成熟的市场，不仅开发商成熟了，广大的消费者也在成熟。我们需要的是科学的思维、诚实的态度、严肃认真、一丝不苟的作风。正是在这一思想支配下，我们遵照专业指导委员会所拟定的教学大纲编写了这部教材。

《房地产市场营销》是为适应我国房地产经济发展的需要而创建的新兴学科；是应用市场营销的基本理论和方法，结合房地产经济活动的特殊规律创建的交叉学科；是一门实践性很强的应用科学。学生选修这门课程的目的在于掌握房地产营销的基本理论和基本技能。因此，在拟定编写提纲时，我们除了严格按照市场营销的理论体系建立本课程的理论架构外，亦非常重视工具、方法、程序的研究和案例的介绍，力图把技能的培养贯穿于教学过程的始终。使学习者通过本课程的学习初步具备房地产的市场研究与分析能力、营销方案策划能力、营销计划的编制与评估能力、营销渠道选择能力和营销活动的组织、管理与控制能力。在内容编排时，除了把握其系统性与理论性外，还重视适用性，便于各种不同基础、不同需要的专业人士自学。本书的编写正是基于这一方面的考虑，采取了如下几项措施。

首先，在安排编写提纲时，将全书按照房地产市场营销经济活动的运作程序，划分为市场营销导论、市场营销机会分析、市场营销策略和市场营销管理与控制等四大部分。每一部分在内容结构上均自成体系,相对独立。初学者可从第一章开始,循序渐进地学习。具有一定基础的读者亦可按自己的需要选择不同的章节学习。

其次,本书在内容安排上,尽可能设置了较多的实践性环节。如较多的案例、明确的程序、较多的工具与方法。每章还附有学习目的、本章重点、精选案例、思考题、讨论题 等等。显然,这种安排于自学者是十分有利的。任课教师也可视教学的实际需要和学生的要求有选择地讲授。

《房地产市场营销》毕竟还是一门成长中的新学科,人们的认识深度还不够,市场运作仍然还有不够规范的一面。再加上编者自身理论素养和实践经验都有欠缺,错误和遗漏在所难免。敬请读者批评指正,以便在今后的版本中修订和完善,使其日趋成熟,为建设我国的房地产经济理论体系作出贡献。

本书在编写过程中,参考了许多有关的教材、专著和资料,得到许多同志的帮助。尤其是全国高校工程管理专业指导委员会的同志们,建设部人事教育司高教处、中国建筑工业出版社、广州大学、重庆大学和天津城建学院的领导和同志们的支持与帮助,在此一并致谢。

目　　录

第一篇　房地产市场营销导论

第一章　房地产市场与市场营销 ············· 1
第一节　房地产市场 ····················· 1
　　一、市场的概念 ························ 1
　　二、市场需求 ·························· 4
　　三、市场供应 ·························· 7
　　四、市场机制 ·························· 8
　　五、房地产市场 ························ 10
第二节　市场营销 ····················· 15
　　一、市场营销的概念 ···················· 15
　　二、市场营销理论及市场营销哲学 ········· 18
　　三、市场营销管理 ······················ 23
　　四、房地产市场营销 ···················· 27
　案例　潘石屹和北京现代城 ················ 30

第二章　房地产公司战略管理与市场营销管理活动 ············ 32
第一节　房地产公司战略与战略管理 ········ 32
　　一、公司战略 ·························· 32
　　二、公司战略规划与战略管理 ············· 35
　　三、营销战略与公司总体战略 ············· 38
第二节　房地产市场营销管理活动 ·········· 41
　　一、公司营销环境分析与机遇选择 ········· 41
　　二、营销策划 ·························· 43
　　三、营销策略 ·························· 46
　　四、营销计划的实施与控制 ··············· 49
　案例分析 ······························· 51

第二篇　房地产市场营销机会分析

第三章　房地产市场营销环境 ··············· 53
第一节　房地产市场营销微观环境 ·········· 54
　　一、公司内部环境 ······················ 54

二、行业性质 …………………………………………………… 54
　　三、市场营销中介 ……………………………………………… 55
　　四、市场 ………………………………………………………… 56
　　五、竞争者 ……………………………………………………… 57
　　六、公众 ………………………………………………………… 58
　第二节　房地产市场营销宏观环境 ………………………………… 60
　　一、人口环境 …………………………………………………… 60
　　二、经济环境 …………………………………………………… 61
　　三、自然环境 …………………………………………………… 63
　　四、基础设施环境 ……………………………………………… 63
　　五、技术环境 …………………………………………………… 63
　　六、政治与法律环境 …………………………………………… 64
　　七、社会与文化环境 …………………………………………… 65
　案例一　"大腕进京"上演广州地产新变局 ……………………… 68
　案例二　香港的房地产与房屋政策 ………………………………… 70

第四章　房地产市场调查与研究 ……………………………………… 71
　第一节　房地产市场调查研究概述 ………………………………… 71
　　一、市场调查研究的作用 ……………………………………… 71
　　二、市场调查研究的一般原则 ………………………………… 73
　　三、房地产市场调查研究的误区 ……………………………… 76
　第二节　房地产市场调查程序 ……………………………………… 78
　　一、准备阶段 …………………………………………………… 79
　　二、实施阶段 …………………………………………………… 80
　　三、分析和总结阶段 …………………………………………… 82
　第三节　房地产市场调查研究的主要内容 ………………………… 83
　　一、市场环境调研 ……………………………………………… 83
　　二、消费者调研 ………………………………………………… 84
　　三、竞争楼盘调研 ……………………………………………… 85
　　四、竞争对手调研 ……………………………………………… 91
　第四节　房地产市场调查方法分类 ………………………………… 92
　　一、按调查目的分类 …………………………………………… 92
　　二、按调查范围和对象分类 …………………………………… 94
　　三、按调查资料的来源分类 …………………………………… 96
　　四、按调查结果的性质分类 …………………………………… 102
　第五节　房地产市场调查问卷设计 ………………………………… 103
　　一、调查问卷设计概述 ………………………………………… 103
　　二、问卷设计的原则 …………………………………………… 104
　　三、调查问卷的一般结构 ……………………………………… 105
　　四、调查问卷的提问形式 ……………………………………… 106

五、问卷设计中应注意的几个问题 …………………………………… 108
第六节　调查资料的整理与统计分析 ……………………………………… 110
　　一、资料整理 ……………………………………………………………… 110
　　二、常用统计表 …………………………………………………………… 112
　　三、常用统计图 …………………………………………………………… 115
案例　拯救不景气的商业零售中心 ………………………………………… 119
附录　调查问卷示例 ………………………………………………………… 125

第五章　房地产消费者消费心理与行为分析 …………………………… 133
第一节　房地产消费者的消费心理过程 …………………………………… 133
　　一、感觉 …………………………………………………………………… 133
　　二、知觉 …………………………………………………………………… 134
　　三、注意与记忆 …………………………………………………………… 135
　　四、思维与想象 …………………………………………………………… 135
　　五、情绪与情感 …………………………………………………………… 136
　　六、态度 …………………………………………………………………… 136
第二节　房地产消费者的个性心理 ………………………………………… 137
　　一、需要 …………………………………………………………………… 137
　　二、动机 …………………………………………………………………… 140
　　三、个性特征 ……………………………………………………………… 143
第三节　社会文化与家庭对房地产消费的影响 …………………………… 144
　　一、社会文化的影响 ……………………………………………………… 144
　　二、家庭的影响 …………………………………………………………… 148
第四节　房地产消费者的消费行为模式 …………………………………… 151
　　一、购买行为的描述 ……………………………………………………… 151
　　二、购买决策过程 ………………………………………………………… 153
　　三、购买决策准则 ………………………………………………………… 155

第六章　房地产市场的竞争者与竞争策略 ……………………………… 158
第一节　房地产市场竞争与竞争优势 ……………………………………… 158
　　一、房地产市场竞争 ……………………………………………………… 158
　　二、房地产市场竞争优势 ………………………………………………… 159
第二节　房地产市场竞争对手分析 ………………………………………… 161
　　一、竞争对手的识别与确认 ……………………………………………… 161
　　二、竞争对手的分析与判断 ……………………………………………… 162
　　三、竞争情报系统 ………………………………………………………… 164
第三节　房地产市场的基本竞争策略 ……………………………………… 164
　　一、核心竞争力与竞争态势 ……………………………………………… 164
　　二、基本竞争策略 ………………………………………………………… 166
案例　广州芳草园的市场营销 ……………………………………………… 170

第七章 房地产市场细分与目标市场选择 ········· 177

第一节 房地产市场细分概述 ········· 177
一、市场细分内涵及作用 ········· 177
二、市场细分依据 ········· 177
三、市场细分程序 ········· 178
四、细分市场评估 ········· 178

第二节 房地产市场细分 ········· 179
一、房地产市场细分依据 ········· 179
二、房地产市场细分程序与方法 ········· 182
三、房地产细分市场评估 ········· 184

第三节 房地产目标市场选择 ········· 184
一、目标市场概述 ········· 184
二、影响目标市场选择的主要因素 ········· 185
三、目标市场选择程序 ········· 186
四、房地产项目市场定位 ········· 188

案例 富利半岛花园的市场营销 ········· 192

第三篇 房地产市场营销策略

第八章 房地产市场营销产品策略 ········· 197

第一节 房地产产品的概念与产品分类 ········· 197
一、产品概念 ········· 197
二、产品分类 ········· 199

第二节 房地产产品决策 ········· 201
一、产品属性 ········· 201
二、品牌策略 ········· 204
三、售后服务、物业管理 ········· 206

第三节 房地产产品系列决策与产品组合决策 ········· 208
一、产品系列决策 ········· 208
二、产品组合决策 ········· 210

第四节 房地产新产品设计 ········· 211
一、新产品开发策略 ········· 211
二、新产品开发过程 ········· 213
三、产品生命周期 ········· 214

第九章 房地产市场营销价格策略 ········· 216

第一节 房地产价格的主要影响因素 ········· 216
一、成本 ········· 216
二、竞争 ········· 217
三、产品差异性 ········· 217

四、消费者心理 ································ 218
　　五、房地产商的发展目标 ···················· 218
　　六、法律、政策 ································ 218
第二节　房地产项目定价方法 ···················· 218
　　一、成本导向定价 ····························· 218
　　二、需求导向定价 ····························· 220
　　三、竞争导向定价 ····························· 221
　　四、可比楼盘加权定价 ······················· 223
第三节　房地产项目定价策略 ···················· 224
　　一、总体定价策略 ····························· 224
　　二、营销过程定价策略 ······················· 225
　　三、时点定价策略 ····························· 229
第四节　房地产项目定价程序 ···················· 233
　　一、收集信息 ···································· 233
　　二、估计成本和需求 ·························· 233
　　三、分析竞争对手 ····························· 233
　　四、选择目标与方法 ·························· 233
　　五、决定平均单价 ····························· 233
　　六、决定单体时点平均单价 ················· 234
　　七、决定楼层垂直价差 ······················· 234
　　八、决定水平价差 ····························· 234
　　九、调整价格偏差 ····························· 234
　　十、确定付款方式 ····························· 235
第五节　垂直价差与水平价差的确定 ·········· 235
　　一、垂直价差的确定 ·························· 235
　　二、水平价差的确定 ·························· 236
第六节　价格调整策略 ······························ 239
　　一、调价的前提 ································ 239
　　二、价格调整带来的反应 ···················· 239
　　三、调价技巧 ···································· 240
案例　深圳某房地产开发项目的楼盘定价过程 ··· 242

第十章　房地产市场营销渠道策略 ············ 248
第一节　市场营销渠道概述 ······················· 248
　　一、营销渠道的概念 ·························· 248
　　二、营销渠道的基本模式 ···················· 248
　　三、营销渠道的功能与基本流程 ··········· 249
　　四、营销渠道的基本特征 ···················· 250
　　五、房地产市场营销渠道结构 ·············· 251
第二节　物业代理营销渠道的运作 ············· 251

一、物业代理商营销渠道 ………………………………………… 251
　　二、经纪人营销渠道 ……………………………………………… 253
第三节　房地产市场营销渠道决策 …………………………………… 255
　　一、影响营销渠道决策的主要因素 ……………………………… 255
　　二、营销渠道决策的基本程序 …………………………………… 256
第四节　房地产市场营销渠道的管理 ………………………………… 259
　　一、渠道冲突管理 ………………………………………………… 259
　　二、渠道成员激励 ………………………………………………… 260
　　三、渠道成员评估 ………………………………………………… 261
　　四、营销渠道成员调整 …………………………………………… 262
案例　商品住宅的一种促销渠道——直邮营销 ……………………… 263
阅读材料　房地产营销代理公司的选择 ……………………………… 265

第十一章　房地产市场营销促销策略

第一节　房地产市场营销的广告策略 ………………………………… 271
　　一、广告目标与预算 ……………………………………………… 271
　　二、广告策略 ……………………………………………………… 273
　　三、广告效果 ……………………………………………………… 274
第二节　房地产市场营销的营业推广策略 …………………………… 276
　　一、营业推广目的 ………………………………………………… 276
　　二、营业推广目标 ………………………………………………… 276
　　三、营业推广工具 ………………………………………………… 277
　　四、营业推广方案 ………………………………………………… 277
第三节　房地产市场营销的公共关系策略 …………………………… 278
　　一、公共关系策略的主要工具 …………………………………… 279
　　二、公共关系策略的主要决策 …………………………………… 280
第四节　房地产市场营销的人员推销策略 …………………………… 280
　　一、推销人员的角色 ……………………………………………… 281
　　二、推销人员的管理 ……………………………………………… 282

第四篇　房地产市场营销管理与控制

第十二章　房地产市场营销的顾客满意分析

第一节　顾客价值与顾客满意的概念 ………………………………… 284
　　一、顾客价值 ……………………………………………………… 284
　　二、顾客满意 ……………………………………………………… 289
第二节　房地产市场的顾客关系营销 ………………………………… 291
　　一、维系顾客 ……………………………………………………… 291
　　二、顾客关系营销 ………………………………………………… 294
　　三、测试顾客盈利能力 …………………………………………… 296

第三节 房地产产品的全面质量管理与市场营销 …………………… 297
 一、全面质量管理与市场营销 ………………………………………… 297
 二、质量差距 …………………………………………………………… 300
案例一 十年十个碧桂园 ……………………………………………………… 304
案例二 走进新加坡看标准厂房物业管理 …………………………………… 306

第十三章 房地产市场营销计划的编制与分析 …………………………… 311
第一节 计划与市场营销计划 ………………………………………… 311
 一、计划概述 …………………………………………………………… 311
 二、市场营销计划 ……………………………………………………… 313
第二节 房地产市场营销计划 ………………………………………… 317
 一、房地产市场营销计划的内容 ……………………………………… 317
 二、房地产市场营销计划分析方法 …………………………………… 320
案例 《金顶大厦》营销计划 ………………………………………………… 329
阅读材料 营销计划评审的内容 ……………………………………………… 339

第十四章 房地产市场营销的组织与控制 ………………………………… 345
第一节 房地产市场营销组织 ………………………………………… 345
 一、市场营销组织 ……………………………………………………… 345
 二、市场营销组织的演变 ……………………………………………… 347
 三、市场营销组织的基本形式 ………………………………………… 349
 四、房地产市场营销组织 ……………………………………………… 351
第二节 房地产市场营销控制 ………………………………………… 354
 一、控制及控制过程 …………………………………………………… 354
 二、有效控制 …………………………………………………………… 355
 三、控制系统 …………………………………………………………… 356
 四、控制技术 …………………………………………………………… 358
 五、房地产市场营销控制的基本内容 ………………………………… 359
案例一 辛格公司销售组织的演变 …………………………………………… 362
案例二 房地产营销代理(包销)合同纠纷案 ………………………………… 364
阅读材料 房地产现场营销的基本活动 ……………………………………… 367

第十五章 市场营销新概念 ………………………………………………… 375
第一节 网络营销 ……………………………………………………… 375
 一、网络营销特性 ……………………………………………………… 375
 二、网络营销形式 ……………………………………………………… 376
 三、网络营销程序 ……………………………………………………… 377
第二节 关系营销 ……………………………………………………… 378
 一、关系营销的本质特征 ……………………………………………… 378
 二、关系营销的运行模式 ……………………………………………… 380
第三节 服务营销 ……………………………………………………… 382

一、服务营销的基本概念 ·· 382
　　二、服务营销规划、实施过程 ·· 383
　第四节　经济伦理 ·· 385
　　一、道德与制度 ·· 385
　　二、经济伦理 ··· 385
　　三、道德伦理工程 ·· 386
　案例一　广告宣传中的伦理问题 ····································· 388
　案例二　内部关系营销的一个范例 ·································· 389
　阅读材料　房地产经纪人职业资格制度暂行规定 ··············· 392
参考文献 ·· 396

第一篇 房地产市场营销导论

第一章 房地产市场与市场营销

本章学习目的

1. 理解市场概念。
2. 掌握市场供求机制、价格机制和竞争机制及其相互关系。
3. 掌握市场机制运行的一般规律。
4. 理解市场营销概念,市场营销管理的指导思想和营销管理过程,树立正确的营销观念。

第一节 房地产市场

理论源于概念,由不同的概念出发将形成不同的理论。"市场"作为一个概念,站在不同的角度有不同的认识与理解,不同的市场概念,也将引出不同的理论。其中,市场营销就是以"现实和潜在消费者"作为市场概念而形成的指导企业经营的理论;经济学就是以"商品交换关系的总和"作为市场概念而形成的指导社会资源配置的基本理论。

房地产业是我国新兴的产业,为促进其发展,需研究"房地产市场",以探索其规律性。房地产市场中市场的概念与市场营销中市场的概念不同,"商品交换关系的总和"是经济学意义下的概念,不能简单地引用市场营销中的市场概念。房地产市场营销是以房地产为交易对象的市场营销,是市场营销按交易对象划分的子市场,是"现实和潜在消费者"的市场概念。

"市场"均是指特定意义下的市场。不同概念下的市场,其功能与分类不同,研究的对象、内容与方法也不同。不同的研究者,研究目的不同,站的角度不同,所引用的市场概念也不同。因此,研究市场的形成,理解市场的概念是区分市场营销理论与经济学理论的基础,是掌握市场营销理论的核心。

一、市场的概念

市场这一司空见惯的名词,既"通俗"又"深奥"。通俗在每天人人都使用,深奥在其有很深的内涵，由它可引出两种不同的理论——市场营销理论和经济学理论。

(一) 市场的产生与发展

"市场"这一概念由来已久，它是随社会分工和商品生产、商品交换而产生与发展的，它是社会生产力在一定发展阶段的产物，是属于商品经济范畴的概念。

市场的产生源于社会分工，市场的发展依赖于生产力的发展，但其根基却是人类需求所引发的商品交换。人类的社会分工导致了市场的产生。早期的人类生活在一种原始的共产主义方式下，没有社会分工，自然也就没有商品交换，没有市场。直到原始社会后期，人类为了更好的生存，"游牧部落从其余的野蛮人群中分离出来"，发生了人类社会的第一次大分工，使农业与畜牧业分离。形成原始公社，使生产力水平提高，产生了"剩余产品"，由于人们都需要获得本部族、本地区不生产的产品，以满足生产与生活的需要。因此，出现了在原始公社间交换"剩余产品"的需要，于是"剩余产品"的交换就在各原始公社的交界处出现。正如马克思指出的："实际上，商品交换过程最初不是在原始公社内部出现的，而是在它的尽头，在它的边界上，在它和其他公社接触的少数地点出现的"。这种在一定时间内进行"剩余产品"交换的场所就是市场的雏形，就是最古老的市场。由于当时用于交换的"剩余产品"数量少、交换关系简单，因此，市场规模很小，只是限定时间和空间的市场。

人类社会的第二次大分工使手工业与农业相分离，形成了两大物质生产部门，出现了直接以交换为目的的生产，即商品生产，为市场的发展提供了较雄厚的物质基础，交换由以前的偶然现象发展成为人类经常性的行为，市场也随之扩大。

随着市场的扩大，人们感到在庞大的市场中以合理的交换条件寻找自己所需要的商品是一件很困难的事情，因此产生了对市场进行组织的需求，于是也就产生了一个不从事商品生产，而只从事商品交换的阶层——商人，兴起了一种专门从事商品交换的行业——商业，这就是人类社会的第三次大分工。这次大分工使市场的扩大与发展有了组织条件，商品经济的雏形形成了，市场也开始有组织地向规范化方向发展。

随着人们社会分工的进一步细化和交换范围的进一步扩大，人们为了更方便地从事商品交换，迫切需要改变以物易物的交换方式，因此产生了"一般替代物"——货币。货币的出现为打破商品交换的时间与空间限制创造了条件，从而使市场范围由一城一地发展到全国以至全世界，使交换的内容也由商品扩大到服务和观念，使参与交换的组织由企业扩大到事业单位、机关和团体，交换方式逐渐多样化、交换手段不断创新，从而导致交换关系日益复杂。以交换为特征的商品经济已在人类社会经济舞台上占据了重要地位，并通过商品生产与交换极大地推动了人类社会经济的进步。市场在人们经济生活中的作用日益加强，已成为引导生产和配置资源的重要因素。虽然原始的市场形式——商品交换场所依然存在，但这却受到市场无形化、虚拟化的挑战，同时，也因其未揭示出错综复杂的商品交换关系而体现出其局限性，因此，人们努力地探寻与挖掘适应现代市场经济需要的市场概念。

人们为了研究市场发展变化的规律性,从不同角度去认识市场、界定与发展市场的概念,为自身的决策服务。

一部分人出自对经济研究的需要,从经济学角度把市场作为配置社会资源的方式来研究各类经济主体之间的关系和行为,而将市场定义为商品交换关系的总和,为制定经济政策服务、为企业决策提供指导;一部分人出自企业经营的需要,从企业经营角度,把市场作为企业面向的对象来研究其需求与欲望、购买动机与行为,而将市场定义为现实和潜在的顾客,为制定企业经营战略和策略服务。各方面的研究,均从市场的概念出发,形成各自的市场理论和市场研究方法,他们的工作,均对丰富市场的内涵做出了巨大贡献。

(二) 市场的概念

市场的概念是发展的,是因研究者立场、角度不同而不同的。目前市场的概念说法很多,但其核心都是"交换",并无本质差别。归纳现有的市场概念大体上有以下三种:

1. 市场是商品(服务)交换的场所

市场是商品(服务)交换的场所,是买者和卖者汇集的地方,是从事某一特定商品买卖的场所和接触点。该概念是传统的、原始的市场概念,也称狭义的市场。我国古代文献中"日中为市,致天下之民,聚天下之货,交易而退,各得其所"就是这种市场概念的描述。即使在今天,这一狭义的市场概念仍广泛用于民间,一些农村的集市仍具有"日中为市,交易而退"的市场特点,当你说:"到市场去"的时候也正是使用了"场所"意义下的市场概念。

随着科学技术的发展,这一概念受到严峻的挑战,"网上购物"、"网上结算"等现代交易方式已突破了传统意义的"场所",这一概念的局限性是显而易见的,因此,在经济学和市场营销学中均不使用该概念。

2. 市场是商品交换关系的总和

"市场是商品交换关系的总和"这一市场概念是经济学中的市场概念。经济学以供求机制、价格机制、竞争机制为主要研究内容,探讨市场运行的一般规律,为资源的合理配置服务。而商品交换关系则是经济学研究中最重要的经济关系,它是指参与商品和服务的现实和潜在交易活动的各经济主体之间的经济关系,是商品生产与流通、商品(服务)的供应与需求之间的各种经济关系以及政府与企业与消费者之间的关系等,这些经济关系的总和就是市场。

3. 市场是某商品(服务)的现实和潜在消费者(顾客)

市场是指具有特定需求和欲望,而且愿意并能够通过交换来满足这种需求和欲望的全部现实的和潜在的顾客。这一概念的形成是以"供应者构成行业,顾客构成市场"为基础的。企业作为行业的一员,是商品(服务)的供应者,他们在从事市场营销活动时将顾客作为衣食父母、作为企业利润的供应者,作为企业争夺的对象。因此,企业将全部现实的和潜在的顾客称为市场,它包括需要某种商品的人、为满足这种需要的购买能力和购买欲望三个基本要素,而市场就是这三个要素的统一。市场营销学中主要应用此概念。

作为企业,在运用市场的概念时应从两个角度去研究:一种是从经济学角度去认识市场运行的一般规律,以各种经济关系为研究对象,研究企业的经营环境,为企业资源的优化配置奠定基础;另一种是从市场营销学角度去认识市场运行的一般规律,以消费者为研究对象,为实现企业利润(利润现值)最大化目标服务。由此可见,对企业而言,运用市场的概念是有区别的,但又是密不可分的,本质上是相同的,只是角度不同而已。

二、市场需求

市场是商品交换关系的总合,在此概念下需求者和供应者是市场的主要经济主体,需求与供应是市场的最基本要素,它们之间的交换关系见图 1-1。

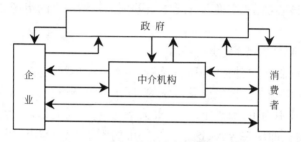

图 1-1　市场是商品交换关系的总和

由图 1-1 可见,商品的交换本质上是在消费者与供应者之间进行的,由消费者的需求引发生产与供应,生产与供应又促进需求,需求是先导,供应反作用于需求。在此交换关系中,价格是杠杆。用价格机制对此交换关系的影响来分析市场,是经济学最基本的分析方法。

市场供求分析揭示了以市场为媒介的生产者与消费者之间的联系与变化规律,集中反映了供求关系与价格变化之间的相互影响和相互作用,为企业正确认识市场、正确理解价格的作用提供理论依据,为企业优化资源配置、实现企业目标奠定基础。

(一)需求的概念

市场需求分析中的市场是指消费者,因此,又叫消费者需求分析。进行消费者需求分析必须清楚了解需要、欲望和需求三个基本概念的区别和联系。人类**需要**是指感受到的匮乏状态。这些需要包括衣、食、住、行等物质需要,亲密、忠诚和慈爱、仁义等社会需要,对知识等的个人需要……。这些需要是人类自身的基本组成部分;**欲望**是指人类经由文化和个性塑造后所采取的形式,是用可满足需要的实物来描述的。人们的欲望是无穷尽的,但资源却是有限的,因此,人们想用有限的金钱选择那些有价值和满足程度最大的产品。当有购买力作为后盾时,欲望就变成了**需求**。

(二)需求函数

消费者的需求是有支付能力的欲望,它可用商品(服务)的需求数量来描述,消费者对商品的需求量受该商品的价格、相关产品的价格、消费者的收入水平、消费者心理因素及其他因素的影响。用需求函数可描述他们之间的相互关系：

$$Q_d = f(P, P', I, E)$$

式中　Q_d——需求量，指在一定时期、一定条件下，消费者愿意购买并有支付能力的商品（服务）数量；

　　　P——该商品的价格，一般与需求量呈反向变动；

　　　P'——相关商品的价格，一般与需求量呈同向变动；

　　　I——消费者的平均收入水平，一般与需求量呈同向变动；

　　　E——消费者的心理因素，如消费习惯、偏好、对未来价格的预期等，它们对需求量的影响是复杂的。

其他因素还包括法律、时间、地点、广告等。

（三）需求曲线

需求函数是多元函数，不易发现需求的规律性，通过适当处理，可将其转化为能充分体现需求规律性的曲线，即需求曲线。

在需求函数的所有影响因素中，价格是产品本身的属性，是影响需求量的最重要、最敏感的因素，称为价格因素。其他因素均是与产品本身非直接相关的因素，是由消费者需求产品时的社会状况决定的，在一段时间内是相对稳定的因素，又称非价格因素。因此，当假设非价格因素不变时，则使需求函数只反映价格与需求量之间的关系。一般情况下，需求量与价格的变化方向相反，即价格上升，需求量下降；价格下降，需求量上升。消费者需求量与价格之间的这种反向变化被称之为需求法则（见图 1-2）。

需求法则所体现的是需求量的变动，它反映的是一定时期内所有非价格因素不变的条件下，需求量随价格变化的一般规律，它是需求曲线上的一个点沿曲线运动到另一点（图 1-2 中由 A 到 B）。上图又可体现出需求关系的变化，需求关系的变化是指在一定价格下，消费者因非价格因素变化引起的需求量的变化，它使得需求曲线发生位移，是一条需求曲线上的点向另一条需求曲线上的点的运动（图 1-2 中由 A 到 C）。因需求曲线可方便地分析价格因素和非价格因素对某种商品需求量的影响，可方便地揭示各因素与需求量之间的相互关系，故在需求的理论分析中得到广泛的应用。

（四）需求特性

需求法则只揭示了需求的一般规律，而消费者在消费时还将各种商品的消费视为利益的集合，他们在欲望和资源既定的情况下只选择那些价格一定但却能提供最佳利益集合的产品，以追

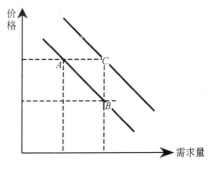

图 1-2　需求曲线

求最大的满足。因此除价格因素外,还依据消费效用、顾客价值、顾客满意和质量等因素,即需求特性。

消费效用是指消费者从消费商品中得到的满足程度,可用总效用和边际效用来反映。消费者某一时期消费一定数量商品而得到的全部满足称为**总效用**。由于消费的变化而引起的总效用的变化称为**边际效用**。总效用反映消费一定数量某类商品产生的满足,边际效用反映消费者最后消费一个单位商品的满足程度。如某消费者现在无住房,当他购买了 $60m^2$ 的一套住房时,其满足程度较大,总效用较高,但在住了一段时间后,在相同的地点、相同房型的条件下,一套 $61m^2$ 的住房,虽然面积大了 $1m^2$,但这 $1m^2$ 的消费,对他来说边际效用则很小。这就是说,消费者在消费商品达到一定数量时,再增加消费不仅不会从中得到满足,有时还会成为负担,故又存在边际效用递减规律。消费者在购买商品时,总是判断购买该商品"值不值",此时消费者不是考虑总效用,而是考虑所买商品的边际效用,因为,边际效用是决定商品需求价格的主观标准。

顾客价值是指顾客从拥有和使用某商品中所获得的价值与为取得该商品所付出的成本之差。如某房地产公司的顾客在所获得的众多利益中最重要的是享有一套属于自己的住房,但他在购买住房时,还会考虑住房给他带来的象征地位、形象等的价值。他在作决策时,会将这些及其他一些价值与购房所付出的金钱、精力和精神成本进行权衡与比较,最终选择能给他带来最大价值的一家房地产公司。一般情况下,顾客并非经常准确、客观地判断产品的价值,而是根据自己所理解的价值行事的。因此,研究需求,必须考虑顾客价值,因为顾客理解的价值往往与厂家不同。

顾客满意是指消费者理解的商品效能与其期望的效能相比较的满意程度。产品的顾客满意度高,通过信息扩散与传播,会增加产品的需求量。

产品的**质量**通常被定义为一种产品或服务满足顾客需要的能力有关的特色和特征的总和。质量好的产品,顾客满意度高,其需求量也就大。

(五)需求弹性

在市场经济条件下,定量地掌握市场需求及变化趋势是认识市场的基础。在经济学中,定量地分析产品价格,相关产品的价格和消费者的收入水平对需求量的影响通常由需求函数出发,采用**弹性**的概念。**需求弹性**是指需求函数中自变量(价格、平均收入等)的值每变动百分之一,所引起因变量(需求量)变化的百分比。因此,可有三种需求弹性:需求的价格弹性、需求的收入弹性和需求的交叉弹性。

1. 需求的价格弹性

反映需求量对价格变动的反应程度,或者说,价格变动百分之一会使需求量变动百分之几。其计算公式如下:

$$需求价格弹性 = \frac{需求量变动\%}{价格变动\%} = \frac{\Delta Q/Q}{\Delta P/P} = \frac{\Delta Q}{\Delta P} \cdot \frac{P}{Q}$$

式中　Q——需求量;

ΔQ——需求量变动的绝对数量;

P——价格;

ΔP——价格变动的绝对数量。

一般情况下,上式中分子(需求量变动的%)和分母(价格变动的%)的变动方向是相反的,所求出的弹性是负值,通常用绝对值来比较弹性的大小。

由计算公式可见,需求价格弹性可分为六类:

(1) 当需求价格弹性大于 1 时,称为弹性需求或富有弹性。这类商品当价格变动时,引起需求量变动比较大,即价格上涨 1%,需求量下降超过 1%,其需求曲线比较平缓;

(2) 当需求价格弹性等于 1 时,称为单一弹性或单元弹性,这类商品在价格变动时,正好是使需求量按相反的方向等量的变化,即价格上涨 1%,需求量下降 1%,其需求曲线是一条双曲线;

(3) 当需求价格弹性小于 1 时,称为非弹性需求或缺乏弹性,这类商品在价格变动时,引起需求量的变动较小,即价格上涨 1% 时,需求量下降不足 1%,其需求曲线相对陡峭;

(4) 当需求价格弹性等于 0 时,称为完全无弹性,这类商品当价格变动时,不引起需求量变动,其需求曲线是一条接近垂直于纵轴的直线;

(5) 当需求价格弹性为无穷大时,称为完全弹性,这类商品对价格的变动非常敏感,其需求曲线接近一条平行于横轴的直线。

(6) 当需求价格弹性大于 0 时,为例外情况,此类商品不遵循需求法则,它的价格与需求量呈同向变化,需求曲线的斜率为正。如名人字画、名牌服装、名贵香水等,价格越高,越可显示购买者的地位和身份,他们购买的越多。

2. 需求收入弹性

反映需求量对消费者收入水平变化的反应程度,或者说,消费者收入变动百分之一使需求量变动百分之几,其计算公式如下:

$$需求的收入弹性 = \frac{需求量变动\%}{消费者收入变动\%} = \frac{\Delta Q/Q}{\Delta I/I} = \frac{\Delta Q}{\Delta I} \cdot \frac{I}{Q}$$

因为收入与需求量呈同方向变化,故收入弹性一般为正值。当需求收入弹性在 0~1 之间时,商品为一般品;当需求收入弹性大于 1 时,商品为高档品;但也有例外,当商品为低档品时,需求收入弹性则小于 0。

三、市场供应

消费者需求引发生产者的供应。当今,"以需定产"已成为企业的口头禅,但真正做到"以需定产"是很困难的,主要原因是企业通常不能知道消费者对本企业产品的需求。一般情况下,追求利润最大化的企业依靠产品价格信号来决定产品的生产量,而产品的供应量就是这些企业产品生产量的总合。

(一) 供给函数

市场供给量的多少取决于产品的价格、相关产品的价格、产品的生产成本和生产者的价格预期等因素。用公式描述可得供给函数：

$$Q_S = f(P, P', C, E)$$

式中　Q_S——供给量，是一定时期、一定条件下生产者愿意并有能力提供的某种商品（服务）的数量；

　　　P——该商品的价格；

　　　P'——生产中可互相替代的产品的价格；

　　　C——该产品的成本；

　　　E——生产者的心理因素。

（二）供给曲线

与需求函数一样，供给函数也是多元函数，将价格 P 作为价格因素，将其他因素作为非价格因素，同样可得到供给函数，见图1-3。

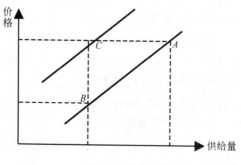

图1-3　供给函数

图1-3中 A 到 B，反映供应量的变化，是价格因素的影响，当商品价格下降时，供应量减少，反之，供应量增加；而供应关系的变化受非价格因素的影响，与 AB 相平行的直线反映了这种变化，由 A 到 C 则体现了同一价格下供应关系的变化，B 到 C 则体现同一供应量在不同环境时价格发生的变化。

四、市场机制

（一）供需关系

需求分析和供应分析是分别从需求者和供应者的立场单方面地研究市场规律，而市场是需求与供应的统一体，将双方连接起来，从整个市场研究需求、供给和价格的关系才能揭示市场运行的规律，才能揭示交换关系的实质。

在完全竞争的市场结构条件下，供应和需求的关系见图1-4。

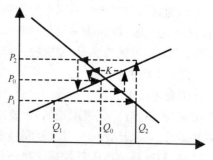

图1-4　市场均衡状态

由1-4图可见,需求曲线与供应曲线交于K点。该点表明,按价格P_0,双方成交量为Q_0,需求量与供应量正好相等,此时,市场处于均衡状态。K点称为均衡点,价格P_0称为均衡价格,Q_0称为均衡交易量。

假设当市场受到扰动时价格下降到P_1,按需求法则,此时,因价格的下降使需求量上升到Q_2,而因价格的下降,按供应法则,供应量则下降至Q_1,市场出现该商品的短缺,在消费者的"抢购"下,导致商品价格上升。理论上讲,价格上涨至P_0,便会停止,遗憾的是,由于信息的不对称和供应商的期望,使价格继续上涨,直至P_2。此时,因价格的上升使需求量下降,使供应量上升,市场出现供大于求的局面,这又导致价格的下降,价格就这样在均衡价格附近上下波动,最终趋于均衡价格和均衡成交量。由此可见,在完全竞争的市场结构条件下,在市场受到扰动时,价格会发生波动,但最终一定走向均衡,这是供需关系决定市场价格、价格又反过来调节供需关系的结果,这就是市场运行的最基本规律,也是供需关系的最基本法则。

经济学中通常按竞争程度将市场分为自由竞争、垄断竞争、寡头垄断和完全垄断四种类型。不同类型的市场结构,构成了企业不同的市场环境,具有不同的供应和需求曲线,企业对价格的控制能力也不同。上述供需法则是完全竞争市场结构条件下的供需法则,企业只是价格的被动接受者,是一种理想的市场结构模式。虽然现实社会中大量存在的是垄断竞争和寡头垄断两种市场结构,但完全竞争市场结构条件下的供需法则仍是研究市场的基础经济理论,它揭示出市场中交换关系的最基本的规律。

(二) 市场机制

市场经济是一种与社会化大生产相适应的资源配置方式,虽然有其弱点和消极方面,但有增强经济活力、调节经济结构的功能。这一功能的实现,是以价值规律为基础,通过供求机制、价格机制和竞争机制实现的,这三种机制构成了市场机制的主体,使企业按市场供需关系和价格的涨落安排生产经营活动,以实现生产要素的最佳组合。

1. 供需机制

供需机制是指商品供给与商品需求之间所具有的内在联系和平衡的动态调整过程和方式。在市场中,企业一方面向市场提供一定数量的商品或服务,形成商品供应;一方面又是消费者,用一定数量有支付能力的货币购买生产所需的商品,与消费者的最终产品消费一起形成商品需求。商品供给与需求的关系,即供需关系,是生产与消费的关系在市场中的反映,是矛盾的统一体。在矛盾运动中,供求双方总是力求彼此相互适应,商品供大于需求时,社会要求减少供给或增加需求;商品供不应求时,社会要求增加供应或压缩需求,从而使供需关系趋于平衡。由于受多种因素变化的影响,这种平衡只是暂时的。供需关系总是按从不平衡到平衡、从平衡到不平衡的客观规律运动着。供需关系的变化,往往体现为价格的变化,在供过于求时,生产者为销售产品而展开激烈竞争,价格就会下跌;在供不应求时,购买者在市场上竞相购买,从而引起价格上涨。

2. 价格机制

价格机制是价格及其对生产、消费和供需关系等经济活动的自发调节过程和方式,它是市场机制的主体。在市场价格存在的情况下,社会供给表现为一定价值量的商品,社会需求表现为有支付能力的需求,并反映资源的稀缺程度。价格就是资源相对稀缺程度的指示器。一种资源越是稀缺,它的价格就越高。由于人们从自身的物质利益出发,消费者总是想购买其他便宜的产品来替代价高的产品,生产者总是愿意生产价高的产品来代替便宜的产品,所以,价格机制在某种商品价格提高时,就会刺激该产品的生产,增加供应量,同时,抑制该商品的需求和消费;在某种商品价格下降时,就会抑制该产品的生产,减少供应量,同时,刺激该商品的需求和消费。价格机制的这种自发调节作用使消费者少使用稀缺的产品、多使用不太稀缺的产品;又使生产者多生产稀缺产品、少生产不太稀缺的产品,这样,社会资源就会趋向合理配置,并刺激企业改进生产技术,提高劳动生产率。

3. 竞争机制

竞争机制是指各市场主体在市场经济条件下争夺自身经济利益的方式。企业是以资本获取利润的经济实体,维持自身的生存与发展,实现利润最大化是其经营目标。为实现自身目标,与其他企业展开各种形式的竞争是必然的。竞争分为行业内的竞争和行业间的竞争。行业内的竞争是生产同类商品的企业为争夺有利的销售和价格条件,旨在获取超额利润而展开的竞争,这种竞争可刺激企业劳动生产率的提高;行业间竞争是不同行业的企业为争夺有利的投资场所和超额收益而进行的竞争,这种竞争可引导生产要素在不同行业间转移,使各行业(部门)间的利润率趋于平均化。竞争还存在于消费者之间、企业与消费者之间,他们之间的竞争主要为争取使用价值的最大化。在市场经济中,竞争无处不在、无时不在,它是市场经济的内在属性和固有的规律。

供求机制、价格机制和竞争机制是相互联系、相互制约的。供求机制是反映生产、消费和价格变动的,供求机制的变化影响价格,刺激生产和消费,供求机制和价格机制的相互作用又是通过竞争机制来实现的。供求机制、价格机制和竞争机制体现了市场经济运行的基本规律。

市场机制是以整体市场为研究对象的,市场的供求平衡或供大于求,绝不意味着企业市场的供求平衡或供大于求。通过竞争机制,生产具有特色的、物美价廉的产品,使本企业的市场供不应求是完全可能的,其关键在于企业的创新。

五、房地产市场

市场的产生与发展是一个历史的过程。它的范围、规模、形式等是随经济的发展而发展的。随着经济的发展,市场规模的逐步扩大,市场要素不断增加,逐步形成市场体系。所谓市场体系是指相互联系的各类市场的总称,包括:消费品市场、生产资料市场、资本市场、劳动力市场、技术市场、房地产市场等。

房地产市场是市场体系的重要组成部分,它既具有市场的共性,又具有其特殊性,因此研究房地产市场运行的规律对完善社会主义市场体系、促进房地产业的发展均具有重要意义。

(一) 房地产的定义

房地产是指土地、建筑物及固着在土地、建筑物上不可分离的部分以及附带的各种权益。

固着在土地、建筑物上不可分离的部分主要指为提高房地产使用价值而种植在土地上的花、草、树木或人工建造的庭院、花园;为提高建筑物使用功能而安装在建筑物上的水、暖、电、卫生、通讯、电梯、消防等设施。由于它们固着在土地、建筑物上,不可分离,可作为土地或建筑物的组成部分,它们构成房地产的实体。权益则是指房地产的产权,即所有权、使用权、收益权、处置权、分配权等。它们附着在房地产实体上,是与房地产实体不可分离的、无形的组成部分。因此,房地产是由其实体和权益构成的整体。

(二) 房地产市场

1. 房地产市场的概念

我国房地产业属新兴的朝阳产业,正在成为国民经济的支柱产业,房地产市场也自然处于建立与完善阶段。目前关于房地产市场的概念也较多,主要有两种:一种认为房地产市场是令买方和卖方走到一起,并就某宗房地产交易价格达成一致的任何安排。该概念本质上仍是"场所"意义下的市场,不能称其为完整的房地产市场概念,只能叫狭义的房地产市场。另一种认为,房地产市场包含房产市场和地产市场,房产市场是房屋建筑物的买卖、转让、出租、抵押等交换关系和交换场所的总称;地产市场又叫土地市场,是指土地的出让、转让、出租、抵押等交换关系和交换场所。该概念从房地产业交易活动的对象角度,将房地产市场分为两个子市场,是对房地产市场的分类和对房产市场与地产市场的定义,而不是房地产市场的定义。

房地产市场是行业的市场,不是指企业的市场,不能针对某宗房地产交易活动的安排来定义行业市场。房地产市场是整体市场,不能用分类市场的概念来替代。为揭示房地产行业的经济运行规律,我们认为,房地产市场应定义为:房地产市场是房地产交易活动所反映的交换关系的总合。它应该是经济学意义下的市场概念。作为房地产商,现实和潜在的顾客为其市场,这是房地产市场营销意义下的市场。本节主要研究经济学意义下的房地产市场。

2. 房地产市场的分类

(1) 按房地产市场的组织形式,房地产市场可分为:一级市场、二级市场和三级市场。

在我国,国家作为土地的所有者,将土地使用权有偿、有期限的出让给房地产开发商或其他企事业单位,由用地者与国家签订土地使用合同,获得土地使用权。从事这类交易活动的市场为一级市场,这是国家垄断的市场;房地产开发公司按土地使用合同规定,建成地下或地上建筑物后,从事房地产出售、租赁等经营活动或在一级市场获得土地使用权后,再转让使用权,从事这类交易活动的市场为二级市场;在二级市场上取得房地产及其他单位和个人拥有的房地产后,再从事转让、租赁、抵押等项交易活动的市场为三级市场。

(2) 按房地产交易对象,房地产市场可分为:房产市场、地产市场。

(3) 按房地产的交易目的,房地产市场可分为:生产资料市场和生活资料市场

以个人及家庭消费为最终目的而从事房地产交易活动的市场为生活资料市场;以营利为目的,采用投资方式获得房地产的交易活动的市场为生产资料市场。

(4) 按房地产交易形式,房地产市场可分为:销售市场、租赁市场、抵押市场、保险市场等。

(5) 按房地产交易期限,房地产市场可分为:现货市场和期货市场等。

3. 房地产市场的组成

房地产市场是各种交换关系的总合,交换关系主要体现在各市场参与者之间的交换。房地产市场中的参与者主要有政府、房地产供应者、中介服务机构和消费者,它们之间的关系见图1-5。

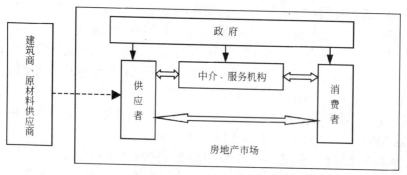

图 1-5 房地产市场的组成

图 1-5 中,政府作为土地所有者垄断一级土地市场,向土地需求者供应土地,二者之间进行交易。政府在参与房地产市场时,还行使制定交易规则、监督和管理以及服务职能。在以私有制为基础的资本主义国家,土地也是私有的,因此,国家只提供管理与服务。

政府在房地产市场中还通过总量控制和市场机制调整供求关系和价格水平,以保证房地产市场健康、有序的发展。

中介机构是房地产市场发展不可缺少的重要成员,它包括金融机构、评估机构、保险机构、公证机构、各种咨询机构和从事房地产销售、租赁活动的中间商、经纪人以及律师等。近年来,网络公司、信息公司也加入到中介机构行列,中介队伍迅速扩大,服务领域与范围不断扩展。它们为房地产供应者和消费者提供各种形式的服务,以保证交换关系的公正、合理、合法和经济,以实现快捷、方便、灵活地交易。

房地产供应者和消费者是房地产市场的基本主体,供应者通常是房地产开发公司、购置新房后出售旧房的居民,我国当前还包括拥有国有产权、集体产权和企事业产权的房屋及建筑物的政府和企事业单位等。消费者通常是现实或潜在的房地产最终需求者,包括以投资为主要目的的工商企事业单位(机构需求者)和以自用为目的的居民(含企事业单位为职工购房)。供应者直接或通过中介机构与消费者进行交易,消费者也直接或通过中介机构与供应者接触,它们是房地产市场中最活跃的因素。

有人将建筑商也作为房地产市场的组成因素是错误的,建筑商是为房地产开发商提供建造服务的企业,它是在建筑市场上以投标承包的方式,与其他原材料供应商一道为完成房地产产品服务,虽然与房地产产品有关,但并不直接参与房地产交易活动,因此应排除在房地产市场之外。

(三)房地产市场运行机制

市场通过市场机制发挥社会资源配置的基础作用。因此,房地产市场也需通过市场机制——供需机制、价格机制和竞争机制来实现房地产资源的合理配置。

1. 房地产供需机制

房地产供需机制仍符合供需关系的基本法则——供需法则。与一般商品所不同的是:

(1)房地产需求除为满足个人和家庭生活需求外还具有投资功能,是资产保值、增值的一种手段。在发达国家,人们的投资意识和理财观念较强,这种需求占一定比例,在一定程度上存在反经济循环的特点,在经济萧条时期,房价下降,出自保值、增值的目的,个人和机构投资可能增加,其需求量可能不下降或下降较少;在经济繁荣时期,投资方向增多,房价上涨,机构投资者为抽回资金和盈利而转让房地产,使供应量增加。我国处于市场经济的初期,人们的投资意识和理财观念均不成熟,加之人们的收入水平偏低,以投资房地产作为保值增值手段的时期尚未到来。

(2)房地产是家庭生活的必需品,又是高投资的耐用品,因此,在我国价格的波动对住宅而言影响不大,价格弹性较小,需求曲线相对较陡。

(3)价格信号对供应者的影响较大,是影响开发商利润的最敏感因素。价格的微小上扬,为开发商提供了更大的利润空间,供应弹性较大,因此供应曲线较缓。

(4)土地是房地产业赖以存在的基础,由于土地资源的不可再生性和土地使用受规划严格限制等原因,造成土地供应量的稀缺性,因此,土地资源的竞争是房地产开发企业间竞争的焦点。

(5)消费者购置新房地产(住宅)后,将旧房地产出租或在三级市场上出售,因此,二次供应增加了实际供应量。

(6)房地产市场受政策因素影响大,政府在调节供需关系中起重要作用。各国政府均在解决贫困阶层的住房方面采取了很多措施,我国政府实施的"安居"、"经济适用房"等政策均在调节供需关系、引导房地产开发方面起到了重要作用。

(7) 房地产需求具有明显的阶次性,商用楼的需求取决于公司的档次;住宅需求取决于消费者的消费观念、收入水平、工作性质等,一般是递阶增长的。

(8) 房地产作为投资性的需求,具有投资大、风险高的特点,一般期望报酬率也相对高。

2. 价格机制

房地产价格除调节房地产供需关系之外,还具有以下特点和功能:

(1) 房地产产品间价格相互关联性强,房地产资产租金的高低对增量商品房的销售有直接影响,土地出让或转让价格直接影响房地产开发成本。房地产租金水平是房地产资产收获及收益能力的标志,是影响房地产需求的重要因素。

(2) 房地产价格是反映宏观经济走势的晴雨表。因此,各国股市中均有反映房地产行业的房地产板块的指数,各国都编制房地产景气指数和房产指数,以反映房地产业和房地产价格的变动。一般均认为,房产指数的变化是反映宏观经济发展的先导信号,当宏观经济走向繁荣时,房产指数会提高,反之,会下降。这是因为经济的发展首先体现出对房地产的需求;安居则乐业,人们对宏观经济信心的增强,也首先体现在对房地产的需求上。

(3) 房地产价格是反映一个国家和地区居民生活水平的重要标志。西方国家住宅价格一般为人年均收入的5~8倍,而我国为11~15倍,可见我国人民的收入水平相对低些;北京、上海、深圳、广州等大城市,房价较高,说明这些地区居民收入水平相对高。

3. 竞争机制

我国房地产业已由无序走向有序、从幼稚走向成熟,现在已开始由卖方市场转向买方市场,房地产企业间的竞争也日趋激烈。然而,房地产市场中除房地产企业间的竞争外还存在其他竞争,房地产市场中的竞争关系表现如图1-6。

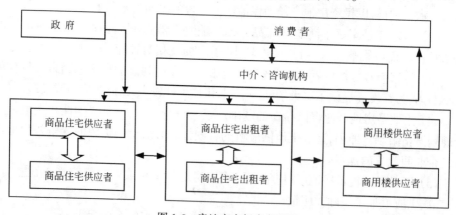

图1-6 房地产市场竞争关系

商品住宅供应者之间的竞争主要体现在品牌、价格、质量、服务、区位、房型、环境等方面的品质;租赁供应者之间的竞争主要体现在价格、环境、区位与服务等方面;商用楼供应商之间的竞争主要体现在价格、区位、服务等在发挥聚集效应方面为商家创造的良好环境;商品住宅出租者与商品住宅供应者、商用楼供应者之间的竞争可用租售价格比来反映,租价低、售价高,则消费者租房多,反之,购房多。所有供应者为争夺市场份额、拓展渠道,均与中介机构进行竞争,以选择有实力的中介,而中介机构又选择有实力的供应商,因此,二者之间也存在竞争;消费者与房地产供应商、与中介机构之间的竞争主要体现在价格、信誉、服务等方面;政府与商用楼供应者和商品住宅供应者之间的竞争主要是土地供应量、出让价格等方面的竞争。通过竞争,使土地得到合理地开发与利用、开发成本下降、企业间利润率趋于均衡、消费者得到满意的房地产,从而实现了房地产资源的合理配置。

第二节 市 场 营 销

一、市场营销的概念

(一) 几种市场营销概念

市场营销(Marketing)现在已成为很流行的名词,但人们对其概念却有不同的理解。

1. 美国市场学者尤金·麦卡锡将市场营销分为宏观市场营销和微观市场营销

尤金·麦卡锡认为:"宏观市场营销是指这样的社会经济过程:引导某种经济货物和服务从生产者流转到消费者,在某种程度上有效地使各种不同的供给能力与各种不同的需求相适应,同时实现社会短期目标和长期目标;""微观市场营销是指一个组织为实现其目标所进行的这些活动,预料顾客或委托人的需要,并引导满足需要的货物或服务流转到顾客或委托人。"

2. 著名市场营销学者菲利普·科特勒的定义

菲利普·科特勒认为:"市场营销是个人和群体通过创造产品和价值并同他人进行交换以获得所需所欲的一种社会及管理过程";"市场营销是指创造及满足需要和欲望来管理市场,从而实现交换和建立关系";"市场营销是一门招徕和保持可以从其身上获利的顾客的艺术"。

3. 我国学者的定义

我国学者认为:"市场营销是与市场有关的人类活动,即以满足人类各种需求和欲望为目的的,通过市场变潜在的交换为现实交换的活动,这些活动包括:市场营销研究、需求预测、新产品开发、定价、分销、物流、广告、售后服务等;""市场营销是在适当的时间与空间,以适当的价格,通过适当的促销手段向适当的消费者提供适当的产品和服务"。

4. 美国市场营销协会的定义

美国市场营销协会 1960 年的定义为:"市场营销是引导货物和劳务从生产者流转到消费者或用户所进行的一切活动"。1985 年又提出新的定义为:"市场营销是关于构思、货物和服务的设计、定价促销和分销的规划与实施的过程,以创造达到个人和组织的目标的交换"。

5. 英国市场营销学会的定义

英国市场营销学会的定义为:"一个企业如果要生存、发展和盈利,就必须有意识地根据用户和消费者的需要和潜在需要来安排生产,这种活动就是市场营销"。

(二) 市场营销的含义

以上市场营销的定义均是从不同角度对市场营销的描述,虽然各不相同,但其实质都是实现交换。深刻理解市场营销的含义,应从以下几方面着手:

1. 正确认识宏观市场营销与微观市场营销的关系

市场营销是与市场相关联的,经济学意义下的市场概念必然与宏观市场营销相对应,微观市场营销是与企业的市场概念相对应的,二者的研究领域、研究目的不同。正确认识宏观市场营销与微观市场营销的关系是正确进行市场营销活动的出发点。菲利普·科特勒的第一个定义是属宏观市场营销的定义,他认为,现代市场营销是一个系统(见图1-7),系统中的所有成员都受到环境力量(人口、经济、物质、技术、政治/法律、社会/文化)的影响。系统中的每一方都为下一级增加价值。因此企业的成功不仅取决于它自身的行为,而且还取决于整个系统对最终消费者需要的满足程度。

市场营销学中虽然以微观市场营销为研究主体,但不能脱离宏观市场营销而孤立地研究微观市场营销,必须在宏观市场营销的指导下进行微观市场营销的研究。

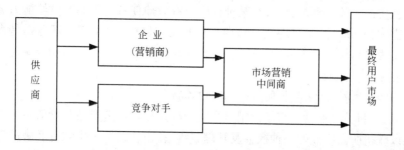

图1-7 现代市场营销系统

2. 正确认识市场营销的过程

市场营销是一系列活动所构成的过程,该过程从需求研究开始,到售后服务及产品报废后的处理为止,包括市场分析与研究、需求预测、新产品开发、定价、分销、物流、广告、售后服务等一系列相互关联的活动。市场营销在企业中的作用和活动以及影响企业营销战略的因素见图1-8,该图概括了市场营销的全过程。

3. 正确认识"营销"与"推销"

一些人认为,市场营销就是"推销"和"广告",这是错误的。市场营销不等于"推销"和"销售",更不是做广告。菲利普·科特勒指出:"推销和广告只是市场营销这座冰山露出水面的小尖顶而已。尽管很重要,但他们只是市场营销众多功能中的两项

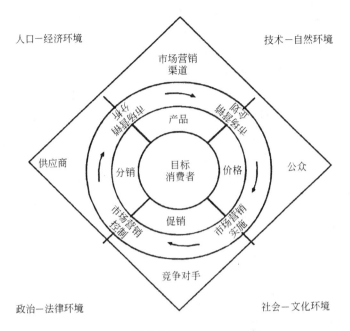

图 1-8 影响企业营销战略的因素

功能,并且通常不是最重要的两项功能。"这是因为:如果企业的市场营销人员搞好市场营销研究,了解购买者的需要,按着购买者的需要来设计和生产适销对路的产品,同时合理定价,搞好分销、促销等市场营销工作,那么这些产品就能轻而易举地销售出去。因此企业管理大师彼得·德鲁克说:"市场营销的目的在于使推销成为不必要的。"

4. 深刻理解市场营销的主体、客体和营销对象

市场营销的主体一般都理解为企业,其实不然。市场营销是企业的重要工作,但消费者为了寻找合适的商品也在进行"市场营销",机关、学校和社会团体等为了实现自己的目标,也要进行"市场营销",大学毕业生找工作,"包装自己"进行自我"推销",也是在进行"市场营销"。因此市场营销的主体应该是广泛的。市场营销的客体可以统称为消费者,消费者可以是企业、学校、政府机关和个人,也是广义的概念。市场营销的对象是产品或服务,其概念也是广泛的,不仅包括有形的产品,还要包括无形的服务、思想观念等。保险公司推出一项新险种,称为推出一种新产品;银行开展一种新储蓄业务,也称推出一种新产品;一种宗教为传播一种思想观念,吸引教徒,其实也在进行"市场营销"。因此,市场营销的对象也是广泛的。

5. 牢牢把握市场营销观念

市场营销不是一种简单的方法,而是一种观念,是企业一切经济活动必须以消费者的需求为转移,研究企业如何生产适销对路、能卖得掉的产品,而不是研究生产出的产品如何卖的新的经营观念。

市场营销的核心是交换,只有交换才能实现所有权的转移,然而实现交换要靠"关系",因此,市场营销又可以叫做"关系营销"。所谓"关系营销"是指营销人员除了促成短期交易之外,还必须与有价值的顾客、分销商、经销商和供应商建立长期关系。他们通过承诺和持续提供高质量的产品、良好的服务和公平的价格来建立较强的经济和社会联系。目前,市场营销正在从试图使每一笔交易都获得最大的利润,向与顾客及其他方建立互利互惠的关系转变。这种转变的前提是建立良好的关系。建立了良好的关系,获利的交易便会随之而来。

交换的实现是一方愿卖、一方愿买的双方互利行为的结果,"双赢"——卖方实现利润、买方获得满足才是市场营销的关键。企业必须在管理好产品的同时处理好与顾客的关系,但由于成本等原因,企业又不希望与每一个顾客都建立关系,市场营销的目标是决定企业能够为哪些顾客提供最有效的服务,以击败竞争对手。因此市场营销是一门招徕和保持可以从顾客身上获利的艺术。

市场营销是经营观念、是"关系学"、是一门艺术,只有深刻理解其内涵,才能掌握市场营销的实质。

综上所述,我们认为市场营销学中市场营销的定义可描述为:企业在宏观市场的制约下,以满足顾客需求为出发点,以提高顾客价值和满足程度为中心所开展的由市场研究、产品开发、定价、分销与促销、售后服务等一系列活动组成的方案策划、方案实施和控制过程;是设计并实施企业战略与策略,以建立和保持与顾客持久关系的艺术;是企业经营活动的基本观念。

二、市场营销理论及市场营销哲学

(一)市场营销理论

市场营销理论是随着市场的变化和人们对市场的认识逐步发展的,有关市场营销的理论大体经历了四个相互联系的发展阶段——尤金·麦卡锡的"市场营销理论"、菲利普·科特勒的"大市场营销理论"、劳特彭的"$4C_S$"理论和舒尔茨的"$4R_S$"理论。

1. 市场营销理论

市场营销理论是在"买方市场"条件下产生的,是以目标市场及需求为中心的。它包括两个相互关联的部分:目标市场和市场营销组合。目标市场是指企业在市场细分的基础上选定为其服务的、具有相似需求的顾客群。选定目标市场是企业的重要决策,是决定企业产品开发、定价和销售策略的前提;市场营销组合是企业为满足目标市场的需要而加以组合的"可控变数"。尤金·麦卡锡把企业"可控变数"概括为产品(Product)、价格(Price)、分销地点(Place)和促销(Promotion),因为,这四个名词英文的第一个字母均为P,故简称为"$4P_S$"。其中,产品代表企业供给目标市场的货物和服务的组合;价格代表企业供应顾客商品时的价格;分销地点代表企业使其进入和达到目标市场所进行的种种活动;促销代表企业宣传介绍产品和说服目标顾客购买产品的种种活动。"$4P_S$"是企业可控变数,但它们不仅受企业本身资源的限制和企业目标的影响,而且还受企业外部"市场营销环境",尤其是"宏观环境"的影响和制约,企业只有密切监视其"市场环境"的动向,妥善安排"4P$_S$",使企业"可控变数"与外部"不可控变数"(市场环境)相适应,才是企业生存与发展的关键,才是企业成功的基础。

2. 大市场营销理论

20 世纪 80 年代,菲利普·科特勒提出,在目前贸易保护主义和政府干预加强的条件下,即使企业对"4P$_S$"的安排适当,企业也可能失败。因此,企业不能只搞"4P$_S$",还必须加上"政治力量"(Political Power)和"公共关系"(Public Relations),这种战略思想被称之为"大市场营销",也称"6P$_S$"。所谓大市场营销是指:企业为了成功地进入特定市场,并在那里从事业务经营,在策略上协调地运用经济的、心理的、政治的和公共关系手段,以博得外国和地区的有关各方合作与支持。该理论与尤金·麦卡锡的"市场营销理论"不同,主要体现在以下三方面:

(1) 企业市场营销管理与外部市场营销环境的关系不同。尤金·麦卡锡的"市场营销理论"认为,企业经营管理能否成功、企业能否生存与发展的关键是企业管理当局要善于安排市场营销组合,使企业"可控变数"与外界"不可控变数"(市场环境)迅速适应。而"大市场营销理论"则认为,企业能够影响外部市场营销环境,而不应仅仅顺从它和适应它,应变被动适应为主动适应。

(2) 企业的市场营销目标不同。"市场营销理论"认为,企业市场营销目标是:千方百计调查研究、了解和满足顾客需要;而"大市场营销理论"则认为,企业市场营销目标应该是为了满足目标顾客需要,采取一切手段,打进目标市场或创造或改变目标顾客的需要,突出了企业对目标顾客的作用。

(3) 企业的市场营销手段不同。"市场营销理论"认为,企业集中一切资源,适当安排"4P$_S$"来满足顾客需要。而"大市场营销理论"则认为,企业还需增加"政治力量"和"公共关系"两个 P,用"6P$_S$"来打开和进入某市场,创造和改变目标顾客的需要。

(4) 菲利普·科特勒在提出大市场营销之后,又提出市场营销的"10P"原则,即战术型"4P":产品(Product)、价格(Price)、分销地点(Place)和促销(Promotion);战略型"4P":诊断(Probing)、优选(Prioritizing)、细分(Partition)和市场定位(Positioning);广义市场营销"2P":政治力量(Political Power)和"公共关系"(Public Relations);"10P"原则使大市场营销理论更加完善。

3. "4C$_S$"理论

"4C$_S$"理论是 20 世纪 90 年代美国营销大师劳特彭提出的,"4C$_S$"是指消费者的欲求与需求(Customev solution)、消费者获取满足的成本(Cost)、消费者购买的方便性(Convenient)和沟通(Connection)。

劳特彭认为,市场营销理论和大市场营销理论均是立足于企业,研究企业如何做才能满足消费者的需求,即如何根据消费者的需求来设计、开发产品,进行产品定位、合理定价、合理分销和合理促销,以充分地利用和调动企业资源,实现企业目标。虽然采用以消费者需求为中心的市场营销管理,但实质上仍是"企业导向",仍是"消费者请注意"式的管理,而不是真正的"消费者导向",不是"请注意消费者"式的市场营销管理。

劳特彭提出的"4Cs"理论是以"消费者需求"为导向的市场营销理论,该理论认为,首先要瞄准消费者的需求,了解、研究与分析消费者的需要与欲望,而不是企业能生产的产品;其次要了解消费者满足需要愿意支付的成本,而不是先给产品定价,向消费者要多少钱;再次需考虑为顾客购物交易过程提供方便,而不是依据企业状况选择销售渠道和制定销售策略;最后是以消费者为中心实施营销沟通,将顾客和企业双方利益整合在一起。

劳特彭的"4Cs"理论正在发展中,尚不十分完善和成熟,其问题体现在以下几个方面:

(1) 市场经济条件下,市场竞争十分激烈,"4Cs"理论可发现新的需求,但缺乏对竞争对手和自身优劣势及采取对策的冷静分析和研究;

(2) 市场经济条件下,形成企业营销特色、造就营销优势是至关重要的,"4Cs"理论可能造成企业间营销的趋同化;

(3) 企业为满足消费者的需求,以消费者的需求为导向可能会付出更高的成本而降低盈利能力;

(4) "4Cs"理论强调的"满足消费者需求"是被动适应消费者,缺乏"创造需求"和"引导需求"的意识。

4. "4Rs"理论

20世纪90年代末美国的舒尔茨提出简称为"4Rs"的新营销理论,他将营销要素归结为:关联(Relating)、反应(Reaction)、关系(Relation)和回报(Respond \ Redeud),因四个要素英文字母均以R开始,故简称为"4Rs"。其核心内容如下:

(1) 关联。关联即与顾客建立关联。顾客是动态的概念,其忠诚度是变动的,是会发生转移的,只有提高顾客的忠诚度,才能赢得稳定的市场,企业应千方百计与顾客建立联系,形成互助、互求、互需的关系将顾客与企业关联在一起,减少顾客的流失,这对企业的营销尤为重要;

(2) 反应。反应即对市场反应的速度。对企业来说,换位思考、站在消费者立场,及时倾听顾客的希望和需求,并及时答复和迅速做出反应,变"给顾客讲"为"听顾客说",是至关重要的;

(3) 关系。关系为与顾客建立长期稳固的关系。其重要思想是将交易变成责任,变交易营销为关系营销;变管理营销组合为管理与顾客的互动关系;变以产品为核心为产品或服务给顾客带来的利益为核心;变不重视服务为向顾客承诺;将眼前利益与长远利益相结合,达到长期拥有顾客的目的。

在建立与顾客长期稳固的关系时,应按"ABC"分类法原则,以为企业创造75%~80%利润的20%~30%的那部分顾客为重点,否则将造成营销费用的浪费。

(4) 回报。回报是指为企业和顾客创造价值。企业营销要有投入与产出,只有产出大于投入企业才有回报,企业只有满足顾客需求、为顾客提供价值才能有产出,因此只有"双赢"才是企业营销的精髓。

"4Rs"是竞争导向的营销理论框架,着眼于"与顾客互动"和"双赢",不仅积极地适应顾客需求,而且主动地创造需求,运用系统思想整合营销,通过关联、关系、反应将企业与顾客联在一起,形成竞争优势。

上述四种营销理论虽然在思路上各有不同,但存在密切联系。"4Ps"理论是市场营销的最基本框架,"6Ps"是对"4Ps"的完善,变被动适应为主动适应;"4Cs"与"4Rs"是在"4Ps"基础上的创新与发展,企业应依据市场环境和所处的层次选用不同的营销理论。

(二) 市场营销管理哲学

市场营销是企业的一种经营观念,随着经济的增长和市场供求关系的变化,指导企业从事市场营销的思想观念也在变化,从而导致市场营销活动和市场营销理论的变化与发展。

市场营销管理的指导思想,即市场营销管理哲学的发展经历了一个漫长的演变过程,总结历史上出现的市场营销哲学及产生条件,对企业正确认识市场、树立正确的经营观念是至关重要的。

当前存在的营销观念(市场营销管理哲学)主要有:生产观念、产品观念、推销观念、市场营销观念和社会营销观念。

1. 生产观念

生产观念认为:"消费者欢迎那种可买到的和买得起的产品",企业应该增加产量,以满足市场。产生这种观念有两种环境,一是市场上产品供不应求,出现"卖方市场",企业只要组织所有可能组织的资源,集中力量扩大生产和提高分销效率,将产品推向市场,就能获得足够大的利润;另一种情况是企业产品成本过高,采用扩大生产规模的方法增加产量,降低成本,达到让消费者买得起的目的。这种观点的核心是重生产、轻销售,生产什么卖什么,实行"以产定销"。

2. 产品观念

产品观念认为:"消费者欢迎那些质量好、价格便宜的产品"。企业应该致力于产品的改进、努力提高产品质量,只要做到"物美价廉",消费者就会踊跃购买。这种观点是在生产观念之后产生的,由于生产观念作用的结果,市场供应量增加,使供求关系得到缓解,消费者开始注意产品质量、花色、品种等,此时生产者只有提高产品质量、增加花色、品种才能销售出自己的产品,获得利润。这种观点虽然考虑了产品质量、花色、品种等,但企业仍旧是生产什么,卖什么,本质上仍是"生产观念"。

3. 推销观念

推销观念认为:"消费者不购买非必需品,但企业重视和加强推销和销售工作,消费者可能会购买更多的产品"。这种观念是在市场供需平衡或供大于求的情况下,即由"卖方市场"向"买方市场"过渡过程中产生的。该观点认识到,只注重生产、增加产量、提高质量,如不加强销售工作,企业是无法获利的,因此企业应致力于加强、改善销售活动。

上述三种观念的共同特点是企业立足于所生产的产品,都是"生产什么,卖什么",本质上是相同的,故称之为传统营销观念。

4. 市场营销观念

由于企业推行生产观念、产品观念和推销观念的结果,使市场形势由"卖方市场"变为"买方市场",市场上一方面物资供应充足、花色品种齐全、质量提高,另一方面,由于人民收入的增长、生活水平的提高,消费者追求时尚、便捷等,需求发生了根本变化,市场上供应的产品已远远满足不了需求,在这种情况下,企业开始重新审视自己的营销观念,结果发现,导致企业产品滞销、生产停滞、企业利润下降的原因在于所生产的产品不是消费者需要的产品,而消费者需要的产品却无人生产。在此情况下,美国通用电器公司的约翰·麦基特里克(John·B·Mckitterick)提出了"市场营销观念"。该观念认为:"组织目标的实现有赖于对目标市场的需求和欲望的正确判断,并能采用比竞争对手更有效的方式去满足消费者的要求"。在此观念下,企业应以目标顾客及其需要为中心,集中企业一切资源,切实调查研究和了解目标顾客的要求,按目标顾客的要求设计、生产出使顾客满意的产品,然后将其推向市场,满足顾客需求,获得利润。

市场营销观念与传统营销观念有本质的区别,故称为现代市场营销观念,其区别见表1-1。

各种营销观念的区别 表1-1

观念	企业假设	出发点	中心	手段	目的	相关部门	适用市场
生产观念	只要有产品不愁没销路	企业	现有产品	分销活动	增加销售获得利润	生产部门分销组织	供不应求卖方市场
产品观念	顾客能识别产品优劣 顾客愿意购买优良品	企业	现有产品	质量管理	提高质量获得利润	生产部门设计部门	供求平衡
推销观念	顾客只购所需产品 推销技术能增加销量	企业	现有产品	推销活动	靠提高知名度获利	销售部门	供大于求买方市场
市场营销观念	顾客欢迎满足需求并带来利益的产品	目标市场	顾客需要	营销活动	顾客满意获得利润	营销部门所有部门	买方市场

5. 社会营销观念

20世纪70年代以来,人口增长、资源短缺、环境恶化、经济萎缩、失业增加、消费者保护运动盛行等,使人们对单纯的市场营销产生了怀疑,采用市场营销观念的企业在满足消费者需求、欲望获得利润的同时,可能产生忽视社会责任、牺牲人类长远利益的现象,在消费者短期欲望和消费者长远利益之间可能存在矛盾,因此先后出现"生态主宰观念"、"人类观念"、"理性消费观念"等等,菲利普·科特勒认为可代之以"社会营销观念"。社会营销观念是:"组织应该确定目标市场的需要、欲望和利益,然后再以一种能够维持和改善消费者和社会福利的方式向顾客提供更高的价值"。实质上,社会营销观念就是不仅要满足消费者的需要、欲望和利益并由此获得利润,同时还要符合消费者自身和社会的长远利益,要正确处理消费者欲望、企业利益和社会利益三者之间的矛盾,统筹兼顾,求得三者之间平衡与协调。

社会营销观念有别于市场营销观念,首先,它不是简单地满足消费者需要与欲望,而是将消费者短期需要与潜在的需要、长远的利益相结合;其次,考虑社会利益和人类发展的需要。当前出现的"生态营销"、"绿色营销"、"社会责任营销"等观念都是从社会利益和消费者潜在需要出发的营销观念,均属社会营销观念范畴。

6. 21世纪营销观念展望

进入21世纪,企业面临顾客价值与倾向不断变化、环境恶化、经济全球化和众多的政治、经济、社会问题的挑战,但这些问题又为市场营销提供了机会并将产生新的营销观念,以下因素将是影响21世纪营销观念的主要因素:

(1) 非营利性和公共部门营销的增长为企业经营者提出新的挑战和机遇;

(2) 信息技术,尤其是网络技术的发展,促进了世界经济的全球化进程,为市场营销拓展了空间,缩短了与消费者之间的距离,"全球化网络营销"将成为营销的新理念;

(3) 企业道德与社会责任将在营销中占有重要地位;

(4) 世界经济一体化进程加快,国际竞争更加激烈,市场细分更加精细,"国际营销"或"全球市场营销"理念将形成;

(5) 企业受市场驱动,以顾客为导向,将是市场营销的主体观念。

综观市场营销观念的发展可见:

(1) 市场营销观念的形成与发展受市场环境,尤其是供需关系的影响。企业应对市场环境做深刻地分析、预测,动态地调整自己的营销管理哲学,一般来说,每10年企业都应重新审视其市场营销战略和目标。管理专家彼得·德鲁克曾评述过:"企业过去10年成功的方案,很可能是其下10年毁灭的原因"。这正说明了,墨守成规的营销观念将是企业经营失败的主要原因;

(2) 不能简单地认为哪种营销观念好,哪种不好,企业应根据自身所处的市场环境创造性地确定和调整自己的营销观念,获得最大的利润,求得生存与发展;

(3) 以市场为驱动力、以顾客为中心是现代营销观念的核心。

三、市场营销管理

(一) 市场营销管理的概念

管理是为实现企业目标所进行的计划、组织、领导与控制工作的总称。因此,对企业而言,市场营销管理是指为实现企业目标而对旨在创造、建立、加深和维持与目标顾客之间有益交换的设计方案所做的分析、计划、实施与控制过程的总称。

对市场营销管理的概念应重点理解以下几方面:

1. 企业市场营销管理是使企业经营与市场营销环境相适应的重要工作。

企业经营离不开环境,而环境总是在不断地变化,因此企业必须经常地分析与研究市场环境,发现与利用市场机会,并依据市场环境的变化和企业自身条件及时地调整企业战略与策略,使其与环境相适应。

2. 企业市场营销管理是对目标顾客的管理。

企业设计与实施营销方案的目的是建立、加深和维持与目标顾客有益的交换关系。企业的顾客有新顾客和老顾客,传统的营销理论强调招徕新顾客,并以此创造销售业绩。当前,现代市场营销的重心已开始由招徕新顾客、创造新顾客的交易为重点转向全力保持住现有顾客和建立持久的顾客关系为重点的战略与策略设计、实施与控制。这是因为,企业已清醒地认识到:在激烈的市场竞争中,企业招徕新顾客的成本正在上升,同时,失去一个顾客远不止失去一笔买卖,而是失去该顾客在其购物生命周期内可能产生的整个购物量。菲利普·科特勒指出:"招徕一个新顾客的成本是使一个现有顾客继续感到满意成本的五倍";"塔科·贝尔公司的顾客购物生命价值超过1.2万美元,通用和福特汽车公司的顾客生命价值很可能超过34万美元。因此,努力保住顾客,会产生良好的经济效益。企业可能在某笔交易中赔钱,但从长期顾客关系中仍会获得巨大利益。"企业决定将为哪些顾客服务自然是企业市场营销管理的核心内容。

3. 市场营销管理实质上是对需求的管理。

市场营销管理的任务就是为促进企业目标的实现而调节需求水平、时机和性质。一般均认为,需求是由消费者自身欲望决定的,是企业无法控制的不可控因素,企业除适应消费者需求之外,无其他办法。这种观点是被动适应观点。事实上,企业对需求加强管理,采用适当的策略,对消费者加以适当地引导会变被动为主动,会创造出需求,会使需求水平、需求时机和需求构成向有利于企业的方向发展。市场营销管理就是从事这种使企业变被动适应为主动适应的一项顾客管理工作。

依据需求水平、时间和需求性质,企业的市场营销管理可能面对8种不同的需求状况:

(1) 负需求。负需求是指绝大多数人对某产品感到厌恶,甚至愿意出钱回避它的一种需求状况。在此情况下,市场营销管理的任务则是改变市场营销方案,即分析市场不喜欢该产品的原因,以及是否可以通过产品重新开发与设计、降价和采用积极的营销方案来改变消费者的信念和态度,变负需求为正需求。

(2) 无需求。无需求是指目标市场对产品毫无兴趣或漠不关心的一种需求状况。此时,市场营销管理的任务则是刺激市场,即通过大力促销等措施,将产品所能提供的利益与消费者的兴趣联系起来,变无需求为有需求。

(3) 潜在需求。潜在需求是指消费者对某产品有强烈的需求,而现有产品或服务又无法满足的一种需求状况。此时,市场营销管理的任务则是进行市场开发和产品开发,即开展市场研究,开发能提升消费者价值和满意程度的产品,变潜在需求为现实需求。

(4) 下降需求。下降需求是指市场对某种产品需求呈下降趋势的一种需求状况。这种情况下,市场营销管理的任务则是重新振兴市场,即分析需求下降的原因,开拓新的目标市场,改进产品或采用更有效的手段刺激需求,并通过创造性的产品再营销来扭转需求下降趋势,变需求下降为需求上升。

(5) 不规则需求。不规则需求是指某产品或服务在一年中的不同季节、不同月份或一周的不同日子的市场需求波动较大的一种需求状况。这种情况下,市场营销管理的任务则是协调市场需求,即通过灵活的定价及其他刺激手段改变消费者的需求时间模式使市场供给与需求相适应,变不规则需求为规则需求。

(6) 过量需求。过量需求是指某产品或服务的市场需求超过企业所能供给或愿意供给水平的一种需求状况。这种情况下,市场营销管理的任务则是暂时或永久地减少需求,进行缓适营销。缓适营销的目的不是破坏需求,而只是减少或转移需求,企业可通过提高价格、引导消费者消费代用品等措施,使过量需求得到缓解,变过量需求为充分需求。

(7) 有害需求。有害需求是指消费者对某些有害物品或服务的需求。对有害需求,企业市场营销管理的任务是反市场营销,通过劝说等方法使消费者放弃这种需求,采取大力宣传有害物品的危害性、大幅度地提高价格以及停止供应等措施杜绝有害需求。缓适营销与反市场营销是有根本区别的,前者是采取措施减少需求,后者是采取措施消灭需求。

(8) 充分需求。充分需求是指某种产品或服务的需求水平和时间与预期需求水平和时间相等的一种需求状况。此时市场营销管理的任务是努力提高产品质量、降低成本,经常测量消费者的满意程度,激励推销人员和经销商的积极性,以维持和提高需求水平。

需求管理对企业是一项十分重要的营销管理工作,企业营销管理部门应探寻各种方法来为实现企业目标服务,设法采取各种措施影响需求水平、需求时间和需求构成,进行需求管理。

4. 市场营销管理是对营销方案的管理

市场营销的最终目的是实现与目标顾客的交换,"双赢"才是企业生存与发展的基础。为了达到"双赢",企业必须对从消费者需求分析开始,至售后服务为止的全过程进行精心的策划与安排,设计出一种能达到"双赢"的方案并付诸实施。对该方案的计划、实施和控制则是实现企业目标的保证。

5. 市场营销管理是"全面、全员、全过程"的管理市场营销是个复杂的、影响因素众多的系统，只有进行"全面、全员、全过程"的管理才能使各部门协调一致。因此，市场营销管理不仅仅是营销部门的工作，而是企业所有部门的工作；不仅仅是某个环节的工作，而是全过程的工作；不仅仅是营销人员的工作，而且是企业全体员工的工作。

(二) 市场营销管理

市场营销管理是企业管理的重要组成部分，是企业营销部门的主要职能，从事市场营销管理要了解市场营销管理过程、把握市场营销管理活动。市场营销管理过程是按时间顺序对必要的市场营销活动进行排序，是市场营销工作的行动指南，具有跨部门的特点，又称为市场营销管理程序；市场营销管理活动是指市场营销的过程中所从事工作的内容，是市场营销部门的主要工作。市场营销管理过程和市场营销管理活动是密不可分的，但又是不同的概念。

1. 市场营销管理过程

市场营销管理过程又称为市场营销管理程序，是企业为实现目标，识别、分析、选择和利用市场机会，计划、实施和控制企业市场营销活动的全过程。该过程由发现、分析和评价市场机会；选择目标市场；产品定位；制定市场营销组合策略；决定市场营销预算；营销计划的执行与控制组成。企业通过市场营销环境的分析，抓住市场机会，是市场营销管理过程的开始。识别整体市场，将其划分为若干细分市场，依据市场潜力和市场容量，考虑企业资源，选择最具有开发价值的细分市场，集中力量满足和服务于这些细分市场，这些细分市场就是目标顾客。市场营销管理过程的核心是围绕着目标顾客制定产品、价格、渠道和促销四要素组成的市场营销组合策略。为这些顾客开发他们所需要的产品，以适当的价格、在适当的地点、以适当的渠道、通过适当的沟通方式，将产品"送"到顾客手中是市场营销管理过程的主要内容。

2. 市场营销管理活动

为制定和实施最优的营销组合，企业必须围绕着最优的营销组合，组织一切可利用的资源从事营销管理的具体工作。营销管理活动包括：市场营销分析、营销策划、实施和营销控制四种职能，它们之间的关系见图1-9。

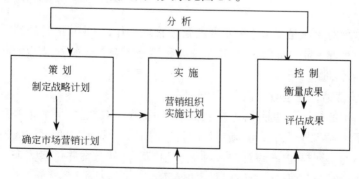

图1-9　市场营销活动管理职能及相互关系

由图1-9可见,分析是市场营销职能的开始并贯穿于营销管理的全过程,其目的是掌握市场营销环境,找到有吸引力的市场机会,避开环境中的威胁,发扬自身的优势,并向每个与营销管理相关的部门反馈信息。

策划开始于制定公司战略总规划,然后再把公司的战略总规划转变为每个部门、每种产品和品牌的市场营销计划和其他部门计划。市场营销计划包括计划实施纲要、市场营销现状、机会与威胁、目标和问题、市场营销战略、行动方案、预算及控制等内容。其中核心是制定市场营销战略和行动方案。通常,市场营销战略包括目标市场战略、产品定位战略、市场营销组合战略和营销费用战略等。

实施是营销部门将市场营销计划所确定的行动方案付诸实施。制订行动方案的实施计划是保证行动方案顺利实施的前提,建立与完善营销组织是行动方案顺利实施的组织保证。

控制是将行动结果与计划目标相比较,找出差距,制订改进措施,采取行动,消除差距,确保目标实现的过程。

该管理活动实质上是在分析的基础上进行"P(计划)、D(实施)、C(检查)、A(处理)"循环,也就是不仅将市场营销管理全过程作为整体进行PDCA循环,而且在管理过程的每一个环节中也要进行PDCA循环,这就是按"大环套小环,小环保大环,促进大循环"的质量管理运作模式从事市场营销管理活动,确保市场营销管理的质量。

四、房地产市场营销

(一) 房地产市场营销的概念

房地产市场营销是依据市场营销的基本理论和方法,按照房地产市场的特点,以房地产产品为交易对象的市场营销,是市场营销理论与方法在房地产企业中应用的一个分支,包括房地产公司战略规划、房地产市场营销过程、房地产营销管理等内容,其核心是确定房地产市场营销观念和制定房地产市场营销战略。其内容详见表1-2。

房地产市场营销的内容 表1-2

	主要内容	详细内容
战略规划	确定公司使命 设计与分析产品组合 选择公司增长战略	公司环境分析,确定企业目标 分析现有业务组合,设计新业务组合 制订增长战略,协调各职能的战略等
营销过程	目标顾客 设计营销组合	市场细分、目标市场选择、市场定位 设计产品、价格、分销、促销策略及其组合
营销活动	市场营销分析 市场营销策划	企业营销环境分析、机会—威胁分析、风险分析 目标和问题研究、制定营销战略、确定行动方案、制定营销预算方案、制定营销控制方案、编制市场营销计划
	营销计划实施 营销计划控制	制订实施计划、营销组织 计划执行结果的检查、比较,制订改进措施,进行营销控制

（二）房地产市场营销观念

房地产市场是一类特殊的市场，房地产又是一种具有消费与投资双重属性、价值高、寿命长的不动产、建造周期长、投资大、建造过程和交易过程均很复杂，涉及因素众多的特殊商品，因此确立市场营销观念是房地产市场营销的第一位重要任务。

房地产作为商品有其特殊性，但也具有作为商品的一般属性。企业进行房地产市场营销的目的也无外乎是向市场投放商品以满足消费者需求并取得相应的回报，因此，从市场营销理论出发，结合房地产产品的特性，企业应从以下几个方面考虑确立房地产市场营销观念：

1．房地产开发企业肩负着改善人居环境、提高人民生活水平的重任；

2．房地产开发企业承担着实现城市规划、塑造城市形象、改变城市面貌的责任；

3．房地产企业在拉动经济、促进经济繁荣中扮演重要角色；

4．树立"以人为本"思想，克服一切从开发商利益出发，片面追求利润、降低消费者价值和满足程度的观点。

我们认为，在我国目前房地产市场条件下，房地产市场营销应以社会市场营销观念为指导，具体可描述为：将以满足消费者需求与欲望为出发点，以提高消费者价值和满足程度为中心，以提高社会福利和改善人居环境为使命，以强化房地产企业社会责任为宗旨，以完善城市功能为动力，作为企业获得利润的来源。

（三）房地产市场营销管理

房地产市场营销管理是房地产企业对市场营销活动所进行的分析、计划、实施与控制过程。该过程也由市场营销环境分析、选择目标市场、市场营销组合和营销计划的实施与控制组成。但由房地产产品和房地产市场的特性所决定，市场营销环境分析，特别是对风险的分析与管理在房地产市场营销管理中起决定性作用。房地产行业是高风险行业，房地产企业进行市场营销管理时，分析市场环境、识别风险因素、抓住机遇、依据自身条件确定市场营销战略是房地产企业成功的关键。

市场营销战略是房地产公司总体战略的重要组成部分，它可为制定企业战略提供市场营销观念和目标市场需求，使企业战略能围绕着目标市场的需求来制定；又可为制定企业总体战略提供市场机会和利用这些机会的潜能，帮助企业决策者做出正确的投资决策。因此，制定房地产市场营销战略是市场营销管理的核心内容。

房地产营销战略主要包括：目标市场战略、产品定位战略、市场营销组合战略和营销费用战略等。

房地产市场营销是一项复杂的系统工程，只有公司各职能部门相互配合、相互协调才能收到良好效果，如果只是各部门制定的单项策略的简单相加，不会收到良好效果。只有好的区位、好的设计、好的环境，不与相应的价格、分销和促销相配合,自然不会有好的销售业绩。进行房地产营销管理、制定房地产营销组合战略正是这样一项以系统思想为指导的系统工程。房地产项目的"全程策划"和"全面策划"正是在这一思想的指导下产生的。

本章小结

1. 本章从经济学和市场营销学角度引入市场的概念。从经济学角度将市场定义为商品交换关系的总合,其目的是引导企业正确认识宏观市场环境对企业的影响。

2. 企业的宏观市场环境分析是以市场机制为核心的,市场机制的主体是供求机制、价格机制和竞争机制,了解市场机制及其运行的一般规律可促进企业积极主动地应对竞争、按供求关系和价格的涨落安排生产经营活动,这将有助于宏观资源配置的优化,也有利于实现企业生产要素的最优配置。

3. 市场营销主要研究企业如何通过整体市场营销活动,适应并满足消费者的需求,以实现经营目标。市场营销是以满足人类各种需要和欲望为目的,通过市场变潜在交换为现实交换的活动,不同于销售或促销。

4. 市场营销管理是指为了实现企业目标,创造、建立和保持与目标市场之间的互利交换和关系,而对设计方案的分析、计划、执行和控制,其任务是促进企业目标的实现而调节需求水平、时机和性质。市场营销管理实质上是需求管理。

5. 市场营销管理过程是指企业为实现经营目标而进行的分析、选择和利用市场机会的管理过程,包括:发现和评价市场机会,市场细分和目标市场选择,制定市场营销组合和确定市场营销预算,实施和控制市场营销计划等。

6. 市场营销管理哲学即是市场营销的指导思想或称营销观念,是企业在开展市场营销活动的过程中在处理企业、顾客和社会三者利益方面所持的态度、思想和观念,企业的市场营销管理哲学可归纳为:生产观念、产品观念、推销观念、市场营销观念和社会市场营销观念五种。市场营销观念和社会市场营销观念已经形成了指导现代企业市场营销活动的理论——市场营销理论,已发展成一门学科——市场营销学。

7. 房地产市场营销是依据市场营销的基本理论和方法,按照房地产市场的特点,以房地产为交易对象的市场营销,是市场营销理论与方法在房地产企业中应用的一个分支。其核心内容是确定房地产市场营销观念和制定房地产市场营销战略。

8. 房地产市场是一类特殊市场,房地产是一种特殊商品,确定其市场营销观念是非常重要的,在我国目前房地产市场条件下,房地产市场营销应以社会市场营销观念为指导,具体可描述为:将以满足消费者需求与欲望为出发点,以提高消费者价值和满足程度为中心,以提高社会福利和改善人居环境为使命,以强化房地产企业社会责任为宗旨,以完善城市功能为动力作为企业获得利润的来源。

讨 论 题

1. 房地产企业应如何理解市场及市场机制?
2. 房地产企业应如何树立正确的市场营销观念?应克服哪些困难?
3. 结合你所了解的企业,说明房地产企业应如何进行市场营销管理?

案例 潘石屹和北京现代城①

潘石屹这位年轻的开发商27岁进军北京,他操作的万通新世界广场在一个星期内销售额高达6.5亿港元,成为房地产界的经典之作。

市场在潘石屹那里并不沉重可怕,他选择一个项目的条件概括起来非常简单:(1)是不是符合未来发展趋势;(2)对用户是不是方便、舒适;(3)这个产品质量是否上乘。他说:"你对人的基本需要有一个了解和把握,你再去查看一下国家几年内的城市规划,再去跑一下市场,看一下有多少资源可以让你用,就够了。"

他又要在北京开发新的住宅项目,他将问题简化为:现代中国城市居民要住什么家?

有关机构对部分北京人的调查表明:面对未来的价值取向,73%以上的被调查者认为,过现代化的生活和获得稳定的投资回报是自己最想追求的。84%被调查的人认为,尽管现代生活应包括生活的诸多方面,但主要的还是自己的生活空间——"家"的现代化。只有首先拥有一个现代化的家,才能谈论现代化生活。他们认为,如果能满足如下条件,则基本上就可以认定自己过上了现代化的生活:

第一、家的周边要有现代化的生活气息和商业氛围;

第二、要有方便的出行条件;

第三、要有人与自然的亲和;

第四、要有个性的充分张扬。

他开始按这四个条件寻找现代北京人的家。潘石屹曾在 Internet 上下载了一张世界地图,是在傍晚从卫星上看地球,地球上灯光的明亮程度与人均 GDP 高度吻合,他说道:"由此我受到启发,在晚上我开车看北京的灯光,西边一片黑暗,国务院部委的办公室没有亮灯的房间,而东边灯火通明,有在办公室加班的、有饭店、商店……"因此他选中了东边——北京市总体规划确定的北京市 CBD(中央商业区),认定该地区一定是最现代化、最繁荣、最有人气的地段。

现代城是潘石屹的又一杰作,总建筑面积42万 m^2,现代城建筑不多,偌大的社区只设计了一栋联体公用建筑和6栋公寓。6栋公寓分成两排,间距100m。剩下的是三个标准足球场大小的绿地以及小桥、流水、花园等。社区地上没有停车场,而在中心绿地下设计了三层停车场,社区车辆必须全进停车场,而地面上一片

---

① 摘自冯佳等. 现代房地产经典营销全录. 广州:暨南大学出版社,1999

绿草茵茵。

现代城居室设计：客厅达 $50m^2$，同时为了更好的采光，设计时把阳台融入客厅内部，采用外探式全落地大窗。往客厅一站，外面的世界，近在眼前，似乎与房间联成一体，让人有一种空旷而博大的感觉。

现代城无论是社区宏观构思，还是微观的居室设计都为人们预留下了丰富的生活空间。生活在看似"空空荡荡"的现代城，人们得到的是与自然融为一体、与天地相合一的心灵的充实与满足。

思 考 题

1. 潘石屹在进行房地产开发时的营销观念是什么？
2. 你对潘石屹开发的现代城怎样认识？他能成功吗，为什么？
3. 你认为在繁华大都市开发房地产时应关注的主要问题是什么？

第二章 房地产公司战略管理与市场营销管理活动

本章学习目的

1. 了解房地产公司战略管理的概念。
2. 掌握房地产市场营销战略的构成。
3. 了解房地产市场营销管理过程。
4. 熟悉房地产市场营销策划程序及其相关内容。

第一节 房地产公司战略与战略管理

战略对企业而言是极其重要的。乔丹·罗斯(Jod · Ross)和迈克尔·卡米(Michael·Kami)曾形象地说:"没有战略的企业就像一艘没有舵的船一样只会在原地转圈,又像个流浪汉一样无家可归"。我国古代思想家孔子也曾指出:"人无远虑,必有近忧"。这都说明了战略对企业的重要性。

一、公司战略

(一) 公司战略的概念

战略是指实现长期目标的谋略和方法。房地产公司战略是指房地产公司为了生存和发展,面对不断变化的经营环境而进行的总体谋划,是指导公司经营活动的基本指导思想。它包括房地产公司战略目标及实现目标的主要方针、产品和市场范围、增长方式、竞争优势、协同作用等内容,是体现公司资源配置与环境相互作用的基本模式,是由公司层次的总体战略、业务单位(分公司)和公司职能部门战略组成的分层次的战略体系。

公司总体战略是公司最高层次的战略,是公司发展的灵魂,是制定各业务单位(分公司)和公司职能部门战略的纲领,其中典型的战略主要有:增长战略和竞争战略。

(二) 公司增长战略

公司增长战略是指为实现公司目标,依据自身能力和不断变化的市场营销环境而对未来经营业务的发展方向所作的战略规划。公司增长战略可根据经营需要采用一体化或防御性战略,也可在对公司现有业务进行评价的基础上(通常采用波士顿咨询集团法),按现有产品、新产品与现有市场、新市场的对应关系采用加强型战略(市场渗透、市场开发、产品开发战略)和多元化战略(集中、横向、混合多元化战略)。现有产品、新产品与现有市场、新市场的对应关系见表2-1。

产品与市场对应关系表 表 2-1

产品 \ 市场	现有市场	新市场
现有产品	市场渗透	市场开发
新产品	产品开发	多元化

房地产公司依据外部环境和内部条件共有 4 类 13 种增长战略及其组合可供选择(见表 2-2)。

房地产公司增长战略 表 2-2

战 略		定 义	案 例
一体化战略	前向一体化 后向一体化 横向一体化	获分销商控制权 获承包商控制权 获竞争者控制权	万科-万创-万通三位一体综合开发,以房地产开发为核心向前扩展,与置业公司联合或获置业公司的控制权
加强型战略	市场渗透 市场开发 产品开发	扩大销售网络,提高市场份额 同类产品进入新市场 开发新产品进入同类市场	顺驰社区置业网 万科进入上海、北京、辽宁等市场 天津万隆进军天津大胡同商用市场
多元化经营	集中多元经营 横向多元经营 混合多元经营	围绕房地产开展新业务 开拓与房地产无关的新业务 为现有用户提供新的服务	开展物业管理、装饰、清洗等业务 天津房地产开发集团经营旅馆、饭店 在居民小区开超市提供便民服务
防御型战略	合资经营 收缩 剥离 清算	组建新企业 通过减少资本,对企业重组 出售小公司,部分出售 全部出售	吸收外资、私人资本、法人资本组建新公司 万科出售怡宝蒸馏水公司

(三) 公司竞争战略

公司竞争战略是指公司面对竞争者为获得竞争优势而作出的战略规划。按迈克尔·波特的一般性战略理论,公司在竞争中获竞争优势的基点是成本领先,差异化和聚焦任务。该理论也适用于房地产公司。在竞争中房地产公司有成本领先战略、差异化战略和聚焦战略三种,一般性竞争战略可供选择。

1. 成本领先战略

成本领先战略是指努力降低成本与费用,使自己的产品价格低于竞争者的同类产品价格而获得利益。

公司采用一体化战略的目的也是为获得成本领先的收益。因此，面对竞争者，房地产公司采用一体化增长战略与成本领先战略的目标是一致的，都是为了将竞争对手市场中的价格敏感用户，靠低价格吸引过来，扩大自己的市场份额。

成功的成本领先战略贯穿于整个企业的管理，体现为高的工作效率、低的管理成本、严格的预算审查、规范的招投标、成本节约与奖励挂钩等。

这种战略的风险有：其他房地产公司的效仿而降低房地产业的盈利水平；技术上的突破；新材料的使用等均可导致该战略的失败。

2．差异化战略

差异化战略是指大力开发别具一格的项目，使环境、房型或服务等有独到之处，从而取得差异优势，使顾客愿意接受高价格。

采取差异化战略的前提是对消费者的需求有较深入地了解，可为目标顾客设计出与其他开发商不同的、具有独特风格和特色的房地产产品。万科的"城市花园"就是在当时设计出的与众不同的差异产品。

差异化战略对市场营销功能的研究与开发有较高的要求，同时还要求房地产公司能吸引富有创造性的人才并为其创造良好的工作环境。

差异化战略的风险在于消费者对差异产品的认同，差异能否真正给消费者带来额外"利益"。

3．聚焦战略

聚焦战略是指公司集中力量为某一个或几个细分市场提供最有效的产品或服务，以满足一定顾客的特殊需要而获局部优势。市场渗透和市场开发等增长战略或成本领先战略均可为聚焦战略提供优势。如以低成本、低价格向低收入家庭提供经济适用住房，就是聚焦于低收入家庭；采用成本领先战略为白领阶层开发集办公、休闲、居住于一体的住宅就是聚焦于白领阶层采用的差异化的战略。

依据不同的竞争战略，确定自己在不同目标市场上的竞争地位，按市场份额可将企业划分为市场主导者、市场挑战者、市场追随者和市场利基者。一个房地产企业可能在不同的市场上发展，在一个市场中可能是领先者而在其他市场上可能是挑战者、追随者或利基者，这与目标市场的战略选择有关。在某一市场上处于不同地位的房地产公司应采用不同的策略。对于处在主导者地位的房地产公司应①保护现有市场并设法扩大市场占有率；②防御挑战者的进攻；③以攻为守，主动对挑战者发起攻击等。对处于挑战者地位的房地产公司应采用低成本或差异战略，伺机进攻或者采用跟随战略。对处于跟随者地位的公司，跟随是其主要策略，跟随是指在目标市场、产品、价格等方面追随和模仿主导者，可采用紧密跟随、有距离跟随、有选择跟随三种策略。个别跟随者可通过联合、兼并等方法壮大自己，而后向主导者或挑战者发起进攻。

小房地产公司几乎均是市场利基者，选择有足够市场潜力和利润增长潜力且对主要竞争者不具备吸引力的市场是其主要策略。

二、公司战略规划与战略管理

战略规划是指公司为了实现目标以求得自身发展而设计的行动纲领和方案，是以保证公司自身发展为目的，通过确定公司发展目标和业务范围，使公司经营目标与环境相一致，借以避开环境威胁，充分利用市场机会的战略决策过程。

战略管理是指"在企业目标、能力和不断变化的市场营销机会之间发展和保持某种战略适应性的过程"，"是企业为了长期生存与发展而选择、制定适当战略，以指导企业经营管理活动"，它由战略制定、战略实施和战略评价与控制组成。

战略管理与战略规划是不同的。战略规划实质上是战略管理的重要组成部分，其重点是战略的制定与决策过程，而战略管理除包括战略制定与决策之外，还包括战略的实施和战略的评价与控制过程。

(一) 公司战略管理模型

公司战略管理模型见图2-1。

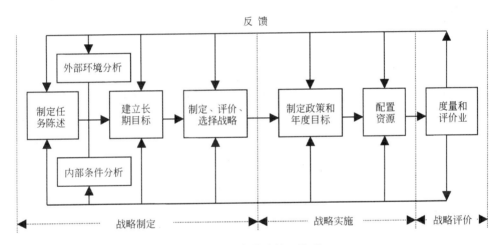

图2-1 综合战略管理模型

(二) 战略制定

由综合战略模型可见，战略制定由任务陈述、外部环境和内部条件分析与建立长期目标和制定战略组成。

1. 任务陈述

彼德·德鲁克指出："一个企业不是由它的名字、章程和公司条例来定义，而是由它的任务来定义的。企业只有具备了明确的任务和目的，才能制定明确和现实的企业目标。"因此，制定企业任务陈述是房地产公司进行战略管理的开始。

企业任务陈述又称纲领陈述、宗旨陈述、理念陈述等，它是"区别一个企业与其他类似企业特性的目的的表述，它确定企业经营产品的种类和市场范围"，应回答"企业的任务是什么?"，应描述企业的价值观和业务重点。

任务陈述可使企业高层管理者思考目前企业经营性质和范围、评估未来潜在的市场引力,提示企业想成为什么样的组织和为哪些顾客服务等远景内容,并概括地指明企业未来的发展方向。它是以顾客为导向提出的"企业存在理由的宣言",是"企业的发展和展望的宣言",是"企业社会政策的宣言"。

房地产公司任务陈述应包括以下要素:①用户;②产品或服务;③市场范围、技术;④公司对生存、增长和盈利的关切;⑤观念,即公司的基本理念、价值观、志向和道德准则;⑥自我认知;⑦对公司形象的关切;⑧对职工的关心等。

房地产公司的任务陈述应:①高度抽象笼统,过细会产生消极效果;②应坚持顾客导向,要体现用户的预期、房地产公司的经营宗旨,应确认顾客的需求并为其开发产品、提供服务以满足其需求,而不是先开发出住房,再去寻找市场。理想的任务陈述应体现出本公司开发的房子对用户的功效。"不要给我东西,不要给我衣服,我要的是迷人的外表。不要给我房子,我要的是安全、温暖、干净和快乐。不要给我书籍,我要的是阅读的愉悦和知识……"这一效用需求的歌谣对制定任务陈述是有参考价值的。

社会问题是房地产公司制定战略需重点考虑的问题。高层管理者不仅要考虑企业本身,还要考虑对用户、环保、民族、社区和其他利益团体的责任。

任务陈述应采用职工、中层和高层管理者共同交流的方式制定。这样才能达到激励职工,增加凝聚力,提高竞争力的效果;才能向管理者指明超越个人、局部和暂时需求的整体和持久的发展方向;才能使不同阶层,不同年龄的人们建立共同的期望,才能兼顾和统一不同时期,不同个人及不同利益集团的价值观,使公司的价值观具体化。

2. 外部环境分析

房地产公司的外部环境可分为宏观环境和微观环境两个层次。宏观环境是指涉及政治、经济、社会、文化、法律、技术和竞争等方面可以使公司未来受益或受损的发展趋势和事件。微观环境是指与公司营销活动直接相关的、相互影响、相互作用的主要参加者和力量,包括承包商、中间商、金融服务、广告商、竞争者及公众等,他们均受宏观环境的影响和制约。通过宏观环境和微观环境的分析可揭示出公司的市场机会和威胁。

3. 内部条件分析

每个房地产公司都有赖以生存的核心能力,这是它的优势;也都有薄弱环节与不足,这是它的劣势。没有一个公司在所有业务领域均有优势,天津顺驰集团以营销而著称,万科以出色的设计而闻名,这都是他们的优势。内部分析就是找出公司优、劣势,并使各职能部门相互协调。

4. 制定战略

内部优势与劣势、外部机遇与威胁、明确的任务陈述三者共同构成了制定公司战略的基础。制定战略就是利用优势、克服劣势,抓住机遇、弱化威胁,确定实现公司目标途径的过程。制定房地产公司战略首先要制定长期目标,然后再制定战略框架,最后依企业资源,评价和确定公司战略。

长期目标是实施战略预期的结果,应是可度量且可定量的、是现实且具有挑战性和激励性的、是分层且能协调各部门关系的。通常使用利润、利润率(或每股盈余)、销售额及增长率、市场占有率、空置率等指标。

战略框架一般采用TOWS矩阵法(威胁-机会-劣势-优势矩阵)、空间矩阵法、内外矩阵法或大战略矩阵法等方法制定。

依据公司资源状况,按战略框架进行分析与评价,最后选择有利的战略方案作为公司战略。

(三)战略实施

战略制定是思维过程,是行动前的部署,需要有较好的直觉与分析技能,而战略实施是行动过程,是在行动中管理和利用资源以提高效率,需要特殊的领导与激励技能。制定出好的战略并不等于有好的实施结果,实施战略比制定战略的难度更大。

战略实施过程包括将长期目标变成各层次的年度目标和配置企业资源,其中确定机构设置及其关系、制定规章制度、规划信息流程等组织工作是实现公司战略的组织保证。

按年度目标的重要程度配置公司拥有的人力、物力、财力和技术资源是公司战略管理的宏观活动。一般用目标树法将长期目标分解成年度目标,用目标管理法进行管理;建立责任会计制度,确定各部门的经济责任,通过编制预算进行资金分配,以体现资源配置。目前,实施地区分布结构、事业部结构或矩阵结构是房地产公司组织结构变革的方向。按战略调整组织结构、重组业务流程、合理分权等是该阶段的重要任务。

(四)战略评价与控制

战略管理决策将对企业产生显著和持久性地影响,错误的战略决策将给企业带来严重后果,及时地进行战略评价,可使管理者认清潜在的问题,防患于未然。

战略评价与控制包括考察企业战略的内在基础,预期结果与实际的比较和采取纠正措施等工作。

房地产公司在考察战略内在基础时,应更多地关注竞争者,了解他们对本公司战略的反应及其战略的变化;关注消费者的反应和态度及需求的变化;审视外部机遇是否被抓住,是否产生新的机遇,威胁是否仍存在;审视内部优势是否有所加强,劣势是否更突现等。

选择比较指标,将预期结果与实际相比较确定差距是控制的基础。房地产公司在比较时常用的财务指标包括:投资收益率、利润率、资产负债率、销售增长率等,其他指标包括:空置率、市场占有率等。除此之外,还应考虑三类重要的财务指标评价方法:一是将本公司不同时期的指标加以比较,以研究增长趋势;二是将本企业与竞争者指标相比较,以找出差距;三是将公司指标与行业平均水平相比较,以确定本公司在行业中的地位。一些定性的问题，如战略所涉及的风险是否可接受？资源利用是否合理？战略时间表是否恰当等，也应一并评价。根据评价的结果，进行原因分析，针对原因，制定措施，改进工作，直至实现公司目标为止。

上述过程即是一个房地产公司进行战略管理的全过程。

三、营销战略与公司总体战略

（一）房地产市场营销战略与房地产公司战略的关系

房地产市场营销战略是房地产公司战略的重要组成部分，它是在公司战略的指导下，在内部优、劣势分析和外部环境机遇与威胁分析的基础上制定的房地产公司在市场营销方面的谋略。房地产市场营销战略与房地产公司战略的关系见图2-2。

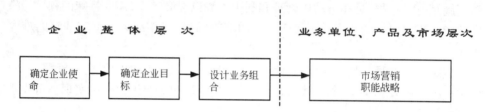

图2-2 公司战略与市场营销战略的关系

公司市场营销战略在公司总体战略中占有举足轻重的地位，它是公司价值链中最重要的一环，也是当前房地产公司价值链中最薄弱的一环。因此，在对公司总体战略进行管理的基础上，加强市场营销战略的管理是实现公司价值增值的重要环节。

市场营销战略虽然是在公司总体战略的指导下制定的，但市场营销战略与公司总体战略之间有许多重叠部分，市场营销战略和公司总体战略都是依据消费者需要和公司满足这些需要的能力来制定的，因此，市场营销可为公司总体战略提供指导原则，即市场营销观念，建议公司战略应围绕着目标顾客的需要来制定；帮助公司找到有吸引力的市场机会和估计公司利用这些机会所具有的潜能。

（二）房地产市场营销战略的构成

房地产市场营销战略包括目标市场战略、产品定位战略、市场营销组合战略和费用战略等。

目标市场战略是在市场细分的基础上选择所服务市场面的方略。房地产公司一般不可能面对所有市场，应在对细分市场的规模和成长性、细分市场的吸引力进行详细分析与评价之后，依据自己的能力和优势、目标和资源，选择自己为之服务的市场。可有无差异市场营销、差异市场营销和集中市场营销三种策略供选择。如万科就是采用集中性市场营销策略，选择"白领阶层"为其目标市场。

产品定位战略是指确定公司产品和服务在市场上的地位，也就是与竞争产品相比，本公司产品和服务在消费者心目中的地位。消费者面对各种产品和服务信息,在做出购买决策前,根本无法准确评估产品,为了简化购买过程,他们在心目中对企业、产品及服务进行"定位",按照"定位"进行决策。房地产是价值高的耐用品,消费者的定位是明确的,收入低的人,从不问津高档住宅,收入高的人,也从不问津低档住宅,正是这个道理。消费者的定位叫市场定位,因此产品定位必须与目标顾客群的需要想适应,即与市场定位相适应。企业的产品定位战略可针对产品差异、服务差异、形象差异等制定,也可以针对竞争对手来制定。如万科的"城市花园"就是将产品定位于中、高档,按"白领阶层"的需要开发的。

房地产营销组合战略是将产品(含服务)策略、价格策略、分销策略和促销策略有机组合而成的企业层次的整体策略,是产品定位后为目标顾客设计的、将产品送到顾客手中的方案,是协调企业各部门、指导企业全体员工为实现企业目标而共同奋斗的工作方案。

(三)目标市场战略

目标市场是企业为之服务的某些特定的顾客群体,它是在市场细分的基础上,结合企业资源状况确定的。

1. 市场细分

市场细分是依据市场需求的多样化和购买者行为的差异,将整体市场划分为若干具有相似特征的顾客群。市场细分有利于公司发现新的市场机会、选择新的目标市场并为其设计开发产品、制定适当的营销战略与策略。

市场细分可依据各种不同的变数或其组合进行细分。房地产公司常用的细分变数见表2-3。一般情况下,房地产公司都采用多变数的细分方法。

细分变数表　　　　　　　　　　　　　　　　　　　　表2-3

细分变数	具 体 因 素
地理细分	城乡、气候、环境
人口细分	年龄、家庭结构、收入水平、职业、教育、宗教、民族
心理细分	生活方式、性格、偏好、兴趣、对营销要素的敏感程度
行为细分	购买时机、追求的利益、品牌忠诚程度
集团用户规模	购买力、企业大小

2. 目标市场战略

房地产公司在选择自己服务的目标市场时,有无差别市场营销、差别市场营销和集中市场营销三种战略。

(1)无差别市场营销。即不考虑细分市场的差异,力图开发设计一种适用于各类消费者的房地产产品,运用一套市场营销组合,为整个市场服务。这种战略是我国房地产业形成初期采用的战略,现已很少使用。

(2)差别市场营销。即公司同时选择几个细分市场为目标,并针对各细分市场的需求的差异,分别开发设计不同的产品,运用不同的市场营销组合为不同的细分市场服务。该策略适用于规模较大、实力较强的房地产公司。

(3) 集中市场营销。即放弃一个大市场中的小份额,而集中力量在一个或少数几个细分市场中占有大份额。该战略是当前大多数房地产公司采用的战略。三种目标市场战略见图 2-3。

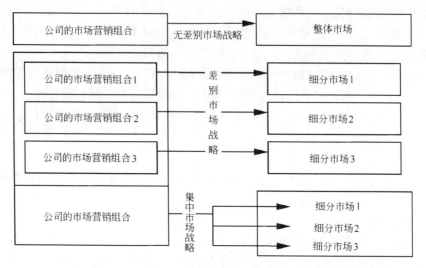

图 2-3 三种目标市场战略

公司应依据拥有的资源对目标市场容量、潜力等进行评估后选择目标市场。

3. 产品定位战略

市场定位是指消费者对产品的重要特征进行定义的方法,即与竞争者的产品相比,本公司产品在消费者心目中的地位。产品在消费者心目中的地位是消费者的购买行为的一部分,是消费者对产品的知觉、印象和感觉的复合体,它不是公司强加给消费者的,但公司必须给产品设计出优势,即"卖点",以影响消费者的市场定位。公司的产品定位战略就是从公司高度制定的影响和引导消费者市场定位的谋略,以先入为主的方式给产品定位。产品定位战略可根据产品的特点,也可针对竞争对手或某一特定项目,还可采用将产品划分为不同类别的方法进行产品定位。房地产公司可选择"针锋相对"式、"填补空缺"式和"另辟蹊径"式产品定位战略。

"针锋相对"式战略是为争夺同一细分市场,将产品定位于与竞争者相似的地位。如针对万科的"城市花园"、天津顺驰开发了"顺驰新城"。

"填补空缺"式是寻找未被占领的但为消费者所重视的位置,即填补市场上的空位。如津房发展在天津南郊开发的"蓝水假期"就是采用了填补空缺式战略将其定位于未被占领而又为消费者所重视的生态小区。

"另辟蹊径"式产品定位战略是意识到本公司无力与同行强大对手抗衡而获得优势时,依据自己的条件突出宣传自己开发产品的特色。如利用地热供热水的温泉公寓,提供优良物业服务的数字化小区等均突出了产品的特点。

将房地产产品划为不同类别也是一种产品定位方法,如将自己开发的商品房定位于高档豪华住宅等。产品定位的目的在于与竞争对手争夺市场,因此房地产公司应在产品差异、服务差异、员工素质差异和品牌形象等方面选择定位战略,通过对差异的重要性等方法确立差异并传播选定的定位。

(四) 市场营销组合战略

市场营销组合是为了满足目标市场的需要,采用系统思想对房地产产品、销售价格、分销、促销等公司可控要素加以组合而形成的完整营销方案,是将开发的房地产产品、销售的价格、分销的渠道和促销的措施有机地、系统地组合而成的系统性方案,是将房地产产品开发策略、价格策略、分销与促销策略融为一体的整体策略,而不是将它们"简单地相加"。优秀的市场营销组合通常能使中档的房地产产品卖较高的价格,达到事半功倍的效果。

房地产公司营销组合的制定不是在房地产开发完成后才开始的,而是始于房地产开发前期,结束于售后服务完成的房地产开发全过程。公司的市场营销组合受企业资源条件、企业目标及产品定位战略的影响和制约。

第二节 房地产市场营销管理活动

一、公司营销环境分析与机遇选择

公司营销环境又叫公司市场环境,是指影响公司营销部门建立并保持与顾客良好关系的、公司不可控制的各种因素和力量。

环境的变化可给公司带来机遇,也能给公司造成威胁。识别环境因素的变化,依据变化调整战略与策略是公司营销部门的首要任务。

营销环境由宏观环境和微观环境组成,微观环境是指与公司关系密切、能够影响公司为顾客服务能力的各种因素,包括:公司自身、供应商、建筑承包商、金融机构、营销渠道单位、顾客、竞争对手、政府和公众等;而宏观环境是指影响整个微观环境的社会性因素,包括:人口、经济、自然环境、技术和政治法律等因素。

房地产公司通过对宏观环境和微观环境的分析,即市场环境分析,可使投资人了解宏观社会经济因素的变化及趋势,把握投资机会和方向;了解房地产市场上各类房地产产品的供求状况和价格水平,为制定产品策略与产品定位策略服务;也为了解消费者对产品的需求及购买行为,为产品的规划设计和制定销售策略服务。

(一) 从宏观环境中寻找商机

公司的宏观环境分析分为国家宏观经济形势分析和城市经济形势分析两个层次。

1. 国家宏观经济形势分析

国家宏观经济形势分析包括国家产业政策、货币政策、财政政策和有关政策法规等国家政策性因素;国民生产总值及增长速度、投资规模等国民经济发展指标;

债券、股票等金融市场走势以及人口规模与结构、居民收入、文化背景等因素。

国家产业政策是调整社会总供给与总需求之间结构性不平衡的主导政策。当前,国家重点支持的为中、低收入家庭建造经济适用住房就是产业政策的体现。

货币政策是调整货币供给与需求的基本政策。以货币供应量、存贷款利率和信贷为基本工具的货币政策对房地产开发的资金筹措、居民购房贷款与按揭等将产生直接的影响。

财政政策是调整政府财政收支的重要政策。发行国债,促进居民储蓄的转移,增大政府城市基础设施建设力度和解决民众福利等方面将起到重要作用,研究财政政策的变化将为房地产公司确定投资意向起到指导性作用。

债券、股票等金融市场走势是国家经济变化的晴雨表,房地产板块走势反映了房地产业的变动趋势,它是国民经济发展的先导指标,可为房地产公司指明行业的前景。

国民经济发展指标揭示了国民经济发展速度及投资规模,他将影响就业水平和居民收入,进而对房地产业产生直接的影响。

2. 城市经济形势分析

宏观经济分析的第二个层次是房地产公司拟定开发的项目所在的城市、地区、项目周边的经济发展与建设状况,主要包括与项目所在区域、城市相关的因素和项目周边经济与建设状况因素。与项目所在区域、城市相关的因素有:城市与周边的联系、城市发展战略与城市规划、基础设施建设、土地分级及基准地价、城市规模与发展速度、城市经济增长潜力、地方政府产业结构及调整政策、城市人口结构、居民收入水平、城市文化、集团购房与私人购房比例、住宅开发总量与消化总量、区域明星楼盘和畅销楼盘等。项目周边经济与建设状况因素有:项目周边人口、交通、商业、医疗卫生、文化教育设施及已经开发、正在开发和准备开发的项目类型、规模、设计、销售状况、价格等。

通过该分析与研究可揭示出房地产公司面临的机遇与威胁,为制定和调整公司的整体战略和地区战略奠定了基础。机遇是企业的重要资源,是无处不在、无时不在的,它虽然具有随机性、时效性和潜在性等特点,但只要努力探索其"无序"与"有序"之间的内在联系,积极收集和占有信息,主动寻求,下工夫去开发与利用,一定会抓住机遇,为企业的发展提供依据。"万科"就是在收集、整理、分析国内外信息的基础上,抓住机遇,调整战略,重新整合公司,而成为房地产业的佼佼者。

对宏观经济环境的研究应注意企业与行业的区别,不利于行业发展的影响因素并不意味着一定对企业产生不良影响,关键在于企业能否创新,制定相应的战略,克服不利因素的影响,获得自身的成功。

(二)从微观环境中寻找商机

微观环境是由与企业项目开发直接相关的要素构成的,包括:土地供应、顾客、竞争者、承包商、设计规划服务机构、广告商等,从各要素及相互关联中可发现公司的机遇。

1. 土地供应

土地供应应主要分析政府土地批租信息:政府的土地批租政策;土地批租的数量、用途及分布;已批租和待批租土地面积、用途、可建筑面积;宗地出让和转让信息:使用权受让方、位置、用途、占地面积及建筑面积、土地价格、使用年限、土地利用规划要求等。从中公司可了解土地供应与需求状况,为公司选择土地和开发策略提供依据。

2. 顾客

顾客分析是公司微观环境分析的重点,其内容包括:各类顾客的需求及特点、现居住状况、收入水平、职业、家庭结构、购买动机与购买行为、购买决策过程等,它是公司制定目标市场战略和产品、价格、渠道和促销等策略的基础。

3. 竞争者

对竞争者分析主要包括:已建成投入使用的房地产产品(项目名称、用途、区位、投资、建筑面积、入住率、售价或租金、销售渠道、销售方式及广告、建筑承包商、售后服务及物业管理等)、政府规划中的房地产开发项目(区位、占地面积、建筑面积、容积率、开工日期等)、建设中的项目(投资人和投资额、开发商、项目名称、占地面积和建筑面积、当前建设状况、预计完成日期、周边及配套状况、预售价格及数量、广告宣传等)。通过对竞争对手的分析,可揭示出竞争对手的战略与策略,找出竞争对手的优势与劣势,有针对性地制定和调整公司的营销策略。

4. 其他因素。

对承包商的分析包括建筑承包商的信誉、质量、任务饱和程度、项目管理能力、价格、融资能力等,对其分析的目的是在招标的过程中选择有信誉、质量好、融资能力强、知名度高的承包商,为自己开发的产品"贴金";优秀的设计规划服务机构可将目标顾客的需求完美地表现出来;优秀的销售商和广告商可为公司拓展营销渠道、扩大房地产产品的品牌效应。

在宏观环境分析的指导下进行微观环境分析就会在开发商的头脑中形成一个房地产开发的投资意向。

二、营销策划

房地产开发是一个复杂的过程,各阶段相互关联、相互影响,一个环节考虑不周,将导致整个项目的失败,给企业造成不可挽回的损失,甚至会断送公司的前途,经营风险很大。因此,房地产公司在开发项目之前都进行详细而周密地分析与策划。当前,房地产营销策划有很多提法,包含的内容和重点也各不相同,其中以"全程策划"、"可行性研究"、"销售策划"等提法较普遍。"全程策划"是深圳国际企业服务公司提出的一种在房地产开发中按阶段为企业提供全过程策划的服务方式。这种方式在统一思想指导下进行开发过程各阶段策划,避免了各阶段分别策划产生的指导思想不一致的问题。房地产公司进行的"可行性研究"重点在于财务分析,以评价投资的可行性。"销售策划"通常是进行广告宣传、公共关系、销售方式等促销活动,不等于营销策划。本节所述的房地产营销策划是指在市场环境分析的基础上,在确定了目标顾客的情况下,针对具体房地产开发项目制定一套能给企业带来利益的、完整的营销方案的活动。

(一)房地产开发项目方案策划的切入点

当前,大多数房地产公司都沿用先拿地、再根据地块条件盖房子、房子盖完后就挖空心思地找卖点、做宣传卖给消费者,至于消费者是否认账,只有听天由命了,项目失败了,开发商除了埋怨消费者外,只能以"公司不能控制消费者"自慰了。其实,这种思维方式是先决定产品属性,再去找市场的传统营销观念在房地产公司中的表现,现代营销观念是以消费者的需求为中心的,房地产公司进行营销方案的策划应采用"逆向思维":即先进行消费者分析,决定要为谁盖房子,然后再依据自己的实力决定盖什么价位或档次的房子,最后再寻找适合盖这种房子的地块,也就是先找市场,再决定产品的属性,站在消费者的立场,而不是站在开发商的立场上去研究、设计、开发产品和服务,尽可能地把顾客的"不满意"因素预先消灭在策划中。

作为房地产产品的消费者,尤其是自用住房的消费者,其目标是明确的,他们总是在某一价格水平下,按价格与"价值"的比,即价格性能比进行决策,当"价值"高于或等于价格时,其购买欲望就强,反之就不购买。房地产营销策划就是策划某种价格水平下的这个价格性能比,它自然成为房地产营销方案策划的切入点。

(二)房地产开发项目方案策划的程序和内容

1. 房地产开发项目方案策划程序

房地产开发项目方案策划的程序见图2-4。

由图2-4可见,营销策划是从市场环境分析和确定目标市场开始的,它们是制定公司战略和营销战略的结合点,营销战略通过市场环境分析为公司战略提供目标市场信息,公司战略又通过公司增长战略和竞争战略为营销战略提供指导。

2. 房地产开发项目方案策划的内容

房地产开发项目方案策划的内容主要包括:开发项目及土地价值分析、产品策划(项目规划与概念设计、产品设计及产品定位)、定价策划、渠道策划、促销策划、物业服务策划、制定营销组合方案策划、投入产出模拟等。

(1)开发项目及土地价值分析。开发项目及土地价值分析主要解决项目概况和确定土地潜在价值问题,分析内容包括:项目地理位置及土地性质、城市规划要求及项目主要经济指标、地块周边景观(自然景观、人文、历史景观)、环境污染状况(水、空气、土地污染状况、噪声以及社会治安状况)、地块周边交通条件、配套设施(菜市场、医院、学校、银行、邮局、文化体育设施等)。一般可采用SWOT法分析项目地块的优劣势,采用类比土地价值法从规划能力、单体设计、建筑风格、户型设计等方面研究土地升值的潜力,为产品策略策划奠定基础。

(2)产品策略策划。产品策划主要解决为目标顾客开发什么产品的问题,既

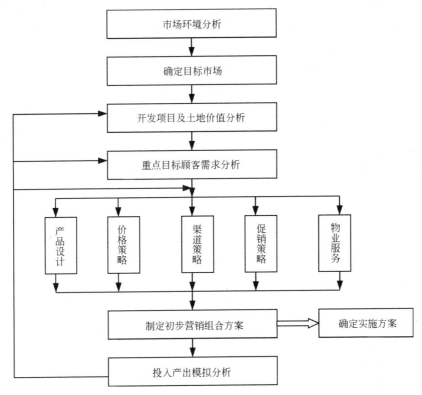

图 2-4 营销方案策划程序

确定产品属性问题。内容有:在对目标顾客进一步细分的基础上,按可提升土地价值的主要因素进行项目规划、概念设计、环境艺术设计、品牌设计、建筑风格与形式、单体立面设计、套型设计等以确定产品属性和产品定位,形成"卖点",通过对实现项目价值各要素的对比,分析项目可实现的价值,为制定价格策略和促销策略服务。

(3) 价格策略策划。价格策略策划主要解决为开发的房地产产品定价及调整问题。在项目可实现价值的基础上,进行目标顾客预期价位分析,确定定价目标,估算成本、建立定价模型,对项目均价、基价和不同住宅单位价格进行模拟,从而为制定价格奠定基础。依据促销策略,尚可确定价格调整方略。

(4) 渠道策略策划。房地产公司渠道策略策划主要解决产品由开发商到顾客的路径问题。内容包括:公司销售网络布局的合理性、销售代理商的评价与选择等。

(5) 促销策略策划。促销策略策划主要是根据目标顾客需求特点、购买行为,结合产品策划、价格策划的结果,制定吸引目标顾客的措施。策划内容包括:项目开盘入市时机、销售进度与节奏、广告创意及表现主题、卖点宣传、广告策略与实施计划、销售活动创意与策划、销售人员培训等。

(6) 物业管理策划。物业管理策划主要策划房地产产品的延伸服务问题。策划内容为:确定与项目定位相适应的物业管理概念,物业管理方式、价位、特色等。物业管理是当前消费者最关心的问题,在策划中应注意物业管理和服务的概念,物业管理是对"物业"的管理,是对"物"的管理,服务是对"业主"的服务,是对人的服务,房地产公司或物业公司是通过对"物业"的管理,为"业主"提供服务的公司,而绝不是对业主进行管理的公司。

(7) 营销组合策划。上述策划是单项的策划,每项策划可能有几种方案,将其组合,可得到若干套组合方案。营销组合策划就是将各方案加以组合,形成几套初步可行的方案的过程。营销组合策划应体现出公司的整体策略和理念,不是各方案的简单相加。

(8) 投入产出模拟。不同产品策划方案对应不同的成本,不同的价格策划方案对应不同的收入,不同的营销渠道和促销方式与方法对应不同的费用支出,也影响销售数量。因此,营销组合策划所形成的初步可行方案均对应不同的收入与支出,通过投入产出模拟分析,可评价各方案的经济效果和风险,为确定营销计划和实施方案提供了依据。

经过反复几轮讨论与研究,最终确定营销方案,编制营销策划书,完成营销策划过程,为制定营销计划奠定基础。

三、营销策略

公司的营销策略是一个整体,它是由产品策略、价格策略、渠道策略和促销策略组合而成的公司整体营销策略。

(一) 产品策略

现代产品是一个整体概念,它是由核心产品、有形产品和附加产品(延伸产品)构成。核心产品是指顾客在购买产品时所追求的效用和利益,有形产品是指所提供产品的形状和外观,附加产品(延伸产品)是指顾客购买有形产品时所获得的全部附加服务和利益。菲利普·科特勒又进一步将其分为五个层次:核心利益、一般产品、期望产品、附加产品和潜在产品。核心利益即顾客真正所购买的基本服务和利益,一般产品即产品的基本形式,期望产品即顾客购买产品时希望和默认的一组属性和条件,附加产品包括增加的服务和利益,潜在产品即该产品最终可能会实现的全部附加部分。

对房地产产品而言,核心产品是居住空间,有形产品是房屋的区位与环境、造型与格局、品牌与质量,附加产品是售后服务、物业管理和其他配套服务。

房地产公司通常采用的产品策略有:针对居住环境的生态策略、针对居住空间的套型策略、针对环保的"绿色建筑"策略、针对企业形象的品牌策略、针对目标顾客区位要求的区位策略、针对建筑质量的质量策略、针对物业管理和金融服务的服务策略和针对现代化的智能建筑策略等。无论房地产公司采用哪种策略,都是立足于现代产品的概念,从不同角度、层次开发自己的产品,形成区别于其他公司的产品策略。

影响公司产品策略的因素主要有:消费者的市场定位、公司的实力和把握市场的能力、政府的土地供应及分布、地区或城市的经济发展状况等。

(二) 价格策略

价格策略包括定价策略和价格调整策略。房地产产品价格的制定有成本、市场和竞争三种导向。成本导向定价是指公司以成本费用为出发点的制定价格方式;市场导向定价是指公司以市场需求为出发点的制定价格方式;竞争导向定价是指公司以竞争形式为出发点的制定价格方式。一般情况下,产品的最高价格取决于市场需求,最低价格取决于产品的总成本和费用,在最高和最低价格之间的价格水平则取决于竞争对手的策略和公司的竞争优势。

当前,房地产公司大多以成本导向,采用成本加成和目标定价两种策略。成本加成策略是指在单位产品成本的基础上加上一定百分比的利润后,再按楼层、朝向、套型等因素进行调整,最终确定价格的方法;目标定价策略是先确定一定的利润额作为目标利润,将目标利润摊入单位成本后,再按楼层、朝向、套型等因素进行调整,最终确定价格的方法。这是一种传统的定价策略,是其他定价策略的基础,其缺点是未考虑消费者的需求和竞争对手的策略。

市场导向定价不是依据成本,而是依据消费者对商品价值的认识和需求程度来定价的方式。房地产公司可采用理解价格策略和歧视价格策略。理解价格策略是根据消费者理解的房地产产品价值来定价的方法;歧视价格策略是指依据不同顾客、不同区位、不同销售时期、不同产品类型等的差异来确定销售价格的方法。消费者对商品价值的认识和需求程度是很难确定的。当前,一些房地产公司采用"密封投标定价法",该方法是房地产公司和消费者之间进行价格竞争的一种方式,是公司确定消费者对商品价值认识的基础。

竞争导向定价是主要依据公司在市场竞争中的地位或竞争者的价格来确定价格的方式。依据公司在市场竞争中的地位和竞争对手的价格,房地产公司通常有市场领导者价格、市场挑战者价格和跟随者价格几种策略。市场领导者的价格策略直接影响市场挑战者和跟随者,市场跟随者一般采用随行就市价格,市场挑战者通常或紧逼挑战者,或以较低的价格向挑战者进攻。

价格调整策略主要用于定价后按销售进程和消费者的反映对价格进行调整,房地产公司常采用的策略有:对全部或部分产品按先高后低、先低后高、先高后低再高、先低后高再低等方法进行价格的动态调整。

影响公司定价的主要因素有:产品成本、公司的实力、竞争者的价格、市场供需关系、政府的法律、法规及政策等。

(三) 渠道策略

菲利普·科特勒提出了整体分销的概念,该概念由市场营销渠道和分销渠道两个层次构成,其区别在于前者是研究营销渠道的战略问题,解决整体市场的渠道网

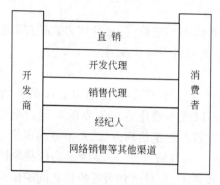

图 2-5 房地产公司分销渠道

络分布、供应商的选择、辅助商的配置、全国或地区市场营销渠道模式的设计等,后者研究本地区市场如何进入、怎样进入等战术问题。房地产市场地区性较强,本节主要研究分销渠道。

分销渠道是"使产品或服务顺利地被使用或消费的一整套相互依存的组织"。房地产公司的分销渠道见图 2-5。

分销渠道有长短和宽窄之分,分销渠道的长短是指产品由开发商到消费者中间所经过的中间商数量的多少;分销渠道的宽窄是指公司同时使用的中间商数量的多少。当前,房地产公司多采用长短结合的多渠道策略。

直销,尤其是现场销售,是房地产开发商普遍采用的分销策略。除现场销售外,其他直销方式还有展销会(交易会)、开发商自营的连锁店、多层传销等。多层传销在美国发展很快,几乎占直销量的一半。在我国,由于传销存在欺诈等违法行为,因此,已被取缔。

有些房地产公司为集中精力从事开发而采用代理策略,委托开发代理、销售代理或经纪人。近年来,开发商与网络公司合作进行网络销售,为房地产产品的销售又增加了一条渠道。

垂直一体化策略和水平一体化策略是代理策略的发展方向。垂直一体化策略是建立一个专业化管理和集中计划的组织体系,体系中的成员为了提高经济效益而采用一体化的经营或联合经营;水平一体化策略是指同一层次的两个或两个以上开发商或代理公司自愿组成的短期或长期合作与联合的渠道策略。

影响房地产公司选择渠道策略的因素有:政府的限制、目标市场的范围、竞争者渠道的选择、公司信誉和实力以及公司的经营方针等。

(四) 促销策略

促销的实质是沟通,是通过人员和非人员方式传递产品信息,以帮助消费者认识产品所能带来的利益,引起消费者的注意,唤起需求,采取行动,购买产品的活动。公司的促销策略是将人员推销、营业推广、公共关系和广告等促销手段和工具加以组合而形成的最优化的整体沟通策略。

房地产公司总体上可采用推动和吸引两种策略。推动策略是把产品通过营销渠道"推"到消费者手中;吸引策略是开发商将一切活动对准消费者,引导其购买产品。房地产公司大多采用吸引策略。

(五) 营销组合

公司的产品策略、价格策略、渠道策略、促销策略之间的关系见图 2-6。

由图 2-6 可见,公司的产品策略直接影响产品的开发成本,决定了产品的最低

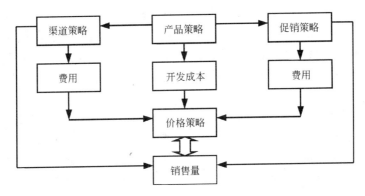

图 2-6 产品策略、价格策略、渠道策略、促销策略之间的关系

价格,又为制定促销策略和渠道策略奠定了基础。因此,房地产公司应以产品策略和价格策略为主线,以渠道策略和促销策略相配合共同完成公司产品的营销任务。只有充分地利用企业资源,开发适当的产品、进行适当的产品定位、以适当的价格、采用适当的促销手段和工具、通过适当的途径将产品策略、价格策略、渠道策略、促销策略有机地结合才能实现公司的预期利润。

四、营销计划的实施与控制

以营销策划为基础编制营销计划是营销方案实施的前提,营销计划提供了营销控制的目标和标准。按照营销计划的安排组织实施,会因外部环境和内部条件的变化或营销策划与计划的缺欠而偏离预期目标。营销控制就是以营销计划为基准,将实际业绩与计划相比较,找出差距,分析产生偏差的原因,制定改进措施,直至实现计划目标的过程。如果营销策划与计划存在欠缺,营销控制过程就是修订策划和计划的过程。该过程实质上就是 P(计划)、D(实施)、C(检查)、A(处理)循环过程。

市场营销控制分为三个层次:营销战略控制、营销计划控制和获利性控制。营销战略控制是房地产公司高层负责人和市场营销审计人员的责任,其目的是检查公司是否最大限度、最有效地利用了市场营销机会、营销策划与计划是否存在缺欠等。营销计划控制是公司主管人员的责任,控制的目标是计划是否实现,目标是否达到。获利性控制是市场营销人员的责任,控制的目的是检查公司具体产品、各地区、各细分市场、各分销渠道的获利能力,为改进与完善营销策略提供具体建议。

本 章 小 结

1. 战略管理是房地产公司市场营销的核心内容,战略规划将直接影响公司的发展和营销绩效。市场营销战略是公司战略的重要组成部分,是公司战略在营销方面的具体化,市场营销战略的实施将直接关系到公司战略的实施效果和战略目标的实现程度。

2．战略管理模型揭示了公司战略管理过程——公司战略的制定、实施和评价与控制。在制定公司战略时，任务陈述是很重要的，它是"企业存在理由的宣言"，是"企业的发展和展望的宣言"，是"企业社会政策的宣言"。在企业任务陈述的基础上，通过外部环境分析和内部条件分析，可达到利用优势、克服劣势、抓住机遇、弱化威胁，确定实现公司目标途径的目的。

3．本章介绍了4类13种企业增长战略和迈克尔·波特的一般性竞争战略。企业增长战略有：前向、后向、横向一体化战略；市场渗透、市场开发、产品开发等加强型战略；集中、横向、混合多元经营战略；合资经营、收缩、剥离、清算等防御型战略。一般性竞争战略有：成本领先战略、差异化战略、聚焦战略。这些战略是指导房地产公司制定战略的主要指导思想。

4．房地产市场营销战略由目标市场战略、产品定位战略、市场营销组合战略和费用战略等组成。目标市场战略是在市场细分的基础上选择所服务市场面的方略，房地产公司可有无差异市场营销、差异市场营销和集中市场营销三种策略供选择。产品定位战略是指确定公司产品和服务在市场上的地位，它是以市场定位为基础的。房地产公司可针对产品差异、服务差异、形象差异和竞争对手的产品定位来确定自己的策略。房地产营销组合战略是将产品策略、价格策略、分销策略和促销策略有机组合而成的企业层次的整体策略，是产品定位后为目标顾客设计的、将产品送到顾客手中的方案，是协调企业各部门、指导企业全体员工为实现企业目标而共同奋斗的工作方案。

5．公司市场环境的变化可给公司带来机遇，也能给公司造成威胁。识别环境因素的变化，依据变化调整战略与策略是公司营销部门的首要任务。

6．房地产开发是一个复杂的过程，公司在开发项目之前都应进行详细而周密地分析与策划。确定项目方案策划的切入点是非常重要的，以顾客需求为导向，以价格性能比为切入点是进行项目策划的基点。营销策划主要包括开发项目及土地价值分析、产品策略策划、价格策略策划、渠道策略策划、促销策略策划、物业管理策划、营销组合策划、投入产出模拟等内容，它是编制营销计划的基础。营销计划又是实施的前提和营销控制的标准，因此，策划与计划、实施、控制构成的PDCA循环，是提高市场营销管理质量的核心运行模式。

讨 论 题

1．简述房地产公司战略规划的制定程序。

2．用1～10十个数字表示风险的大小，1代表"风险最大"，10代表"风险最小"。按照你认为的风险程度，将以下房地产公司增长战略用相应数字标注，并说明理由，而后与同学讨论。

横向一体化　前向一体化　横向多元化　清算　后向一体化
产品开发　市场渗透　合资经营　混合多元化　集中多元化

3. 简述房地产公司市场环境分析的主要内容。
4. 简述房地产市场营销策划。
5. 简述房地产公司目标市场战略。

案例分析

1. 某房地产公司的任务陈述如下：

我们是一家超群、自立、创新和高度成功的企业，作为技术、产品和质量的领先者，我们可以最大限度地满足用户的需求。我们注重增长和盈利，用自己及合作方式开发的技术和产品拓展新业务。我们的企业以同外界的良好关系而著称，这一关系是靠诚实、道德和关心来保持的。随着公司的发展，我们的职工个人也得到发展。在团队工作的友好和相互尊重的气氛中我们职工的生活是令人兴奋、具有挑战性和有所回报的。我们对社会负责并致力于建设一个更好的社会。

问题(1)请对该公司的任务陈述进行评价。

(2)为什么说公司的业务陈述不应包括战略和目标。

2. 一些美国大公司曾公开否定有明确的任务陈述的重要性，IBM公司总经理路易斯·格斯特那说："IBM公司所要做的最后一件事才是前景目标。"克莱斯勒公司总经理罗伯特·伊顿也曾说："在内部我们不使用前景(任务)这一词。我们相信近期的、可以量化的结果——这是与我们每一个人都有关系的，而反对那些神秘的、没有人能够将其量化的东西。"微软公司领导人比尔·盖茨也说："做一个幻想家是微不足道的。"将现实经济效益看做是企业前景(任务)的公司总经理还包括：苹果计算机公司的约翰·斯卡利、艾特纳人寿和意外事故保险公司的罗纳德·康普顿、通用汽车公司的小约翰·史密斯等。

问题:(1)你是否同意上述公司总经理的观点。

(2)阐明你对任务陈述的看法和观点。

3. 房地产营销策划是一种深度介入的策划，是深入到房地产开发每一个环节的一种策划。一个开发商在开发房产之前就应深入地了解市场，在决定你的产品属性之前，先找到这部分消费群体，看看这类人的总量有多大，受过何种教育，生活方式上有何偏好，家庭结构有何特殊性，经济状况等等。上海市目前每平方米3000元/m²的楼盘是比较畅销的，也是绝大多数消费者期望的价格。长青房地产开发公司面对总面积80亩、基地面积53336m²、总价9600万元的一块地，希望把3000元/m²的购买群体作为目标顾客进行策划。由于地价较高，容积率需达到1.8，总建筑面积9.6万m²，并希望绿化面积达40%以上，建筑用地控制在20%左右，为10667m²，也就是平均层高9层，销售收入2.88亿元，总投入22950万元，毛利率20%左右，利润率最低可实现15%。基础数据有了，如何进行具体策划？他们先从目标顾客入手分析：他们是社会的主流，家庭相对稳定，有的与老人同住，受过良好教育，年龄在25～45岁之间，有稳定的收入，家庭年总收入在5～10万元左右,处于社会中到中上层,经济状况尚可,有一定的承受能力,但希望房屋总价不要过高,大部分通过组合贷款买房,在支付首付款后,希望手中尚有余款。他们比较会安排自己的生活,追求稳定之后的一种安逸,购物追求品牌但不一定是名牌,朋友或同事之间有较强的竞争,总希望自己的能力得到社会的认同,希望自己的生活不比别人差。在该基调确定之后,也就确定了小区的基调:舒适、安逸而不奢华,温馨、自然而不做作,有品味、个性但不虚荣。这类消费者对总价的要求很严格,因存款不多,每月收入是维持一定生活水准的主要来源,所以,月供在2000~2500元为宜。在基价和总价确定的情况下,该公司得出单套住宅面积,而这部分人对房型又非常挑剔,因为总面积不大,所以要求合理,合理才舒适、舒适才有温馨感。因此,决定开发70~90m^2的二室二厅和100~120m^2的三室二厅。在此基础上进一步细化:为避免平均9层,会使小区显得拥挤,故沿北部边缘做12层小高层,把大部分楼高降低到6层、7层(7层为6层的跃层);在空间组织、景观小品设置上,取消直线距离上的景观小品,而在道路尽头、无法覆盖的地方设置景观小品,以弱化规划和建筑方面无法弥补的弱点;绿化设计采用地面绿化、屋顶绿化和阳台绿化相结合,停车位运用硬地网格状植草,以提高绿化率;在户型上,厅、卧、厨、卫四明,打破一味追求的大厅小卧的设计,采用25~30m^2左右的客厅设计。

思 考 题

1. 说明长青房地产开发公司的策划理念是什么?
2. 你认为长青房地产开发公司的策划会成功吗?为什么?
3. 你面对这样的地块应怎样策划?

第二篇 房地产市场营销机会分析

第三章 房地产市场营销环境

本章学习目的

1. 认识房地产市场营销的外部环境,以及环境分析的意义。
2. 认识房地产市场营销的微观环境,包括:企业本身、行业性质、市场营销中介(供应商及中间商)、市场、竞争者和公众。
3. 认识人口环境对房地产市场营销的重要性。
4. 认识房地产营销的经济环境。
5. 认识房地产营销的自然环境和基础设施环境。
6. 认识科技环境对房地产市场营销的影响。
7. 认识房地产营销的政治与法律环境。
8. 认识社会与文化环境变化对房地产市场营销的影响。

房地产公司营销人员的一项主要工作就是时刻注意企业所处环境及环境的变化,市场环境变化可能会给公司带来巨大的商机,也可能会给公司带来灭顶之灾。

那么,市场营销环境究竟指什么呢？市场营销环境包括公司为之制订相应营销策略的不可控行动者与力量,具体的涵义就是:一个企业的营销环境由企业营销管理机能内部及外部的行动者与力量所组成(主要是外部),这些行动者与力量冲击着企业管理当局发展和维持同目标顾客进行成功交易的能力。

也有一些简单的定义,如:市场营销环境就是影响组织营销从而影响其生存和发展的各种条件。

企业认识环境的目的,是想了解企业受到哪些方面的挑战与威胁,又会面临怎样的发展机遇,从环境的各个组成方面来看,需要对哪些方面做出必要的反应,对哪些方面施加影响,而对哪些方面可以置之不理。

在当今时代,企业的营销环境是错综复杂的,又是变幻莫测的。它可以从微观和宏观两方面来加以分析。

微观环境包括那些直接影响企业生产经营的客观因素,可分为企业内部微观环境和外部微观环境。企业内部微观环境包括:企业内部管理体制、部门设置、营销部门的组织方法等等;外部微观环境包括:行业性质、市场营销中介单位、市场、竞争者和公众。

宏观环境是指对企业及其微观环境各因素具有较大影响力的客观因素的总和,主要包括政治法律环境、经济环境、技术环境和社会文化环境等。

第一节 房地产市场营销微观环境

房地产市场营销微观环境是指房地产公司生存与发展的具体环境,是企业在日常经营中所要关心的外部客观因素与条件。公司只有掌握了微观环境的信息才能及时对其变化做出反应。

公司微观环境分析一般从公司内部环境、行业性质、市场营销中介、市场、竞争者、公众等几个方面来进行。

一、公司内部环境

根据公司法,公司年度营销计划需要得到董事会批准,而且公司战略规划和重大决策还需得到股东大会批准。房地产公司的管理体制,部门组成,营销部门的组织方法也各不相同,如有的公司有自己的设计机构,有的则委托社会设计单位;有的有自己的建筑施工队伍,有的则委托社会施工单位,实行建筑施工总承包;有的有自己的广告设计队伍,有的没有;有的自己组织自己的销售队伍,有的则完全依靠房地产中介机构等等。

房地产公司的所有者和经营者的智慧、经验、价值观和偏好对营销决策影响巨大,如对整个经济形势的判断,对地区市场需求和竞争对手的分析,对建筑风格和户型的决策往往由所有者或经营者决定,因此他们更要在认真听取营销部的市场调查、分析、预测意见的基础上做出决策,防止主观盲目;要重视、支持营销部门的工作,要主持协调各方关系。

从理论上,虽然公司内部各部门——人事、财务、供应、设计、施工、营销等等和企业外部各协作单位应步调一致,但在实际上,他们之间的关系常常带有互相竞争和互不信任的色彩。这种关系可以协调,而且应在协调中发展。

营销部门全面主持情报收集、市场调查、分析综合、市场预测;在此基础上制定营销战略及战术方案(草案);在上级修订后,负责执行企业整合营销计划。其间要虚心听取各部门意见,积极向上级汇报并组织协调各部门和协作单位的关系。

其他各部门和社会协作单位要服从整体营销策划,尊重、支持营销部门的工作。

二、行业性质

一个企业是否有长期发展的前景,首先同它所处的行业本身的性质有关。身处高速发展的行业，对任何企业来说都是一笔宝贵的财富。

我国房地产行业的正处于高速发展的时期。首先，我国经济持续高速增长，带动了工业、商业、酒店、写字楼等房地产的发展；其次，政府住宅分配制度的彻底改革和人民生活水平的提高，带动了住宅市场需求；再者，教育、医疗及人民整体素质的提高，带动了学校、医院、各类场馆（图书馆、博物馆、美术馆、音乐厅等）房地产需求。

市场经济环境中，需求是行业、企业发展的决定因素。需求具有多样性、变迁性、层次性等特点，也就是说随经济发展、生活水平提高，需求可能从无到有、从少到多，也可能下降乃至消失，这就对行业的发展产生了约束力和推动力。需求的发展不仅与人们的消费结构有关，更主要的是与人们的收入水平有关。收入水平低，购买力就低。故行业的发展既要注意本行业产品在未来市场的潜力，也要考虑当地总体收入水平的发展。

只有了解行业目前的性质，才能决定企业在某一行业中是进入、维持还是撤退。这对于企业战略的制定，特别是多样化竞争战略的制定，具有重要意义。

三、市场营销中介

市场营销中介包括供应商和中间商。

供应商是向企业及其竞争对手提供所需的各种资源的组织机构或个人。根据这个定义，房地产公司的供应商涉及面非常宽，包括：土地供应、勘探、设计、建筑、装修公司；各种建材生产企业；电梯、空调等建筑装修设备生产企业；园林绿化公司；市场调研、广告、咨询、培训等辅助营销的公司等。

房地产公司首先必须对哪些业务自营、哪些业务对外发包做出决策。一些较大型的房地产公司属下设有自己的设计、建筑、装修、调研、广告和物业管理公司等子公司或分支机构，以实现一体化发展战略，降低成本，增加利润，而此时建材、设备生产企业成为其直接供应商；另一些则控股或参股于这些公司，以便加强对价值让渡网络的控制；还有一些则实施对外发包的战略，以降低运营风险。可以看出三种战略，各有利弊，公司应根据自身发展需要和其他营销环境做出决策。

一旦决定外包或外购，公司须制订选择承包商的各种条件及外购原材料、零部件的规格标准，并寻找承包商或供应商；而后要对他们进行评审，以选择那些能提供质量、交货期、信贷条件、采购成本等方面最佳组合的承包商和供应商。

房地产公司的最重要的供应商就是土地供应商。在我国土地是国有的，政府可以说是惟一的土地供应商。从发展方向上来看，各种用途的土地都将实行公开招标、拍卖。这对于各房地产公司公平竞争非常有利。在现阶段，土地供应尚不规范，房地产公司尚有选择余地。

供应商对企业的生产经营有很大的影响力，特别是房地产土地资源的供应来源十分专有和稀少，且一般来讲没有替代资源可以选择。对于其他供应商的管理，为了防止对供应商过分依赖，并以提价、限制供应、降低供货质量等条件来向企业施加压力,通常采用多来源、主渠道的做法,即在设法与一些主要供应商尽力建立长期合同关系,以获得稳定的供应渠道及某些优惠条件的同时也要有几手准备,以分散供应风险。

中间商是协助企业推广、分配和销售产品给最终消费者的那些组织机构或个人。中间商在此过程中,承担着调研、促销、沟通、谈判、实体分配、财务及风险分担等功能。同时,中间商比企业更加直接而广泛地接触顾客,了解市场需求动态,企业利用中间商销售产品往往可得到广泛分销的好处,比其直接向最终顾客销售产品效率更高、效益更佳。

房地产公司的中间商主要指房地产代理商和经纪人。房地产代理商和经纪人在国外以及港澳台地区都是房地产销售的重要渠道,而在我国大陆还没有引起房地产开发商的足够重视。他们一般建立自己的现场推销队伍,从招聘、培训开始。这些销售人员很难长期为一个公司服务,同时新手居多,没有顾客链,销售业绩差。而房地产代理商一般都是房地产营销专家,形成了自己的顾客链,销售业绩好。至于成本方面,自己的销售人员一般是底薪加提成;代理商只提取佣金。2002年春天开始在广州掀起的"专家陪你来买楼"攻势,即房地产代理商以消费者作为切入点进行的自身促销活动。开发商应密切注意消费者购买过程的转变,及早做出战略调整。引起我们注意的另外一个重要中间渠道是互联网络的兴起与发展,互联网的使用者多为中产阶级及青年一代,他们是房地产消费的重要市场,我们决不能忽视这一市场。大的开发商应及早建立自己的网站或利用公共网站开发这一渠道市场。纵观目前房地产网上营销,作者认为网页设计水平低,沟通内容少,没有很好地利用其沟通特点,如:多数都没有展露楼盘社区、小区和建筑本体的动态影像等,整体水平应有一个大的提高。

选择中间商并与之合作,并非一件简单的事情。企业为了使自己的产品更加接近顾客,往往希望对中间商拥有较强的影响力乃至控制力。一个实力较强的大企业面对众多的小中间商,它可以对中间商拥有控制力,然而,实力弱的企业却难以影响大中间商,甚至反过来会受制于中间商。因此,企业必须从战略高度来认识选择分销渠道问题。它必须对各种可选择的渠道模式结构及其成员状况作好调研、分析,评价选优、内外结合,以期形成进入市场的最经济有效的方式与途径。

四、市场

以市场营销的角度来看,市场是指产品或服务的现实购买者和潜在购买者,俗称顾客。顾客通常在两个方面影响着房地产企业的经营。其一是顾客对产品的总需求决定着行业的市场潜力,从而影响行业内所有企业的发展边界;其二是不同顾客的讨价还价能力会诱发企业之间的价格竞争,从而影响企业的获利能力。

1. 需求研究。包括总需求研究(市场容量、现实需求、潜在需求),需求结构研究(需求类别和构成、顾客类型、地区分布等),顾客购买力研究(购买力水平、影响因素等)。

2．顾客议价能力研究。包括购买量的大小，公司产品差异性等。

所有的顾客在购买企业产品的过程中都有可能拥有一种很强的限制力量。这是因为顾客的采购份额可能占了企业出产的很大一部分；或是因为采购成本占顾客再生产成本比例很高，使顾客倾向于多方询价；或者同类产品判别很小，顾客可以随意选择供货商；或者顾客购买力有限，对价格十分敏感；如此等等。于是顾客会对价格、服务、质量等方面提出更高的要求。企业是为满足顾客的需要而从事生产经营的，或者说企业依赖于顾客的存在而存在，所以企业必须认真研究顾客的需要、需要的特征、需要的差异，以及需要的变化趋势，从而面对其压力而应付自如。

除了以上研究外，对于房地产市场还应特别注意以下几个问题：

1．消费者日渐成熟；

2．房地产顾客购买的多目标性；

3．房地产顾客需求及其表述的模糊性；

4．房地产消费的群体决策性。

五、竞争者

在激烈的市场竞争中，企业会面临许多竞争的挑战，因而分析竞争来自何方、出于何种动机、哪个威胁最大、其随时间变化的趋势如何等，对于帮助企业在战略上做出相应反应是十分重要的。

（一）现有竞争对手研究

企业面对的市场通常是一个竞争市场。同一地区的生产类似产品的房地产公司，通常会采用价格竞争、新产品开发、服务质量提高以及促销等竞争手段争夺消费者，从而形成市场竞争。现有竞争对手的研究主要包括以下内容。

1．基本情况的研究。竞争对手的数量有多少？它们在哪些市场上活动？各自的规模、资金、技术、土地储备、政治背景如何？其中哪些对自己的威胁特别大？基本情况研究的目的是要找到主要竞争对手。

为此，通常使用反映企业竞争实力的三类主要指标，即：销售增长率；市场份额；产品获利能力。

2．主要竞争对手的研究。比较不同企业的竞争实力，找出了主要竞争对手后，还要研究其所以能对本企业构成威胁的主要原因，是资金雄厚？规模大？设计新颖独特？或是其他原因？研究目的是找出主要对手竞争实力的决定因素，以帮助企业制定相应的竞争战略。

3．竞争对手的发展动向。包括市场发展或转移动向与产品发展动向。要收集有关资料，密切注视竞争对手的发展方向，分析竞争对手可能开辟哪些新市场、哪些新产品，从而帮助企业先走一步，争取时间优势，使企业在竞争中争取主动地位。

同行竞争总是由一个或几个企业认为存在改善其市场地位的机会而引发的。显然一个企业挑起的竞争行为会迅速导致其他企业的报复性反应，从而竞争的结果可能会使彼此都无从得到益处,特别是当竞争卷入者甚多时。竞争的激烈程度随行业所处阶段的不同而相异。在行业成熟阶段,竞争往往显示出涉及面广、深入而持久的态势。

（二）潜在竞争对手研究

任何一种房地产产品在某一市场取得成功,都会引来许多企业加入。然而要进入房地产业绝非易事,它们会受到各种阻力,包括现有企业的激烈反应;雄厚的资金;大规模的投资,以达到同现有企业相似的规模经济。如果不能取得成本优势或价格优势,市场进入就会受阻。此外,大规模投资还是产品开发、设备购置、广告宣传、选择渠道或建立自己的渠道、树立品牌形象、更换供应商及员工培训等所必需的。进入障碍还来自于现有企业长期以来所积累的各种优势,如技术专利与诀窍、与供应商长期合作而得到的优惠与便利、更加接近顾客的市场位置以及由经验所带来的效果等。新进入者在进入初期遭受亏损是十分正常的。

目前,有三类潜在进入者需要我们特别注意。

1. 随着我国加入WTO,外国房地产及相关公司的进入;

2. 港澳台房地产巨头的进入,实际上香港房地产行业早就进入了商业、酒店、写字楼、港口等房地产市场,而现在除此之外又向住宅等市场全面进发;

3. 内地房地产公司逐渐成长,已突破地域竞争范围向全国发展。如广东一些房地产巨头万科地产、合生创展、珠江投资、富力地产纷纷北上,开拓新市场。而相对于当地房地产公司而言,这些外来者就是潜在进入者。

（三）政府解困房或公屋建设与政策研究

解困房或公屋建设可以看成是低价商品房的替代品。由于,政府解困房或公屋建设的量在某一时期可能很大,会对某些商品住宅的子市场造成一定威胁。

六、公众

所谓公众是指与企业发生相互作用和影响的,其成员面临共同问题、有共同利益和要求的社会群体。前面已介绍过的竞争者、供应商、中间商等都属公众的范围。公众对企业实现其目标的能力与过程有着实际的或潜在的影响,而且有时对企业的命运会产生巨大影响。其最典型的例子莫过于20世纪的60、70年代,瑞士雀巢公司所陷入的危机。那时由于西方国家生育率降低,雀巢公司开始着力在非洲、中东、南亚等落后国家与地区推销婴儿奶粉,由于环境质量差及不正确调制奶粉,导致这些地区婴儿患病及死亡,于是欧洲一些人道主义组织和媒介开始批评与抨击雀巢公司的倾销政策。然而雀巢面对利益集团压力,采取辩解、回避等消极做法,结果风波越闹越大,以至在欧美许多国家引发一场抵制雀巢产品的行动,抵制范围扩展到婴儿奶粉以外的其他食品,使雀巢公司蒙受巨大损失。后来在几家公共关系公司的帮助和一些国际组织协调下,更主要的是由于雀巢公司本身改变了态度,才逐渐平息了公众的对抗情绪。

当然公众对企业的影响也有可能是建设性的,关键在于企业能否以正确的公共关系思想并配之以合适的公共关系手段来沟通与协调同各类利益集团的关系,以建立企业良好形象。

作为一个房地产公司而言,经常面对的重要社会群体还包括:

1. 金融界。由于房地产属于资本密集型行业,其融资能力对其生存与发展影响巨大,所以金融界是房地产公司利益集团中的重要分子。金融界主要包括银行、投资公司、证券公司。树立良好的市场形象和信誉,使金融界对公司正常的经营和偿债能力感到满意和放心,对于提高公司融资能力十分重要。如能更进一步与金融界成员达成银企共同发展协议,则会有利于公司长远发展。

2. 新闻界。指那些刊登、播送新闻、特写和社论的机构,特别是报纸、杂志、电台、电视台和网站。它对于沟通企业与其他利益集团联络,提高企业知名度、美誉度起着关键作用。公司应加强与其沟通和合作,争取增加正面宣传,减少负面报道。

3. 政府机构及垄断机构:包括各级政府、国土、规划、绿化、工商、税务、质量监督、环境保护、公安消防、水电供应等。它不仅可能因其庞大的集团购买力成为企业重要的顾客,而且作为社会管理者,它所制订的法规、政策、规范,促进或限制着企业经营与发展。企业管理当局在制订营销计划时,必须认真研究与考虑政府政策与措施的发展变化。在一般情况下公司应与其加强沟通和合作,遵纪守法,树立良好公众形象,争取获得他们的支持,并提供各种方便。

4. 社会团体。包括行业协会、学会、消委会,环境保护组织,少数民族团体,妇女儿童保护组织等。与这些团体保持良好的关系,可以化解矛盾、寻求支持,树立良好公众形象,提高公司知名度和美誉度,争取广泛的公共宣传。

5. 地方公众。包括公司所在地和楼盘所在社区的公众。公司应同当地的公众团体,如居委会,街道办事处,学校,医院,邻里单位和居民保持联系,处理异议、回答质询和向值得支持的事业提供资助。公司应该明白,地方公众对公司和公司楼盘的态度,以及由此产生的口碑,深深地影响公司产品的销售。

6. 一般公众。企业需要关注一般公众对企业产品及经营活动的态度。虽然一般公众并不是有组织地对企业采取行动,然而一般公众对企业的印象却强烈地影响着消费者对企业及其产品的看法。这对企业树立优质品牌形象,进行品牌(楼盘)扩张有重大意义。企业还可以通过积极参与城市发展建设,向慈善事业捐赠等方法树立良好公众形象,促使形成正面"口碑"。

7. 内部公众。公司内部公众包括公司董事会和经理、一般管理人员和工作在第一线的各岗位员工。公司可通过业务通信等方式与他们沟通,并表扬、激励他们。建设奋发向上、为顾客服务、为社会服务、为员工服务、团结温馨的企业文化,建立多劳多得的分配原则等一系列管理制度等。我们要永远记住这一句名言:如果你关心你的员工,他们就会关心你的顾客!

第二节 房地产市场营销宏观环境

一、人口环境

从市场营销的角度出发，一个市场是大的还是小的，或者说现实如何，将来的发展趋势又如何，通常用市场三要素来衡量，即：人口、商品和购买力。在这里人口是第一要素。我们看到现在世界发达国家，甚至一些发展中国家；世界前500强企业纷纷来华投资建厂或与我国发展贸易关系，这与我国拥有近13亿人口这个大市场不无关系。许多发达国家人口基数低，而且不增长，甚至负增长，影响到其几乎各种商品的销售量，房地产商品同样不例外，这是造成发达国家房地产市场为什么主要是二手市场的根本原因之一。市场营销环境的人口统计因素包括人口总量、增长率、人口地理迁移、年龄结构、家庭规模与结构、出生率、死亡率、结婚率、离婚率等。

（一）人口总量、人口增长与人口迁移

一个地区的人口总量，决定了该地区对房地产需求的上限。一个地区人口总量多，一般而言对住宅、商场、宾馆、写字楼、机关、学校、医院等房地产产品的需求就多，反之需求少。人口总量是房地产公司理应掌握的基础数据之一。

相对于人口总量而言，人口增长率更为重要。首先这是由于人口总量数据的易得性、短时期的相对固定性而言，任何一间房地产公司均可得到，而增长率是一个预测的数据，预测的准确性受到太多因素的影响，如：政府政策、经济发展、城市规划、外部因素等。

人口迁移直接影响到一个地区的人口总量及增长率。如我国京津唐地区、长江三角洲、珠江三角洲等，近年来外来人口激增，带来了对房地产各类产品的巨大需求。尽管像北京、上海、广州等大城市人口出生率较低，但人口总量却持续增加。对于人口迁移，我们应更细致地予以分析，其迁移是临时的，还是长期的；迁移人口的知识层次、收入层次、年龄层次、工作性质，以及各个比例关系。我国大范围的人口迁移，包括：沿海及内地中心城市对科技人员需求的增加。这些人才引进性质的迁移人口即成为引进地的常住固定人口，他们具有稳定的较高的收入，需要较高层次的住宅及其他房地产产品需求；另一类是经济发达地区对劳动人口的需求，其中大多数具有临时性，他们是出租住宅和集体宿舍的需求者；近年来，由于生活设施的改善，住宅价格低、生活费用低，香港等地区的一些在内地的工作人员和退休人员纷纷到珠江三角洲地区购置物业，形成了一个相当大的市场。

人口迁移同样出现在一个地区内部。例如，上海浦东的开发；广州番禺的发展；市区工厂向郊区的搬迁；公路、铁路、地铁、桥梁等的建设都会影响地区内人口的迁移，房地产营销部门应密切注视地区总体发展规划及其修订变化，以准确预测人口迁移趋势，抓住市场机会，规避风险。

(二) 年龄结构、教育结构、家庭规模与结构、同居、结婚率与离婚率

这是住宅市场要考虑的另几项因素。自然人口的变动反映在他们的年龄结构上,如 30 岁左右的知识青年,大多欣赏有生活情调的小户型楼盘和白领社区;35~50 岁是住宅市场最活跃的群体,他们也构成大户型的主要市场;45~60 岁的实力派人士则考虑在郊区购买第二套住宅,并且是别墅的购买对象;随着人口老龄化的加快,老年公寓的需求将会增加。由于我国的独生子女政策,家庭规模变小。另外单身贵族及同居现象的出现,离婚率的上升,也促进了小户型楼盘的需求。

注意这些因素及其变化,认真细分市场,选准目标市场,调整户型结构,适应市场需求,是住宅营销的重要环节。

二、经济环境

经济环境是影响房地产项目投资决策的最重要、最直接的基本因素。经济环境要素包括的内容很多,主要有宏观经济环境、市场环境;财务环境、资源环境等。

(一) 宏观经济环境

宏观经济环境是指一国或一地区的总体经济环境。如该地的国民生产总值、国民收入总值、国民经济增长率等反映国民经济状况的指标;当地的消费总额、消费结构、居民收入、存款余额、物价指数等描述社会消费水平和消费能力的指标;当地的经济政策、财政政策、消费政策、金融政策等产业政策方面的情况等。

宏观经济环境的好坏直接影响到消费者的购买力,对房地产各类产品来说,由于价格昂贵,影响更大。在经济的复苏期和繁荣期,人们收入增加,同时预期未来会更好,出于改善生活素质,投资增值等目的,对房地产产品需求增加,价格上升;在经济的衰退和危机期,人们普遍收入下降,失业率增加,同时对未来预期悲观,出于安全考虑,对房地产产品需求下降,价格下降。

在市场经济条件下,政府根据经济环境,运用各种经济政策对市场进行调控,这又在相当大的程度上影响着房地产的需求和供给。

房地产公司重视的宏观经济环境主要有如下内容。

1. 收入。包括人均平均收入,人均可支配收入,可任意支配收入;收入分配和收入的地理分布等要素。毫无疑问,消费者的收入多少极大地影响着房地产市场。而在我国一大批中产阶级正在形成(收入分配),他们正是中高档住宅市场的潜在需求者。

2. 储蓄与信贷。包括储蓄率和储蓄方式,信贷条件、种类、额度、期限和利率。储蓄与信贷各要素的变化直接影响消费取向,尤其是大额消费取向。居民储蓄率下降,活期存款或短期存款增加,往往意味着人们消费增加或持币待购,房地产交易活跃;居民储蓄率上升,定期存款尤其是长期存款增加,往往意味着人们消费趋于保守,大额消费推迟,房地产交易下降。

3. 宏观货币政策。宏观货币政策对房地产公司的营销影响非常大。首先,现在我国房地产企业对于银行的依赖性很大,而从银行获得资金的难易程度,能获得

多少资金,资金成本的高低与法定准备率,贴现率和利率政策息息相关。国家紧缩银根,提高法定准备率,贴现率或利率,则从银行获得贷款的难度增加,数量减少,资金成本增加,制约房地产公司的发展;反之国家放松银根,降低法定准备率,贴现率或利率,则从银行获得贷款的难度减少,数量增加,资金成本下降,有利于房地产公司的发展。

例1:2002年2月21日开始实施的1996年5月后的第8次降低了金融机构人民币存贷款利率。相应地,个人住房商业贷款的利率也跟着下调。贷款下调前后每万元贷款不同年限,月均还款额对照表3-1。

个人住房贷款1~30年月均还款金额表　　　　　　　　　表3-1

借款额为壹万元(货币单位:元)

贷款期限(年)	年利率(%)	还款总额	利息负担总和	月均还款额(新)	月均还款额(旧)
1	4.77	10477			
5	4.77	11259.6	1258.6	187.66	190.14
6	5.04	11608.56	1608.56	161.23	163.75
10	5.04	12751.2	2751.2	106.26	108.92
15	5.04	14272.2	4272.2	79.29	82.13
20	5.04	15892.8	5892.8	66.22	69.24
30	5.04	19414.8	9414.8	53.93	57.28

若贷款20万元30年的话,每月每万元比过去少还款:57.28元-53.93元=3.35元,每20万元每月少还款3.35元×20=67元,贷款20万元30年期则少还款3.35元×12×20×30=24120元。

例2:1996年一年定期存款利率为10.9%,而到1999年一年定期存款利率降至2.5%,另外再加20%利息税,导致一些靠高存款利息维持的贵族学校和俱乐部彻底垮台。利率风险表现的淋漓尽致。

4. 经济周期。

经济复苏、繁荣(扩张)、衰退(危机)、萧条周而复始的运行规律称为经济周期。经济周期分为短、中、长三种。长周期包括6个中周期,中周期包括3个短周期。短周期平均约40~42个月,中周期平均约9~10年,长周期平均约48~60年。经济周期发生的外因有科技进步、人口增长、战争、革命、政治事件甚至太阳黑子运动对世人生理的影响;内因有投资、储蓄、政府的经济政策、企业家和消费者心理等。经济周期变动对房地产行业的影响尤为显著,以香港为例,1998年亚洲金融风暴以来,我国周边多个国家和地区陷入经济衰退,短短几年间,香港地区房地产价格平均下降60%。

房地产公司重视的要素还包括成本费用、宏观财政政策、产业政策和经济增长等。

(二) 市场环境

市场环境是指项目面临的市场状况,包括市场现状及未来趋势预测。如市场吸纳量的现状及未来估计、市场供应量的现状及未来估计、市场购买力的分布状况、同类楼盘的分布及其现状、竞争对手的状况、市场价格水平及其走势等等。

(三) 财务环境

财务环境是指项目面临的资金、成本、利润、税收等环境条件。主要包括金融环境,如资金来源的渠道、项目融资的可能性以及融资成本;经营环境,如投资费用、经营成本、税费负担、优惠条件,同类项目的社会平均收益水平及盈利水平等。

(四) 资源环境

资源环境是指人力资源、土地资源、原材料资源及能源角度研究的投资环境。

三、自然环境

自然环境要素是指项目所在地域的自然条件和风景地理特征。由于自然环境是一种投资者无法轻易改变的客观物质环境、具有相对不变和长久稳定的特点。而房地产项目的投资又具有地理位置的固定性和不可逆性的特点,因而房地产项目投资十分重视自然环境要素的研究。

自然环境要素包括地理位置、地质地貌、自然风光及气温气候等。地理位置对项目投资影响最大的因素主要有交通,距商业中心的距离,距医院、娱乐场所、学校的距离直接关系到未来住户生活方便的程度,从而影响市场销售;距配电站、给排水管网、通讯电缆的距离等,直接影响项目开发成本,从而影响项目效益;地质地貌与风光气候特点不仅关系到项目建筑物的基础设计,而且直接影响项目的景观。一个好的项目规划,必然十分重视项目所在地的地貌特点、自然风光、气候风向等自然环境条件。充分利用其有利的一面,想方设法通过景观设计弥补其不足的一面,使项目无论是外观造型、结构布局,还是使用性质、使用功能,均与外在的自然环境很好地协调起来。

四、基础设施环境

基础设施环境要素是项目投资重要的"硬环境",主要包括项目投资地域的交通、能源、通讯、给排水和排污等。属于交通环境条件的内容有距机场、码头、车站的距离,主要交通干线的分布,重要的公共交通工具及数量,交通方便的程度等。属于能源条件的主要内容有电力供应状况、最近的变电站距离及其容量,煤气供应站的距离、煤气主干线管道的距离,其他能源,如煤、天然气等的供应状况等。通讯环境条件是指最近的通讯电缆的位置、可设电话门数等。给排水及排污环境条件包括当地的自来水管网分布、距主要自来水管道的距离,排水、排污设施状况和管道分布情况等。

五、技术环境

科技是第一生产力,它创造了无限的商业机会。回顾刚刚过去的20世纪,科技发展创造了一个又一个奇迹,如:蒸汽机、电话、电报、电子计算机、冰箱、电视、空调、汽车、合成纤维、合成橡胶、合金钢、克隆技术、基因技术、纳米材料等。一项新的发明,可能会形成一个行业。一项新发明可能会带来生产方式、生活方式和思维方式的改变。例如,电话、手提电话、传真、互联网使人的减少了外出的次数;乘车的次数。改变了面对面的交谈和商业往来的模式。又例如,避孕药的发明使人口下降,家庭变小,妇女就业;进而使家庭可任意支配收入增加,休闲和学习时间增加;从而带动了旅游、度假、服装和化妆品行业的发展。

从另一角度分析,科技进步也毁灭了一代又一代产品。例如,晶体管取代了真空管,复印机伤害了复写纸,电视拉走了电影观众,汽车和高速公路打击了内河航运和铁路运输⋯,互联网的发展是否会对批发、零售、报纸、写字楼、商务旅游形成冲击呢?

建筑业同样处于快速发展之中,新技术、新产品、新工艺、新材料层出不穷。而与其他技术相结合,房地产形成了环保、节能、智能、绿色等新概念。

可视门铃、红外监控、烟气报警、宽带网等技术和产品大量应用于房地产各类产品。房地产公司要密切注视科技进步和顾客对相关新产品的需求,及时学习引进。

六、政治与法律环境

政治环境研究的是一个国家的政治制度、政局的稳定性和政策的连续性。政治环境构成的主要要素有政治体制和政权、政治局势、政策及战争风险。

(一) 政治体制和政权

政治体制是国家政权的组织形式及其有关的管理制度。作为一种投资环境要素,投资者关注的是该国政治体制变革及政权更迭过程中所体现的渐进性与平和性。显然,政权不稳定、体制变幻无常,必然会带来巨大的投资风险。

(二) 政治局势

政治局势是社会稳定性的重要标志。通常的政治局势分对内局势与对外局势两类。国内政治局势的动荡一般是由政治斗争或国内重大的社会经济问题而引发的;对外政治局势的动荡则是由外交问题、边界问题而引发的。显然,动荡不安的政治局势,必然带来社会的不稳定,从而影响投资。

(三) 政策

政策及国家或政党为实现一定历史时期的路线而制定的行动准则。作为政治环境要素的政策,投资者最关注的还是其经济政策和产业政策。包括国民经济发展的政策、引进外资的政策、对外开放的政策以及各种税收政策等等。

(四) 战争风险

战争是为了一定政治目的而进行的武装斗争。战争一起,一切正常的社会经济秩序都将被破坏,生命财产亦失去保障,更不要说项目投资的安全与效益了。因而,投资者在政治环境研究中,尤其关注拟投资地区的战争风险程度。

法律环境是从法律的完备性、法制的稳定性和执法的公正性三个方面来研究的房地产投资环境。法律完备性主要研究投资项目所依据的法律条文的覆盖面,主要的法律法规是否齐全。法制的稳定性主要研究法规是否变动频繁、是否有效。执法的公正性是指法律纠纷、争议仲裁过程中的客观性、公正性。

我国涉及房地产的法律和地方法规日渐完善,其中有关于保护竞争、保护消费者利益和保护社会利益三大类。我们要学习现有法律和法规,同时我们也要预见新法律出台的可能、时间表及对公司机会、威胁分析。例如,遗产税的征收及其税率对住宅市场的影响的研究。

七、社会与文化环境

社会环境是指拟投资地域的社会制度、社会秩序、社会信誉和社会服务条件。这些环境条件对于投资安全保障自然是十分重要的。一般来讲,构成项目投资社会环境的要素主要有如下几类。

(一) 社会制度

社会制度是指拟投资项目所在国的社会政治制度与社会管理制度。包括经济决策的民主和科学程度、行政管理的透明度、政府对经济事务的干预程度、行政事务的效率及政府官员的廉洁性。

(二) 社会秩序

社会秩序是指拟投资地区的社会政治秩序和经济生活秩序。包括当地社会的稳定性、安全性;当地居民对家乡经济建设的参与感与责任感,对外来经济势力的认同感与欢迎程度等。

(三) 社会信誉

社会信誉是由公众道德水准和法律双向支撑的,是维系社会健康发展的基础。社会信誉既包括合同履约的信誉,也包括社会承诺的信誉。作为投资者最关注的还是由产业政策连续性所表现出来的地方政府在经济政策上的信誉。显然,一个朝令夕改的地方政府,必然会使投资者顾虑重重、望而却步。

(四) 社会服务

社会服务是指拟投资地区所提供的服务设施及服务效率条件。既包括某些硬件环境条件也包括某些软件环境条件。构成社会服务硬件环境条件的有金融服务、生活服务、通讯服务、交通服务、信息服务及服务内容的设备状况等。构成社会服务软件环境条件除了上述各项服务的服务效率与服务态度外,还有行政服务、法律服务、咨询服务、信息服务等。

文化是人类社会历史实践过程中所创造的物质和精神财富的总和,是人类欲望和行为最基本的决定因素。

人们赖以成长和生活的社会及文化形成了人们的基本信仰、价值观和生活准则。人们几乎不自觉地接受了规定他们相互之间,与其他人、与自然及宇宙关系的一整套世界观、价值观和人生观,并以此为准则。来衡量与评价其他事物。

（1）人与他们自己的关系

进入新世纪人们相对更加强调自我满足，而不是相对强调为他人服务。在崇尚自我满足、自我实现的社会(时期)人们自私,富于幻想,追求快乐、变化和逃避现实。人们购买住宅被当作自我满足、自我实现的手段。他们越来越注重生活环境、家庭的装修、私密性、健身活动等。迷恋于电视、游戏机、上网等。独生子女的一代"自我社会"的倾向更浓。

（2）人与他人的关系

尽管人们强调自我,但人们仍然具有相互接触的强烈愿望。这预示以社会为基础而能增强人们相互直接沟通的产品与劳务,如社区会所、社区广场、各种俱乐部和运动场馆受到广泛的欢迎。这也揭示那些"社会替代品——能增强人们相互间接沟通"及能使孤单的人觉得自己并不孤独的商品与劳务(电脑网络－网上交友和聊天)的市场将会不断扩大。

（3）人与机构的关系

人对几乎各类公司的忠诚度、信任度都在下降。房地产开发商和物业管理公司的名声在社会上普遍不怎么好,因此企业一定要将产品和服务质量放在首位,广告以及宣传要确保信息真实可靠,不欺骗消费者。同时,要搞好公众关系以便树立正面的形象,保证被人们认为是"良好的法人公民"。

（4）人与自然的关系

人们尤其是城市居民对自然和环境更加的热爱,由此,"自然"、"环保"、"绿色"、"健康"、"保健"等概念应运而生。

在对文化环境进行研究时,我们要区分核心文化和亚文化。

核心文化价值观念具有高度的持续性,例如:我国尊老爱幼的美德,常回家看看的习惯等。而亚文化是文化所包含的能为其成员提供更为具体的认同感和社会化的较小的亚文化群体。在我国对房地产公司而言要特别注意地理区域亚文化和民族亚文化。

如广大北方地区由于寒冷和季风等的影响,人们对住宅的朝向相当重视,坐北朝南被认为是理想的事。而在西南和华南则不太讲究。又如,北方干燥,底层楼房往往好卖,而南方潮湿,底层楼房一般卖不出好价钱。

亚文化通常变化较快,近年值得房地产公司注意的变化有如下倾向。

（1）青年一代关于金钱、享乐等价值观的转变。青年一代超前消费倾向日益增强,分期付款被广泛接受;他们更追求及时享受,包括对美好生活环境的追求,对会所及豪华生活设施的追求等。

（2）社会阶层的影响日益显现。人们在住宅购买决策时,比以往更强调归属感,希望与自己同一社会阶层或比自己更高阶层的人成为邻居,以提高自己的社会地位。这样必然会逐渐形成富人区等住宅区域的划分。

（3）妇女及其子女决策地位的提高。由于妇女决策地位的提高和男主外女主内的传统思想影响,女人更注意"家"。因此,在住宅购买时,妇女对社会生活环境、子女就学、住宅细部设计等考虑的更多,也更有决策权。而由于住宅消费的长期性,子女的发言权及影响力也很大。那么,房地产公司在住宅建设及整合营销沟通过程中就必须考虑女士及青年的需求。

项目有大有小,项目的性质也千差万别,并不是任何投资项目的研究都要涉及上述环境的所有内容。策划者应视项目的具体情况,针对那些确实会对项目投资方案、投资效益及投资决策产生影响的环境条件进行分析研究。

本 章 小 结

1. 成功的公司认识到在营销环境中存在着永无止境的机会和威胁。在环境中辨认有历史意义的变化是公司营销者的主要职责。与公司的其他部门相比,营销经理要更善于追踪趋势和寻找机会。

2. 许多市场机会来自对趋势(具有某些势头和持久性的事件的方向或演进)和大趋势(社会、经济、政治和技术的大变化,其形成是缓慢的,而一旦形成就具有长期的影响)的确认。

3. 身处高速发展的行业,对任何企业来说都是一笔宝贵的财富,他关系到一个企业是否能快速增长以及长期发展的前景。

4. 分析竞争来自何方、出于何种动机、哪个威胁最大、其随时间变化的趋势如何等,对于企业战略决策十分重要。

5. 现代营销的精髓是以顾客需求为中心,因此,需求及其变化是市场研究跟踪的重点。

6. 供应商、中间商及其他社会利益集团都是市场营销微观环境的行动者。

7. 为了应付迅速变化的全球形势,营销者必须监视六个主要的环境力量:人文、经济、自然、技术、政治与法律、社会与文化。

8. 在人口环境中,营销者必须关注人口增长,变化着的年龄组合、民族特性和教育水平,非传统家庭的发展,大量的人口迁移等变化趋势。

9. 在经济领域,营销者把目光集中于收入分布和储蓄的水平、债务和信贷的应用。

10. 在技术领域,他们应该考虑技术变化的步伐、创新的机会、变化着的研究与开发预算,以及由技术变化而带来的不断增加的政府规定。

11. 在政治和法律环境领域,营销者必须遵守法律对业务活动的规定,与各种特定利益集团和平共处。

12. 在社会与文化领域,营销者必须了解人们对待自己、他人、组织、社会、自然和宇宙的观点。企业必须制造符合社会核心文化和亚文化的产品,增加在社会上对不同亚文化产品的需要。

讨 论 题

1. 市场营销环境研究与组织决策有何联系？
2. 外部环境是由众多企业无法控制的因素构成的，其变化规律企业无法预知，对这些变化企业也只能消极、被动地适应。你对这种观点有何评价？
3. 回顾我国住宅市场的变迁，分析政策和经济环境对其影响。
4. 许多房地产公司在住宅建设和营销过程中引入若干新概念，他们这样做与营销环境有无联系？与哪些环境因素有联系？

案例一 "大腕进京"上演广州地产新变局[①]

有消息称，富力地产新近在北京南三环拿了一块地，但富力地产集团副总经理否认了这个说法，他说只是去看了，还没有定下来。但毫无疑问地，越来越多的广州开发商北上北京寻求发展。合生创展、珠江投资的北京骏景花园已经开售；中华广场开发公司董事长邹锡昌说，位于北京东二环的20余万平方米的纯住宅项目也已具销售资格，正在等待北京的好天气；奥林匹克花园开发商金业集团的董事长郭梓文说，已在北京拿到西南二环1200亩、东南二环800余亩两块地。顺景雅苑的开发商董事长郭其伟说，在去北京的飞机上经常可以看到本地开发商的熟悉面孔。

北京好，广州不好？

说到去北京的理由，一位开发商痛陈广州地产市场"十不好"，诸如：规划变化快，投资风险大；政策越来越不倾斜，政府不扶持；土地供应缺乏控制，开发空间小；竞争过于激烈，利润空间小……虽然并不是每一个北上的开发商都同意这些观点，但大家全体赞同的是广州地产利润空间太小了，北京地产有很大的舞台。邹锡昌说，在广州稍微有点房子卖不出去成了"货尾"，开发商就变成为银行和媒体打工了。郭梓文说，北京是个很好的市场；郭其伟说，申奥成功令北京的房地产市场活起来了。

广州城镇地产中介公司总经理赵卓文说，北上北京的开发商大致出于三个理由，第一个当然是北京市场目前的利润空间仍比广州大；第二个是大开发商由于局限一地，受市场占有率和市场容量的限制，企业要想尽快壮大，就必须需要更大的空间，形成全国性的品牌；第三个是一些上市公司在有前两个需求的同时，也需要"题材"。

市场规范促进流动

郭梓文说，房地产企业大致可以分为两类：一类是过江龙型；一类是地头蛇型。

[①] 摘自《新快报》2001年12月21日。

要想成为过江龙，对企业内部来讲，又有两点最重要：过硬的职业经理加入团队、雄厚的资本。但有一个条件仍是很重要的，就是外部环境的规范。为什么房地产市场发展初期都是本地的开发商，而外来的开发商，比如港商那么容易全军覆没？这与市场的不规范和当时的"新扎地头蛇"过硬的渗透能力有关。郭梓文说，现在各地的政府市场意识和服务意识都更强了，规范市场的力度和办事效率也更高了，其中以广州的情况为最好。近两年，大牌港商在广州投资的力度普遍加大了；碧桂园、雅居乐等在周边地区的成功开发商也开始大规模进入广州市场，据闻万科的王石等真正意义上的异地开发商也在广州寻求发展的机会。市场规范了，透明了，流动变成了必然的事情。

"大腕进京"促进变局

也许没有"大腕进京"那么引人注目，但开发商异地投资和资本的流动却也同样生猛。汇龙物业总经理陈冠云说，最近在忙着帮一些开发商的忙，帮那些想在珠三角地级市投资项目的开发商穿针引线。陈冠云说，广州市场垄断和大品牌占据的格局正在形成，由于利润空间小、进入门槛高、竞争白热化，致使中小开发商受制于资金短缺等情况，市场发展优势不大，因此向一中小城市寻求机会。

赵卓文说，近两年来，人们一直谈论市场集中和优胜劣汰的问题。资本的流动，说明这一切正向一个更好的方向发展。郭梓文说，有人担心"过江龙"的出现会令广州市场萎缩，但对那些想成为全国品牌的企业来说，他会在本地发展很好、很稳，并能持续发展的情况下才会选择异地扩张。而只是因为利润率"转移战场"的企业虽然肯定存在，但在整体上不致影响广州市场的大局。赵卓文说，大开发商占据本地的一定市场份额后，向外扩展。外地大的开发商也做同样的事情？淘汰的被淘汰了，而那些虽然规模不大，但质素较好的公司，选择去中小城市发展也是很好的选择。也许若干年后，我们又看到了一个大的"过江龙"。

是机会，也有风险

很多北上北京的开发商不约而同的提到"二至三年"的概念。就像郭梓文说的，"人们都看到了北京的机会，这本身就是风险。我要求我的项目二年内都要发售。"赵卓文说，申奥是个利好，申奥带来的大的市政投入，也会因形成城市格局的变化而显出特别多的机会，但这个机会能支撑市场多久，特别是如果"一窝蜂"以后？这个风险意识，恐怕"过江龙"们一定要注意。

思 考 题

1. 从本报道内容，试总结房地产"大腕进京"的原因有哪些？
2. 怎样理解"人们都看到了北京的机会，这本身就是风险。"这句话？
3. 在"大腕进京"的同时，一些中小房地产开发商采取了什么战略？

案例二 香港的房地产与房屋政策[①]

房地产业是香港经济发展的支柱产业之一，为推动香港地区经济发展做出了突出贡献，又是观察香港经济的"晴雨表"。

20世纪80年代以来，香港房地产业有较大的波动。1981、1982年地价、楼价连创高峰，但1982年第四季开始出现调整，地产业陷入低潮，至1984年9月，中英签订联合声明，地产业才恢复起色，而1985年起渐入佳境，虽然1987年10月股灾等风波对地产业产生不良影响，但为时短暂，很快又再入高潮。进入20世纪90年代，其重要性进一步增强。1990年波斯湾战争，楼市又放缓了一段时间，但经过调整后，1991、1992、1993年楼市回稳上升。于1994年初，楼花炒风再现，政府推出遏制楼价措施，楼市才得以回落。1995年进入调整期。1996年中住宅楼价止跌回升，炒风重燃。至1997年，大部分港人均认为香港回归中国是正面的利好因素，因此楼股炒卖风气极度炽热，各类物业价格创历史新高。

在香港，不仅住房价格昂贵，而且商业写字楼的价格高得使香港成为全球商业成本最贵的城市之一。从1985~1995年10年间，写字楼价格不断上升，位置较好的上升了5倍左右，至少也在4倍左右。

1997年10月亚洲金融风暴第一次冲击香港，并且在1998年1月及1998年8月又出现两次强大冲击，导致金融泡沫破裂。股价滑落至6660点，比1997年同期跌落1万点，跌幅达60%。楼价也急速滑落，跌幅达50%，100万业主一年内财富减少一半，有些甚至变成了负资产。

政府为了确保楼价平稳，立刻调整政策稳定楼市，推出多项稳定楼市措施，包括废除压抑楼价措施、暂停卖地9个月、放宽银行4成物业借贷及7成按揭、建立土地储备制度等，楼市在各项救市措施下，终于在1999年逐步回稳。

1997年香港回归后，特区政府为了让更多的家庭能自置居所，安居乐业，订立了"每年兴建不少于8.5万个公营和私营房屋单位"以及"在2007年底前，达到全港7成家庭拥有自置居所"的目标。亚洲金融风暴发生后，政府8.5万个房屋单位的目标加速了楼价下跌。2000年特区政府正式停止执行这个计划，用减少供应的方法稳定楼价。

思 考 题

1. 本案例涉及哪些市场营销环境变化？
2. 随着营销环境的变化，香港房地产业出现了怎样的波动？为什么政治和经济因素的变动对房地产业发展的影响巨大？

[①] 摘自1999经济导报和世界经济研究

第四章 房地产市场调查与研究

本章学习目的

1. 理解房地产市场调研的重要意义以及房地产市场调研的一般原则。
2. 熟悉房地产市场调研的基本程序,具备制定调研计划和实施调研计划并撰写调研报告的能力。
3. 熟悉房地产市场调研的主要内容。
4. 掌握房地产市场调研的基本方法,具备收集与分析房地产市场信息的能力。
5. 具备根据市场调查的目的设计房地产市场调查问卷的能力。
6. 具备对房地产市场调查资料进行整理与统计分析的能力,熟悉常用统计图表的制作方法。

第一节 房地产市场调查研究概述

一、市场调查研究的作用

(一) 市场调查研究是市场营销的重要手段

现代营销观念认为,实现企业各种目标的关键,是正确认识目标市场的需求与欲望,并且比竞争对手更有效、更有利地传送目标市场所期望满足的东西。而市场调查研究是企业了解目标市场需求和竞争对手行动的真正有效手段。因此,随着营销观念的逐步深入人心,市场调研在全球范围得到了广泛的重视。

1993年,美国电话电报公司(AT&T)用于市场调研的费用高达3.47亿美元,比贝尔公司实验室用于基础研究的全年经费还要高出一大截。据有关资料表明,在美国,超过30%的企业在内部设有专门的市场调研部门,专门负责对产品的调查,市场的预测、用户咨询等工作,并且在每一个新产品进入新的市场之前,都要进行全面的市场调查。一般而言,美国的大型企业每年的市场调研经费约占整个销售额的3.5%,而这一比例近年还呈上升的趋势。同时据欧洲市场调研学会估计,在1990~1997年间,欧洲各公司在全世界范围内用于委托他人进行市场调研的费用足足增加了一倍,达到年均70亿英镑。而同时各公司内部自己用于客户、消费者研究的费用增长速度甚至更快。为什么这些大公司愿意花大笔的钱用在市场调查上呢?惟一合理的解释就是,市场调查的成果为这些企业带来了千百倍的回报。

美国的《华尔街日报》曾登过一篇文章,文章的开头这样写道:"没有人比妈妈更了解你了,可是,她知道你有几条短裤吗?不知道!然而,乔基国际调研公司的人员知道。妈妈知道你在每一杯水里放多少冰块吗？不知道！但是,可口可乐公司的研究人员却知道！"

在国外,某些公司对消费者的了解,居然超过了母亲对子女的了解程度。有的甚至就连消费者本人也不知道或从未仔细考虑过的事,这些公司都清清楚楚。

可口可乐公司的研究人员发现:人们在每杯水中平均放 3.2 块冰块,平均每人每年看到 69 次可口可乐公司的广告。

有的公司还做过这样的调查:在美国,每人每年平均吃掉 156 个汉堡包,95 个热狗。

国外的企业基本上都有这样的认识:企业不通过市场调查而进行营销决策简直是难以想象的。因此,市场调查作为营销的重要手段,对于发达国家的许多企业来说早已是一种常规武器。为什么？因为没有调查研究,就没有发言权。

(二) 市场调查研究是营销决策的基础

果农王老五最近常常面临这样一些问题的困扰：

现在大家都种苹果,我还种苹果吗？

我不种苹果,种什么？

现在人们喜欢吃什么样的水果？

我种的水果应该卖多少钱一斤？

我种的水果应该自己卖还是转给贩子卖？

水果的市场究竟有多大？

隔壁的张三和李四近来推出了什么样的新品种？

他们的水果好不好卖？卖多少钱一斤？

……

其实,做企业也好,盖房子也好,都和果农王老五一样,时时面临着这些困扰。

现代市场营销带有越来越强的技术性。正确的营销决策是在回避各种各样的市场风险的前提下保证成功,或者说争取更大的成功。

关于市场营销,当前最通常的说法,是一个从市场到市场的过程。

市场需求——生产产品——卖给消费者

显而易见,市场营销首先要研究市场需求。怎么了解,必须依靠市场调研。有了市场需求,我们还要知道竞争对手的动向。"他在做什么？""他会怎么做？"在此基础上,再来决定"我将生产什么样的产品？""我的产品是卖给什么样的人？"解决了这些,再确定"我要采取什么样的市场策略？""我的产品怎么卖？"最终,所有这些都作对了,我们的产品也就能顺利卖出去了。回过头再看看,我们也就不难看出,市场调研确实是营销决策的基础。

案例　跨国公司的总裁走进中国百姓的厨房[①]

1996 年的一天,一位衣冠楚楚的外国客人小心翼翼地敲开北京市朝阳区一户普通居民的家门。在主人的热情引导下,这位客人不仅仔仔细细地观察了这套居室的布局及厨房、卫生间的结构,认真地察看了各种家电的品牌、功能,还向主人详细地询问了家电的购买和使用情况。看到这位客人对所有家电都十分感兴趣,主人感到十分惊讶。

原来,这位神秘的客人就是瑞典伊莱克斯公司的首席执行总裁利福·翰森先生。

伊莱克斯公司是全球最大的家电生产商之一。该公司生产的冰箱、洗衣机、吸尘器、空调和厨房设备等产品的产量在全世界名列前茅。1995 年,该公司向全球销售了 5500 多万套家电及厨房设备产品,销售收入达 160 多亿美元。

评述: 跨国公司总裁深入到中国百姓家调查市场,在我们看来简直是不可思议的事情,但由此可见他们对市场调研的重视程度。

作为企业的领导者,他的一个重要职责就是对企业生产经营的重大问题进行决策。决策的正确与否,往往关系到企业的兴衰存亡。而科学决策的依据,就是准确的市场调研。企业领导人必须对国内外市场行情及其未来趋势,对当前消费者的消费需求和消费心理及未来的消费趋势,对竞争对手目前的状况以及未来将要采取的行动等情况都了解得一清二楚,有一个比较客观的、准确的把握,才能做到知己又知彼,既知眼前市场,又知潜在市场,同时还能判断未来市场趋势。在这种状况下进行决策,自然是成竹在胸,胜券在握。

二、市场调查研究的一般原则

市场调研是一项复杂而细致的工作过程,在市场调研过程中建立一套系统科学的程序,是市场调研工作顺利进行、提高工作效率和品质的重要保证。市场调研的步骤应按照调查内容的繁简、精确程度、调查的时间、地点、预算手段以及调查人员的学识经验等条件具体确定。但不论市场调研的规模大与小,内容多与少,都应该遵循下面陈述的基本原则,即调查资料的准确性和时效性,针对调查主题的全面性和经济性,以及调研的创造性。

(一) 准确性原则

调查资料必须真实地、准确地反映客观实际。科学的决策建立在准确的预测的基础之上,而准确预测又应依据真实的市场调查资料。只有在准确的市场调研资料的基础上尊重客观事实,实事求是地进行分析,才能瞄准市场,看清问题,做出正确的决策。

资料的准确性取决于以下三个方面:

---

① 摘自石旭升主编.地产诡计.广州:广东经济出版社,2000

1. 市场调研人员的技术水平

调查人员的技术水平决定了他们在调查中技巧的使用水平,对问题的敏锐程度,对整体调查方案的理解程度,以及资料的筛选、整理、分析水平等。

2. 市场调研人员的敬业态度

市场调研在大多数情况下是一项很辛苦的工作,并不是简单地看看剪报、发个问卷收上来,或者随便找个人谈谈话那样轻松。大多数情况下,市场调研的需求都是在影响决策的诸多因素均不明朗的情形下产生的,因而市场调研人员必须具备一种科学的态度,敬业的精神才能做好。浅尝辄止的工作态度是做不好市场调研的。

3. 资料提供者是否持客观态度

资料提供者是否持客观态度。是否说出他们内心真实的想法,会直接影响到调研结果的准确性。

案例　听取顾客意见可能有欺骗性[①]

一家汽车公司搞市场调研项目。该公司在全国各地都派人带着书写本上门调查人们所需要的汽车具有哪些特点。大多数人回答他们想要的是性能良好的、基本的交通工具,没有不必要的装饰,要能行驶相当多的里程,车子要实用。于是,该公司便依照调查结果开始生产汽车,而这样做差点害得公司停业。因为没有人来买这些汽车。这件事证明了人们仅仅是想让调查者觉得他们的建议有用,所以他们显得十分慎重和明智。调查者明白了这个道理,又开始了新一轮的尝试。这次,他们询问被调查者的问题是:你们认为你们的邻居想要买什么样的车?由于这回没有必要给调查者留下深刻印象,人们说出了他们自己需要的汽车所具备的特征。出人意料地,这次变成了强大马力的豪华汽车,有多种功能选择,拥有华丽的外观等等。

评述:在现实生活中,人们有时会言行不一致。而我们的市场调研人员往往并没有考虑到这一点。有时完全听取顾客的意见能会有欺骗性,但又不能忽视顾客的意见。怎么办?解决问题的关键是要很好地理解顾客,要清楚地了解他们何时说的话并非是他们心里所想。而这样做的方法就是最大限度地利用多种信息渠道、利用第一手观察资料以及判断事物特质和常识中最异乎寻常的情况。

(二) 时效性原则

一份好的调查资料应该是最新的。因为只有最新的调查资料,才能反映市场的现实状况,并成为企业制定市场经营策略的客观依据。在市场调研工作开始进行之后,要充分利用有限的时间,尽可能在较短的时间里搜集更多的所需资料和信息,避免调查工作的拖延。否则不但会增加费用支出,而且会使决策滞后,贻误时机。因此,市场调研应该顺应瞬息万变的市场形势,及时反馈信息,以满足各方面

[①] 摘自喻颖正,章伟东,林旭东编著. 现代地产全案解决. 广州:暨南大学出版社,2000

的需要。

(三) 全面性原则

这一原则是根据调查目的,全面系统地收集有关市场经济信息资料。市场环境的影响因素很多,既有人的因素、也有经济因素、社会因素、政治因素等,甚至有时国际大气候对市场环境也有较大影响。由于各因素之间的变动是互为因果的,如果单纯就事论事地调查,而不考虑周围环境等因素的影响,就不能把握事物发生、发展甚至变化的本质,就难以抓住关键因素得出正确的结论。这一点,在房地产市场调研方面体现得尤为突出。房地产开发不可能离开一个城市的社会、经济发展状况,因此一个完整全面的市场调查应包括宏观的背景情况如社会政治经济环境、自然环境、区域因素以及整个市场的物业开发量、吸纳量、需求量、总体价格水平、空置率等内容,还应包括对消费者的调查、对竞争对手与竞争楼盘的调查等内容。

(四) 针对性原则

对于特定项目的市场调研,还应遵循"针对性"原则。比如在房地产市场调研中,不同物业的目标客户群体是不同的,不同客户群体对房屋的偏好各异,比如中等收入家庭购房时更关注价格,而高收入家庭购房时则会更注重环境与景观等。市场调查的目的,就是要准确把握住不同客户群体间方方面面显著或是细微的差别,最终抓住目标客户群。这也是物业销售成功的关键之一。

案例 一个市场调查的经典故事

这是一个著名的关于把麦克林牙膏介绍到美国市场的故事。那时,英国比彻姆(Beecham)公司的总裁告诉他的市场营销人员:拟在美国市场上推出其强大、有吸引力的品牌。当然,作为专业人士,他们坚持首先应该进行市场研究。但随后而来的研究报告的结果却是否定的:消费的选择是以 80:20 反对这个品牌。总裁看后坚持进行再一次调查。在被告知相同的结果后,总裁怀疑这个结果的准确性并武断地告诉他们,无论如何,都要让这个品牌在美国上市。结果,它成功了! 随后,他们发现了这一点,确实只有20%的人们喜欢这个口味——但他们全心地喜爱它并频繁地购买它。

评述:在一个激烈竞争的细分市场范围内,辨别品牌的特性应该建立在核心购买者之中,而不是在整个细分市场上。

(五) 创造性原则

市场调研是一个动态的过程,虽然有科学的、程序化的步骤,但任何环节都需要创意的帮助。市场调研的创造性思维,不能仅仅在调研开始前的头脑风暴会议上绽现,而应该贯穿于整个调研设计和实施过程中。有创意的调研人员,总是能十分敏锐地捕捉那些有价值的信息,不让它们失之交臂,抓住它们,并深入地挖掘它们。创造性调研的特点之一,是根据调研中发现的有价值的信息,提出一个很有创意的假设,然后运用各种调研方法进一步去证明这种假设是否确实存在;创造性调研的特点之二,是抛开那些传统的、先入为主的思维方式,采用准确、直接的调研新手段、新方法。

案例 "垃圾调研法"的产生①

帕林是柯的斯出版公司的经理,本世纪初,他就在公司设立了世界上最早的调研组织。当时,柯的斯公司的业务员向美国鼎鼎有名的 Campbell 汤料公司推销"星期六邮刊"的广告版面。但对方告诉他:邮刊不是汤料公司的好媒体,因为"星期六邮刊"的主要读者是工薪阶层,而 Campbell 的汤料则是高收入家庭购买为主。工薪阶层主妇为了省钱,往往自己凑合着自己烧汤,只有高收入家庭才愿意花10美分买已调配好的 Campbell 汤。帕林要想办法反驳对方的观点。为此,他抽取了一条垃圾运输线,让人从该线路的各个垃圾堆中收集汤料罐,他发现从富裕区收集到的汤料罐几乎没有,因为富裕家庭总是让仆人动手准备汤料。大部分汤料罐从蓝领区收集到,帕林认为对蓝领阶层的妇女来说,节约做汤时间可以更多地为家人做衣服或者其他挣钱的活。在摆出这些发现后,Campbell 汤料公司很快成为《星期六邮刊》的广告客户。

从此,"垃圾调研法"就产生了。

评述:调研的创造性实际上是市场调研的诸多性质中最有价值的特性,是调研人员营销知识、调研技术、思维能力的综合体现,当然也是有效市场调研最有力的保障。有创意的调研总是来自于调研人员对市场的把握,对营销的理解,以及对调研技法的精通。

三、房地产市场调查研究的误区

房地产业在中国算不上是一个成熟的行业,而调查业在中国产生则更晚。因此在房地产市场调研中存在有误区也就在所难免。房地产市场调研中存在的误区主要有以下几种:

(一) 轻视调研

轻视调研的表现各有不同,以下面三种最具代表性。

第一种观点认为:消费者自己也不清楚想要的是什么——在他们没有看到最好的产品之前。因此,根本不需要做什么市场调研,受市场所左右。开发商的任务就是要将国外优秀的建筑、优秀的生活方式引进国内,从而领导市场。而跟随市场被消费者所引导就不可能生产出优秀的产品;

第二种观点则更多地表现在对调查方式及调查结果的怀疑上,其认为:调查的样本是那样的少;而购买我们房子的消费者又只有那么一少部分,市场调查很难找到真正的买家。

第三种观点则认为:在产品差异化相对较大的情况下,消费者极其分散,目前

---

① 摘自叶茂中编著.叶茂中谈调研.北京:中华工商联合出版社,2001

什么样的产品都会有相当大的市场,系统的市场调查将是未来的事。

上述三种观点在目前国内的房地产商中很具有代表性。但我们说,这些看法是存在着误区的。第一种观点忽视了消费者的潜在需求与现实需求的区别,即或有时市场中确实存在着一些连消费者自己都尚未察觉的潜在需求,但它们仍然是可以通过市场调研来发掘的,适应市场不等于迎合市场,引导市场仍然需要建立在了解市场并满足市场需要的基础之上;第三种观点是早已过时的"生产观念"——仍然将市场想象为供不应求的卖方市场;而第二种观点,则忽略了我们在市场调研中要遵循的一个基本原则,即"针对性原则"。正是因为目标消费者有限,才更需要我们通过市场调研来寻找。就上述三种观点所代表的发展商而言,即使其以往所开发的项目销售较为理想,其成功的部分仍然归功于特别方式的市场调查,只不过被他们不自觉地运用罢了,而不成功的部分则是缺乏市场调查的后果,因为项目本身总有这样或那样的缺陷,总有不好卖的户型,总要寻求最佳的目标市场。而且最重要的是,如果他们固执己见,未来肯定不能适应日益细分的消费者市场的需要,同时也将会在与其他发展商的相互竞争中处于不利的地位。

(二)轻信调研

这种情况与前一种误区正好相反,实际上是从另一个侧面表现了与市场的隔膜与背离。持这种观点的发展商认为:自己平时对市场调查了解甚少,又缺少必要的市场调研机制与市场感觉,因此关于市场的情况全部偏听调查公司的。这种情况实际上比"轻视调查"的做法有着更大的风险。

案例　轻信调研,贻误商机

在某城市的中心区及一般市区,1999年有三个几乎同时上市的高档住宅项目,中心区两个,一般市区一个。这三家发展商几乎同时委托一家调查公司做项目前期调研。结果这家调查公司给三个公司一个同样的调查结果。麻烦来了:三个项目本身就存在竞争以及共同挤占市场份额的问题,更何况还存在着在不同地段限制下的差异定位问题。同样的调查结论怎能同时满足不同项目开发的需要。同时这家调查公司为这三个发展商建议的户型普遍偏小,到后来只得修改户型,而修改户型本身就带来了新户型的不合理,还贻误了销售时机,因此完全丧失了进行前期市场调研的作用。

评述:市场调查并不是简单地委托给调查公司一做了事的事情,它还需要发展商本身的调研机制。专业调查公司提供的结果和建议,只能作为前期市场调研的一种手段,或者作为前期市场定位的一个重要的参考意见。建议不等于方案,方案需要通过决策者自己的判断才能形成。

(三)盲目调研

开发商针对所在地块,在前期规划的将面临许多不确定的因素,对这些因素需要进行统筹分析。只有进行认真的分析,才能知道市场调研应针对哪些具体问题或解决哪些具体问题。

盲目调研表现之一是贪多不要细。一般发展商在项目定位前将会遇到市场趋势、项目前景、规划问题、竞争对手、外销市场、目标市场、营销推广、价格策略、销售组织等诸多问题,如果指望在一次调查中面面俱到。肯定是贪多嚼不烂,而且也使市场调查失去了重心和针对性;

盲目调研表现之二是只看结果不看过程。其实,市场调研是一个高度实证主义的事情,讲究的是过程和各个环节的逻辑关系。问卷设计是否合理、样本是否具有针对性、抽样方法是否正确、资料的整理、统计与分析是否科学、回访是否及时等等因素都会影响到调研结果的系统性和准确性。因此,发展商只有对各个环节都严格加以控制,才能真正把调研工作做到实处。

第二节 房地产市场调查程序

房地产市场调查的程序,是指从调查准备到调查结束全过程工作的先后次序。在房地产市场调查中,建立一套系统的科学程序,有助于提高调查工作的效率和质量。通常,一项正式调查的全过程一般可分为:调查准备、调查实施以及分析总结三个阶段,每一个阶段又可分为若干具体步骤,见图 4-1 所示。

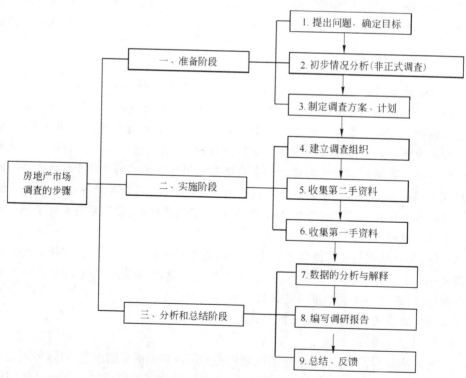

图 4-1 房地产市场调查的程序

一、准备阶段

房地产市场调查准备阶段是调查工作的开端。准备是否充分,对于实际调查工作和调查的质量影响颇大。一个良好的开端,往往可收到事半功倍之效。调查准备阶段,重点是解决调查的目的、要求,调查的范围和规模,调查力量的组织等问题。在此基础上,制定一个切实可行的调查方案和调查工作计划。这个阶段的具体工作步骤如下:

(一) 提出问题,明确目标

市场研究意义重大,其中一个重要的作用就是帮助人们确定需要解决的问题。只有当需要研究的问题被仔细、准确地定义以后,才能设计研究计划,获取切合实际的信息。在对需要研究的问题进行定义的过程中,确定所要研究项目的目标也是一项重要的工作。每一项目应含有一个或多个目标。在这些目标未被明确建立之前,是无法进入下一步的研究的。

房地产市场调研也不例外。市场调研的任务是为营销决策提供信息,帮助他们发现并解决营销问题。所以调研人员必须牢记调研是为营销服务的,其目的是发现问题并解决问题,任何偏离主题的调研都不能成为有效的调研。因此,在每次起草调研提案之前,调研人员首先要知道自己要干什么,要对调研目的与目标十分明确。

(二) 初步情况分析和非正式调查

调研人员对初步提出来需要调查的课题,要搜集有关资料做进一步分析研究,必要时还可以组织非正式的探测性调查,以判明问题的症结所在,弄清究竟应当调查什么。探测性研究资料的收集具有较大的灵活性。已出版的材料、个别访谈、反面佐证案例等,都是行之有效的资料来源。另一方面,如果研究的问题能够准确、清晰地得到定义,就可以直接作描述性或因果关系研究。同时,要根据调查的目的,考虑调查的范围和规模多大才合适,调查的力量、时间和费用负担是否有保证。如果原来提出的课题涉及面太宽或者不切实际,调查的范围和规模过大、内容过多,无法在限定时间内完成,就应当实事求是地加以调整。

(三) 制定调查方案和工作计划,拟订调研计划书

对房地产市场调查课题经过上述分析研究之后,如果决定要进行正式调查,就应制定调查方案和工作计划,即拟订调研计划书。

房地产市场调查方案是对某项调查本身的设计,目的是为了调查有秩序、有目的地进行,它是指导调查实施的依据,对于大型的市场调查显得更为重要。调查方案设计的内容如下:

1. 为完成调查的课题需要收集哪些信息资料;
2. 怎样运用数据分析问题;
3. 明确获得答案及证实答案的做法;
4. 信息资料从哪里取得,用什么方法取得;

5．评价方案设计的可行性及核算费用的说明；
6．方案进一步实施的准备工作。

房地产市场调研工作计划是指在某项调查之前，对组织领导、人员配备、考核、工作进度、完成时间和费用预算等做出安排，使调查工作能够有计划、有秩序地进行，以保证调查方案的实现。例如，可按表4-1设计调研计划。

调研计划表　　　　　　　　　　　　　表4-1

项　目	内　容
调查目的	为何要做此调查，需要了解些什么，调查结果有何用途等
调查方法	采用询问法、观察法或实验法等
调查区域	被调查者居住地区、居住范围等
调查对象、样本	对象的选定、样本规模等
调查时间、地点	调查所需时间、开始日期、完成日期、地址等
调查项目	访问项目、问卷项目（附问卷表）、分类项目等
分析方法	统计的项目、分析和预测方法等
提交调查报告	报告书的形式、份数、内容、中间报告、最终报告等
调查进度表	策划、实施、统计、分析、提交报告书等
调查费用	各项开支数目、总开支额等
调查人员	策划人员、调查人员、负责人姓名和资历等

总之，市场调研计划书必须具有可操作性，对调查对象、调查范围、调查内容、调查方法、调研经费预算、调研日程安排等都应给出明确的线路。

二、实施阶段

房地产市场调查方案和调研计划经论证确定后，就进入了调查实施阶段。这个阶段的主要任务，是组织调查人员深入实际，按照调查方案或调查提纲的要求，系统地收集各种资料和数据，听取被调查者的意见。这一阶段的具体步骤如下：

（一）建立调查组织

房地产市场调查部门，应当根据调查任务和调查规模的大小，配备好调查人员，建立房地产市场调查组织。调查人员确定后，需要集中进行学习。对于临时吸收的调查人员，更需要进行短期培训。学习和培训的内容主要包括：

1．明确房地产市场调查方案；
2．掌握房地产市场调查技术；
3．了解与房地产有关的方针、政策、法令；
4．学习必要的经济知识和业务技术知识等。

（二）收集第二手资料

房地产市场调查所需的资料，可分为第一手资料和第二手资料两大类。第一手资料是指需要通过实地调查才能取得的资料。取得这部分资料所花的时间较长,费用较大。第二手资料是指企业内部记录或已出版的外部记录。取得这部分资料比较容易,花费较少。在实际调查中,应当根据调查方案提出的内容,尽可能组织调查人员收集第二手资料。收集第二手资料,必须保证资料的时效性、准确性和可靠性。对于统计资料,应该弄清指标的含义和计算的口径,必要时应调整计算口径,使之符合调查项目的要求。对于某些估计性的数据,要了解其估算方法和依据以及可靠程度。对于某些保密的资料,应当根据有关保密的规定,由专人负责收集、保管。

(三) 收集第一手资料

经常遇到的情况是,为解决问题所需的资料并不能完全地从内部记录或已出版的外部记录中获得,即不能完全地从第二手资料中获得。因此研究必须以第一手资料为基础。第一手资料是专门为项目研究而收集的。收集第一手资料常要回答下面几个问题:是通过观察实验、还是询问来获得资料?问卷采取封闭式还是采取开放式结构?是将研究的目的直截了当地告诉被访者还是对他们隐瞒研究的目的?此外还有许多问题,但上述几个问题是在研究过程中必须回答的基本问题。

在收集第一手资料的过程中,还必然伴随着对调查样本的设计和样本的采集。在房地产市场调查中,广泛采用的是抽样调查法。因此,研究人员在样本设计过程中必须考虑以下问题:

1. 调研总体(母体)

调研总体又称为母体,是指要调研的对象的总和。明确调研总体有助于保证抽样的规范和样本的合格;

2. 样本单位

样本单位就是抽样的基本单元,有时是个人,有时是家庭,有时是公司。尽管样本单位通常就是样本自己,但在很多时候仍需要进一步的探讨与明确。

3. 抽样框

抽样框是代表调研总体对象的样本列表。完整的抽样框中,每个调研对象应该出现一次,而且只能出现一次。很多时候,由于调研人员无法获得完整的抽样框,从而导致了抽样误差的产生。

4. 抽样设计

抽样设计作为调研设计的有机组成部分,是根据调研方法的不同而采取的不同抽样技术。抽样调查法要求抽选出的样本必须是母体的浓缩,要能代表母体的特征。为此,第一,要有足够的容量;第二,要有正确的样本抽取法,才能把调查误差降低到最低限度。抽样调查方法主要分为两大类:一类是随机抽样,另一类是非随机抽样。

5. 样本规模

样本规模是指所抽取的样本量的多少。"样本量越多,调研精度越高",这个命题是正确的,但往往被很多人误解。实际上,即使在最理想的情况下,统计精度也只是与样本量的平方根成正比。而对于一个特定的抽样调研,在达到一定的样本量后,再增加样本量对提高它的统计精度就起不了多大作用,而现场调研费用却会成倍增加。因此,样本规模的确定原则是,控制在必要的最低限度。但最低限度的样本量到底是多少,却常常困扰着调研设计者,对这个问题的回答还是应该回到调研目的上,即只要样本量足够让调研者发现问题或获知解决问题的信息,那就应该说,达到了调研者希望的最低限度的样本量。

三、分析和总结阶段

房地产市场调查资料的分析和总结阶段,是得出调查结果的阶段。这一阶段的工作如果抓得不紧或者草率从事,会导致整个调查工作功亏一篑,甚至前功尽弃。它是调查全过程的最后一环,也是调查能否发挥作用的关键环节。这一阶段有以下具体步骤:

(一) 数据的分析与解释

数据分析包括对采用的抽样方法进行统计检验,以及对数据的编辑、编码和制表。编辑就是对问卷表进行纵览的过程,以保证问卷的完整、连续;编码就是对问题加以编号,以使资料更好地发挥分析作用;制表就是根据某种指标对观察得到的数据进行分类和交叉分类。

在大多数研究中,都要涉及编辑、编码和制表程序。而统计检验作为一种独特的抽样过程和数据搜集工具,往往仅应用于某些特殊的研究。在可能的情况下,统计检验一般都在数据搜集和分析之前就进行了,以保证所得到的数据与意欲研究的问题密切相关。

(二) 编写调研报告

调查研究报告主要归纳研究结果并得到结论,提交给管理人员决策使用。很多主管人员都十分关心这一报告,并将它作为评价研究成果好坏的标准。因此,研究报告必须写得十分清楚、准确。无论你的研究做得多么深透、高明,如果没有一份好的研究报告,都将会前功尽弃。

调研报告的主要内容包括:
1. 调查目的、方法、步骤、时间等说明;
2. 调查对象的基本情况;
3. 所调查问题的实际材料与分析说明;
4. 对调查对象的基本认识,做出结论;
5. 提出建设性的意见和建议;
6. 统计资料、图表等必要附件。

房地产市场调查报告的结构多种多样,没有固定的格式,一般由导言、主体、建议与附件组成。导言部分介绍调查课题的基本状况,是对调查目的地简单而基本的说明;主体部分应概述调查的目的,说明调查所运用的方法及其必要性,对调查结果进行分析并进行详细说明;附件部分是用来论证、说明主体部分有关情况的资料,如资料汇总统计表、原始资料来源等。

编写房地产市场调研报告,还应当注意以下几个问题:

1. 坚持实事求是原则。调研报告要如实反映市场情况和问题,对报告中引用的事例和数据资料,要反复核实,必须确凿、可靠。

2. 要突出重点。调研报告的内容必须紧扣调查主题,突出重点。结构要条理清楚,语言要准确精炼,务必把所说的问题写得清楚透彻。

3. 结论明确。调查结论切忌模棱两可,不着边际。要善于发现问题,敢于提出建议,以供决策参考,结论和建议可归纳为要点,使之更为醒目。

4. 印刷精美。调研报告应完整、装订整齐,印刷清楚、精致美观。

(三) 总结反馈

房地产市场调查全过程结束后,要认真回顾和检查各个阶段的工作,做好总结和反馈,以便改进今后的调查工作。总结的内容主要有以下几个方面:

1. 调查方案的制定和调查表的设计是否切合实际;

2. 调查方式、方法和调查技术的实践结果,有哪些经验可以推广,有哪些教训应当吸取;

3. 实地调查中还有哪些问题没有真正搞清,需要继续组织追踪调查;

4. 对参加调查工作的人员做出绩效考核,以促进调查队伍的建设,提高调查水平和工作效率。

值得注意的是,在上述房地产市场调查的程序中,除了提出问题这一步骤之外,其他研究步骤并不能完全依照设想的程序进行。并且这些步骤也不是僵化不变的。实际运用时,可视调查内容、环境条件及要求的轻重缓急,灵活使用。有的程序可以省去,有的可以强化,有的可以重复。例如,在制定某项研究方案时,我们也许会发现要研究的问题并没有很好地定义,这样,研究人员也许需要重新回到第一步,对需要研究的问题再作仔细的界定;再如,进入收集数据阶段时,可能会发现原计划的方法成本太高,这时为了保持预算平衡,就可能需要对原来的研究设计进行改变,减少资料规模,或以用其他资料来代替(也许依靠第二手资料)。但当资料已经收集得差不多时,研究人员再要对研究方案作改动的话,所花的代价就非常大,这将影响研究的进行。因此,在进行资料收集之前,就应对研究设计十分认真的考虑,以免造成不必要的损失。

第三节 房地产市场调查研究的主要内容

房地产业是一个综合性非常强的行业,这决定了房地产市场调研也是一个综合分析的过程。一般说来,房地产市场调研的内容主要包括以下几个方面:

一、市场环境调研

(一) 宏观环境调研

市场环境总是处在不断的变化之中,总是不断地在产生新的机遇和危机,对市场敏感的企业家们往往能够从不同角度看待这些变化,将这些变化看成是企业发展的新机遇。而房地产市场调研最重要的任务,就是要摸清企业当前所处的宏观环境,为科学决策提供宏观依据。房地产市场宏观环境主要包括:

1. 经济环境。主要包括国民经济发展状况、产业结构的变化、城市化的进程、经济体制、通货膨胀的状况、家庭收入和家庭支出的结构等。

2. 政策环境。主要包括与房地产市场有关的财政政策、货币政策、产业政策、土地政策、住房政策、户籍政策等。

3. 人口环境。主要包括人口的总量、年龄结构、家庭结构、知识结构以及人口的迁移特征等。

另外,宏观环境还包括文化环境、行业环境、技术环境以及对城市发展概况的描述等。在房地产市场研究中,对于同一城市的同一类项目而言,该部分内容在接近的时点上基本一致,可参考以往类似的调查研究结果略作改动。若项目处于一个陌生的城市,则对该部分内容的调研是不可或缺的。

(二) 区域环境调研

区域环境调研是指对项目所在区域的城市规划、景观、交通、人口构成、就业中心、商圈等区位条件进行分析,对项目地块所具有的区位价值进行判断。具体包括:

1. 结合项目所在城市的总体规划,分析项目的区域规划、功能定位、开发现状及未来定位;

2. 进行区域的交通条件研究;

3. 对影响区域发展的其他因素和条件进行研究,如:历史因素、文化因素、发展水平等;

4. 对区域内楼盘的总体价格水平与供求关系进行分析。

(三) 项目微观环境调研

项目的微观环境调研又称为项目开发条件分析。其目的是分析项目自身的开发条件及发展状况,对项目自身价值提升的可能性与途径进行分析,同时为以后的市场定位做准备。具体包括:

1. 对项目的用地现状及开发条件进行分析;

2. 对项目所在地的周边环境进行分析。主要指地块周围的物质和非物质的生活配套情况,包括:水、电、气等市政配套,公园、学校、医院、邮局、银行、超市、体育场馆、集贸市场等生活配套情况,以及空气、卫生、景观等生态环境,还包括由人口数量和素质所折射出来的人文环境等;

3. 对项目的对外联系程度、交通组织等进行分析。

二、消费者调研

市场营销的目的是为了满足目标消费者的需要和欲望。但是要了解消费者并不简单,消费者对自己的需要和欲望的叙述是一回事,实际行为可能又是另外一回事,有时他们往往会由于一些原因在最后一刻改变主意,有时也可能连他们自己也没有意识到一些潜在的欲望和需要。这些都需要研究人员来加以分析和引导。

一般而言,我们研究买家时需要回答七个问题(6W+H):

第一,哪些人是买家?(who)

第二,买家要买什么样的房?(what)

第三,买家为什么要买这些房子?(why)

第四,谁参与买家的购买行为?(whom)

第五,买家以什么样的方式买房?(how)

第六,买家什么时候买房?(when)

第七,买家在哪里买房?(where)

具体说来,我们对消费者的调查,则包括以下几个方面:

(一) 消费者的购买力水平

消费者的购买力水平是影响住房消费最重要的因素,它直接决定了消费者的购房承受能力。消费者购买力水平的主要衡量指标是家庭的年收入。

(二) 消费者的购买倾向

消费者的购买倾向主要包括物业类别、品牌、户型、面积偏好、位置偏好、预期价格、物业管理、环境景观等。

(三) 消费者的共同特性

主要包括:消费者的年龄、文化程度、家庭结构、职业、原居住地等等。

一般说来,在未确定目标消费者之前,可通过二手资料的收集对房地产市场的消费者做一个普遍、粗略的了解;在确定了目标消费者之后,则主要是通过问卷调查的形式就想要了解的问题对目标调查对象进行访问。目标消费者的确定可参照同类物业的已成交客户进行划分。必要的时候,甚至还可针对核心购买者进行再一次的调查,如此反复,直至得到较为准确可靠的结论。因此我们说,对消费者的调研可视为动态的全过程调研。消费者调查问卷的设计请参考本章第四节。

三、竞争楼盘调研

竞争性楼盘分为两种情形:一类是与所在项目处在同一区域的楼盘;另一类是不同区域但定位相似的楼盘。竞争楼盘调研包括对这些楼盘进行营销策略组合的调查与分析,包括:产品、价格、广告、销售推广和物业管理等方面。具体说来,主要包括:

(一) 产品

1. 区位

(1) 地点位置,是指楼盘的具体坐落方位,同本项目的相对距离以及相邻房产的特征。

(2) 交通条件,是指地块附近的交通工具和交通方式,包括城市铁路(地铁)、公路、飞机等。交通条件一方面表示地块所在区域与周边各地的交通联系状况,表明出进的方便程度;另一方面,一个地区的交通状况也可左右着该地区的未来发展态势。

(3) 区域特征,是指相对聚集而产生的、依附于地域的特有的一种物质和精神形态,主要取决于地域的经济发展水平、产业结构、生活水准、文化教育状况等。

(4) 发展规划,是指政府对城市土地、空间布局、城市性质的综合部署和调整,是一种人为的行为。

(5) 周边环境,是指开发地块周围的生活配套情况,还包括由人口数量和素质所折射出来的人文环境和生态环境。

2. 产品特征

(1) 建筑参数,主要包括该项目总建筑面积、总占地面积以及容积率等,是由规划管理部门确定的,也是决定产品形态的基本数值。

(2) 面积户型,一个楼盘的面积和户型基本决定了其产品品质的好坏,其中包括各种户型的使用面积、建筑面积、使用率以及面积配比、户型配比等。

(3) 装修标准,一是公用部位的装修,包括:大堂、电梯厅、走道以及房屋的外立面,二是对户内居室、厅、厨卫的处理。

(4) 配套设施,分两大部分:一是满足日常生活的最基本设施,如水电、燃气、保安、车库、便利店和中小学等;二是为住户专门设立的额外设施,如小区会所等相关的娱乐设施。

(5) 绿化率,绿地的多少越来越受到购房人的重视,成为判断房屋品质的一条重要标准。

3. 公司组成。一个楼盘主要的营运公司就是开发商、设计单位、承建商和物业管理公司这四家,它们分别负责项目的投资建设、建筑设计、工程建造和物业服务。四家公司的雄厚实力和有效联合是楼盘成功的保证,而其中开发商的实力是最为关键的。

4. 交房时间。对期房楼盘而言,交房日期是影响购房人购买决策的重要因素。

(二) 价格

价格是房地产营销中最基本、最便于调控的,在实际的调查中也是最难取得真实信息的。一般是从单价、总价和付款方式来描述一个楼盘的价格情况。

1. 单价。它是楼盘各种因素的结合反映,是判断一个楼盘真正价值的指标,可以从以下几个价格来把握:①起价,这是一个楼盘最差房屋的销售价格,为了促销,加入了人为的夸张,不足为凭;②平均价,指总销售金额除以总销售面积得出的单价;③主力单价,是指占总销售面积比例最高的房屋的标定单价,这才是判断楼盘客户地位的主要依据。

2. 总价。虽然总价是销售价格和销售面积的乘积,但单价反映的是楼盘品质的高低,而总价反映的是目标客户群的选择。通过对楼盘总价的调研,能够掌握产品的市场定位和目标市场。

3. 付款方式。这是房屋总价在时间上的一种分配,实际上也是一种隐蔽的价格调整手段和促销工具,用以缓解购房人的付款压力,扩大目标客户群的范围,提高销售率。付款方式不外乎有下面几种类型:①一次性付款;②按照工程进度付款的建筑期付款;③按照约定时间的付款;④利用商业贷款或公积金贷款的付款等。

(三) 广告

广告是房地产促销的主要手段,对楼盘的广告分析是市场调研的重要组成部分。

1. 售楼部。这是指实际进行楼盘促销的主要场所。其地点选择、装修设计、形象展示是整个广告策略的体现。

2. 广告媒体。这是指一个楼盘选择的主要报刊和户外媒体,是其楼盘信息的主要载体。在实际工作中,选择的媒体应与产品的特性相吻合。

3. 广告投入强度。从报纸广告的刊登次数和篇幅,户外媒体的块数和大小,就可以判断出一个楼盘的广告强度,它体现了该楼盘所处的营销阶段。

4. 诉求点。广告的诉求点,也就是物业的买点,它反映了开发商想向购房人传达的信息,是产品竞争优势的展示,也是目标客户群所关心的问题。

(四) 销售情况

销售情况是判断一个楼盘最终的指标,但是它也是最难获得准确信息的,主要包括:

1. 销售率。这是一个最基本的指标,它反映了一个楼盘被市场的接纳程度。

2. 销售顺序。这是指不同房屋的成交先后顺序,可以按照总价的顺序,也可以按户型的顺序或是面积的顺序来排列。可从中分析出不同价位、不同面积、不同户型的房地产单元被市场接纳的原因,它反映了市场需求结构和细节。

3. 客户群分析。通过对客户群职业、年龄、家庭结构、收入的统计,可以反映出购房人的信息,从中分析其购买动机,找出本楼盘影响客户购买行为的因素,以及各因素影响力的大小。

通过对单个楼盘的调研,可以分析竞争对手产品规划的特点、价格策略、广告策略和销售的组织、实施情况,以此为基础可制定出本公司项目的营销策略和相应的对策。

(五) 物业管理

包括物业管理的内容、管理情况、管理费用以及管理公司等。

竞争楼盘调查表详见表 4-2、表 4-3 与表 4-4。

竞争楼盘调查表（原始调查表） 表 4-2

物业名称		调查日期	
区　域		类　型	
地　点		售楼电话	
发展商/投资商		发展商电话	
承建商/设计单位		总建筑面积 m^2	
销售代理		占地面积 m^2	
物业管理		绿化面积 m^2	
按揭银行		车　位	
最高按揭比例		容积率	
预售证号		首次推出时间	
小区规模			
配套设施			
装修标准			
楼宇设备			
外　墙			
门　窗			
内　墙			
天花板			
楼地面			
厨　厕			

本期发售情况

本期栋名		展销地点	
展销地日期		展销会销售观察	
推出单位数目		参观人流（人/10 分钟）	
最受欢迎单位		上次展销均价（元/m^2）	
施工进度		本期交楼日期	

广告代理商	本周报纸广告量（万元）	当地日报	当地晚报	其他报纸	电视广告	电台广告	示范单位	专车

卖点特色	

售价资料

南向单元	定价（元/m^2）	北向差价（元/m^2）	单元售价	最高
高				最低
中			展销期优惠	

续表

低			平均订价(元/m²)	
推出单位数目			展销期按揭均价(元/m²)	

付款方式

种 类	一次性付款	银行按揭	分期付款	其他付款方式
折 扣				

临时订金		手续费		物业管理费 (元/m²/月)	

新推出详细数据

新推栋名	面积范围		新推面积		实用率

户型面积	单 间	一房一厅	二房一厅	二房二厅	三 房	四房以上	合计(套)
套 数							
户型面积	59m²以下	60~79m²	80~99m²	100~119m²	120~149m²	150m²以上	
套							

注：本调查表格式由广州《物业时代房地产资讯》提供。

竞争楼盘调查表(可量化统计表)   表 4-3

项目名称 因素及权重	序 号	楼盘名称	楼盘名称	楼盘名称	备 注
位置 0.5	1				
价格 0.5	2				
配套 0.4	3				
物业管理 0.3	4				
建筑质量 0.3	5				
交通 0.3	6				
城市规划 0.3	7				
楼盘规模 0.3	8				
朝向 0.3	9				
外观 0.1	10				
室内布置 0.2	11				
环保 0.2	12				
发展商信誉 0.1	13				
付款方式 0.2	14				
户型设计 0.1	15				
销售情况 0.1	16				

续表

项目名称 因素及权重	序　号	楼盘名称	楼盘名称	楼盘名称	备　注
广告 0.1	17				
停车位数量 0.1	18				
合　计					

注：本调查表摘自石旭升主编．地产诡计．广州：广东经济出版社，2000

竞争楼盘指标衡量标准一览表　　　　　表 4-4

定级因数	指　　标	分　　值
位　置	a.住宅为距所在片区中心的远近；b.商业为临街或背街；c.写字楼为临街或背街	a.最差(少)1；b.很差(少)2；c.一般3；d.很好(多)4；最好(多)5
价　格	a.百元以上为等级划分基础；b.商铺、写字楼、豪宅、普通住宅等级依次减少；c.价格是否有优势	a.最差(少)1；b.很差(少)2；c.一般3；d.很好(多)4；最好(多)5
配　套	a.城市基础设施：供水、排水、供电；b.社会服务设施；文化教育、医疗卫生、文娱体育、邮电、公共绿地	a.最差(少)1；b.很差(少)2；c.一般3；d.很好(多)4；最好(多)5
物业管理	a.保安；b.清洁卫生；c.内墙；d.绿化率及养护状况；e.物业管理费(月/元)；f.是否人车分流；g.物业管理；商业资质	a.最差(少)1；b.很差(少)2；c.一般3；d.很好(多)4；最好(多)5
建筑质量	a.是否漏雨水；b.门窗封闭情况；c.内墙，地板；d.排水管道	a.最差(少)1；b.很差(少)2；c.一般3；d.很好(多)4；最好(多)5
交　通	a.大中小巴线路数量；b.距公交站远近；c.站点数量；d.大中小巴舒适程度	a.最差(少)1；b.很差(少)2；c.一般3；d.很好(多)4；最好(多)5
城市规划	a.规划期限(远、中、近期)；b.规划完善程度；c.规划所在区域重要性程度；d.规划现状	a.最差(少)1；b.很差(少)2；c.一般3；d.很好(多)4；最好(多)5
楼盘规模	a.总建筑面积(在建或未建)；b.总占地面积；c.户数	a.最差(少)1；b.很差(少)2；c.一般3；d.很好(多)4；最好(多)5
朝　向	a.按方向；b.按山景；c.按海景；d.视野	a.最差(少)1；b.很差(少)2；c.一般3；d.很好(多)4；最好(多)5
外　观	a.是否醒目；b.是否新颖；c.是否高档；d.感官舒适程度	a.最差(少)1；b.很差(少)2；c.一般3；d.很好(多)4；最好(多)5
室内装饰	a.高档；b.实用；c.功能是否完善；质量是否可靠	a.最差(少)1；b.很差(少)2；c.一般3；d.很好(多)4；最好(多)5

续表

定级因数	指 标	分 值
环 保	a.空气;b.噪音;c.废物;d.废水	a.最差(少)1;b.很差(少)2;c.一般3;d.很好(多)4;最好(多)5
发展商实力及信誉	a.资质及资历;b.开发楼盘多少;c.楼盘质量;d.品牌	a.最差(少)1;b.很差(少)2;c.一般3;d.很好(多)4;最好(多)5
付款方式	a.一次性付款;b.分期付款;c.按揭付款;d.其他	a.最差(少)1;b.很差(少)2;c.一般3;d.很好(多)4;最好(多)5
户型设计	a.客厅和卧室的结构关系;b.厨房和厕所的结构关系;c.是否有暗房;d.实用率大小	a.最差(少)1;b.很差(少)2;c.一般3;d.很好(多)4;最好(多)5
销售情况	a.销售进度;b.销售率;c.尾盘状况	a.最差(少)1;b.很差(少)2;c.一般3;d.很好(多)4;最好(多)5
广 告	a.版面大小;b.广告频率;c.广告创意	a.最差(少)1;b.很差(少)2;c.一般3;d.很好(多)4;最好(多)5
停车位数量	a.停车位数量;b.住户方便程度	a.最差(少)1;b.很差(少)2;c.一般3;d.很好(多)4;最好(多)5

注:本表摘自石旭升主编.地产诡计.广州:广东经济出版社,2000

对竞争楼盘的调研,应特别注意保证楼盘基本数据的准确性。最后还应对竞争楼盘进行综合对比分析。

四、竞争对手调研

有市场的地方,就存在着竞争。狭义的竞争的对手是指以类似价格提供类似产品给相同顾客的其他公司;广义的竞争对手是指制造相同产品或同级产品的所有公司。房地产市场研究中,对竞争对手的调研主要包括:

1.确定调研内容

对竞争对手的调研可以从以下几个方面进行考察:

(1)专业化程度。指竞争对手将其力量集中于某一产品、目标顾客群或所服务的区域的程度。

(2)品牌知名度。指竞争对手主要依靠品牌知名度而不是价格或其他度量进行竞争的程度。目前,我国房地产企业已经越来越重视品牌知名度。

(3)推动度或拉动度。指竞争对手在销售楼盘时,是寻求直接在最终用户中建立品牌知名度来拉动销售,还是支持分销渠道来推动销售的程度。

(4)开发经营方式。指竞争对手对所开发的楼盘是出售、出租还是自行经营?如果出售,是自己销售还是通过代理商销售等。

(5)楼盘质量。指竞争对手所开发楼盘的质量,包括设计、户型、材料、耐用性、安全性能等各项外在质量与内在质量标准。

(6) 纵向整合度。指竞争对手采取向前(贴近消费者)或向后(贴近供应商)进行整合所能产生的增值效果的程度。包括企业是否控制了分销渠道,是否能对建筑承包商、材料供应商施加影响,是否有自己的物业管理部门等。

(7) 成本状况。指竞争对手的成本结构是否合理？企业开发的楼盘是否具有成本优势等。

(8) 价格策略。指竞争对手的商品房在市场中的相对价格状况。价格因数与其他变量关系密切,如财务、成本、质量品牌等。它是一个必须认真对待的战略性变量。

(9) 与当地政府部门的关系。指竞争对手与当地城市建设规划部门、土地管理部门等政府职能部门的关系。这一点对房地产企业经营而言也是十分重要的。

(10) 竞争对手历年来的项目开发情况。

(11) 竞争对手的土地储备情况以及未来的开发方向及开发动态等。

2. 在上述针对竞争对手的调查研究的基础上进行对比分析,评价竞争对手的优势与劣势。

3. 为项目所在企业的机构调整及开发战略提供准确依据。

第四节 房地产市场调查方法分类

房地产市场调查可以采用多种方法,调查方法是否得当,对调查结构有很大的影响。房地产企业必须依据自身的实际情况,正确地选择市场调查的类型和方法。房地产市场调查方法按不同标准可以有不同的分类,见图4-2所示。

一、按调查目的分类

可划分为探测性调查、描述性调查、因果性调查、预测性调查四大类。

(一) 探测性调查

探测性又称非正式调查。当企业对需要研究的问题和范围不明确,无法确定应该调查哪些内容时,可以采用探测性调查来找出症结所在,然后再作进一步研究,以明确调查对象,确定调查重点,选择调查方法,寻找调查时机。例如:某房地产公司近几个月来销售量下降,公司一时弄不清楚是什么原因,是宏观经济形势不好？是广告支出减少？是销售代理效率降低？是消费者偏好转移？是市场上有新的替代品出现？还有其他设计与质量上的缺陷？等等。在这种情况下,可以采用探测性调查,从中介公司、消费者那里收集资料,以便找出最有可能的原因。

由此可见,探测性调查只是收集一些有关资料,以确定问题所在,至于问题应该如何解决,则有待于进一步的调查研究。探测性调查回答的是"可以做什么",也即是"投石问路"。探测性调查一般通过搜集第二手资料或请教专家,或参照以往发生的类似实例来进行。

(二) 描述性调查

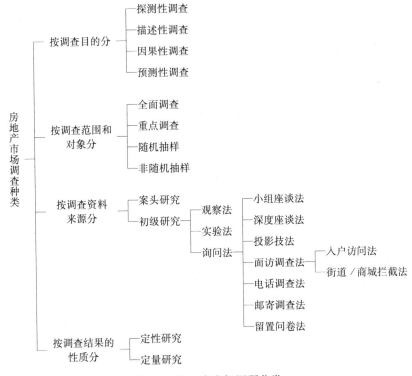

图 4-2 房地产市场调研分类

所谓描述性调查,是指对确定调查的问题通过收集资料并经甄别、审核、记录、整理、汇总,做更深入、更全面的分析,确认问题真相,并对问题的性质、形式、存在、变化等具体情况做出现象性和本质性的描述。例如:某房地产公司欲弄清购买本公司产品的是哪些消费者,他们的具体分布如何?什么时候进行购买?如何购买?等等。通过调查,把市场活动面貌如实地描述出来,不必做结论。

描述性调查回答的"是什么",一般可用于房地产市场占有率的调查,销售渠道的调查、消费者行为的调查和市场潜在需求量的调查等。常用的方法有二手资料分析、抽样调查、固定样本连续调查、观察法等。

(三)因果性调查

因果性调查是对导致研究对象存在或变化的内在原因和外部因素的相互联系和制约关系做出说明,并对诸因素之间因果关系、主从关系、自变量与因变量的关系进行定量与定性的分析,指出调查对象产生的原因及其形成的结果。例如:价格和销售之间的因果关系如何?降价可以使销售量增加吗?广告与销售之间的因果关系如何?现场广告可以促进购买冲动吗?等等。这些问题和假设可以通过正式的因果关系研究来检验其有效性。

由此可见,因果性调查就是在描述性调查的基础上,找出房地产市场上出现的各种现象之间、各种问题之间相互关系的原因和结果,它回答的"为什么",常用方法有实验法。

（四）预测性调查

预测性调查是在经过调查研究的基础上,对市场的发展趋势及其未来变迁形态、变迁原因、变迁时间进行估算、预测。例如,对房地产市场的消费趋势、某房地产产品需求量及其变化趋势、某房地产产品市场容量等进行预测。

预测性调查着眼于房地产市场的未来,它回答的是"将来怎么样"。方法有特尔菲法、时间序列预测法等。

二、按调查范围和对象分类

可划分为全面普查、重点调查、随机抽样与非随机抽样四大类。

（一）全面普查

全面普查是指对调查对象总体所包含的全部单位无一例外地逐个进行调查。对市场进行全面普查,可获得全面的数据,正确反映客观实际,效果明显。设想如果对一个城市的人口、年龄、家庭结构、职业、收入分布情况进行全面的系统的调查了解,对房地产开发将是十分有利的。但由于全面普查工作量很大,要耗费大量人力、物力、财力,调查周期又较长,因此一般只在较小范围内采用。当然,有时可借用国家权威机关的普查结果作为市场调研的二手资料,例如全国人口普查所得到的有关数据资料等。

（二）重点调查

重点调查是在进行市场调研时所采用的传统方式之一。它是在调查对象中选择一部分对全局具有决定性作用的重点单位所进行的调查。这部分重点单位虽然数目不多,但就调查的标志值来说,它们在总体中占有很大的比重,调查这一部分单位的情况能够大致反映被调查现象的基本情况。重点调查常用于产品需求调查,如调查高档住宅需求情况,可选择一些购买大户作为调查对象,这些大户往往对高档住宅的需求量占到了整个市场需求量的绝大多数,同时其对高档住宅功能的要求也具有较强的代表性。此外,市场调研中有关竞争楼盘、竞争对手问题的调查,也可以运用重点调查方式,选择在本市场中占有重要地位,或者起较大作用的重点单位进行调查,以便对这些问题的基本情况做出估计。

（三）随机抽样

随机抽样在市场调查中占有重要地位。在实际工作中应用也很广泛。随机抽样最主要的特征是从母体中任意抽取样本,每一样本有相等的机会。由于事件发生的概率是相等的,因此可以根据调查样本空间的结果来推断母体的情况。它又可以分为三种:

1. 简单随机抽样。即整体中所有个体都有机会被选作样本,一般可利用随机数码表进行抽样;

2. 分层随机抽样。即对整体按某种特征(如年龄、收入、职业等)分组(分层),然后从各组(层)中随机抽取一定数量的样本;

3. 分群随机抽样。即将总体按一定特征分成若干群体,随机抽取其中一部分作为样本。

分群抽样与分层抽样是有区别的。分群抽样是将样本总体划分为不同群体,这些群体间性质相同,然后再将每个群体进行随机抽样,这样,每个群体内部存在性质不同的样本,即"群间差别小,群内差别大";而分层抽样则是将样本总体划分为几大类,这几大类之间是有差别的,每一类则是由性质相同的样本构成。即"层间差别大,层内差别小"。

（四）非随机抽样

非随机抽样是指市场调查人员在选取样本时并不是随机选取,而是先确立某个标准,然后再选取样本,这样,每个样本被选择的概率并不是相等的。非随机抽样也分为三种：

1. 任意抽样

又称偶遇抽样,即市场调查人员根据最方便的时间、地点,在调研对象范围内任意选择一定数量的样本进行调查。例如街头拦人,进行现场访问,任意选取一群消费者进行谈话,了解他们对产品的看法或购买动向等。这种方法简便易行,可以及时取得所需资料。

从理论上讲,只有在调查总体的各个个体之间差异不大时,采用此类方法抽取的样本才具有较高的代表性。但在实践中,往往总体中的每一个体并非都是相同的,故抽样结果偏差较大。因此任意抽样技术一般适用于非正式的探测性调查或调查前的准备工作。

2. 判断抽样

又称目的抽样,即市场调查人员根据自己的主观意愿、经验和知识,从总体中选择具有典型代表性样本作为调查对象的一种抽样方法。应用这种抽样方法的前提是研究者必须对总体的有关特征有相当高的了解。

判断抽样选取样本单位一般有两种方法：一是选择能代表普遍情况的调查对象,常以"平均型"或"多数型"为标准,"平均型"是在调查总体中具有代表性的平均水平的单位；"多数型"是在调查总体中占多数的单位。应尽量避免选择"极端型",但也不能一概而论,有时也会选择"极端型"。其目的是研究造成异常的原因。另一种是利用调查总体的全面统计资料,按照一定标准,主观选取样本。

判断抽样方法在样本量较小及样本不易分门别类挑选时有较大的优越性。但由于其精确性依赖于研究者调查对象的了解程度、判断水平和对调查结果的主观解释,因此判断抽样方法的结果的客观性常受到人们质疑。

3. 配额抽样

它是非随机抽样中最流行的一种。配额抽样类似随机抽样中的分层抽样。它首先将总体中的所有单位按一定的标志分为若干类(组),然后在每个类(组)中用任意抽样或判断抽样方法选取样本单位。

采用配额抽样,事先要对总体中所有单位按其属性、特征分为若干类型,这些属性、特征称为"控制特征"。如被调查者的姓名、年龄、收入、职业、文化程度等。然后按各个控制特征分配样本数额。

配额抽样方法简单、易行,可以保证总体的各个类别都能包括在所抽样本之中,与其他几种非随机抽样方法相比,其样本具有较高的代表性。

三、按调查资料的来源分类

可分为收集第二手资料的案头研究和收集第一手资料的初级研究两大类。

（一）案头研究

1. 案头研究的特点

案头研究又称为二手资料研究,是指利用第二手资料来进行部分或全部的研究工作。它与初级研究的区别在于,它的资料已由第三方,如政府的研究机构或专业的市场研究与信息咨询机构收集。研究人员的主要任务只是解释和说明这些信息。当然,第二手资料也包括自己企业内部早先获取的资料。

许多市场营销问题只要通过使用公开的信息资料就可以相当容易地得到解决,而且这种第二手资料相当丰富又价廉。

对市场研究不太熟悉的人也许倾向于使用第一手资料,哪怕手里已掌握有足够的第二手资料。但实际上,从图书馆里查询免费的信息,或者花上很少一笔钱从专门从事信息咨询的公司那里获取资料,往往比自己花上不菲的价钱,不短的时间去直接获取第一手资料要合算得多。信息可以重复使用无数次,因此,咨询公司获得资料并向其他公司有偿提供这些资料,就比这些公司自己去获取第一手资料要经济得多。

但第二手资料也有几个弱点,这也是研究人员最感头疼的问题,那就是：

（1）资料往往不以人们所需要的形式出现；

（2）你感兴趣方面的研究资料也许至今尚未出现；

（3）资料有时会显得过于陈旧；

（4）资料对于复杂问题有时显得过于笼统,缺乏针对性；

（5）无法完全控制资料的质量。

但不管怎样,对二手资料的利用仍然是非常重要的。如果二手资料相当完善,也许它能给我们的研究提供一个完整的解决方案；即使资料不完善,它至少也能填补一些我们研究中的空白,同时还能提出一个合适的研究方法为我们在收集第一手资料时所遵循。因此,在潜在的可以利用的省时省钱的第二手资料没有被用尽之前,不要去盲目地追求第一手资料,否则很可能徒劳地导致市场调研的无效。

2. 第二手资料收集的途径

第二手资料又可以分为内部数据资料和外部数据资料,内部数据资料是指来自企业内部的自有的数据资料。这些数据有的可以马上应用,有的要经过调研人员的进一步处理才能用。

外部的数据资料包括以下几块：

(1) 出版物类。如商业年鉴、民间组织或协会的统计数据、政府部门的统计数据、报纸、杂志等；

(2) 计算机数据库。如在线网络查询、国家或地方统计局的数据库、政府相关部门的网上信息等。

(3) 向专业的市场研究公司或信息咨询公司购买。可一次性购买有关数据资料，也可成为这些公司的长期会员，定期地获得由这些公司提供的物业信息资讯。

(二) 初级研究

初级研究又称为第一手资料的研究。初级研究与案头研究不同，必须在制订详细的调查方案的基础上，由调查人员通过访问、实验或观察方法来获取资料。

1. 观察法

这种方法是指调查人员不与被调查者正面接触，而是在旁边观察。这样做被调查者无压力，表现得自然，因此调查效果也较为理想。观察法有三种形式：

(1) 直接观察法。直接观察法就是派调查人员去现场直接察看。例如，可派调查人员去房地产展销会或去到各大楼盘的售楼部，观察顾客对哪些房地产产品最喜欢，对哪些房地产产品不感兴趣；又如，要了解一个楼盘的实际入住情况，在白天可观察该小区楼宇的空调安装数量，在晚上可观察该小区住户的亮灯数量，由此可得到较为准确的入住率；又比如，要判断一个顾客的收入水平与购买能力，可从其来看楼时采用的交通工具略知大概，等等。

(2) 亲身经历法。亲身经历法就是调查人员亲自参与某项活动，来收集有关资料。如某一房地产商，要了解某代理商服务态度的好坏，服务水平的高低，就可以派人佯装顾客，到该代理商处去咨询、买楼等。通过亲身经历法收集的资料，一般来讲是非常真实的。

(3) 痕迹观察法。这种方法不是直接观察被调查对象的行为，而是观察调查对象留下的实际痕迹。例如，美国的汽车经销商同时经营汽车修理业务。他们为了了解在哪一个广播电台做广告的效果最好，对开来修理的汽车，要干的第一件事情，就是派人看一看汽车收音机的指针是在哪个波段，从这里他们就可以了解到哪一个电台的听众最多，下一次就可以选择这个电台做广告。

(4) 行为记录法。因为观察法不直接向调查者提出问题。所以，有些观察工作就可以通过录音机、录像机、照相机及其他一些监听、监视设备来进行。如美国尼尔逊广告公司就通过计算机系统，经用户同意在全国1200个家庭的电视机里装上了电子记录器，与公司总部相连，每90秒钟扫描一次，每一个家庭的电视机，只要收看3分钟以上的节目，就会被记录下来，然后再对这些资料加以汇总、分析，以确定广告播出的黄金时间与频道。这是使用行为记录法最典型的一个例子。行为记录法的另一种做法是请一些家庭(如300～500户)做收看记录，每家每天都在什么时候看了什么节目，全都记录下来，每周统计一次，然后把统计表寄给调查公司，这同前面提到的机器观察法的作用是一样的。

观察法的最大优点是它的直观性和可靠性，它可以比较客观地收集第一手资料，直接记录调查的事实和被调查者在现场的行为，调查结果更接近于实际。其次，观察法基本上是调查者的单方面活动，特别是非参与性观察，它一般不依赖语言交流，不与被调查者进行人际交往。因此，它有利于对无法、无需或无意进行语言交流的市场现象进行调查，有利于排除语言交流或人际交往中可能发生的种种误会和干扰。而观察法的缺点主要表现在观察不够具体、深入，只能说明事实的发生，而不能说明发生的原因和动机。

2. 实验法

实验法是将调查范围缩小到一个比较小的规模上，进行试验后得出一定结果，然后再推断出样本总体可能的结果。所有的实验包括三个基本部分：实验对象称为"实验体"，实际上引入的变化称为"处理"，"处理"发生在实验对象上的效果称为"结果"。例如，某厂家想要研究在工人的工作场地引入音乐能否提高生产率。生产工地是由不同房间进行不同工作的几栋楼房组成的，而实验将在少数几个房间进行。在这个实验中，被选择的工人称为"实验体"，引入的音乐称为"处理"，工人在生产环境改进条件下的生产量的变化称为"结果"。实验法是研究因果关系的一种重要方法。例如，在调查广告效果时，可选定一些消费者作为调查对象，对他们进行广告宣传，然后根据接受的效果来改进广告用词、声调等；又如，用实验法研究广告对销售的影响，可在其他因素不变的情况下研究广告投放量的变化所引起的销售量的变化，并将它与未举办广告的区域进行比较。当然，由于市场情况受多种因素的影响，在实验期间，消费者的偏好，竞争者的策略，都可能有所改变，从而影响实验的结果。虽然如此，实验法在研究因果关系时仍能提供询问法和观察法所无法得到的材料，因此具有独特的使用价值和应用范围。特别值得一提的是，试销是一种重要的试验方法，这包括一项新产品或服务在推向扩大的市场之前，先在局部水平推广或测试。在投入大笔资金之前，局部水平的推广将有助于消除可能出现的问题。

3. 询问法

询问法是把调研人员事先拟定的调查项目或问题以某种方式向被调查对象提出，要求给予回答，由此获得信息资料。询问法包括以下几种方法。

（1）小组座谈法

所谓小组座谈法，又称焦点访谈法。就是采用小型座谈会的形式，挑选一组具有代表性的消费者或客户，在一个装有单面镜或录音录像设备的房间内（在隔壁的房间里可以观察到座谈会的进程），在主持人的组织下，就某个专题进行讨论，从而获得对有关问题的深入了解。小组座谈法通常被视为一种最重要的定性研究方法，在国外得到广泛的应用，我国近年来在许多调查机构在市场调查中也越来越多地采用了这种研究方法。

小组座谈法的特点在于,它所访问的不是一个一个的被调查者,而是同时访问若干个被调查者,即通过与若干个被调查者的集体座谈来了解市场信息。因此,小组座谈过程是主持人与多个被调查者相互影响、相互作用的过程,要想取得预期效果,不仅要求主持人要做好座谈会的各种准备工作,熟练掌握主持技巧,还要求有驾驭会议的能力。

(2) 深度访谈法

在市场调查中,常需要对某个专题进行全面深入的了解,同时希望通过访问、交谈发现一些重要情况,要达到此目的,仅靠表面观察和一般的访谈是不够的,这就需要采用深度访谈法。

深度访谈法是一种无结构的、直接的一对一的访问,在访问过程中,由掌握高级访谈技巧的调查员对调查对象进行深入的访谈,用以揭示被访者对某一问题的潜在动机、态度和情感等。此方法最适于做探测性调查。

(3) 投影技法

小组座谈法和深层访谈法都是直接法,即在调查中明显地向被调查者表露调查目的,但这些方法在某些场合却不太合适,比如对那些动机和原因的直接提问,对较为敏感问题的提问等。此时,研究者主要采取在很大程度上不依赖于研究对象自我意识和情感的新方法。其中,最有效的方法之一就是投影技法,又称为投射法。它用一种无结构的、非直接的询问方式,可以激励被访者将他们所关心话题的潜在动机、态度和情感反映出来。例如,欲了解调查对象对某个新推出楼盘的看法时,你可以这样问他:"这是个新推出的楼盘,如果您的朋友有意购房,你认为他会对这个楼盘感兴趣吗?"研究者可以从被访者如何把他自己投影到这个第三者身上,来揭示出被访者的真实想法。因为有时一些深层次的真实原因,单靠信息的收集和直接的访问是不能发现的。

(4) 面访调查法

面访调查主要包括入户面访调查和街头/商城拦截式面访调查两大类。

入户面访调查,是指调查人员按照抽样方案的要求,到抽中的家庭或单位中,按事先规定的方法选取适当的被访者,再依照事先拟定好的问卷或调查提纲上的顺序,对被调查者进行面对面的直接访问。

街道/商城拦截式面访调查主要有两种方式:第一种方式是由经过培训的访问员在事先选定的若干个地点,如交通路口、户外广告牌前、商城或购物中心内(外)、展览会内(外)等,按照一定的程序和要求(例如,每隔几分钟拦截一位,或每隔几个行人拦截一位,等等),选取访问对象,征得其同意后,在现场进行简短的面访调查。这种方式常用于需要快速完成推销样本的探索研究。如消费者对某新推出楼盘的反映等。

第二种方式也叫中心地调查或厅堂测试,是在事先选定的若干场所内,租借好访问专用的房间或厅堂,根据研究的要求,可能还要摆放若干供被访者观看或试用的物品。然后按照一定的程序和要求,在事先选定的若干场所的附近,拦截访问对象,征得其同意后,带到专用的房间或厅堂内进行面访调查。这种方式常用于需要进行实物显示的或特别要求有现场控制的探索性研究,或需要进行实验的因果关系研究。例如对某房地产广告效果的测试等。

面访调查法的优点:

① 回答率高。回答率高可以提高调查结果的代表性和准确性,这是调查成功的首要前提;

② 当被访问者因各种原因不愿意回答或回答困难时,可以解释、启发和激励被调查者合作,完成调查的任务;

③ 可以根据被调查者的性格特征、对访问的态度、心理变化及各种非语言信息,扩大或缩小提问范围,具有较强的灵活性;

④ 可对调查环境和背景情况进行了解,有利于访问者判断所得资料的可靠性和真实性。

面访调查法的缺点:

① 调查的人力、经费消耗较多,对于大规模、复杂的市场调研更是如此。所以,这种方法比较适用于在小范围内使用;

② 对调查人员素质要求较高,调查质量易受访问者工作态度、提问技巧和心理情绪等因素的影响;

③ 对调查人员的管理比较困难。有的调查人员出于省事或急于完成调查任务的目的,随意破坏对样本的随机性要求和其他质量要求;有的调查人员在取得一些资料后即擅自终止调查得出结论,甚至还有人根本不进行调查,自己编造调查结果。这些问题都是十分错误的,但并非这种调查方法所特有,只是采用这种方法时对调查人员较难控制罢了。

④ 面访法中的入户面访通常要求调查人员亲自到被调查单位或被调查人的家中调查,对于规章制度较严的单位和对来访者有戒心的家庭,采取此法有时会遇到不少困难。

(5) 电话调查法

电话调查法是由调查人员通过电话向被调查者询问了解有关问题的一种调查方法。电话调查法的优点:

① 取得市场信息资料的速度最快;

② 节省调查时间和经费;

③ 覆盖面广,可以对任何有电话的地区、单位和个人进行调查;

④ 被调查者没有调查者在场的心理压力,因而能畅所欲言,回答率高;

⑤ 对于那些不易见到面的被调查者,采用此法有可能取得成功。

电话调查法的缺点:

① 被调查者只限于有电话和能通电话者,在经济发达地区,这种方法可得到

第四节 房地产市场调查方法分类

广泛应用。但在经济不发达、通讯条件比较落后的地区,在一定程度上影响调查的完整性;

② 电话提问受到时间限制,询问时间不能过长,内容不能过于复杂,故只能简单回答,无法深入了解更多的情况和问题;

③ 由于无法出示调查说明、照片、图表等背景资料,也没有过多时间逐一在电话中解释,因此,被调查者可能因不了解调查的详尽确切的意图而无法回答或无法正确回答;

④ 对于某些专业性较强的内容,如询问对方单位计算机的型号、使用年限等问题,而接电话者未必是这方面的专家时,就无法取得所需的调查资料。

⑤ 无法针对被调查者的性格特点控制其情绪,如对于挂断电话的拒答者,很难做进一步的规劝工作。

电话调查法适用于急需得到市场调研结果的场合,目前我国许多市场调研机构已开始采用这种方法。随着我国电讯事业的发展,电话调查作为一种快捷、有效的调查方法,将会愈加得到广泛重视和运用。

(6) 邮寄调查法

邮寄调查法是将问卷寄给被调查者,由被调查者根据调查问卷的填表要求填好后寄回的一种调查方法。

邮寄调查的优点:

① 可以扩大调查区域,增加更多的调查样本数目,只要通邮的地方,都可以进行邮寄调查。此外,提问内容可增加,信息含量大;

② 调查成本较低,只需花费少量邮资和印刷费用;

③ 被调查者有较充分的时间填写问卷,如果需要,还可以查阅有关资料,以便准确回答问题;

④ 可以避免被调查者受调查者的态度、形象、情绪等因素的影响;

⑤ 通过让被调查者匿名方式,可对某些敏感或隐私情况进行调查;

⑥ 无需对调查人员进行专门的培训和管理。

邮寄调查法的缺点:

① 征询问卷回收率一般偏低,许多被调查者对此不屑一顾;

② 信息反馈时间长,影响资料的时效性;

③ 无法确定被调查者的性格特征,也无法评价其回答的可靠程度,如被调查者可能误解问题意思、填写问卷可能不是调查者本人等;

④ 要求被调查者有一定的文字理解能力和表达能力,对文化程度较低者不宜使用。

(7) 留置问卷法

留置问卷法调查是指调查者将调查表当面交给被调查者,说明调查意图和要求,由被调查者自行填写回答,再由调查者按约定的日期收回的一种调查方法。

留置调查是介于面谈和邮寄调查之间的一种方法,此法既可弥补当面提问因时间局促,被调查者考虑问题不成熟等缺点,又可克服邮寄调查回收率低的不足。缺点是:调查地区、范围受一定限制,调查费用相对较高。

四、按调查结果的性质分类

按调查结果的性质可分为:定性调查与定量调查两大类。人们经常提起这两个术语,好像它们是两个极端。其实,更应该视其为相互补充的两种研究方法。最好的调研设计应该是综合使用这两种方法以改善研究的效果。一般说来,定量研究通常在定性研究的基础上的展开。

(一) 定性研究

在定性研究中收集到的信息通常不可能从统计上加以证实,却传递了一种看法或直觉。定性研究的结果是根据小型的、大概20~30人的抽样调查得出的。使用的关键方法是观察,重点则放在被访者的见解及意义上,而且它着眼于事情为什么发生和怎样发生。

定性研究的抽样调查通常规模极小,以致无法对整个目标群体的看法做出有效的假设说明。然而,定性调研可以为定量研究提供做进一步深入探索的关键性信息,为定量调研指明方向。

定性研究的信息主要用于:

1. 在定量研究之前阐明问题;
2. 识别可能的新产品开发;
3. 评价消费者对产品或竞争者的感觉;
4. 形成假说;
5. 分析消费者行为;
6. 研究如何制订购买决策;
7. 确定消费者为什么偏爱某种品牌的情感原因。

定性调研分为直接调研和间接调研,直接调研又称为非隐瞒的调研,也就是说调研对象在被调研时知道调研意图,主要方法有:观察法和询问法中的小组座谈法、深度访谈法、街头/商城拦截面访调查法。间接调研又称隐瞒性调研,被调研者并不知道调研的意图,主要方法是投影技法。

案例 问题出在哪里[①]

联合利华公司的冲浪超浓缩洗衣粉在进入日本市场前,做了大量的市场调研。Surf 的包装经过预测试,设计成日本人装茶叶的香袋模样,很受欢迎;调研发现消费者使用 Surf 时,方便性是很重要的性能指标,又对产品进行了改进。同时,消费者认为 Surf 的气味也很吸引人,联合利华就把"气味清新"作为 Surf 的主要诉求

---

① 摘自叶茂中编著. 叶茂中谈调研. 北京:中华工商联合出版社,2001

点。可是,当产品在日本全国投入后,发现市场份额仅占到 2.8%,远远低于原来的期望值,一时使得联合利华陷入窘境。问题到底出在哪里呢?

经过进一步的调查发现,问题原来出在以下两方面:

问题①:消费者发现那么好的 Surf 在洗涤时难以溶解,原因是日本当时正在流行使用慢速搅动的洗衣机;

问题②:"气味清新"基本上没有吸引力,原因是大多数日本人是露天凉衣服的。

评述显然,Surf 进入市场时实施的调研设计存在有严重的缺陷,调研人员没有找到在日本洗衣粉的销售中应考虑的关键属性,而提供了并不重要的认识——"气味清新",导致了对消费者消费行为的误解。而要达到这个调研目的,正确找出在销售中应考虑的关键因素,实际上只要通过合适的定性调研就能实现。因此我们说,定性调研往往是非结构化的,探索的目的是为了能确定较明确的调研方向。

(二) 定量研究

定量研究是基于统计并且较为人们熟悉的一种市场研究手段。它研究的是多少、何人、何时及何地。它应用抽样调查表和基于计算机的数据处理方法来产生有效的定量估计。

定量研究虽然比定性研究更费时费钱。但如果我们要调研的问题中确实有需要定量研究的方面,那它就是很重要的。一般说来,定量研究的信息主要用于:

1. 定量地表明某种品牌的市场占有率;
2. 定量地表明人们的某种偏好;
3. 用定量的信息来支持决策等等。

特别需要指出的是,在统计技术与计算机技术已日趋成熟和完善的今天,对数据的分析处理过程对定量研究而言已不再是一件困难的事,定量研究结果的可信度,主要取决的是第一手调查资料本身的真实性、可靠性与充分性。

定量研究的方法主要包括询问法中的入户面访调查、邮寄调查、电话调查、留置问卷以及实验法等。

总之,按不同需要和标准,房地产市场调查的种类很多,这说明房地产市场调研是一个分阶段、分层次,由浅入深的过程。

第五节 房地产市场调查问卷设计

一、调查问卷设计概述

一个成功的问卷设计应该具备两个功能:一是能将所要调查的问题明确地传达给被调查者;二是设法取得对方合作,最终取得真实、准确的答案。但在实际调查中,由于被调查者的个性不同,文化程度、理解能力、道德标准、生活习惯、职业、家庭背景等都有较大差异,加上调查者本身的专业知识和技能高低不同,这都将会

给调查带来困难,并影响调查的结果。具体表现为以下几个方面:

1. 被调查者不了解或误解问句的涵义,不是无法回答就是答非所问;
2. 回答者虽了解问句的涵义,但是记不清正确的答案;
3. 回答者了解问句的涵义,也具备回答的条件,但不愿意回答,即拒答;
4. 回答者愿意回答,但无能力回答,比如回答者不善于表达自己的意见等。

所以问卷设计是否科学,直接影响到市场调研的成功与否。

二、问卷设计的原则

(一) 目的性原则

问卷调查是通过向被调查者问问题来进行调查的,所以问题必须与调查主题密切联系。这就要求在问卷设计时重点突出,避免可有可无的问题,并把主题分解为更详细的题目,即把它分别做成具体的询问形式供被调查者回答。

(二) 可接受性原则

调查问卷的设计要能比较容易地让被调查者接受。由于被调查者对是否参加调查有着绝对的自由,调查对他们来说是一种额外的负担,他们既可以采取合作的态度,配合调查;也可以采取对抗行为,拒答或不真实回答。因此,请求合作就成为问卷设计中一个十分重要的问题。应在问卷说明词(即问候语部分)中,将调查目的明确告诉被调查者,让对方知道该项调查的意义和自身回答对整个调查结果的重要性。问卷说明词要亲切、温和,但切忌低俗;提问部分要自然,有礼貌和有可允许的趣味性,应适合被调查群体的身份、水平等。比如国外对儿童进行市场调研的问卷,有的就采用了漫画的形式。另外,必要时可采用一些物质鼓励,并替被调查者保密。最终使被调查者能自愿参与,认真填好问卷。

(三) 顺序性原则

顺序性原则是指在设计问卷时,要讲究问卷的排列顺序,使问卷条理清楚、顺理成章,以提高回答问题的效果。问卷中的问题一般可按下列顺序排列:

1. 最初的提问应当是被访者容易回答且较为关心的内容;
2. 提问的内容应从简单逐步向复杂深化,容易回答的问题放在前面;
3. 对相关联的内容应进行系统的整理,使被访者不断增加兴趣;
4. 作为调查核心的重要问题应在前面提问;
5. 专业性强具体细致的问题应尽量放在后面;
6. 敏感性的问题也应该尽量放在后面。
7. 封闭性的问题放在前面,开放性问题放在后面。

(四) 简明性原则

简明性原则主要体现在以下三个方面:

1. 调查内容要简明。没有价值或无关紧要的问题不要列入,同时要避免出现重复,力求以最少的项目设计出必要的、完整的信息资料;
2. 调查时间要简短,问题和问卷都不宜过长。设计问卷时,不能单纯从调查者角度出发,而要为回答者着想。调查内容过多,调查时间过长,都会招致被调查者的反感。根据经验,一般问卷时间应控制在30分钟左右。

3. 问卷设计的形式要简明易懂、易谈。

(五) 匹配性原则

匹配性原则是指要使被调查者的回答便于进行检查、数据处理和分析。所提问题都应事先考虑到能对问题结果做适当分类和解释,使所得资料便于做交叉分析。

三、调查问卷的一般结构

一份完整的调查问卷通常采取以下结构:

(一) 问卷的标题

问卷的标题是概括说明调查的研究的主题,使被调查者对所要回答什么方面的问题有一个大致的了解。确定标题应简明扼要,易于引起回答者的兴趣。例如"木地板消费状况调查"、"居民住房状况调查"等。而不要简单采用"问卷调查"这样的标题,它容易引起回答者因不必要的怀疑而拒答。

(二) 问卷说明

问卷说明常常以简短的书信形式出现,旨在向被调查者说明调查的目的、意义。对自填式问卷还有填表须知、交表时间、地点及其他事项说明等。问卷说明一般放在问卷开头,通过它可以使被调查者了解调查目的,消除顾虑,并按一定的要求填写问卷。问卷说明可采取两种方式:一是比较简洁、开门见山的方式;二是在问卷说明中进行一定的宣传,以引起调查对象对问卷的重视。

(三) 被访者基本情况

这是指被访者的一些主要特征,即背景资料。如在消费者调查中,消费者的性别、年龄、民族、家庭人口、婚姻状况、文化程度、职业、单位、收入、所在地区等等。通过这些项目,便于对调查资料进行统计分组、分析。在实际调查中,列入哪些项目,列入多少项目,应根据调查目的、调查要求而定,并非多多益善。

(四) 调查主题内容

调查的主题内容是研究者所要了解的基本内容,也是调查问卷中最重要的部分。它主要是以提问的形式提供给被访者,这部分内容设计的质量直接影响整个调查的价值。主题内容主要包括以下几方面:

1. 对人们的行为进行调查。包括对被访者本人行为进行了解或通过被访者了解他人的行为;

2. 对人们的行为后果进行调查;

3. 对人们的态度、意见、感觉、偏好等进行调查。

(五) 编码

编码是将问卷中的调查项目变成代码数字的工作过程,大多数市场调查问卷均需加以编码,以便分类整理,易于进行计算机处理和统计分析。所以,在问卷设计时,应确定每一个调查项目的编号和为相应的编码做准备,与此同时,每份问卷还必须有编号,即问卷编号。此编号除了顺序号之外,还应包括与该样本单位有关的抽样信息。

(六) 作业证明的记载

在调查表中,常需附上调查员的姓名、访问日期、时间等,以明确调查人员完成任务的性质。如有必要,还应写上被访者的姓名、单位或家庭住址、电话等。以便于审核和进一步追踪调查。但对于一些涉及被访者隐私的问卷,上述内容则不宜列入。随着我国市场调查逐步与国际接轨,上述记录应得到被访者同意后方可进行。

调查问卷示例请参见本章附录。

四、调查问卷的提问形式

调查问卷的形式主要有两类:封闭式提问和开放式提问。

(一) 封闭式提问

封闭式提问是指事先已设计出了问题的各种可能的答案,被调查对象只要或只能从中选择一个或几个现成答案的提问方式。这种提问方式便于统计,但回答的伸缩性较小。

1. 二项选择法

提出一个问题,仅有两个答案可供选择。而且这两个答案是对立互斥的,非此即彼,被调查对象只能在两者中选择一个做出回答。例如:

请问您是否打算在近年内购房?

是( )、否( )。

2. 多项选择法

提出一个问题,给出两个以上的答案,被调查对象可从中任选一项或几项作为回答。例如:

请问您打算购买的住宅类型是什么?(单选)

多层住宅(6层或以下),没有电梯( ),

多层住宅(6层或以下),有电梯( ),

小高层住宅(约8~10层)( ),

高层住宅(超过10层)( )。

又比如:请问您的购房信息主要来源于哪里?(可多选)

电视广告 ( ),

报纸广告 ( ),

传单/宣传册 ( ),

交通广告 ( ),

房地产展销会 ( ),

亲戚朋友介绍 ( ),

其他(请注明:_____)。

一般说来,多项选择法给出的答案不要超过 8 个,否则会使得被访者感到无从选择或产生厌烦。

3．程度评定法

对提出的问题,给出程度不同的答案,被调查对象从中选择同意的一个做出回答。例如:

在购买商品房时,您认为品牌的重要性如何?

很重要( ),

较重要( ),

一般( ),

不太重要( ),

很不重要( )。

4．语意差别法

列出两个语意相反的词,让被调查对象做出一个选择。

例如:

请问您对××花园小区的看法如何?（每对只选 1 个)

建筑新颖( ),建筑风格陈旧( );

品味高( ),品味低( );

户型设计合理( ),户型设计不合理( );

价格合理( ),价格偏高( )。

(二) 开放式提问

所谓开放式提问是指对所提出的问题,回答没有限制,被调查对象可以根据自己的情况自由回答。此种提问方式,答案不惟一,不易统计,不易分析。

1．自由式

被调查对象可以不受任何限制回答问题。例如:请给出给您印象最深刻的一个房地产广告( )。

2．语句完成式

提出一个不完整的句子,由被调查对象完成该句子。

例如:

如果您欲购房,您购房的主要理由是_____。

3．字眼联想式

调查人员列出一些词汇,每次一个,由调查对象说出或写出他所联想到的第一个词。例如:

当您听到以下词句时,首先会想到什么?

丽江花园( ),

祈福新村( ),

碧桂园（　）。

4. 顺问式

这种方法要求被调查对象根据自己的态度来评定问题的顺序。例如：

购房时您所看中的因素依次为（请根据您认为的重要程度分别标上序号）

地段（　　），

价格（　　），

配套（　　），

环境（　　），

设计（　　），

服务（　　），

品牌（　　），

其他：_____（　　）。

5. 过滤法

过滤法又称"漏斗法"，是指最初提出的问题较为广泛，离主题较远，再根据调查者回答的情况逐渐缩小提问范围，最后有目的地引向要调查的某个专题性问题。例如：

请问您近年内打算购房吗？

是（　）、否（　）。

如果是，您打算购买住宅的建筑面积为：_____。

五、问卷设计中应注意的几个问题

前面已提到问卷设计的基本原则，总的要求是：问卷中的问句表达要简明、生动，注意概念的准确性，避免提似是而非的问题。具体应注意以下几点：

（一）避免提一般性的问题

一般性问题因缺乏针对性，所以对实际调查工作并无指导意义。例如：您对××楼盘的物业管理印象如何？这样的问题过于笼统，很难达到预期效果。可具体提问：您认为××楼盘的物业管理收费是否合理？服务项目是否齐全？服务态度怎样？等。

（二）避免用不确切的词

例如：普通、经常、一些等，以及一些形容词，如美丽、著名等。这些词语，各人理解往往不同，在问卷设计中应避免或减少使用。例如：你是否经常去健身房？回答者不知经常是指多长时间。可以改问：你多久去一次健身房？又如：你接受高档住宅吗？被调查者很难回答，即使做出了回答，意义也不大。可以改为：如果购房，您能接受的价位为：

① 3000 元/m^2 以下，

② 3001～5000 元/m^2，

③ 5001～7000 元/m^2，

④ 7001~9000 元/m²,
⑤ 9001~10000 元/m²,
⑥ 10001 元/m² 以上。

(三) 避免引导性的提问

如果提出的问题不是折中的,而是暗示出调查者的基本观点倾向和见解,力求使回答者跟着这种倾向回答,这种提问就是引导性提问。

例如:消费者普遍认为房地产商广告投入量越大,说明越有实力。您的看法如何?这种引导性的提问会导致两个不良后果:一是被调查者不假思索就同意问题中暗示的结论,直接应付了事;二是由于引导性提问大多是引用权威或多数人的态度,被调查者会产生从众心理。另外,对于一些敏感性问题,在引导提问下,被调查者会不愿表达他本人的想法等。因此,这种提问是调查的大忌,常常会引出和事实相反的结论。

(四) 避免提可能令被访者感到难堪、禁忌和敏感的问题

可能令被访者感到难堪、禁忌和敏感的问题是指:各地风俗和民族习惯中忌讳的问题、涉及个人利害关系的问题、个人隐私问题等。这类问题在问卷中应尽量避免。应考虑被访者的自尊心。尽量注意提问的方式、方法和措辞。具体可采取以下方式:

1. 释疑法

即在问题前面写一段消除顾虑的功能性文字,或在问卷的引言中写明严格替被调查者保密,并说明将采取的保密措施。

2. 假定法

用一个假定条件句作为文句的前提,然后再询问被访者的看法。

3. 转移法

即把本应由被访者根据自己的实际情况填写的问题,转移到由被访者根据他人的情况来阐述自己的想法。

(五) 问句要考虑时效性

时间过久的问题容易使人遗忘,逼迫被调查者做过长时间的回忆,往往会使其产生抵制调查的心态。如"您前年家庭的生活费支出是多少?其中用于住房的消费是多少?"除非极细心的被调查者,否则很少有人能回答卜来。

一般可问:您家上月生活费支出是多少?其中用于住房的消费是多少?显然,这样缩小时间范围可使问题回忆起来较容易,答案也比较准确。

(六) 避免问题与答案不一致

所提问题与提供的答案应做到一致,例如:您经常看哪种报纸?

1. 广州日报 2. 羊城晚报 3. 信息时报 4. 经常看 5. 偶尔看 6. 根本不看。

上述问题与答案显然就存在不一致的地方,这会令被访者感到无所适从。

第六节 调查资料的整理与统计分析

一、资料整理

(一) 编辑

通过调研获得资料后,首先要对资料进行编辑,这可以在现场进行,也可以在办公室进行。现场编辑对个人访问特别重要,因为调查者在访问时很难填满整个问卷,多半是用常用的记录符号来记录答案的,因此在访问后应尽快审阅或更正。在进行小组访问时常有多个调研人员,各人负责的方面不同,而调研小组的主持人要督促他们进行及时更正,以尽量防止可能出现的问题。办公室进行的编辑是在收到所有访问记录、邮寄问卷或电话记录后,进行的综合的审查编辑。下面是在进行编辑工作时常会遇到的一些基本问题。

1. 假访问

这类假访问常出现在个人访问和电话调查中,比如结果中有不寻常的一致性和不一致性。这多是由于课题所雇用的某些调查员不认真负责而做的假象。因此,如果发现有这种行为就应仔细检查,经常性的检查有助于减少欺骗的倾向。

2. 不一致或矛盾的回答

在收到问卷里,可能会发现应答者的回答前后不一致。例如一个年龄为16岁的被访者却回答其职务为高级经理;或者月收入低于1000元的被访者却拥有一辆豪华轿车。

3. 无法读懂的回答

如果邮寄问卷上的答案是手写的,有些问题的答案可能难以读懂,编辑者就只得把这些答案扔掉。开放式问题越多,难读懂的答案也越多。

4. 不正确的回答

比如把时间记错了。

5. 不完整的回答

回答者可能会把使用的商品的品牌给忘掉了。

6. "不知道"和没有答案

在不知道出现的情况下,应答者表明他对所问的问题没有形成一个答案或观点。而没有答案是指应答者让某个问题空着不予回答。

那么如何处理上述问题呢?一般说来,通常有三种处理不满意答案的办法:

(1) 退回实施现场去重新获取较好的数据;
(2) 按缺失值处理;
(3) 将整个问卷(被访者)作废。

值得注意的是,仅仅把这类问题或把整个问卷扔掉是不明智的。或许不回答的人在某种程度上属同一类型,需要进一步研究。不完整的问卷中有时仍然有不少有用的信息。

(二) 编码

编码是给问题的答案配上数字或符号以便为表格化作准备。编码可在整理问卷时就同时进行,也可在问卷整理编辑完成之后再进行。下面讨论编码的一些方法。

1. 对量化资料进行分类编码

对资料应当进行分类才能满足研究目的。在很多情况下,问卷中的问题本身就已经对答案进行了分类,如:请您指出您的月收入在哪个范围?

——小于 1500 元;
——1501～2500 元;
——2501～3500 元;
——3501 元以上。

这五个答案等级就可用在编码分类中。但如果问题是开放式的请您指出您的月收入数额,其回答是具体数值,如 2400 元,就有必要依据回答的规律进行分类。

像上面讨论的那样,对涉及数量资料的问题(收入、销售量、使用频率、年龄等),编码就是把数据放在某个间隔里。下面是一些常用的原则:

(1) 划分的档次不宜太多,每一档的范围不宜太宽。因为档次太多,使得问卷篇幅增大,而且有些档次只有极少数人可回答。一般的方法是,在大多数人所属的范围内进行适当的分档,将两端列为开口组就行了。

(2) 在无法确定档次的数目时,采取宁多勿少的做法,因为频次小的档次可以在整理时进行合并。

(3) 各档次的数字之间应正好衔接,无重叠、中断现象。

2. 对定性资料进行分类编码

在涉及定性资料(职业、态度、偏好、品牌等)的编码时,应该注意下面几点:

(1) 在分类与编码之前,要看是否有定量的回答存在;
(2) 使用的分类应与其他的资料相适应以利于比较;
(3) 分类是简洁和互斥的,每个回答只能放在一个间隔甲;
(4) 包容所有可能的回答。这并不是指每个答案都应有一个数字编号,但每个回答都应当能放在某个类别里。通常使用"其他"来包括所有没有指出的答案选择;

给每个问题的答案进行编码的目的是为了对每个问题进行表格化为统计分析做准备。在编码过程中,要根据资料的类型和含义判断每个问题的编码属什么类型的数字尺度。表 4-5 表是根据某调查问卷的编号列出的前 7 个被调查者的应答结果。

某调查问卷答案编码　　　　　　　　　表 4-5

答案\问题\应答者	1	2	3	4	5	6	7	8	9	10	11	12	13	14	…	24	25
1	1	2	2	3	2	4	1	2	3	2	4	1	2	1		1	3
2	3	2	4	1	3	3	2	1	2	1	2	1	3	2		4	2
3	2	1	2	2	3	2	2	5	2	1	2	2	3	1		1	3
4	2	1	2	4	2	4	2	4	2	4	3	3	1	2	1		2	4
5	4	1	4	5	1	2	3	2	2	4	2	1	3	1		4	1
6	1	1	3	3	1	2	4	2	3	2	4	2	1	3		3	1
7	3	3	1	2	2	4	3	1	1	2	1	2	1		1	4
…																	

二、常用统计表

将收集到的资料组合起来并且表格化，可以由人工或计算机来完成。表格化就是使答案以某种报告的形式出现。常用统计表包括简单频数表与分组频数表、二维列联表和多维列联表等。

（一）简单频数表与分组频数表

调查问卷中的每一个问答题或项目都可以用一个或多个变量来表示。在整理数据时，首要的也是最基本的工作就是给出各个变量的频数，对连续变量要先分段后再求频数。如果调查所涉及的对象是属于不同类别的，则最好给出一份分组频数表。简单频数表或分组频数表是研究者向客户提供的最基础的结果之一。频数表最好是结合原始问卷一同给出，这样可以使客户对调查问答题的问法以及基本结果都做到一目了然。此外，频数表还应给出最基本的百分数，同时明示计算这些百分数的基数。因为复杂的市场调查问卷中有许多分叉，基于不同的基数，可以得到多个不同的百分数，一定要有明确的说明，以免引起不必要的误会。以下是一个简单频数表的示例（见表 4-6）。

对顾客是否会购买某种产品的简单频数表　　　　　　表 4-6

您是否会买这种产品	数值（频率）	%
绝对会买	124	11.1
很可能会买	211	18.9
不知道	376	33.7
很可能不买	204	18.3
绝对不买	200	18.0
总　和	1115	100.0

(二) 二维列联表

二维列联表,是用于提供基本调查结果的最常用的形式。列联表可以清楚地表示两个定类变量之间的相互关系。列联表也可以看成是分类的频数表,即,一个变量的频数分布是根据另一个变量的取值来进一步细分的。例如,表 4-7 给出了对某名牌产品的"熟悉程度"和对该产品的"使用量"之间的某种关系。从中可以看出,对该名牌产品熟悉的消费者似乎使用量也比较多。

对某名牌产品的"熟悉程度"和对该产品的"使用量"的二维列联表(人数)　　　　表 4-7

使用量	熟悉程度		合 计
	不 熟 悉	熟 悉	
少	100	100	200
多	150	250	400
合 计	250	350	600

为了更进一步地考察这两个变量之间的关系,还可以计算百分数。百分数可以按列合计为基数计算(表 4-8),也可以按行合计为基数来计算(表 4-9)。那么,哪一张表更有用呢? 一般来说,这取决于研究者将哪个变量当作自变量、哪个当作因变量。一般的准则是按照自变量各类的合计来计算因变量各类的百分数。在这个例子中,研究者可能将"熟悉程度"当成自变量,"使用量"为因变量。因此,应当使用表 5-3。从中可以看到,在对该名牌产品熟悉的消费者中,使用量多的占 71.4%;而对该名牌产品不熟悉的消费者中,使用量多者只有 60.0%。

按"熟悉程度"分类的"使用量"的二维列联表(%)　　　　表 4-8

使用量	熟悉程度	
	不 熟 悉	熟 悉
少	40.0	28.6
多	60.0	71.4
合 计	100.0	100.0

按"使用量"分类的"熟悉程度"的二维列联表(%)　　　　表 4-9

使用量	熟悉程度		合 计
	不 熟 悉	熟 悉	
少	50.0	50.0	100.0
多	37.5	62.5	100.0

(三) 多维列联表

调查变量之间的关系是复杂的,有时候只研究两个变量之间的关系是不够的,大多数情况下都要考虑多个变量之间的关系。如果只利用二维列联表,可能发现,两个变量之间似乎是联系相当紧密的(或者是没有什么联系的),但如果再引进一个变量(叫第三个变量或控制变量)之后,发现原来两个变量之间的相关关系变弱了、消失了(或者呈现显著的相关);当然也有可能原来的关系保持不变。由此可以体会到单纯考虑两个变量之间的联系是很有可能导致错误判断的。引进一个或多个控制变量后的列联表称为多维列联表。例如在上述"熟悉程度"和"使用量"之间的关系中(表4-8),似乎对该名牌产品熟悉的消费者,其使用量多的比例也比不熟悉的消费者高,即可以得出"熟悉程度"与"使用量"之间是显著相关的结论。但是如若引进第三个变量"性别"并做出三维列联表后,发现不管是男性或女性,对"熟悉"该名牌产品和"不熟悉"该产品的消费者来说,其使用量"多"或"少"的比例都是相同的(表4-10)。也就是当对男性群体和女性群体分别进行研究时,"熟悉程度"与"使用量"之间的联系就消失了。说明最初从二维列联表中观察到的这两个变量间的相关是一种假相关,真正的相关可能存在在于"性别"和"使用量"之间,即"使用量"的多少可能与"性别"有关(女性中使用量"多"的比例显著地高于男性),但是与"熟悉程度"无关。

按"性别"和"熟悉程度"分类的"使用量"的三维列联表　　表4-10

使用量	性　别			
	男　性		女　性	
	熟悉程度		熟悉程度	
	熟悉(%)	不熟悉(%)	熟悉(%)	不熟悉(%)
少	36.7	36.7	30.0	30.0
多	63.3	63.3	70.0	70.0
合　计	100	100	100	100
个案数	150	150	10	200

(四) 相关表

为给进一步的分析提供尽可能多的参考信息,常见的做法是在整理数据的最初阶段,做出变量之间两两对应的相关表,即相关系数表。为此,对定性的变量要先做定量化的处理。根据相关表,研究者可以进一步地分析其中一些变量的关系,进一步地构造或验证有关的定量模型。有关相关的概念和假设检验的概念与做法请参阅有关资料,此处不在详述。

(五) 统计表格制作的注意点

一个调查项目结束后,一般都需要制作大量的统计表格,其中有些表格是要插放在报告之中的;但大部分都是要作为原始资料单独装订,按附录交付给客户的。统计表格的制作一般应注意如下几点:

1. 每张表都要有编号和标题;标题要简明扼要。

2. 项目的顺序可适当排列。一般应将最显著的放在前面；如果强调的是时间，则可按时间的顺序排列；如果强调的是大小，就按大小顺序排列；当然也可以按其他顺序排列，例如按问卷中项目出现的顺序排列。

3. 尽量少用线条。表格中的斜线、竖线、数与数之间的横线可尽量省去，以空白来分隔各项数据。

4. 注意各种数据的单位。只有一种单位的表，可在标题中统一注明。

5. 表格的层次不宜过多。

6. 分组要适当。不可过细，以免繁琐，而且表格内的频数太少也难于说明问题；也不可过粗，以免有掩盖差别的可能。

7. 小数点、个位数、十位数等应上下对齐；一般应有合计。

8. 给出必要的说明和标注。对表格的说明可以通过简明的标题或标注（一般在表格下面说明）来实现，但应尽可能避免一些不必要的数、字、符号和标注。

9. 一般应说明数据的来源。

三、常用统计图

（一）直方图

直方图最常用的统计图，简单而直观。直方图可以是水平的或垂直的；其长度可以是绝对数，也可以是相对数。根据直观明了的目的，图中项目的排列可以按照问答题中的顺序，也可以按照大小的顺序；直方图可以只表达一个变量的频数或百分比，也可以表达两个变量关系的交叉表的数据结果；直方图适用于单选问题，也可用于多选问题。图4-3给出了一个直方图的示意。这是一个关于小区内对住户提供服务类型的调查，从图中可以看出，在各种服务当中，比较需要的是钟点服务、

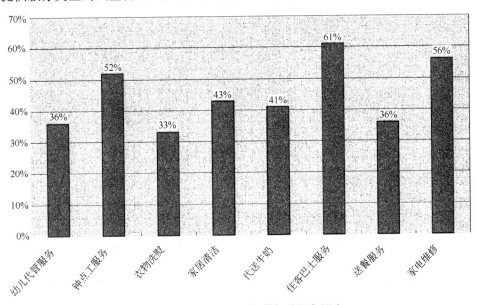

图4-3 小区应为住户提供何种服务调查

住客巴士服务和家电维修服务。其余都有潜在的需求。

附原始回答题：

B4：请问您认为小区是否需要为住户提供以下服务？（读出，可多选）

1. 幼儿代管服务。
2. 钟点工服务。
3. 衣物洗熨。
4. 家居清洁。
5. 代送牛奶。
6. 住客巴士服务。
7. 送餐服务。
8. 家电维修。

（二）饼形图

饼形图与直方图一样，也是最常用的统计图，简单而且直观。不过饼形图只适用于单选问题，整张圆饼总计100%，每一部分的面积就表示了某个变量对应取值的百分数。饼形图可以是平面的，也可以是立体的，不过要尽可能将三维效果减至最小，使饼形尽可能呈现圆形；一般情况下不能将圆饼切成太多的部分，最常用的是只有两片或三片的情况；最好使两片的分界线是一根垂直的子午线；将每一部分的说明尽可能直接地记在饼形图内。图4-4给出一个饼形图的示例。这是一个关于消费者所能承受的住房单价的调查。

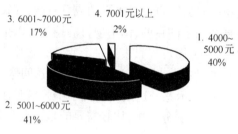

图4-4 消费者对房价的承受力调查

从调查结果可以看出，6000元/m²以下是绝大多数工薪人士的期望购买单价，超过6000元/m²的不足20%。

附原始问答题：

D1：请问您打算在三年内购买房子的单价是多少？（读出，只选一项）

1. 4000~5000元，
2. 5001~6000元，
3. 6001~7000元，
4. 7001元以上。

值得注意的是，这个提问的答案在设计上存在一些问题，应在答案中再加上一项"4000元以下"就完整确切了。

（三）态度对比图

在市场调查中，经常会涉及消费者的满意程度、同意程度、喜爱程度等方面的态度问题。所用的量表一般是5级量表，即分别用1、2、3、4、5表示很不满意、不满意、一般、比较满意、很满意等。为了更直观地比较被访者对各个项目的满意程度（同意程度、喜爱程度）和不满意程度（不同意程度、不喜爱程度），常常将"比较满意"和"很满意"的百分数相加或叠加在一起，称之为满意度（同意度、喜爱度）；将"很不满意"和"不满意"的百分数合并，称之为不满意度（不同意度、不喜爱度）；将满意度和不满意度分别按直方图的形式做成直观的态度对比图；中立的态度"一般"在态度对比图中不出现。图 4-5 给出了态度对比图的一个示例，从中可以看出，在北京、上海、广州、成都和沈阳五个城市中，成都居民表示对现在所居住的城市很喜欢或比较喜欢的比例最高，而北京最低。

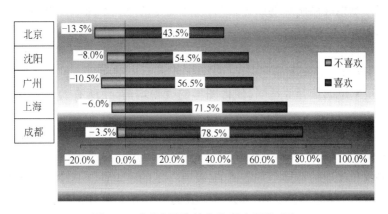

图 4-5　对现在居住城市的喜欢程度对比
（资料来源：1999 年《IEM30 国世界环境意识调查》中国调查报告）

附原始问答题：
A48：(出示卡片)从总体上看，您喜欢您现在居住的城市吗？
1．非常喜欢，
2．比较喜欢，
3．一般，
4．不太喜欢，
5．非常不喜欢。
注：本例在分析时，把"1"与"2"合并为"喜欢"、"4"与"5"合并为"不喜欢"，"一般"不出现，合并后变为二级。

（四）轮廓图或形象图

轮廓图或形象图常常用于比较几个子样本在一些项目中的平均得分、或一些实体在各个方面的形象平均得分。当需要比较几个群体相对多个项目的满意程度、同意程度、喜爱程度或其他评价时，用一般化直方图或态度对比图就不那么直观了。这时常用的方法是计算每个群体相对于每个项目的平均得分，只用一个分数来代替 5 级量表中的 5 个百分数，以获取最大限度的简洁性和可比性。

（五）其他统计图

其他常用的统计图还有趋势图、散布图、网络图、三维直方图等,在此不再详述。

(六) 统计图制作的注意点

一般来说,只要有可能,就应尽量采用图形来帮助理解调查的结果。一张精心设计的图形有可能抵得上或胜过一千个字的说明。要使统计图能够有效地直观地表现尽可能多的信息,在设计和制作上一般应注意以下几点:

1. 每张图都要有编号和标题;标题要简明扼要。

2. 项目较多时最好按大小顺序排列,以使结果一目了然。

3. 尽量避免使用附加的图标说明,应将图标的意义及所表示的数量尽可能标记在对应的位置上。

4. 数据和作图用的笔墨之间的比例要恰当,避免太少或太多的标注、斜线、竖线、横线等,既要清楚又要简明。

5. 度量单位的选择要适当,使得图形的表现均衡,使所有的差异都是可视的和可解释的。

6. 作图时最好既使用颜色,又使用文字说明,以便在进行必要的黑白复印时仍能清晰如初。

7. 颜色和纹理的选择不是随机的,要有一定的逻辑性。其中特别重要的部分应该用更突出的颜色、更精确的线条或更大的符号等来表示。

本 章 小 结

1. 现代营销观念认为,实现企业各种目标的关键,是正确认识目标市场的需求与欲望,并且比竞争对手更有效、更有利地传送目标市场所期望满足的东西。而市场调研正是企业了解目标市场需求和竞争对手行动的真正有效手段。市场调研的基本原则包括:准确性原则、时效性原则、全面性原则、针对性原则与创造性原则。

2. 房地产市场调查的程序,是指从调查准备到调查结束全过程工作的先后次序。一项正式调查的全过程,一般可分:调查准备、调查实施以及分析总结三个阶段。具体来说,又可分为:提出问题、初步情况分析、制订调查方案、建立调查组织、收集第二手资料、收集第一手资料、数据分析与解释编写调查报告、总结与反馈等几个环节。

3. 房地产市场调研的主要内容包括:房地产市场的环境调研、消费者调研、竞争楼盘与竞争对手调研。环境调研主要包括:房地产市场的宏观环境、区域环境以及项目所在的微观环境调研;消费者调研主要包括:目标消费者的购买力水平、购买倾向及其共同特性调研;竞争楼盘主要包括:竞争楼盘的产品、价格、广告、销售情况以及物业管理情况调研;竞争对手调研则主要从:竞争对手的专业化程度、品牌知名度、开发经营方式等十个方面来进行。

4. 房地产市场调查可采用多种方法,调查方法是否得当,对调查结果有很大影响。按调查的目的,房地产市场调查可划分为:探测性调查、描述性调查、因果性调查和预测性调查;按调查的范围和对象可划分为:全面普查、重点调查、抽样调查;按调查资料的来源可划分为:案头研究和初级研究,在初级研究中,又可采用:观察法、实验法与询问法;按调查结果的性质,还可划分为:定性研究与定量研究。

5. 问卷设计是否科学,直接影响到市场调研的成功与否。在问卷设计中,要遵循问卷设计的原则,正确使用问卷的提问形式。另外调查问卷的基本结构也是在设计调查问卷时所应该遵守的。

6. 在所需的资料收集完毕后,就要对资料进行整理和统计分析。资料的整理包括对资料进行编辑和编写,对资料进行统计分析时,可采用统计表与统计图。常用的统计表包括:简单频数、二维列联表、多维列联表。常用的统计图包括:直方图、饼状图、态度对比图、轮廓图和趋势图等。

讨 论 题

假如你是某房地产投资咨询公司主管。有一房地产开发项目,其投资商是你的客户,委托你公司对该项目进行市场调研,以帮助其进行投资决策。请你:
1. 针对该投资项目,制订一份详细的市场研究计划。
2. 选用合适的市场调研方法进行市场调研,收集有关资料,进行市场分析。
3. a. 必要时设计市场调查问卷并实施问卷调查。
   b. 回收问卷并对问卷进行整理与统计分析。
4. 撰写一份详细的市场调研报告并对你的客户给出投资建议。

案例 拯救不景气的商业零售中心[①]

1991年6月16日,《纽约时报》报道,普林斯顿一个66英亩(1英亩=404.686m^2)的露天零售中心,像新英格兰购物村一样,已经是处于朝不保夕的地步。这处零售中心房产位于新泽西州20里长街的第一小巷,在新不伦瑞克和特伦顿之间。周围的方便设施包括有号称20万平方英尺(1平方英尺=0.0929m^2)的商业餐饮区,23万平方英尺的写字楼,还有一个有300多个房间的旅店和一个日常看护中心。旅店、写字楼和看护中心都或大或小地取得了成功,但是这个零售中心却失败了。它的净资产不断减少,而且这种不景气在投资项目中也呈现出重大损失。

新的管理部门要求投入300万美元的基金来实施改革和营销规划,希望这样可以克服项目本身的缺陷。它的行政部门向市场研究公司寻求帮助,要发动一次

---

① 摘自(美)拉里·珀西著,文岳译. 市场调研——点铁成金. 北京:机械工业出版社,2000

生死攸关的市场调查,来决定厂家直销批发方式是否是一个可行的替代方案。在这个案例中,市场研究的确发挥了很大作用。4年之后,这个项目起死回生,而且房产售出量也逐日回升。

新的管理层如何对付即将倒闭的事实和激烈的竞争

在《纽约时报》报道这一事件的几个月前,这个购物中心的开发者因为决策失误,把1.25亿美元的建设贷款用在了不适合的项目上。因为开发者是以购物中心为抵押获得贷款的,因而银行取消了开发商对购物中心的赎卖权。之后,银行任命了一个新的开发和物资管理机构来使购物中心摆脱困境。新机构的副董事长,马克·耶哲(Mark Yeager)打破了原来的机构设置,重新组建。

普林斯顿森林村(PFV)创建于1987年,当时看起来它是稳操胜券的,因为它的地理位置极其有利,而且外观迷人。这个购物村包括了85个商店的房产,但是到了1991年,这个购物村只剩下不足50家的承租人。它的17个服装小商店,包括17个专卖小商店,对那些财大气粗的商家很有吸引力,但他们最终还是没有签约。到当年年底,只有7家商店幸存了。

更为麻烦的是,激烈的竞争更使它的处境雪上加霜。在那条大街的第一小巷,估计要计划开发约60万平方英尺($1m^2 = 10.76$平方英尺)的零售空间,而在1991年这里的零售商店未售出的虽不足6%,但是已经是3年前的2倍了。

管理部门最初花费了6个月的时间来收集信息。这些信息包括:人口统计信息、交通信息、消费者信息和竞争环境信息,堆成了一座小山。然后,管理部门和它的广告代理商一起工作,他们要求市场研究公司设计一个市场调查研究来评价零售的价值,当然在这里,零售的概念也包括一系列的专卖以及厂家直销零售商店。

确认吸引商家的最佳时机

总体上来说,市场研究的目标在于帮助客户选择最成功的产品的最佳配置——也就是选择吸引商家的最佳时机。这种观点基于一种理论之上,即很难通过简单的询问就能了解顾客偏爱哪种购物理念,而且也不能仅仅依赖由此得出的结论。相反,市场研究更看重以往的销售行为,发现因为应用PFV所产生的障碍,然后决定究竟怎样做才能使购物村自身对零售商和商业承租人更具吸引力。

从1983年起,厂家直销市场就迅速发展起来了。11年前,美国的国土上还只有33家这样的直销市场购物中心。到1991年,按照工业贸易出版物《零售信息价值》的统计,有257家这样的中心已经开张营业,总公司设在纽约的国际销售中心。委员会解释说,厂家直销市场的发展,部分归因为经济上的萧条和困境。根据估计,顾客每次在厂家直销的市场中逗留的时间平均长达4个小时,花费平均为250美元。

调 查 设 计

管理部门希望市场研究公司从几个关键的题目入手,来确定预期的商业承租人的"心理状态",这些题目有:

① 使用本中心的名字所产生的障碍是什么。
② 顾客能在距离多远范围内的厂家直销商店购物。
③ 潜在的回头客的特征是什么以及谁会来厂家直销中心购物。

和管理部门一起工作后,市场研究公司认为市场调查研究可以帮助他们估算到居住地域距直销市场远近不同的顾客中,是厂家直销理念的潜在市场。为了完成这一计划,这个公司通过收集第二手数据,开始确定顾客可以跑多远到各类型的零售商店购物。这条信息将会影响到采用市场研究的设计。

市场研究公司决定把居住范围在15分钟路、30分钟路、60分钟路的顾客列为目标测试对象。他们还对人口统计数字进行研究,以确定在这些目标区域内居住着多少户人家。因为厂家直销理念的目的主要在于吸引富裕的顾客,他们把目标市场定为每户月收入3.5万美元以上的家庭(稍稍高于进行测试的平均家庭的收入)。

营销小组对几个收集数据方案,其中包括:发函调查、在销售大厅内面对面采访两种方式的利与弊进行了讨论,最后决定电话访谈是最佳方案,因为它最容易针对目标市场(居住在选定区域内的女性顾客,月家庭收入达3.5万美元或以上的)。他们认为这些参数将使市场研究得到的数据更易接受。

然后,市场研究人员在每一个目标地域内,随机地选择在邮政编码范围内的电话号码,其中的每个目标区域都反映出顾客为去购物必须行车的路程。调查安排了504次电话访问,接受测试的对象都是女性,年龄在21岁以上,家庭月收入在3万美元以上。调查的目的是用交谈的结果来了解她们对这个购物村的态度和购物方式。这个案例安排的接受采访的对象较多,这样可以使市场研究公司把结果扩展到所有的目标顾客,而且有较高的可信度。

这次研究的目的设计为:①提供顾客家庭状况以及与厂家直销商店打交道的行为和态度的数据;②确定厂家直销理念的优势和劣势;③确定使用这个名字导致的障碍和在普林斯顿购物的不足。

在3个区域内收集数据

在数据收集阶段,测试对象样本的采集是按照住处距离的远近随机地从3个区域中选取的。

区域1、到PFV30分钟或更短知时间的行车路程(200名测试者)。
区域2、到PFV30分钟至60分钟的行车路程(153名测试者)。
区域3、到PFV60分钟以上的行车路程(151名测试者)。

在3个区域内每一个区域中,选择的测试对象的收入要在一定范围内,这样随机抽取的电话号码的样本总体是特定的。这种采集样本方式应用了多元回归法以期把目标集中在月收入在3万美元以上家庭。它还运用计算机产生并且随机选取数据这一程序,使得样本有可能包括新安装电话的家庭的电话号码或尚未列出的电话号码。

对样本要先进行初步整理,去掉那些难以打通和那些商业性的电话号码,然后对剩下的样本复制一次,这样复制品就可以反映每个区域内电话号码的分布情况。这次调查大约应用了681个样本,最后产生了504个接受测试的对象。

收集的数据还要加上权数,用来反映在每个区域内合适的住户的真正比例。为确定权数,在每个区域内要对完成访谈的测试者们的分布情况和在这3个区域中合适的住户的真正分布比例做比较。这样产生出的权数,可以调整样本的分布,以纠正任何比例失调现象。

购物村的形象极差

1991年6月公布出的调查结果,显示的信息状况不容乐观。这个购物村在那些听说过它的人中名声不好,还有许多人根本就没有听说过它。调查结果表明,在购物村成立之前,这个商业区周边半径45英里的范围内,有107万顾客在批发市场购物,而且平均每次约花费140美元,但是,区域1中有33%的顾客,从来没有听说过这个购物村,而且还有一大批顾客,在区域2中75%的顾客和区域3中87%的顾客,也是从来没有听说过它。

市场研究还得到了其他一些很重要的信息,这些信息有的是关于厂家直销商店总的市场环境的,有关于普林斯顿和这个购物村的大体形象和印象的,以及关于购物村自身潜在市场的信息。

厂家直销市场远景广阔

从市场研究中可以看出,厂家直销这种销售方式市场远景极为广阔。

① 接受调查的顾客中,几乎有2/3的熟悉这些商店并且曾经在那里购过物。
② 一大部分顾客乐意在厂家直销商店购物,即使商店与住处不在同一街区。
③ 在最近的6个月内,有许多顾客曾去过纽约或费城的5个规模庞大的厂家直销市场购物一次或多次。

即使居住于其他区域的顾客和PFV打交道很少,所知有限,但是居住区域1中也有几乎一半(46%)的接受调查的顾客都曾经光顾过这个购物村。这些顾客似乎对这个购物村印象不佳。其中的45%谈道市场马上就要倒闭了,而购物村在公众面前的不佳形象正是来源于这一说法,与之相反的是,区域中的顾客的28%认为这个区域购物环境宜人。

按照调查结果得出的看法,在普林斯顿地区建一座厂家直销市场,对许多顾客,尤其是居住在区域1的顾客业说,是很有吸引力的。在区域1中,有40%的顾客是"非常乐意"或"极有可能"在普林斯顿的厂家直销市场购物(她们被认为是最佳的潜在市场)。这种潜在市场所占比例在区域2降为22%,在区域3降为11%,另外:

④ 在区域1中,在曾经听说过这个购物村和很有可能在这个购物村的厂家直销市场购物的顾客中,有1/4希望能立刻来厂家直销市场看一看,而在其他的区域,想来看一看的人数明显下降。

⑤ 有些顾客认为商场的名字应当加上"厂家直销"的字样,这些顾客的数目占整个测试总体的2/3。市场研究公司认为这种做法对改变"价格昂贵"的形象很有必要。

顾客们还根据要求回答了她们在其他购物中心直销市场的购物习惯。比如,区域1中32%的顾客在过去几年中,在自由购物村购物平均2.9次(共占总数的18%)。因此,PFV的厂家直销市场有一个潜在的竞争对手——自由购物村,后者是一个成功的厂家直销市场,位于新泽西州的弗莱明顿,去购物只需要花上40分钟车程。另外,在区域1中有40%的顾客说她们"非常乐意"或"很有可能"在普林斯顿地区的厂家直销市场购物(总计为20%)。

普林斯顿地区和购物村的总体形象

普林斯顿地区的诱人之处,既在于零售商品的悠久历史,也不在于购物环境,根据14%的顾客的评论,在此购物的最主要原因就是"气氛宜人"。换个角度来说,在此购物惹人反感的地方包括物价昂贵、停车问题以及交通堵塞。

关于PFV,不利之处包括"物价昂贵"和"处于财务困窘状态"。有利的评价往往针对的是自然环境,包括"气氛不错"。大多数顾客在6个月之前或更早之前光顾过,但也不过是一两次。比起其他的潜在顾客来,这个购物村对这些顾客有更大的吸引力。

厂家直销的潜在市场

如果普林斯顿地区引进厂家直销市场,在1/5的顾客说她们"非常"或者"极有可能"来此购物。这个平均数包括区域1中的40%的女士,但是在区域3仅包括11%的女士。

如果在PFV开办一家厂家直销市场,在区域1内知悉这家购物村的女士说她们"很有可能"或"极有可能"来此购物。在那些"很有可能"来此购物的女士中,几乎一半(47%)的人说她们会立刻来试一试。在所有这3个区域内听说过这家购物村的顾客中只有10%的人"很有可能"或"极有可能"来这里的厂家直销商场购物。

刚好有一半的顾客乐意乘车90分钟去厂家直销商场购物。另外,大约1/3的女士乐意乘车60分钟去厂家直销市场购物。

对潜在顾客的研究

对开设在 PFV 的厂家直销商场来说,最有可能的潜在顾客居住在区域1,或者如果她们居住在区域1之外,她们的家庭收入一定要较高。如果她们还没有在 PFV 购过物,那么根据调查,她们很年轻(45以下),经常在可以打折的成衣店内购物,而且是双职工家庭。总之,根据估计约有20万位女士(而非住户)是光顾和在此购物的潜在顾客,如果在 PFV 建立厂家直销市场的话。这些潜在顾客包括:

① 在区域1内有4.8万~60万名顾客。
② 在区域2内有8.6万~98万名顾客。
③ 在区域3内有3.7万~4.3万名顾客。

人口统计调查结论表

"很有可能"或"极有可能"到普林斯顿地区的厂家直销市场购物的女士大多有以下特征:

① 年龄在35~54岁之间。
② 家庭收入超过5万美元。
③ 有小孩子。
④ 每年在衣物上的花费超过1000美元。

1年以后

在与潜在的承租人交谈时,房产商应用了这些调查结果。"我着重指出市场对直销理念的接纳,并且指出当前的市场环境在未来填补零售行业中的这个空白的必要性",他说。

在1992年3月,这家购物村在第一街打出一幅新招牌表明了它的厂家直销的性质,并且租出了3万平方英尺(1平方英尺=10.76m²)的空间。顾客在逛这些商场时也发现了值得购买的物品。一个购物村的零售商店——Mark,Fore & Strike 把它最初的业绩归功于厂家直销。而总经理则宣布说在1992年6月,销售量比去年同一月份上升了16%。经理认为,这一增长,是在经济更为萧条的情况下发生的,而且当时还没有制作任何广告来宣传它的直销地位。

其他的商场——The Charter Club、Johnston & Murphy 和 Caswell-Massey——说它们会继续实施零售和直销相结合的方针。

3年以后

3年以后,耶哲说道:购物村更加有活力,光顾率显著上升在我们未采取任何新措施之前,食品销售商和其他行业报道他们的销售量上升了20%,而且销售量的80%发生在这两年内。

尽管在第一大街上空房率仍接近6%,但是从1991年起,购物村的空房率急剧下降。管理人员最为关注的最前排——有17.5万平方英尺(1平方英尺= $10.76m^2$)以上的厂家直销空间——目前已经全部租出去了。购物村还吸引了一些新的厂家,诸如一家名声很大的女士服饰商场,这可是一家非常挑剔的商家。

我们对这家购物村的销售增长极为满意,而且我们相信市场研究在帮助我们预测将购物村改为规模庞大的直销中心时的潜在市场做了一项了不起的工作。耶哲总结道。

思 考 题

1. 如果公司派你去负责拯救这个不景气的商业零售中心,你将采取何种措施? 请详列实施纲要。
2. 请模拟案例中的情形,设计一份完整的消费者市场调查问卷。
3. 通过此案例的学习,请总结出市场调研成功的关键因素。

附录 调查问卷示例①
住房消费者调查问卷

问卷编号:_____ 访问员:_____

约 人	一 审	二 审	复 核	编 码	录 入

尊敬的先生、女士:

您好! 我是_____公司的访问员,目前正在进行一项居民住房需求与消费方面的情况调查。现在想就这方面的话题问您几个问题,并希望以此建立起彼此之间的信息沟通与联系。您的回答无所谓对错,只要是您真实的想法,都会对我们有很大的帮助。我们将对您的回答严格保密,请不必有任何顾虑。谢谢您!

被访人姓名:_____
地　　　址:_____
电　　　话:_____
访问时间:___年___月___日___时___分至___时___分
访问地点:_____
访问员保证:我忠实地按照公司要求进行作业,如有欺骗,愿意赔偿公司损失,并承担由此引起的全部责任。

访问员签名:_____

---

① 本调查问卷由北京通产永利地产策划公司提供。

甄别部分

S1. 请问您本人或家人是否在以下单位工作？（访问员读出选项）
① 房地产开发公司_____若有，终止访问。
② 房地产中方代理/顾问公司_____若有，终止访问。
③ 广告公司/市场研究机构_____若有，终止访问。
④ 以上都没有_____继续。

S2. 请问您在最近三个月内是否接受过市场研究方面的访问，或者参加过消费者座谈会？
① 是_____终止访问
② 否_____继续

S3. 记录被访者性别：1. 男（ ）
　　　　　　　　　　2. 女（ ）

正式问卷（可针对不同调查对象将以下各部分拆分提问）

A. 住房需求调查

A1. 您现在的住房属于
　　□自己所有　　□父母所有　　　　　□单位所有
　　□租房　　　　□亲戚朋友借住的房子　□其他

A2. 您对现有住房不满意的原因是：
　　□住房太小　　　□并非自己的房子　　□所在社区环境不理想
　　□离工作单位太远　□生活不便　　　　□户型结构不合理

A3. 您在购房时最关注的因素是（限选4项）
　　□位置　　□价格　　□交通　　□户型　　□配套设施
　　□周边环境　□小区规模及发展趋势　□房屋质量
　　□物业管理

A4. 您在购房时希望选择：
　　□普通住宅　□经济适用房　□公寓　□别墅　□二手房

A5. 您在购房时希望选择：
　　□现房　　□期房

A6. 您比较喜欢哪一类楼型：
　　□多层楼（6层以下）　□高层塔楼　□高层板楼
　　□小高层楼（7～9层）

A7. 您在购房时所接受的价格是：
　　□3000～4000元/m²　　□4001～6000元/m²
　　□6001～8000元/m²　　□8001～10000元/m²

　　　　□10001 元/m² 以上
　A8. 您对户型的面积是：
　　　　□一居室　　　□二居室　　　□三居室　　　□四居室
　　　　□复式结构　　□跃层结构
　A9. 您希望选择的面积是：
　　　　□50m² 以下　　□51～80m²　　□81～100m²
　　　　□101～130m²　□131～150m²　□151～180m²
　　　　□181m² 以上
　A10. 您购房时希望选择哪种付款方式：
　　　　□一次性付款　□分期付款　　□银行贷款
　A11. 您在选择户型时对装修的要求是：
　　　　□厨、卫精装修　□全部精装修　□毛坯房
　A12. 您在购房时希望单独设立：
　　　　□儿童房　　　□书房　　　□佣人房　　　□家庭办公房
　A13. 您对阳台的需求是：
　　　　□一个　　　□二个　　　□二个以上
　A14. 您对卫生间的需求是：
　　　　□一个　　　□二个　　　□二个以上
　A15. 您希望小区停车标准为：
　　　　□机动车每户至少一个车位　　□非机动车不受限制　　□无所谓
　A16. 您计划在今后多长时间内购房：
　　　　□半年内　　□一年内　　□1～2 年内　　□2～3 年内
　　　　□3～5 年内　□5 年以后

B. 投资意向调查

　B1. 您决定购房的原因是：
　　　　□用于自住　　□用于投资
　B2. 银行降息后，您的资金将投入到：
　　　　□购房　　□购车　　□股票证券投资　　□储蓄　　□其他
　B3. 您选择购房作为投资方式是因为比较看重：
　　　　□房屋的升值潜力　　□房屋的实用性　　□房屋的保值功能
　B4. 中国加入世贸组织(WTO)后，您是否选择购房作为投资方式：
　　　　□是　　□否　　□视市场行情而定
　B5. 作为投资，您在购房时愿意选择哪种付款方式：
　　　　□一次性付款　□分期付款　　□银行贷款
　B6. 您认为在西四环区域内购房：

　　　　☐升值潜力很大　　☐无升值潜力,但不会贬值　　☐可能贬值
　B7. 作为投资,您是否愿意在西四环区域内购房:
　　　　☐非常愿意　　☐可以考虑　　☐不考虑

C. 周边环境调查

C1. 您在购房时把周边环境作为:
　　　☐首要关注因素　　☐一般关注因素　　☐无所谓
C2. 您在购房时希望选择的方位是:
　　　☐东部　　☐南部　　☐西部　　☐北部
　　　☐东南部　　☐西南部　　☐西北部　　☐东北部
C3. 您在购房时希望选择的区域位置是:
　　　☐二环路以内　　☐2~3环　　☐3~4环　　☐4~5环　　☐郊区
C4. 围绕四环路,您在购房时选择的顺序是:
　　　☐东四环　　☐南四环　　☐西四环　　☐北四环
　　　☐东南四环　　☐西南四环　　☐西北四环　　☐东北四环
C5. 您希望所居住社区周边环境的类型是:
　　　☐商贸区　　☐文化区　　☐新开发小区　　☐高科技区
C6. 如果您在西四环区域内购房,是因为:
　　　☐交通方便　　☐离工作地点近　　☐一直住在该区域
　　　☐价格便宜　　☐周边环境好　　☐地理位置好
C7. 如果您不在该区域内购房,是因为:
　　　☐地理位置不好　　☐离工作地点远　　☐价格较高
　　　☐周边环境较差　　☐对该区域不熟悉
C8. 您认为西四环区域内周边环境及配套设施:
　　　☐很好　　☐一般　　☐不理想,需要改进　　☐很差
C9. 您认为目前西四环区域内的商品房是否令您满意:
　　　☐很满意　　☐不满意　　☐一般
C10. 您认西四环区域的交通是否令您满意:
　　　☐很满意　　☐尚可　　☐需改进　　☐很不满意
C11. 您认为西四环区域周边环境的污染对您购房的影响程度:
　　　☐很大　　☐一般　　☐很少

D. 媒介偏好调查

D1. 您每月平均花费在购阅报刊上的费用为:
　　　☐100元　　☐50~70元　　☐30~60元
　　　☐15~20元　　☐20元以下

D2. 您平均每日用在收听广播及观看电视节目的时间在：
　　□4个小时　　□2~3小时　　□1~2小时　　□1小时以下
D3. 您比较关注的房地产报刊广告媒体是：
　　□北京青年报　　□精品购物指南　　□北京晚报　　□北京晨报
　　□北京日报　　　□其他报纸　　　　□参考消息
D4. 您比较关注的房地产电视广告媒体是：
　　□京城广厦　　□北京电视台置业直通车　　□其他
　　□不太注意
D5. 您比较关注的房地产电台广告媒体是：
　　□北京交通台　　□北京音乐台　　□不太注意
D6. 您对大中型房地产户外广告牌及宣传横幅敏感度：
　　□非常注意　　□不太注意　　□不注意　　□反感
D7. 您对房地产广告的信任度：
　　□非常信任　　□信任但还需进一步了解　　□不信任
D8. 您的购房信息来源主要源于：
　　□报纸广告　　□房展会　　□杂志广告　　□电视广告
　　□电台广告　　□路牌广告　□朋友介绍　　□其他
D9. 您在购房时，针对房地产项目广告，首先关注的是：
　　□地理位置　　□社区规模　　□房屋单价　　□房屋总价
　　□开发商实力　□按揭支持力度　□周边人文环境
D10. 您在购房时，哪些因素影响您的决策：
　　□房地产市场的火爆程度　　□房地产方面的政策动向
　　□房地产专家意见　　　　　□房地产广告宣传　　□从众心理
　　□家人意见　　　　　　　　□朋友建议　　　　　□其他
D11. 您对举办房地产展示交易会这一集中销售模式的看法：
　　□认为很好、很有效　　□认为一般
　　□认为对个人购房影响不大　　□很讨厌

E. 配套设施需求调查——商业服务

E1. 您平时购买高档商品习惯去：
　　□著名大商场　　□附近商场　　□专卖店　　□超市
E2. 您平时购买日用品习惯去：
　　□著名大商场　　□附近商场　　□专卖店　　□超市
E3. 您认为社区周围哪家商场令您满意(请写出商场名称)：
　　_____
E4. 您评价满意的商场的原因是：

☐商品品种全　　☐价格便宜　　☐服务态度好　　☐购物方便

E5. 您认为社区周围的商场是否已满足您的需求：
　　☐是　　☐否

E6. 您认为周围应再建何种商业设施：
　　☐大型高档商场　　☐普通商场　　☐专卖店　　☐超市

F. 配套设施需求调查——文化设施

F1. 您每月去文化娱乐场所的次数：
　　☐1~2次　　☐3~5次左右　　☐6~10次　　☐10次以上　　☐无

F2. 您每次在文化娱乐方面的花费是：
　　☐50元以下　　☐50~100元　　☐100~200元
　　☐200~500元　　☐500元以上

F3. 您平时喜欢去哪类文化娱乐场所(可多选)：
　　☐影剧院　　☐文化馆　　☐图书馆　　☐体育馆　　☐少年宫
　　☐公园

F4. 您去文化娱乐场所的原因是(可多选)：
　　☐带孩子去　　☐陪老人去　　☐放松自己
　　☐和朋友一起　　☐随意性

F5. 您平时喜欢去哪类公园(可多选)：
　　☐著名公园　　☐附近公园　　☐历史悠久的公园　　☐无所谓
　　☐主题突出的特色公园　　☐娱乐活动丰富的公园

F6. 您认为文化设施与娱乐设施的设置应：
　　☐分开设置　　☐设置在一起　　☐无所谓

F7. 您认为社区周围缺少哪些文化娱乐设施：
　　☐影剧院　　☐文化馆　　☐图书馆　　☐体育馆
　　☐公园　　☐少年宫　　☐不缺少

G. 配套设施需求调查——学校

G1. 您对社区周围学校的教学质量感到：
　　☐很满意　　☐一般　　☐不满意

G2. 您认为社区周围缺少哪类学校：
　　☐普通学校　　☐名牌学校　　☐中小学联校　　☐大专院校
　　☐职高学校　　☐不缺少

G3. 在家庭收入允许的条件下，您愿意送孩子：
　　☐上名牌学校读书　　☐就近读书　　☐上私立学校读书　　☐无所谓

G4. 您的孩子现在在哪类学校读书：

☐名牌学校 ☐附近学校 ☐私立学校 ☐普通学校

G5. 您希望社区周围兴建哪类学校：
☐普通学校 ☐名牌学校 ☐中小学联校 ☐大专院校
☐职高学校

G6. 在收入允许的条件下，您是否愿意将孩子送到教学质量高但需要交纳赞助费的学校：
☐愿意 ☐不愿意

G7. 如果交纳赞助费（一次性），您能够接受的价格是：
☐1万元以下 ☐1～3万元 ☐3～6万元
☐6～10万元 ☐10万元以上

H. 配套设施需求调查——医院

H1. 您平时的就医习惯是：
☐附近医院 ☐市级大医院 ☐单位指定医院 ☐专科特色医院

H2. 您认为周边哪些医院令您满意：
_____

H3. 您选择就医医院的原因是：
☐交通方便 ☐设施齐全 ☐医疗水平高
☐服务态度好 ☐价格合理 ☐单位指定

H4. 您认为附近的医院是否满足您的就医需求：
☐是 ☐否

H5. 您认为附近缺少哪类医院：
☐中、小型医院 ☐大型医院 ☐专科特色医院
☐名牌医院 ☐不缺少

H6. 您希望社区周围兴建哪类医院：
☐中、小型医院 ☐大型医院 ☐专科特色医院
☐名牌医院 ☐卫生所

H7. 若排除单位指定就医的因素，您希望选择的就医医院是：
☐中、小型医院 ☐大型医院 ☐专科特色医院
☐名牌医院 ☐不缺少 ☐中、小型医院
☐市级大医院 ☐专科特色医院 ☐无所谓

W. 个人资料

W1. 您现在居住的区域：
☐东城 ☐西城 ☐宣武 ☐崇文 ☐朝阳
☐海淀 ☐丰台 ☐石景山 ☐通州 ☐郊区

W2．您的户口所在地：
　　□北京市城镇　　□北京市郊区　　□外埠

W3．您的家庭成员构成是：
　　□独身　　□二口之家　　□三口之家　　□三口以上

W4．您的年龄段属于：
　　□20岁以下　　□21～30岁　　□31～40岁　　□41～50岁
　　□51岁以上

W5．您的家庭年收入为：
　　□2万元以下　　□2～4万元　　□4～6万元
　　□6～10万元　　□10～30万元　　□30万元以上

W6．您现在月均收入为：
　　□2000元以下　　□2001～3000元　　□3001～4000元
　　□4001～6000元　　□6001～8000元　　□8000元以上

W7．您的工作单位是：
　　□企业单位　　□事业单位　　□国家机关
　　□外企单位　　□私营企业单位　　□其他　　□无

W8．您的职业（或职务）是：
　　□国家机关中高级干部　　□国家机关一般工作人员
　　□国企中高级干部　　□国企一般职员　　□外企高级职员
　　□外企一般职员　　□文体工作者　　□私企老板
　　□教师　　□律师　　□医生　　□自由职业者　　□其他

W9．您的学历是：
　　□大专以下　　□大专　　□大学　　□硕士　　□博士

　　　　　　　　　　　　　　　　　　　　谢谢接受访问，赠送礼品

Z．访问员记录部分

Z1．受访者的理解程度：
　　□理解　　□一般　　□不理解

Z2．受访者的合作态度：
　　□合作　　□一般　　□不合作

第五章 房地产消费者消费心理与行为分析

本章学习目的

1. 熟悉房地产消费者的消费心理过程,明确开发商为此可采取的对策。
2. 了解马斯洛的需要层次理论,熟悉具备购房动机的消费者的个性特征。
3. 熟悉文化、亚文化、流行文化、家庭生命周期等因素对房地产消费者消费心理的影响。
4. 掌握消费者购房决策过程与购房决策规则。

第一节 房地产消费者的消费心理过程

人类的心理现象分为两个方面的内容,即心理过程和个性心理,前者包括人的认识、情感、意志等活动过程,具有人类之普遍性;后者主要体现在能力、气质、性格等个性心理方面,具有人类之个别性。

心理过程是心理活动的一种动态过程,即人脑对客观现实的反映过程,包括:人的认识、情感、意志等活动过程。认识、情感、意志这三个方面是心理过程的三个不同方面,它们是相互联系、相互制约的,包括感觉、知觉、注意、记忆、思维、想象、情绪、态度等方面。消费者在购买行为中产生的上述活动是人的一般心理活动规律的表现,对此方面的研究有助于策划人员把握消费者心理现象的一致性和规律性。

一、感觉

感觉是人脑对直接作用于感觉器官的当前客观事物的个别属性的反映。为使社会公众感觉到某个楼盘的存在,发展商往往不惜重金去做广告。广告必须色彩鲜艳、篇幅巨大、形象生动、富有创意等。这些要求无非是要刺激消费者的感觉器官,造成冲击力和震撼感,给人留下深刻的印象。

当然这种刺激必须有个"度",是人们生理、心理所能承受的。例如人们的听觉刺激应在 40~80dB,超过 80 dB 的声音强度人们会感到不舒服,这个"度"即心理学中的感觉阈限。并且根据有关研究表明,人们对事物的若干影响因素的变化,感觉性是有差别的。即当事物的一些因素发生变化时,人们感觉深刻;而同时另一些因素变化时,人们反应迟钝。就商品房而言,相对于建材质量与单位面积售价因素,消费者对单价的变化较建材质量的差别更为敏感(顶级商品房除外);相对于总价和单价而言,人们更多地考虑总价而忽略单价。

根据这一心理学现象,发展商可以实施的销售策略有如下几方面。

1. 对于市场定位于中低收入家庭的楼盘,发展商可以采用较低档次的建筑材料,以降低或维持较低的建筑成本,从而取得价格上的竞争优势;

2. 当楼盘单价降不下来时,可以考虑做小户型,降低单元总价,满足市场需要。这一策略有一具体事例为证。

1997年前,深圳人一般喜欢 $100m^2$ 以上的大户型商品住宅。而到了 1997～1998 年,大户型市场趋于饱和,大房子再也卖不动了。在此情况下,一家名谓"紫薇阁"楼盘的发展商突然意识到:来深圳的白领阶层中,不少人收入虽高但积蓄很少,若降低单元面积,他们不就可以买得起住房了吗?于是,这个发展商就做出小户型单元,推向市场。结果显而易见,楼盘一开卖就一抢而光。

二、知觉

知觉是人脑对直接作用于感觉器官的,当前客观事物的整体属性的反映。一般来讲,买家先对商品房形成感觉,然后在此基础上,对个别信息进行加工形成知觉。

当购房者对商品房形成知觉后,因对购买结果不能预知,而产生种种担心或忧虑。诸如:房屋质量如何,有无偷工减料?发展商资信怎样,能否按期交楼?楼价是否合适,真的物有所值吗?售后服务做得好不好,物业管理怎样?……这些问题构成了买家的知觉风险。

为消除买家的知觉风险,提高顾客满意度和信任度,发展商可以采取如下销售策略。

1. 做出保证

例如请知名人士做广告,商业用房或写字楼吸引大公司进驻等。

2. 树立品牌

消费者往往钟情于或忠于著名品牌的商品房。

3. 政府机构测试

经过政府机构的测试和认可的商品房或公司使消费者产生信任感。"小康住宅"、"康居工程"、"ISO9002"等皆属此种情况。

4. 保证退钱

买家购买的商品房如不满意,可以退钱。例如大连万达集团开发的商品房提出"三承诺",使企业销售形势大好。

5. 买家朋友、家人的介绍

广州碧桂园曾打出这样的广告:碧桂园好不好,请您问一期业主。

6. 搞好物业管理

即做好商品房的售后服务。

错觉是特殊的知觉现象,是知觉的扭曲。人们常常会主动利用错觉达到某一效果,生活中最常见的现象例如:瘦人穿浅色、横纹服装给人以膨胀感,胖人选择深色、竖纹衣服给人以收缩感。房地产销售中同样可以利用错觉现象有效展开营销活动。例如在墙上镶上镜子，使房间变得宽敞明亮；可以将洗手间单独装修一下（其他房间不再装修），并免费赠送给买家，以弥补洗手间三面封闭、通气不畅的弊病。

广州市曾有这样一个商品住宅楼，原市场定位是香港买家，因此每个单位没有设计阳台。后因销售不畅，市场定位由外销转向内销，此时单元无阳台成为致命的弱点。于是，销售代理商建议发展商将窗户扩大，弥补视觉上的不足，从而取得了良好的市场效果。

三、注意与记忆

注意是指人脑对客观事物的指向和集中。记忆是人脑对过去经历过的事物的反映。它是对感觉、知觉信息的保持，也是进行思维、想象等复杂心理活动的前提。

据笔者不完全统计，每个周五的《广州日报》推出楼盘多达60个左右。发展商要使社会公众对自己所开发的楼盘注意并加以记忆，谈何容易。

从心理学的角度，房地产商品引起注意，并被买家记忆的策略有：

1. 提高楼盘质素与服务

无论何时何地，如果楼盘建筑风格适应潮流，户型合格，楼盘位置环境优越，配套齐全，交通方便，价格合理，物业管理优良，就没有卖不出去的楼。

2. 广告应引人注意

除广告设计中应力求做到形象、生动、创新要求外，发展商一般采取报纸、电视、现场售楼等形式同时宣传，依靠"立体轰炸"来吸引注意。

3. 广告要不断重复

为使消费者避免遗忘，增强记忆，广告播放应不断重复，但要避免消费者对广告的疲劳和厌恶。为此，房地产广告要将楼盘卖点系统化，每隔一段时间推出一个卖点。同时，电视、报纸广告应不断地变换人物，变换画面，变换语言，使人常看常新。

四、思维与想象

思维是人脑对客观现实的概括和间接的反映。想象是以头脑中的事物的表象为材料，对其进行加工、改造、重新组合形成新形象的心理过程。思维和想象是一种交叉的关系，思维过程中有想象，想象过程中有思维，两者关系密切。

在房地产销售过程中，发展商要认识到：一方面买家总是在一定的思维活动的基础上，通过对楼盘的分析比较、评价后来做出购买决策的；另一方面，也要认识到借助于买家的思维和想象活动，可以充分发挥广告宣传的效用。例如："光大花园，天然氧吧"、"碧桂园，给您一个五星级的家"、"颐和山庄，广州的颐和园"……，这些广告，或描述了大自然清新的空气，或绘制了服务备至的温馨家园，或展示了典范尊贵的生活环境……，从而引发消费者之无限想象，刺激了买家的购楼欲望与购楼行为。

五、情绪与情感

严格地说,情绪与情感是两个既有区别又有联系的概念。但在我们的日常生活中,两个词语常常是混同使用,作为"感情"的同义词,用以表达产生感情的形式与内容。

"人非草木,孰能无情",人是有情感的动物。当其他条件不变时,消费者若情绪高昂,则感知事物的范围扩大,购物热情与兴趣提高。反之,消费者情绪低落,则大大缩小感知范围,对购买商品失去热情与兴趣。

买家的情绪除与其自身有关外,还与购买环境与所提供的服务分不开。如今,发展商不遗余力地把售楼处装修得奢侈豪华,无非是给买家创造一种愉悦身心的外部环境。但现实中我们仍可看到有些售楼部做得不到位。例如,虽然售楼大厅富丽堂皇,但当买家在看楼之余到洗手间方便一下时,却见到污水遍地,臭气熏天,让买家本来良好的心境中添一层阴云和怀疑,日后楼盘的物业管理能跟得上吗?而有的发展商则小处见功夫,洗手间里不仅干净整洁,而且不知从哪个角落传来低回悠扬的音乐,甚至在小便器上放置有烟灰缸。这使人不得不佩服这些发展商之"无微不至"、"以人为本"的经营理念。此外,售楼小姐的微笑服务和彼此配合的"团队精神"都会使买家的情绪受到影响。

六、态度

比较通俗的解释是:态度即人对某一事物的好恶。应当说,消费者的态度与行为是一致的。只有当人们喜欢它才会购买这种商品。

若发展商开发出的商品房不受消费者欢迎的事情发生时,这将是令人遗憾的。解决这种问题的方式只能是想方设法使买家转变态度。具体策略有如下几项。

1. 对买家进行劝说性宣传

毫无疑问,任何商品生产者都应当遵从市场规律从事开发经营,但这决不意味着发展商只能是一味地顺应市场潮流,不敢或不可以引导市场。在此方面,广州丽江花园可以说是引导市场的成功范例。

20世纪90年代初,明星楼盘云集广州市区,而郊区楼盘无人问津。在此情况下,丽江花园以其亲近大自然、清新的空气、满目的绿色、浓郁的文化气息赢得了消费者的青睐。从而带动广州碧桂园、祈福新村、广州奥林匹克花园等一大批楼盘、号称"番禺板块"的诞生与壮大。

时至今日,面对广州买家钟情于多层住宅、不喜欢高层住宅的现象,一些发展商仍在不遗余力地劝说消费者购买高层。经过调查,这些发展商发现,买家不愿买高层的原因有二:一是高层住宅物业管理费较高;二是它的单位面积楼价较高。面对如此问题,这些发展商采取了针对性措施:一是免费赠送买家10年物业管理费;二是帮助买家算一笔账。由于高层较多层的耐用年限长20~30年,因此买高层更划算。同时他们还拍摄了已同时使用20年的多层与高层住宅的照片让买家看,高层住宅外立面较多层住宅崭新多了。这些措施起到了良好的营销效果。

2. 增加接触频率

发展商应当对潜在购房者进行跟踪服务,可以通过组织活动、联谊会等形式请准买家多次光顾楼盘,以使消费者充分了解发售楼盘与发展商的有关情况,以增进相互信任与感情交流。

3. 提高楼盘的内外在质素

前已述及,楼盘的内外在质素是多方面的,改变其中的某一因素,就有可能取得销售上巨大成功。以北京万科城市花园为例:1998年前,城市花园38套联排别墅闲置了两年多也没有销掉。新的领导层上任后,将原有小区绿化全部换掉,聘请园林设计师重新设计施工,为此投放费用20余万元。之后城市花园重新推向市场,结果"库存"很快消化一空,而且每套价格由105万元升至150万元。

此外,发展商也有通过搞好物业管理的方法,使消费者转变态度的。

第二节 房地产消费者的个性心理

人们的认识、情感、意志的活动过程总是发生在具体的人身上。而每个人在处理事物过程中,会表现出不同的个性特征,如能力的差别、气质的不同、性格的差异等等,使消费者形成不同的购买动机和行为。对消费者个性心理特征的研究有助于把握消费行为的差异性。

美国人本主义心理学家马斯洛(Maslow)认为,人的行为是由动机驱使的,而动机又是在需要的基础上产生的。他的这一观点已被普遍接受。个性心理分析主要从购房者的需要、动机和个性特征三方面进行分析。

一、需要

需要及在需要基础上产生的动机,是推动人们不断从事各种活动的最直接的动力。由于需要的不同,推动人们去行为的动机也各不相同,最终导致形形色色的社会活动,组成人们的生活,推动社会的发展。人们的活动,小到饮食穿衣,大到生产创造,无一不是在某种需要和动机的推动下进行的。因此,了解顾客的需要和动机,进而了解其消费心理和消费行为特点,是销售工作中核心的一环。

(一) 什么是消费者的需要

消费者为什么要买房子?人们可以不假思索地说,那是人们需要。那么,什么是需要呢?

需要是个体生理或心理上的一种不平衡状态,它是个体自身或外部生活条件的要求在头脑中的反映。通俗地说,需要就是人们感到了某种匮乏(不平衡态)而力求获得满足(恢复平衡)的一种心理状态。比如,一个人因为体内缺水而感到口渴,这是一种生理上的不平衡态,此时他会产生"饮水"的需要;一个到美容院把鼻子垫高的人,则是因为他自认为鼻子不够高而在心理上形成了一种不平衡态,产生了"美容"的需要。

人的需要是丰富多彩、多种多样的。具体地说，不同的人有不同的需要，同一个人在不同的情况下也有不同的需要，同一个人在同一情况下也可能存在着不同需要之间的斗争，如"鱼与熊掌"之争。而且，人的需要还会受其生活环境、文化水平、宗教信仰以及所在地区和国家的文化、风俗、习惯等的影响。因此，掌握人们有哪些需要，分析这些需要有什么特点，开发潜在的需要市场，对销售者来讲，是非常重要的工作。

由于需要的种类繁多，层次复杂，对需要的分类也可以从不同的角度来进行。按照需要的起源和功能，人的需要可以分为生理性需要和社会性需要。生理性需要又叫自然性需要，主要是由生理上的匮乏所引起的需要，一般是指对衣、食、住、行、性等用以维持机体生存和种族繁衍的需要。生理性需要是人类最基本的需要，也是人和动物共有的需要。但是人类满足生理性需要的内容和方式，随着人类社会的发展而和动物有了质的不同，不可避免地带有社会性的色彩。严格地讲人类已经不存在纯粹意义上生理需要或自然需要了，只是从其维持机体生命延续的基本功能的意义上，我们仍称之为生理性需要。社会性需要是指人们参加社会生活、进行社会生产和社会交际而产生的需要。如对爱、朋友、权力、威望、劳动、自我发展等的需要。人的社会性需要是在人类社会历史发展过程中形成和发展起来的，是人类特有的高级需要，它受政治、经济文化、地域、民族等的制约，具有鲜明的时代性和变化性。

（二）需要层次理论

为什么人们有了两居室的住房以后，就期盼三、四居室的房子？为什么一些人有了洋房之后，又买了别墅？马斯洛的需要层级理论对此作了很好的解释。

马斯洛认为：人的需要虽然多种多样，但有重要性差别和实现的先后差别。根据需要对个体的重要性程度，马斯洛把需要分为五个层级，从强到弱依次为：生理需要、安全需要、归属与爱的需要、尊重需要和自我实现需要。生理需要是指人对食物、水、空气、性等用以维持个体生存和种族延续的物质需要。安全需要表现为人们要求稳定、安全、受到保护、有秩序、能免除恐惧和焦虑、医疗和退休保险等。归属与爱的需要表现为人们要求与其他人建立感情联系或关系，如交朋友、追求爱情、得到所在团体的承认等。尊重需要包括自尊和受到他人尊重。自我实现需要则是指人们力求发展并施展自己的能力或潜能，以达到最完美境界的成长需要。

马斯洛认为，人的这五种需要是从低级向高级发展的相互联系的一个体系。处在金字塔底部的生理需要是最低级的需要，它和安全需要一起构成了人类的基本需要。塔顶的自我实现需要是最高级的需要。越是低级的需要，其对个体的重要性越强，获得满足的力量也越大。马斯洛指出，只有低一级的需要得到了基本满足，才会产生并追求高一级的需要。因为产生自我实现的需要一般都要求其他四种需要都得到满足，所以社会上大部分的人终其一生都可能不会产生最高级的自我实现需要。但马斯洛又指出，需要的层级发展并不是不可逾越的，有时候，会越过较低级的需要层级而直接达到高一级的需要层级。"生命诚可贵,爱情价更高;若为自由故,两者皆可抛"。马斯洛的需要层次理论使我们更为深入地了解了人类需要的本质。

(三) 需要的特征

需要具有对象性与周期性、多样复杂性、发展可变性、伸缩性及可诱导性五个基本特征。

1. 需要的对象性与周期性

需要的对象性是指人们的需要总是指向某一特定的、具体的对象,否则满足需要就无从谈起。需要的周期性是指需要的满足并不是永久性的,而是周而复始不断出现。虽然某一需要得到满足之后强度会减弱、消退,并会在一段时间内不再出现,但随着时间的推移,已消退的需要也会重新出现。需要的周期性特征是由生物有机体和事物发展变化规律所决定的。消费者需要的周期性还同商品使用寿命、社会时尚以及个人的购买习惯、工作与闲暇时间等因素有关。需要虽然是周而复始地不断产生,但每一次都不是上一次需要的简单重复,而是在对象、满足方式、强度等方面变化。

例如,城市居民家中的电视机就是这样,大约8～10年更新一次,更新之后的家电在屏幕大小、色彩、功能等方面都有明显改观。虽然商品房远不同于家电,但实际生活中的一些迹象似乎也在说明需求的周期性。例如:在经历了欧陆风情、地中海风情、新加坡风情等建筑风格之后,20世纪90年代末,深圳住房市场中具有岭南风格的建筑得到了人们的青睐。

2. 需要的多样复杂性

人是社会的人,不仅具有情感、意志、兴趣爱好、气质人格等方面的个体差异,而且总是隶属于不同的民族、国度、地域、阶层;信奉不同的宗教、具有不同的信念、遵循不同的风俗习惯行为方式。由于个人的、自然的、社会的原因,对同一类的或同一方面的需要,不同个体可以赋予全然不同的内容,采取大相径庭的满足方式。而同一个体在不同的时期会有不同的需要产生,即使是同一个体的同一需要,在不同的场合其具体表现也各不相同。这就是需要的多样复杂性。需要的多样复杂性使市场细分有了充足的理论依据,也为"为什么众多的开发商不遗余力地追求房地产个性?"提供了很好的注脚。

3. 需要的发展可变性

根据马斯洛的需要层次理论,低级需要得到一定程度的满足之后,就会产生新的高一级的需要。也就是说,需要是不断发展变化的。社会在不断进步,人们的生活水平在不断提高,人们的消费需要也会不断发展变化。

4. 需要的伸缩性

在现实生活中,由于消费者的各种需要受内、外多种因素的影响和制约,在需要的多寡、强弱、满足水平和方式等方面,具有一定的弹性。在特定情况下,人的需要可以被抑制、转化、降级或停滞在某一水平上;还可以以某种方式有限度地同时满足几种不同的需要。比如,在国家福利分房尚存的时候,即使一些人手中有钱,也不会自己掏钱买房。在福利分房结束之后,一些人即使钱不充裕也会采用银行贷款或按揭方式购置房屋。从消费者自身来看,影响需求伸缩的主要因素有消费者的个性特点、经济收入、社会地位、审美价值观、工作和闲暇时间等;从商品和销售方面看,主要因素有商品供应、广告宣传、售中服务和售后服务、销售、环境、商品性能等。

5. 需要的可诱导性

从需要的伸缩性我们可以看出,需要是可以变化的,因而也是可以引导和培养、被调节和控制的。需要的可诱导性包括两种情况:一种是从无到有。例如在电视机出现之前,人们没有购买电视机的需求。另一种是从弱到强,从可有可无到必须。还以电视机为例。最初人们有黑白电视机看,心理需要已得到了充分的满足,但后来生产出彩色电视机,在商家宣传和彩色电视机本身巨大的诱惑下,人们放弃了黑白电视机,追求彩色电视机,进而追求遥控、大屏幕、画中画、数码电视机等等。至于房地产商品,同样也是如此。从买房到买生活方式,从欧陆风情到岭南风格,从智能化到宽带网,从物业管理到贴身关怀,哪一样不是发展商对消费者诱导的结果。

二、动机

(一) 动机的含义

动机是推动人们从事某种活动的内部驱动力,是人们行为活动的直接动力。购买动机,就是直接推动购买行为的驱动力。购买动机是个体对商品的需要基础上产生的,受需要的制约和支配。试想,炎炎夏日,一个人会产生购买羽绒服的动机吗? 绝对不会! 因为他根本就不需要羽绒服。因此,离开了需要,便谈不上动机。但是,要使顾客真正产生购买行为,仅仅有需要是不够的,必须有动机的直接推动力。

(二) 购买动机的特征

1. 购买动机的驱动性

仅有对物品或商品的需要,并不能产生真正的购买行为,只有在需要基础上的动机,才是直接推动人们去行为的力量。例如,一位消费者看到房地产广告之后,就会到售楼现场去看楼,当看到商品房果然称心如意并价格可以接受时,就会产生购买动机,发生购买行为去购买。相反,如果价格大大超出他的能力范围,他就不会产生购买的动机,当然也没有力量推动他去实现购买行为。

2. 购买动机的多样复杂性

动机产生的需要基础是多样复杂的,动机因而也具有多样复杂的特点。同一购买动机可能源于不同的需要,并在相异的具体购买行为中得到实现;而同一购买行为也可能是不同购买动机或几种购买动机一起推动的结果。影响购买动机的表现、实现与否、实现方式或途径因素,主要来自于购买者、房地产品、购买环境等。另外,不同强度的购买动机,其推动购买行为的力量也强弱不同,越强烈的购买动机,越容易在一定条件下推动购买行为的实现。购买动机的种类见下一问题。

3. 购买动机的内隐性

动机是推动人们去行为的内部驱动力,是一种主观的状态,不仅他人无法看清其动机,有时自己也难以辨清或不愿承认真正的动机是什么。因此,购买动机有很大的内隐性,顾客在购买过程中出于某种原因,表现在外的常常是一些非主导的或与真正动机完全相异的购买动机。例如,人们在买廉价商品时,出于自尊,一般不会暴露自己因经济原因求廉的真正购买动机,而以对这种商品的偏爱或使用习惯等非主导性动机为借口。

4. 购买动机的冲突性

在具体的购买过程中,几种购买动机之间相互冲突和竞争的现象是常见的。例如,买房子时,既想便宜,又想位置好,质量有保证。一般情况下城郊楼盘便宜,但交通不便;市区楼盘交通方便但价格较高。于是,就产生了是买城郊楼盘还是买市区楼盘的矛盾。在几种动机发生冲突的时候,买家应该慎重考虑,不要急于决定,要就楼盘的质量、价格、交通、配套、售后服务等做一详细的比较,并弄清楚自己的真正需要和购买能力,进而做出购买决策。销售者更应抓住消费者举棋不定的心理,给予适当的指导和宣传,帮助买家做出决定。

5. 购买动机的指向性

购买动机不仅能驱动购买行为的实现,而且能促使顾客在购买过程中始终按既定的目标进行,也就是可以保证购买行为指向既定目标。购买动机的指向性与主导性动机有关。当主导性动机明确、有力时,目标清晰明确,其指向性就好;当主导性动机不明确,或几种动机势均力敌时,目标明确性也较差,动机的指向性就不明显,其推动个体去行为的能力也就较差。

(三) 购房动机的种类

销售心理学在研究顾客的购物动机时,常把购物动机分为理性的购物动机和带感情色彩的购物动机两大部分,人们的具体购物活动总是受其中一种动机的支配或受两种动机的共同支配。

1. 理性的购房动机

理性的购房动机是指个体在购房时所关注的内容主要是价格、质量、售后服务等特征。商品在这些方面能够让消费者满意,就会促进消费者购买行为的实现。理性的购物动机遵循的是经济原则,并确实在人们的购物活动中起着一定的作用。由于房地产品价值高昂,众多的买家是倾多年的积蓄买房子的,因此,购房者的行为相对于其他商品消费是非常理智的。并且即使伴随带感情色彩的购房动机,也是在理性的购房动机主导和支配下的。常见的理性购房动机有投资动机与自住动机。

投资动机：作为以出售为目的的炒家，不在乎现楼、楼花，甚至连发展商的实力都不太在乎，关键是楼宇升值潜力与出手的可能性。作为以出租为目的的炒家，售价高一点也没关系，关键是要铺面位置醒目，一说大家都知道，办事方便。而且门前人来车往，潜在顾客多。

自住动机：一般以多年的积蓄来置屋，往往希望质量可靠，物有所值。同时年轻人还希望付款轻松，三口之家希望小区有学校，而且是名校，等等。

2. 带感情色彩的购房动机　常见的带感情色彩的购房动机有以下几种：

求新动机：即以追求新颖、刺激、时髦为主要目的的动机。这是由强烈的好奇心和求新欲引发的动机，常表现为在选购商品时，特别注重商品的时兴性，是否是新产品、新款式、新花色等。一个设计新颖、构思巧妙的商品，往往能极大地激发消费者的兴趣，使其忽略实用性、价格等因素，不惜代价地要求拥有。这一般在年轻人身上表现得更为突出。策划人员可以利用人们的好奇心来吸引对楼盘的注意和兴趣。

求美动机：美的东西总是让人们产生强烈的满足和欢乐，"爱美之心人皆有之"，尤其是在人们的物质需求得到基本满足之后，在商品的实用性之外，更为追求审美情趣。楼盘的建筑风格、外立面设计、小区小品的布置是否符合审美标准，都是消费者购物时考虑的对象。

效仿或炫耀动机：虽然模仿行为往往被当作孩子的专利，但在成年人的行为中也能够发现模仿的痕迹，只是成年人之所以要效仿他人去购买某种东西，是因为他们认为这样做可以表明他们与普通人不一样。人们在购物时模仿的对象一般是他们崇拜或尊敬的人，当他们和自己的崇拜对象在某些方面一致时，他们的自尊心会得到极大的满足。因此，模仿也是他们的炫耀心理在作怪。我们的广告制作常常以大家都熟知的名人或喜欢的艺人为主角，就是这个道理。但作为销售员，在向顾客介绍商品时，一定要小心利用这种动机，只有在肯定人们正在模仿的对象也是当前顾客所崇拜的时候，才可以运用；否则，在买卖过程中，还是少谈为妙。这是因为效仿和炫耀动机通常是在购买者头脑中自动发生作用的，而且如果极力推荐某商品是某名人使用因而大家都用，会使顾客觉得你认为他们没有头脑，一无所知，反而产生消极的作用。

权力动机：人们总喜欢显示自己的权力和地位，表现出自命不凡的样子，渴望被人承认和尊重。这种欲望引导着人们的每一个行动，促使人们不断地努力，追求上进。在购物过程中也不例外，如果顾客感到不被尊重或重视，即使某商品是他们非常喜欢或急切需要的，也会拂袖而去。销售人员时刻表现出对顾客的兴趣和尊重，是非常有必要的。这种动机也会促使顾客在购物时选择那些象征威望、权力、金钱或地位的商品，如名贵商品、一般人消费不起的商品等，以显示自己的与众不同。例如，广州有一座楼宇，是位于珠江南岸的江景豪宅，1999年推向市场，它曾斥资400万元在楼宇外立面上镶贴18K金，并打出告示："骑自行车与摩托车的顾客谢绝参观本楼宇。"一时间舆论哗然,招来非议一片。但令人不可思议地是楼宇因此卖得更好。这种现象只能这样解释,即建筑风格与促销方式迎合了这部分买家的权利动机。

癖好动机:癖好动机是指以满足个体对某种事物的特别爱好为目的的购物动机,与一个人的生活习惯、兴趣爱好有非常密切的关系。例如,有的人喜欢花草,有的人喜欢古董,有的人喜欢字画,有的人喜欢绿色,等等。特别嗜好某一事物会导致收藏行为,并具有经常性和持久性的特点。人们在选择自己的癖好商品时往往比较理智,因为对这类商品有了较多的经验而能够合理购买。当然,如果发现了一种自己还没有的新品种,强烈的购买欲望会使他们想尽一切办法去获得。

健康和舒适动机:有一句戏语说:世界上的发明创造都是由懒汉躺在床上想出来的。虽然夸张了一些,但也反映出追求舒适、方便,以最少的付出换取尽可能多的服务是人类的基本需求,也是非常重要的需求。房地产开发商已充分意识到这一点,不少商家打出这样的广告:"大榕树下,健康人家。""给你一个五星级的家"。

三、个性特征

由于人的能力、气质和性格的不同,消费者呈现出各自的个性特征。有人将它划分为12种类型:即从容不迫型、优柔寡断型、自我吹嘘型、豪爽干脆型、喋喋不休型、沉默寡言型、吹毛求疵型、虚情假意型、冷淡傲慢型、情感冲动型、心怀怨恨型、圆滑难缠型。我们罗列其中有代表性的几种。

(一)从容不迫型

这种购房者严肃冷静,遇事沉着,不易为外界事物和广告宣传所影响,他们对销售人员的建议认真聆听,有时还会提出问题和自己的看法,但不会轻易做出购买决定。从容不迫型的购房者对于第一印象恶劣的销售人员绝不会给予第二次见面机会,而总是与之保持距离。而对此类购房者,销售人员必须从熟悉产品特点着手,谨慎地应用层层推进引导的办法,多方分析、比较、举证、提示,使购房者全面了解利益所在,以期获得对方理性的支持。与这类买家打交道,销售建议只有经过对方理智的分析思考,才有被购房者接受的可能;反之,拿不出有力的事实依据和耐心的说服讲解,销售是不会成功的。

(二)优柔寡断型

这类购房者的一般表现是:对是否购买某一楼盘犹豫不决,即使决定购买,但对于位置、售价、户型、建筑风格、物业管理企业品牌等又反复比较,难于取舍。他们外表温和,内心却总是瞻前顾后,举棋不定。对于这类购房者,销售人员首先要做到不受对方影响,商谈时切忌急于成交,要冷静地诱导购房者表达出所疑虑的问题,然后根据问题做出说明,并拿出有效例证,以消除购房者的犹豫心理。等到对方确已产生购买欲望后,销售人员不妨采取直接行动,促使对方做出决定。比如说:好吧,现在交款吧。

(三) 自我吹嘘型

此类购房者喜欢自我夸张、虚荣心很强,总在别人面前炫耀自己见多识广,高谈阔论,不肯接受他人的劝告。例如:我跟你们总经理很熟,我们如何如何好。与这类购房者进行销售的要诀是,以他自己熟悉的事物寻找话题,适当利用请求的语气。在这种人面前,销售人员最好是当一个"忠实的听众",津津有味地为对方称好道是,且表现出一位羡慕钦佩的神情,彻底满足对方的虚荣心,这样一来,对方则较难拒绝销售人员的建议。

(四) 沉默寡言型

这类购房者,老成持重,稳健不迫,对销售人员的宣传劝说之词虽然认真倾听,但反应冷淡,不轻易谈出自己的想法,其内心感受和评价如何,外人难以揣测。一般来说,沉默寡言型的购房者比较理智,感情不易激动,销售人员应该避免讲得太多,尽量使对方有讲话的机会和体验的时间,要循循善诱,着重以逻辑启导的方式劝说购房者,详细说明楼盘的价值和销售利益所在,并提供相应的资料和证明文件,供对方分析思考、判断比较,加强购房者的购买信心,引起对方的购买欲望。有时购房者沉默寡言是因为他讨厌销售人员,他们对销售人员的主观印象欠佳就闭口不理,对待这种购房者销售人员要表现出诚实和稳重,特别注意谈话的态度、方式和表情,争取给对方良好的第一印象,提高自己在购房者心目中的美誉度,善于解答购房者心中的疑虑,了解和把握对方的心理状态,才能确保双方面谈过程不致冷淡和中断破裂。

第三节 社会文化与家庭对房地产消费的影响

作为社会生物的人类在房地产消费活动中也必然会带有其所属的社会群体特征,表现出群体心理与行为的一致性。这种群体心理的形成与表现是受到消费者所处的环境影响的,如:文化传统、社会阶层、参照群体、家庭、流行时尚、消费风俗、生活方式等外界因素都对消费者的心理行为有着广泛而深远,甚至是根深蒂固的影响,这些都是我们房地产开发中所不可忽视的。本节主要就社会文化、家庭对购房者的心理影响做必要探讨。

一、社会文化的影响

(一) 社会文化

1. 社会文化含义与特点

一般来讲,在广义上文化被认为是人类在社会实践的历史发展过程中创造的物质财富和精神财富的总和;从狭义的角度看,文化是一种社会意识形态和行为方式,包括:文学、艺术、教育、道德、宗教、社会习俗、行为规范等内容。文化既是一种社会现象,又是一种历史现象。它随着社会物质生产的发展而发展,随着新的社会制度的产生而产生,有其自身的客观规律,不以人的意志为转移。文化的发展又具有历史的连续性,并以社会物质生产的发展为基础。文化是一定社会政治和经济的反映,又反过来对社会政治和经济产生巨大的影响。文化的形成和发展离不开人的活动,一旦形成,又影响和制约人们的行为和观念。

2. 社会文化影响消费心理的途径

不同的文化对消费心理的影响是通过消费观念、风俗习惯等实现的。

(1) 社会文化对消费观念的影响。不同文化背景下的人们,其消费观念有着很大的不同。一个最明显的例子就是东西方人对花钱的不同看法。在东方,包括我国人们大都崇尚节俭,不喜欢借钱花,认为借钱是没面子的事情,人们常常是有计划地储蓄和花费,没钱就不花。而西方人则较少有积蓄,一般是挣了钱就花掉,甚至贷款来消费。虽然随着改革开放的进行,中国人的消费观在悄悄改变,但传统和保守的特色还没有大的改变。例如,近两年来政府推出了多项政策以刺激人们的消费,并鼓励提前消费,但都收效甚微。对于贷款消费,更多的是各种观点的争论,付诸实践者少之又少。当然这也说明了人们的消费观念正处于改变过程中。

(2) 社会文化对消费习惯的影响。不同社会文化的风俗习惯,一方面规范着社会成员按一定的方式去活动,另一方面,如果有人违背了风俗习惯,还会受到社会舆论的谴责和惩罚。

还以东西方为例,在西方,星期五和 13 被认为是不吉利的数字,因此许多酒店没有 13 号房间,楼房没有第 13 层,人们不会选择星期五办喜事或开始旅行等等。在我国,6、8、9 等则被当作带来财运和幸福的吉利数字,而 4 是一个不吉利的数字。于是,凡楼层和门牌号码中含有 6、8 和 9,或者含有特殊意义的数的,都被加价出售。

又如中国人以红色代表吉利和大喜,白色却总被当作不幸的象征,所以婚礼中中国新娘要穿红衣服,以图吉利。白色虽然在某种场合也被看成纯洁的代表,但却是丧礼上的典型颜色,如果用在婚礼中,仍被认为是不吉利的。这与西方人以白色婚纱为新娘服的风俗大相径庭。广州曾有一江景楼盘,屋顶采用了绿色,一时间招来不敬之词。从这点也可看出房地产策划与开发时,一定要考虑到购房者的消费习惯和特点,否则有可能功亏一篑。

(二) 亚文化

文化和亚文化的区分是相对的。对一个国家的主文化来讲,其地区、民族等的文化特色就是亚文化;而对于世界大同文化来讲,每个国家的文化现象就变成了亚文化。对于一个社会某一时期的文化主流来讲,该时期不同阶段的文化特色就是亚文化。总之,相对于某一主文化来讲,亚文化总是一种局部的文化现象,也只有相对于一定的主文化,才有亚文化可言。

一种亚文化往往是一种生活模式,既包括与主文化共同的价值和观念,又具有自己的独特特色。亚文化以直接的方式影响其社会成员的思想和行为。每一亚文化系统内的社会成员,不仅要遵循其独特社会文化的各种要求,而且还要遵循或者不能违背主文化倡导的文化价值观念与行为方式。而任何一种主文化,又往往是不同亚文化的综合反映。为此,对一种社会文化的研究与考察往往是从对其不同亚文化的研究和考察开始的。

(三) 流行文化

1. 流行的涵义

流行是一种被当时所接受的文化或在当时被认为是应当的东西。它不像语言那样,有明确的意义,总是受环境的影响,具有非常强的时间性。

流行对消费行为有很大的影响,往往是许多产品畅销的原因或滞销的直接原因。某种商品一旦流行,就意味着大量的市场需求量和较高利润的可能。能够引导潮流,是所有商家的梦想。房地产开发也同样如此,也存在流行与不流行的问题,例如:建筑风格上,今天是欧陆风,明天是地中海风什么的。毕竟建筑是一种凝固的语言,它是一定时期文化的代表和体现。但是,没有任何一个设计者、公司或广告人,可以完全建立一个流行的文化,它需要许多人的参与才能塑造出流行的趋势。不过,掌握流行的特点和规律,以及流行消费的心理,仍然是对销售活动的有效帮助。

2. 流行产生和发展的阶段

流行的产生和发展可分为三个不同的阶段:开始发展阶段、高潮阶段和弱化阶段。开始发展阶段主要是少数人(追求时尚的先锋派或高消费阶层人士)对某一特色商品的购买或消费,商品市场往往局限于小部分人或某一职业范围内。在高潮阶段,几乎所有的人都卷入到对商品的消费热潮中,商品的市场需求量剧增。在弱化阶段,商品的普及面已经很广,人们的好奇心渐渐变弱,市场需求量因饱和而大跌,利润减少,有的商品甚至在市场中消失,有的则平淡生存。

流行的这三个阶段,因产品和环境的不同,而有不同的持续时间。例如,手机最初是大款们身份和财富的标志,普通人不敢用也用不起。随着需求量和手机本身价格的调整,凡是有点钱的人都以拥有手机为荣,而不管个人是否有实际需要,造成手机消费的流行热潮,并有越来越普及的趋势。一些大学生、中学生都配有手机就很好地显示了这个趋势。而在欧洲某国家,手机并不是身价和地位的象征,它只是必要的通信工具,甚至,人们认为只有那些打工的人和没有自己办公室的人才会用手机。

3. 流行对消费心理的影响

流行的过程往往也是旧的消费观念被打破,新的消费观念产生的过程。流行促使了人们消费观念的改变,消费观念的改变又进一步推动流行挺进。流行的发生,也多与人们的求异心理、从众心理、模仿心理和时尚心理有关,反映了人们价值观念和态度的变化。

例如,国内一些大城市绿色办公室与绿色住宅流行,反映了人们回归自然,崇尚大自然和抵制污染的心理特点。智能化、E-住宅、SOHO 现象反映了人们崇尚科技、追求时尚的心理。

4. 流行的特征

(1) 影响范围广。流行的趋势可以散布得非常广泛,超越国家与洲界,深入地影响人类的生活。例如,克莱德曼演奏的钢琴曲几乎风行整个世界,并受到各个年龄层人们不同程度的钟爱。

(2) 时段性明显。流行往往具有很强的时间性,某个时期流行的东西,在另一个时期就变成了过时货,今天流行的东西,明天可能就不流行了。比如服装,在工业时代初期,尼龙、涤纶等面料非常受人欢迎,常常是有一定地位或经济实力的人才能穿上这些面料制成的衣服;而现在,当时被遗弃的棉、麻、毛,才是人们追求的时尚服装面料。

(3) 先从一部分人开始。流行通常是由一群少数的人冒风险先使用,然后才会渐渐地被大部分人接受,特别是当流行与原有的观念相去很远时,都是透过这种由少到多的模式传播的。比如,露脐装、三点式泳装等。倡导流行是要冒一定的风险的。

(4) 传播速度快。流行不但扩散范围广,而且扩散速度也非常快,往往是在尽可能短的时间内传播开的。特别是随着现代传播媒体和信息化的高速发展,流行的速度有愈来愈快的趋势。另外,现在许多企业和公司都采用连锁经营或设立代销点等新型的营销模式,在全国各地甚至世界各地都设有代理处或选择一个代理商。这样,当有新的商品开发出来或上市时,加上现代交通速度的提高,几乎可以同一时间到达各地。因此,在过去人们会托出差的朋友或外地的亲戚为自己捎上一件流行的上海羊毛衫,而现在,全国上下都可以在一夜之间出现同一种流行品。

(5) 循环性。一种商品往往会在流行过后,隔一段时间,以同样的本质和不同的形式卷土重来。目前,房地产开发中的建筑风格演变似乎呈现了这种现象

(6) 易产生变式。流行的另一个特征就是容易产生变式。流行商品最初的生产商或其他竞争商家都可能是变式的制造者。一种商品一旦引起流行,生产商家希望能被所有阶层的消费者使用,于是可能会生产同样款式但质量不同的仿制品。而竞争者为了分得一片市场,也有可能模仿流行商品而生产出相似但不相同的商品。这种情况在服装市场上最为常见。同一款式、同一颜色的服装,在城市专卖店和乡村集市,绝对是不同价格的,因为它们并不同质。但不管是城市的购买者,还是乡村的购买者,其追求的都是那相同的款式或颜色。

5. 引导消费者消费流行的策略

流行往往带来宽广的市场和巨额的利润,因此,创造流行,诱导流行,引导流行也应该成为一个重要的经商原则。那么,如何引导流行呢?这里介绍几种常用的策略:

(1) 广告宣传。一个制作优秀,打动人心的广告往往能掀起不可阻挡的流行热浪。广告宣传影响面广,影响作用持久,要想在现代商业领域大显身手,不能不

重视广告投入和广告创作。一个优秀的广告不仅要充分、准确地显示商品的优点和特点，更要打动观众的心，使观众产生购买的欲望。房地产商品虽不像家电产品那样全国流行，但可创出地区的流行。

(2) 模特示范。衣服挂起来当然没有穿起来形象、生动和突显特点。因此，模特的示范既可以让消费者全面了解商品，又能借助模特本身的知名度和流行度，巧用社会从众和模仿心理，造成商品的流行之势。

模特示范并不仅仅限于服装销售，其他产品也可以利用模特使产品的形象深入人心，增强人们的信任感。例如，有的发展商这样做广告：告诉您一个秘密，中海锦苑，这里90%的业主都是地产成功人士。在广州还有的开发商不惜重金邀请香港演艺界知名人士为自己的产品作广告。偶像的力量有时是不可思议的，它迎合了人们潜意识中的效仿心理，从而引发抢购热潮。

(3) 巧用政策鼓励。在中国，政治对人民的影响力是巨大的，这种影响可以延伸到生活的方方面面。从中国股市形成以来的动荡历史就可以清楚地认识到这一点。经验告诉我们，一种商品或一种消费观念一旦与政府政策有冲突，必然不会有市场，更不会流行了。相反，如果与政策一致，符合政策倡导，不用怎么努力，就可以畅销流行。

二、家庭的影响

(一) 家庭的生命周期

一个家庭从建立到不断发展过程中所经历的不同阶段，称为家庭生命周期，这也是影响家庭消费特点的重要因素。家庭生命周期可分为初婚期、生育期、满巢期、空巢期和鳏寡期五个阶段。初婚期指从结婚建立家庭到生育第一个子女这一时期；从第一个孩子出生到最小一个孩子被抚养成人称为家庭的生育期；满巢期是指所有的孩子长大成人离开父母独立生活之前这一时期；当子女成家立业，组建了新的家庭，独立生活之后，原来的大家庭只剩下两位老人的时期称为空巢期；而夫妻双方有一方去世就称为家庭生命周期中的鳏寡期。

当然，对每一个具体的家庭来说，其生命周期并不一定严格按此顺序发展，也不一定非要经历每一个阶段。但从家庭生命周期中的每一个发展阶段来看，不同的家庭在同一阶段都存在着许多共同而明显的消费特点。

(二) 家庭生命周期与消费心理

处于不同生命周期的家庭，消费对象和消费层次上会有不同的表现：

1. 初婚期的家庭。

一般消费支出大，消费档次较高，消费范围比较广。在初婚期，一方面组建家庭需要购置大量物品，另一方面夫妇双方的父母大多仍在工作，并为其婚事提供强大的经济支持，新婚夫妇经济压力较小，消费层次普遍较高，例如会一次性购买各种家用电器和家具，并要求高质量和高档次。

2. 生育期家庭。

消费重点从家庭物品和夫妇身上转移到孩子身上。这一时期家庭支出的大部分用于养育子女,主要的消费商品是儿童用品。而且由于孩子增加了生活负担,一般家庭都会在消费档次上有所降低,特别是夫妇本身的消费档次以廉价实用为目标。这个时候,父母也开始为孩子未来的教育进行储蓄准备。不过,家庭消费能力仍会逐年提高。

3．满巢期的家庭。

子女已长大成人,参加了社会工作,有一定的经济收入,家庭的总体消费能力达到最高。但在这一时期,家庭的消费决策从由父母决定转变为各自独立决定,他们仅提供意见的模式。父母为了子女的婚事再次开始有计划地储蓄。当然,由于子女也有收入,整个家庭的消费支出并不一定减少,相反,子女经济上的独立会促进他们的消费需求。

4．空巢期的家庭。

人口数量减少,夫妇的负担再次有所减轻,在个人消费品方面会适当提高支出水平和消费档次,家庭消费重心从子女移回夫妇自身。一些收入水平高的家庭会在这一阶段充分享受,以弥补以前没有实现的消费愿望,并会根据社会的消费现状与趋势更新一部分家具和用品。当然,在空巢期也可能会受到来自退休或年老需要照顾的父母方面的压力。

5．鳏寡期的家庭。

由于夫妇一方的去世,会造成生存一方在生活方式和经济条件上的剧烈变化,使其原有的消费习惯发生改变。这个时期,老人一般会重新和子女一起生活,接受子女的照顾,自主购物行为减少,其消费水平受子女的家庭经济条件影响较大,消费重点多是医药保健用品。

(三) 家庭生命周期与购房心理

1．初婚期的家庭。

据有关调查显示,20世纪90年代末,上海市购房者中35岁以下年龄人数占53.8%,表明年轻、富有、高学历的一代已成为最具购买力的消费群。这一群体的年轻人观念超前,经济负担相对较轻,对赚钱信心十足,不屑于"藏"钱,有勇气借贷购房,也有足够的还款能力。较之其他年龄人,这一人群崇尚"花明天的钱,圆今日梦"的住房消费理念,易接受各种媒体广告影响,是住房消费市场上最具潜力的买家。

针对目前住房消费出现年轻化的新特征,房地产开发商在开发策略上要注重发掘年轻人这一潜在的市场需求群体。年轻人对住房的户型结构、居住环境、配套服务等的要求与中老年人有所不同,具有新潮、个性突出等特点。例如,年轻人购房不仅仅是为满足居住这一单一的需求,在结构、装修布置等方面还要求能充分体现其性格特点和兴趣爱好。他们既要求居室具有良好的私密性,也要求拥有体面的公共空间以满足其广泛的社交需要。年轻人的家庭结构简单,对住房面积的要求不高,小户型比大户型更能适合他们的需求。

2. 生育期与满巢期的家庭。

由于独生子女政策的实行,极大地减轻了家庭的负担,提高家庭物质生活水平和文化生活质量成为家庭生活新需求。表现在住房上的行为和心理需求主要是:

偏好于有益子女教育的住房区位 地段是购房者关注的焦点之一。一般而言,居民对地段的选择主要是出于工作、生活方便性的考虑。对核心家庭而言,孩子是家庭的"小太阳",为孩子成长选取一个具有良好文化氛围、有益于子女健康成长的住区环境,是每一个进入生育阶段家庭考虑的首要因素。因此,地处大学文教区,或是居住区内有着完备的幼儿园、中小学、甚至于社区设有儿童活动、学生阅览室的地产项目,对于这一人群就有极大的吸引力,有极好的卖点。

注重房屋的实用性、合理性:家庭结构核心化,又是家庭面临工作、学习、子女教育、家务劳动、赡养长辈等种种困扰的时候,经济负担较重,加上住房的商品化,使消费者对房屋的实用性、合理性更加挑剔。其中最主要的要求:一是户均面积不宜太大;二是厅、房面积要适中。近年来南方小户型住宅畅销于市场就反映出这一需求倾向。据上海市有关调查,56%市民表示户均总建筑面积在 $80 \sim 110m^2$ 为宜,更有37%的市民希望不超过 $80m^2$。其中,两室一厅、中低价位、多层住宅最受欢迎。可见,开发商在极力倡导追求大厅、大厨房、大卫生间的同时,不应忽视房屋正常的户型与面积分布。

合理的居住空间设计随着住房条件的逐步改善,人们的居住目标已不再仅仅满足于住房解困,人们的家居理想是住得更好。住户期盼多样化的房型设计,以满足不同经济水平、文化层次、入住动机的家庭的需要。另一方面,对于40岁以下年龄段的家庭而言,信息和网络技术的发展,居家办公的出现,使传统家庭职能又增添一项新功能。如何科学、合理地设计家庭工作室,使得住户可以便捷、有效地操作使用计算机、通讯设备等办公自动化设施,安全、美观地安置和预设各分项专用信息网络配线,已成为人们对居住空间设计需求的新动向。

3. 空巢期与鳏寡期的家庭。

伴随着越来越多空巢家庭的出现,老龄化社会即将到来。目前,上海、北京、天津、广州等相当一部分城市已步入老龄化社会,在潜在的住房市场消费对象中,具有一定支付能力的老年人是不可忽视的部分。

老年人生理和心理的特点,对住房设计和室外活动空间提出了专门要求。在住房设计中要求考虑健康老人的家庭保健和行动不便、老人的家庭护理,老年人用卫生间、家庭轮椅等特殊服务设施,为老年人提供方便、安心的居住空间。

在室外空间设计上,要求重视各年龄层次的要求,特别是要适应使用频率高的老年人生理、心理特点。处于空巢阶段家庭的准老年人以及处于家庭解体阶段的老年人精神上的寂寞与孤独感显得十分突出,尤其是生病需人照顾和帮助时,社区是家庭的自然延伸,因此,营建适应老龄化社会需求的社区,为越来越多的老年人设置相应的社会活动场所,如老年书报室、棋牌室、健身场所,提供室外交往环境,给他们的生活以精神慰藉已成为一大趋势。

同时,老龄社区中特别要设置社区保健站,为老年人创造便利的生活条件;要重视社区绿化,配置大面积社区独享的集中绿地,尽最大可能满足老年人对绿色自然的亲近需要。中国传统家庭养老方式,要求在住房设计上能体现老年人与子女之间生活的可分,需要时又可合的需求,这无疑对住房的生活适应性提出了更高的要求。如何提高老年人的生活质量,将是我国今后相当长时期内比较突的问题,亟待全社会的重视。

第四节 房地产消费者的消费行为模式

在市场经济的环境中,消费者是企业的上帝,是企业的衣食父母,同时也是房地产市场营销活动的出发点。对于消费者购买行为的分析,是房地产项目策划中的重点。在对消费者的心理过程、个性心理及群体心理因素分析之后,进一步对消费者的购买行为进行分析和研究,可以为企业的策划人员提供依据。

一、购买行为的描述[①]

房地产消费者购买行为的描述,我们可以简单地概括为"5W1H",即谁来买房地产(Who);为什么要买房地产(Why);在什么地方买房地产(Where);在什么时候买房地产(When);买什么样的房地产(What);如何来购买房地产(How)用这"5W1H"我们可以简单地勾勒出消费者购买行为的轮廓。

(一) 谁来买房地产(Who)

在这里我们主要分析研究谁是主要的消费者以及各种类型的消费者。

1. 谁是主要的消费者。

即从房地产商品的本身出发,要将房地产卖给什么样的消费对象,解决一个消费者层次定位的问题。例如,高档商住楼,营销的对象主要是在这一地区设立办事处或分公司的外省市的大型企业:商住楼既可以办公,又可以解决外地工作人员的住宿问题,而高档又决定了必须是具有一定实力的较大企业;又比如高标准的公寓,主要面向的消费对象可能是高收入阶层,如外资企业的高级职员、成功的企业家等等。同时由于房地产商品所具有的价值高的特点,在购买行为的过程中还存在许多参与者,如购买的决策者可能不是最终的使用者。因此在研究主要消费对象同时,还要对谁参与了购买的决策进行研究和分析。谁进行购买决策,谁出资购买房地产,谁对购买决策产生影响,谁最终实际使用房地产。这里的重点是要对购买的决策者和购买决策的影响者进行研究和分析。确定主要消费者是对消费者购买行为进行描述的第一步,也是最重要的一步,它为房地产项目经理进行营销策

[①] 摘自张永岳主编.房地产市场营销.北京:高等教育出版社,1998

划、划分最终的目标市场提供了依据。

2. 消费者类型的划分。

由于消费者所受的教育、文化修养、处事方式存在差异,即使确定了主要消费对象,这些消费对象的各个个体之间存在很大的差异。因此仅仅确定主要消费者还是远远不够的,还应该对消费者进行分类,以便在营销活动中采取正确的策略来加以突破。一般来说,房地产商品的消费者可以大致划分为以下几类:从容不迫型、优柔寡断型、自我吹嘘型、豪爽干脆性、喋喋不休型、沉默寡言型、吹毛求疵型、虚情假意型、冷淡傲慢型、情绪冲动型、心怀怨恨型和圆滑难缠型。

(二) 为什么要买房地产(Why)

消费者为什么购买房地产?为什么要购买这一区位、这一类房地产?从经营角度,我们称之为购买动机。消费者的购买动机可以划分为:理性的购房动机与带有感情色彩的动机,它们又可进一步分类。

(三) 在什么地点购买房地产(Where)

什么地点、什么样的场所和气氛更有利于消费者做出购买的决定,通过对这些问题的分析和研究,可以为项目策划人员在制定渠道策略和促销策略时提供参考依据。房地产商品具有价值量大和固定性的特点,在多数情况下,消费者都最终会倾向于到现场进行实地了解、查看。因此,施工现场的环境(如建材放置井井有条会使消费者感觉管理井然有序,对质量也就有了信心)、售楼处的布置(给消费者营造一种随和、轻松的氛围,有利于增强消费者对营销人员所介绍内容的信任程度)、样板房的设计(样板房是消费者对未来房地产商品的透视,良好的设计效果则会提高消费者购买的欲望)、现场所分发的广告宣传资料(现场资料则对一些尚无法目睹的内容进行补充介绍)都会对消费者的购买决策起到影响作用,这些都是房地产项目策划人员需要重点研究的问题。

有些消费者则可能因为工作繁忙等原因不便亲自去每一个现场挑选而委托中介代理机构。因此通过对 Where 的研究,可以使策划人员发现哪些中介代理机构是消费者经常光顾的,以便策划人员在选择营销渠道时,可以选择那些信誉高、实力强、业绩好的中介代理机构作为中间商。随着科学技术的进步,还会出现许多新的渠道。如计算机网络技术的普及使得消费者可以足不出户通过计算机网络来挑选房屋,并可以通过动态效果模拟来观察环境、房型等等,相信在不久的将来,网上购房,也将成为购房的一种方式。

(四) 在什么时候买房地产(When)

研究消费者在什么时候购买或者是在什么时候更愿意表示购买的愿望,有助于策划人员选择最合适的时机将楼盘推向市场。

房地产市场不像中秋节买月饼那样具有明显的时间特征,但也不是毫无规律可循。例如,夏天天气炎热,消费者不太愿意冒酷暑外出选购;每逢双休日、节假日,询问、选购房地产的消费者要较平时多。在广州,周末看楼已成为许多老百姓消闲度假的一种方式,发展商自然很看重这样的机会,每逢星期五房地产广告铺天盖地。据不完全统计,周五的《广州日报》推出的楼盘一般都在60个左右,而平时只有十几则广告。为使消费者在令人眼花缭乱的广告世界中注意到自己的楼盘,有些开发商不惜斥资三、五十万做整版广告。这些开发商能够卖出多少楼姑且不论,单就广告媒体而言,它肯定是最大的赢家;此外,在元旦、春节、劳动节、国庆节前后结婚的人较多,在这之前的几个月,年轻人可能购买婚房;每年的年中和年末,企业发奖金,消费者可能持有较多的货币,在这之后的几个月春秋两季为房地产销售的旺期,可以在这个时期举行一定规模的楼盘促销活动,当然也要充分考虑竞争对手推出楼盘的时间。

(五) 购买什么样的房地产(What)

由于消费者所处的社会环境、经济条件不同以及心理因素的作用,因此消费者所需购买的房地产也是多样的。例如,新婚夫妇需要一室一厅;三口之家可能就需要二室一厅;孩子成年后可能需要三室一厅;同时由于受到经济条件的制约,在购买房地产区位上也会有所选择。再如,在商业活跃,规模迅速扩大时,市场可能对商业用房的需求上升;地区经济发展水平迅速提高时,市场可能对办公用房的需求上升;当居民生活水平迅速提高时,市场对住宅的需求上升。通过对消费者需要购买什么样的房地产的研究分析,可以使房地产企业及时正确了解消费者的需求,适时推出合适的房地产商品。

(六) 如何来购买房地产(How)

消费者购买房地产的方式,不仅会影响市场营销活动的状态,而且还会影响房地产产品的设计以及营销计划的制定。例如,消费者拥有足够的支付能力,会一次性付款;当消费者支付能力不足时,消费者将以分期付款,或以按揭方式。消费者的具体购买方式受到许多因素的影响,我们将在消费者的购买决策中作进一步的分析。

二、购买决策过程

消费者的购买决策行为并非只是独立的单一行为,而是一系列的连续行为。由于房地产产品是属于消费者"高度关心的产品",消费者的购买行为的决策过程一般可以分为五个步骤:需要认知、收集资料、方案评估、购买决策、购后感受。

(一) 需要认知

任何购买行为都是由动机支配的,而动机又是由需要激发的,所以可以认为消费者对于某一需要的认知是购买行为的起点。而这种需要可能是因为内部或外部的刺激而引起的。例如,由于人口多,房屋面积小,同时又具备一定的支付能力会驱使消费者通过购买房屋来解决住房紧张问题,这是由内部刺激引起的;当某一消费者发现朋友投资房地产赚了一大笔钱,这时这位消费者也会考虑购买房地产进行投资,这就是由外部刺激引起的需要。

在房地产项目策划中应十分注意唤起消费者的需要。房地产企业必须十分清楚地了解社会对本企业的房地产产品的实际的或潜在的需要状况,以及可以满足消费者哪些内在需要,同时还要了解通过哪些因素的刺激可诱发消费者的需求。研究表明,当一些产品可以同时满足消费者的需求越多,而且经过适当的刺激,就越能成为人们梦寐以求的产品。如在香港拥有半山的房地产不仅满足人们居住的需要,还成为权力和财富的象征,可以使拥有者得到心理的满足。

（二）收集资料

如果引起消费者的需求很强烈,或者说引起消费者的关心程度足够高,那么消费者希望立即满足自己的需要。然而在多数情况下,被引起消费者的需求是无法立即得到满足的,这时便会促使消费者积极收集有关的资料来进一步增加对产品知识的积累,以便为下一步的方案评估提供参考依据,做出最终的购买决策。一般来说,消费者收集资料的来源主要有以下三个渠道:

1. 人际来源:包括家人、朋友、邻居、同事等；
2. 商业来源:包括广告、推销员、中介商、促销活动等；
3. 公共来源:包括各类传播媒体。

在这些信息资料来源中,商业来源起到了一个告知、传达的作用,而人际来源则提供经验以及对产品进行方案评估的信息。对于消费者而言,来自商业来源的资料信息最多,而来自人际来源的资料信息则最具影响力。

策划人员必须借助各种渠道,将各种有利于做出本企业房地商品选择的信息传递给消费者,进而影响消费者的态度。当消费者购买产品后,如果满意,会推荐其他人购买,成为其他消费者获取资料信息的人际来源。

（三）方案评估

消费者根据各种资料信息来源,对每一个方案进行分析、对比,加上消费者自己的标准和偏好,对各个楼盘做出评估判断,选出最合适楼盘。对于营销人员而言,尤其重要的是要找出消费者在进行方案评估时具有决定性意义的指标,在营销策划中投其所好进行强化,以影响其购买决策时的态度。

（四）购买决策

方案评估后,那些具有购买需要的消费者会产生购买意图,继续以后的购买行为。消费者在采取购买行为之前,会首先做出购买决策。购买决策是对许多因素考虑后作出的总判断,这些因素包括:购买哪一区位的房地产？购买这一区位中哪一种房型？以何种价格购买？面积多少？以何种方式付款等等。

对于策划人员而言,就是要清除(或减少)干扰决策的因素。例如一方面可以向消费者提供更多更为详细的信息资料,便于消费者进行抉择；另一方面,向消费者提供良好的销售服务,造成方便消费者的态势,促其做出购买的决断。

（五）购后感受

消费者在购买房地产商品后,往往会通过使用,与自己在进行购买决策时对商品建立的期望进行对比检验,考虑自己购买决策是否明智、是否合算。这就形成了购买后的感受。这种感受若与消费者的期望相吻合,消费者将会感到满意;若这种感受高于消费者的期望,消费者将高度满意;但如果感受低于消费者的期望,就会产生认识上的不和谐。

消费者购买后的感受直接会影响到今后其他消费者的购买行为。若消费者感到满意,他会向其他消费者介绍该物业的种种好处,成为企业最有说服力的范例和义务的推销员,为企业带来更多的购买者;相反地,若消费者感到失望,则不仅消费者对企业和商品原有的态度会转变,还同时会影响到其他消费者的购买行为。

因此,项目策划人员最重要的是在营销过程中不要夸大其词,以免引起消费者过高的期望值,最终因企业无法达到消费者要求,而主动制造失望的顾客。如果,一旦引起消费者的不满,企业应尽力做好销售以后的弥补工作,将消费者的不满情绪降至最低点。

三、购买决策准则

在购买行为的决策过程中,房地产消费者往往遵循一定的准则。

(一) 整体属性最佳准则

一般而言,任何消费者都希望某物业的各种属性都是最优的,假设一物业价格最低,建筑面积最合适,得房率最高,小区物业管理好,交通方便,则消费者必定会选择购买。生活中这种情况似乎非常少见,恐怕只适合于那些顶级富豪们。对于他们,不把金钱看在眼里,不在于花多少钱,只在乎买个舒服。

(二) 非报酬的决策准则

在消费者购买行为的决策过程中,房地产品的一些属性是非常重要的,其他因素再好也无法弥补和替代的。例如:一个楼盘距离某个消费者的工作地点太远,或者价格太高,那么无论这个楼盘建筑风格、物业管理、企业品牌等方面再好,这个消费者也不会购买。因此说非报酬的决策规则是绝对的。

(三) 补偿与权衡准则

一个楼盘在满足非报酬决策规则的基础上,楼盘的其他属性可以相互弥补,消费者可以运用加权平均的方法进行权衡,选择称心的楼盘。

以下举例说明非报酬决策规则与补偿权衡规则的运用过程。

某一消费者希望购买一套二室一厅的住房,经过信息搜集,找到了四个物业。它们的有关资料见表5-1。

物业的资料　　　　　　　　表5-1

物　业	出行时间 (分钟)	价　格 (元/m²)	建筑面积 (m²)	得房率 (%)	物业管理 (打分)
A	25	5200	85	74	100
B	40	4500	82	73	70
C	40	4500	82	70	90
D	60	4200	63	65	80

由于 D 物业交通不便,由 D 楼盘到该消费者工作地点需要 1 小时,依据非报酬决策规则,D 楼盘首先被该消费者排除在外;根据自身的经济情况,该消费者确定了高于 5000 元/m² 的楼盘不买的原则,因此,A 物业也被剔除。

剩下 B、C 两个物业,采用加权平均法进行权衡。根据该消费者的态度,它给得房率打 35 分,物业管理打 65 分。则 B 物业的综合得分是:
$$73\times35\% + 70\times65\% = 71.05$$
C 物业的综合得分是:
$$70\times35\% + 90\times65\% = 83$$
最终该消费者会选择购买 C 物业。

有时候,消费者会发现,使用全部决策规则会排除所有的可能的方案,因此规则需要修改。这会导致根据它们关系的重要性来建立规则的层次。

对项目策划人员来说,了解消费者如何制订决策,显而易见是很有用的。例如,对使用补偿与权衡规则的消费者来说,了解具有最大权重的属性是哪一个,是非常有用的,房地产产品可以设计在切断点内。市场销售人员的起码目的必须确保产品是在大多数消费者的考虑范围之内,并且必须通过切断点和决策过程中考虑信号的第一道关。目前,不少策划人员都强调房地产开发中应坚持"均好"原则,"木桶理论"(一个木桶的装水量与桶的最短边一致),实质上是为了满足房地产消费者的购买决策规则。

本 章 小 结

1. 房地产消费者的心理与行为研究可从以下三个方面进行:心理现象、群体心理和行为方式。

2. 开发商可以针对感觉、知觉、注意、记忆、思维、想象、情绪、态度等心理过程规律,采取相应营销策略。

3. 马斯洛认为,人的需要虽然多种多样,但有重要性差别和实现的先后差别。根据需要对个体的重要性程度,马斯洛把需要分为五个层级,从强到弱依次为:生理需要、安全需要、归属与爱的需要、尊重需要和自我实现需要。一般来说,只有低一级的需要得到了基本满足后,才会产生并追求高一级的需要。

4. 需要具有对象性与周期性、多样复杂性、发展可变性、伸缩性及可诱导性五个基本特征。

5. 购买动机是在个体对商品的需要基础上产生的,受需要的制约和支配。购买动机具有驱动性、复杂性、内隐性、冲突性、指向性等特征。它可以分为理性的购房动机和带感情色彩的购房动机。

6. 由于人的能力、气质和性格的不同,消费者呈现出各自的个性特征。

7. 文化传统、社会阶层、参照群体、家庭、流行时尚、消费风俗生活方式等外界因素对消费者的心理行为有着广泛而深远的影响,房地产开发中不可忽视的。

8. 房地产消费者购买行为可以简单地概括为"5W1H"。消费者的购买行为的决策过程一般可以分为五个步骤:需要认知、收集资料、方案评估、购买决策、购后感受。

9. 在购买行为的决策过程中,房地产消费者往往遵循整体属性最佳、非报酬决策、补偿与权衡的准则。

讨 论 题

1. 你是否做过兼职售楼员? 如果你没有做过,建议你做一下。请根据你的售楼经历,描述一下你所遇到的消费者的个性特征,并谈一谈你的售楼体会。

2. 结合你所熟知的两个城市,谈一谈不同城市的房地产市场、社会文化因素对购房者造成的购买行为差异。

思 考 题

1. 心理过程对消费者购房的影响是什么?
2. 个性因素对消费者购房的影响有哪些?
3. 社会文化因素对消费者群体具有什么影响?
4. 请描述一下购房者的行为模式。

第六章 房地产市场的竞争者与竞争策略

本章学习目的

1. 理解竞争优势的内涵、具备从成本、产品(服务)差异、补缺三个层面寻找或构筑竞争优势的能力。
2. 识别竞争对手,具备评估竞争对手优势与劣势的能力。
3. 熟悉房地产企业竞争情报系统的结构及设置步骤。具备系统结构设计的能力。
4. 理解房地产企业核心竞争力及竞争地位态势的决定因素。具备判定竞争对手竞争态势的能力。
5. 具备依据企业的竞争地位确定基本竞争策略的能力。

第一节 房地产市场竞争与竞争优势

一、房地产市场竞争

市场经济的灵魂是竞争。物竞天择、适者生存、优胜劣汰,惟有竞争,才能使社会经济不断推陈出新,飞跃发展。房地产市场作为一种特殊的商品市场,当然也存在竞争。但是由于房地产商品本身所具备的特殊性质,房地产市场并不具备纯粹、完整的商品市场的所有特性。它是一个不完全的"准市场"。在房地产市场运行中,市场机制、计划机制、法律机制都在起着重要作用。而作为市场机制核心内容的竞争,仍然像一般商品市场那样,成为整个市场运行的决定性因素。通过竞争,至少可以获得如下好处:

(一) 丰富产品、提高质量

竞争迫使企业千方百计开发新的产品,满足客户的不同需求,千方百计提高产品和服务质量,从而大幅度地改善商品房及其周边环境质量。

(二) 规范运作、提高效率和效益

竞争要求开发商要精心策划、精打细算。要认真地研究市场、分析环境;要科学地制定计划和方案;要精心编制成本计划、投资计划。从而使房地产业经济活动的每一方面、每一环节都按照规范而科学的程序运行,确保效率和效益的提高。

(三) 降低成本、促进供给

营销竞争的首要环节是价格竞争。价格竞争的一个必然结果是"个别生产者生产商品的劳动耗费只有社会必要劳动耗费的部分才会为社会所承认"。从而使商品房价格维持一个合理水平。

(四) 设置壁垒、净化市场

尽管市场经济的一个必要条件是进出的自由,但过度而频繁的自由进出必然带来市场的混乱。激烈的竞争迫使企图进入或退出房地产市场的企业三思而行,不做好充分的准备,不会贸然从事。从而为房地产市场设置了天然屏障。市场竞争的必然结果是优胜劣汰,通过激烈的竞争,剔除了那些不善经营、决策错误或没有实力,不具备条件的竞争者,从而净化了房地产市场。

(五) 公开、公正、公平的市场环境

竞争将导致信息公开、公众参与,竞争意味着消费者将获得尽可能多的信息资料,从而为解决信息不对等,形成公开、公正、公平的市场环境提供了必要条件。

二、房地产市场竞争优势

"竞争优势也称差异化优势,是被目标市场视为比其他竞争者更重要及更优越的企业与其产品的独有特色组合。就是这个或这些因素使消费者惠顾该企业而不是其他竞争者"。这是美国得克萨斯克里期蒂大学营销学教授查尔斯·W·小兰姆(Charles W·Lamb, Jr.)在其代表性著作《营销学的精要》中对"竞争优势"概念所下的定义。由此可见,竞争优势应当是竞争者孜孜以求的,用于吸引顾客的卖点。在房地产市场营销中,人们往往从以下几方面来寻找或构筑自己的竞争优势。

(一) 成本竞争优势

成本竞争优势的目标在于价格。竞争者往往通过设计、管理、风险转移(如工程发包)及各种有效的经营管理手段千方百计地降低项目开发及经营成本。成本竞争优势就意味着在开发商能维持满意的利润水平下,向消费者提供较同类产品(服务)低价的产品(服务)。这无疑是吸引顾客的一大法宝。

获取成本优势的主要途径就是在保证质量的前提下降低成本的主要途径。

1. 规划设计

项目规划设计阶段决定着项目最终的质量水平和成本费用。在规划设计时,可通过结构、造型、材料、设备、设施、工艺、施工组织等选择来影响项目建设成本。

2. 组织管理

在项目策划全过程和项目开发建设、经营管理阶段,往往通过周密的管理与有效的经营而实现降低成本目标。如好的策划方案将有助于缩短项目开发建设工期、加速资金回收周期;有利的工程发包方案将在转移项目投资风险的同时降低项目的资金需求,从而减少开发成本;好的融资方案既能保证项目的资金需求,又能有效地降低融资成本;严格的经营管理措施既可大幅度减少人力、原材料消耗,又可提高劳动效率和效益,从而降低开发成本。

3. 政府补贴与优惠政策

房地产商品既是可进入市场交换的商品,又是人类赖以生存的必需品。在很多情况下,一个项目的开发往往同时具有商业经济活动和社会公益活动两类属性,既要考虑它的经济效益又要考虑它的社会效益。如果目标明确,措施得当,往往可

通过必要的程序,获得政府的支持,在地价、税费减免上获得种种优惠,从而大幅度削减成本。如与旧城改建相关的项目、与危房改造相关的项目、与拆迁安置相关的项目,以及解困房、经济适用房以及廉租屋等项目开发建设。

(二) 创新竞争优势

创新作为一种竞争优势的措施主要体现在其经营管理与组织策划功能上。我们处在一种大变革的时期,无论是我们的观念,对客观世界的认识,还是客观环境,都在飞速地变化。我们只有注重调查研究,了解消费者需求,不断地研究新问题,探索新方案,创新观念、创新管理、创新工艺、创新经营、为企业或项目注入新的活力,才能适应环境的变化,适应市场的要求,创建竞争优势。一个好的创意,往往会给企业带来无法估量的利益。

(三) 产品(服务)差异性竞争优势

差异性竞争优势是指为顾客提供的,区别其他同类、同质商品(服务)的独有特性。如住宅小区的周边环境、配套设备、建造标准、装饰材料、智能化服务、业主会所、穿梭巴士,以及教育、医疗、家政服务等等。严格地说,房地产商品由于其自身所具备的特性,任何一件产品都是独一无二的,都有区别于其他产品的特质。问题的关键是如何满足该项目特定的营销对象及特定的需求,构筑吸引这些潜在客户的差异性优势。

(四) 补缺竞争优势

补缺竞争优势是指寻找并有效满足某个细分市场(见第七章)要求的优势。对于中小房地产开发企业或中介服务企业而言,"捕"捉市场机会,采用补缺策略,从而获得补缺竞争优势,往往是一条成功之路。社会在发展,人们的需求也在变化,随时关注市场,认真研究市场的人,往往就能极敏锐地捕捉到市场信息,即时补缺市场需求,获取补缺竞争优势。一般而言,房地产项目的补缺竞争优势是在细分市场及目标市场的选择过程中,依赖正确的市场定位和项目策划创建的。

(五) 规模竞争优势

房地产业的一个基本特征就是投资额特别大、投资周期特别长。规模大的企业,拥有或可调配的资源多,在竞争过程中就处于优势地位;规模大的项目,便于降低成本、聚集"人气"、造就声势,自然也处于明显的竞争优势地位。

近年我国房地产业的发展就呈现两个重要的现象,其一是某些房地产企业规模日益扩张。据2002年8月2日广州市建设委员会和广州市统计局共同发布的信息,2001年度,广州市共有房地产开发企业1318家,其中排在前30位的企业共完成了开发投资110.5亿元,占全市开发投资总额的28.55%,更为引人注目的是,即使在这30强中,排在第1位的和排在第30位的企业,其开发投资额的差距也在10倍以上。由此可见,房地产开发企业日益扩张的基本趋势;其二是房地产项目规模的日益扩大。据有关部门的统计,在广州的周边地区,用地规模在500亩以上的项目就有20多个。有些楼盘占地甚至高达千亩以上,俨然就是一座小城镇。项目规模的扩大,既有利于规模经营,降低成本,也有利于创建特色、聚集"人气"、增强竞争力。

(六) 信息竞争优势

市场经济环境下,信息就是资源,谁拥有信息,谁就在竞争过程中处于有利的地位。房地产业的信息主要有土地资源信息、商品房供求信息、消费需求信息、城市规划与城市建设信息以及社会经济发展的其他有关信息。开发商一般都非常重视信息资源的开发利用,不仅在具体项目的投资决策时广泛地进行调查研究,收集信息资料,即使在日常的经营活动过程中,也十分注意信息渠道的建设和信息资源的开发利用,以此占据信息竞争的优势。

(七) 品牌竞争优势

品牌被定义为名称、标识、和其他可展示、以示区别的标记。品牌之所以可形成竞争优势,源于市场交换过程中信息的不对称性。这种现象在房地产商品的交易过程中表现得尤为明显。商品房的许多质量特性(尤其是那些至关重要的内在质量特性)、功能及其他属性,对消费者而言是无法把握和检验的。于是,消费者不得不依赖品牌来间接予以评价。

品牌在市场竞争中之所以可以成为一种优势,还源于消费者的消费心理的作用。好的品牌,预示着好的质量、好的信誉、高的价位,也显示了消费者的实力、身份和地位,当然更易得到消费者的认同,从而具备了竞争优势。开发商自然会为打造知名品牌而不遗余力。

第二节 房地产市场竞争对手分析

市场竞争往往是指与具体或潜在的竞争者之间的竞争。因而,对竞争对手的分析与研究就显得尤为重要了。这些分析,主要包括竞争对手的识别、主要竞争对手优势和劣势的判断、主要竞争对手反应模式的估计以及竞争情报系统的设计。

一、竞争对手的识别与确认

在变幻莫测的市场环境中,公司实际的和潜在的竞争者范围是十分广泛的。著名的国际营销学权威,美国西比大学教授菲利普、科特勒博士根据产品替代观念,把它们分列为4种不同的层次。

1. 品牌竞争

当其他公司以相似的价格向相同的顾客群提供类似产品与服务时,视其为竞争对手。

2. 行业竞争

视所有生产同类产品的公司为竞争对手。

3. 形式竞争

视所有提供同类服务的公司为竞争对手。

4. 通常竞争

视所有试图争取同一顾客群的公司为竞争对手。

区分不同层次的竞争固然重要,但对于房地产市场而言,由于房地产商品本身所具有的区别于一般商品的特性。房地产市场及市场交易行为往往不同于一般商品市场及其交易行为(请参见第一章)。因而,房地产市场竞争者识别就有区别于一般商品市场竞争者的固有特征。比如说,由于房地产商品的地域性,竞争对象识别的区域概念就十分强。研究一个项目的竞争对手时,主要关注点是与该项目在同一地域范围内的同类项目。至于这个地域范围到底有多大,就要视该项目规模大小、辐射力大小,影响的顾客群分布范围而定。比如说,由于房地产商品的替代性差、投资额大,不仅其他任何商品都无法取代房产和地产,即使不同类型的房产,如工业厂房、市场和住宅,也不便替代,往往意味着竞争对手的选择范围并没有那么大。一般而言,对于房地产市场竞争对手的识别应视两类不同的情况而有不同的标准。

(一) 项目竞争对手的识别与确认

项目竞争对手指项目营销策划时需考虑的竞争对手。针对一个具体的房地产开发项目而言,其项目地址已确定,项目性质及项目规模及消费群体均已大致确定。在这种情况下的竞争对手识别主要局限在该地域范围内,同类物业、同类消费群体、同类规模的项目。

(二) 企业竞争对手的识别与确认

房地产企业竞争对手是指本企业经营领域、地域,或本企业拟进入的经营领域、地域范围内的竞争对手。这类竞争对手的确定比较复杂,首先,要由企业经营战略确定本企业现有的市场或拟进入的市场,初步划定其地域范围、市场类型、性质,然后再按地域和市场类型判定将在同一地区、同一类型、同一消费群体的同类企业,它们将是本公司现有的或潜在的竞争对手。

一般来说,企业竞争对手最有效的识别,是按市场竞争的观念,通过详细而周密的市场调查来实现的。这是把企业的竞争者看做是力求满足相同顾客群的需要,为他们提供同类、同质产品或服务的企业。为此,往往需要进行大规模的市场调查,在细分的市场和确定的领域、区域范围内进行。

二、竞争对手的分析与判断

在识别与确认了竞争对手之后,就要针对竞争对手的具体情况,依据市场调查资料,对竞争对手进行分析与判断了。这种分析与判断,当然是直接服务于营销策划,为营销策略的制定、营销计划的编制做准备的。一般来说,竞争对手的分析与判断主要围绕现行战略、策略与经营目标、优势与劣势、反应模式等三个层面展开。

(一) 现行战略、策略与经营目标分析

每个公司都有其经营战略、策略和目标。每个项目都有经营目标以及为了实现项目目标制定的经营策略。具有相同经营战略与策略的企业,越具有竞争性。

因而,分析与判断竞争对手的现行经营战略和策略具有重要意义。

具体的分析应密切围绕该公司现行的经营目标,诸如利润、营业额、市场占有率、顾客赞誉度等经济的或非经济的目标以及达到这些目标的主要经营方针,如财务控制、项目策划、市场营销、资源条件等等来进行。应当根据竞争对手的具体情况详细分析各项职能的方针目标、竞争策略。这些内容一旦具体化,主要竞争对手(一个企业或一个项目)的战略、目标、策略便清晰而完整地描述出来,从而有利于判定本公司(项目)的差距所在,为竞争策略的制定提供依据。

(二) 优势和劣势评估

评估竞争对手的优势和劣势主要目的在于有的放矢地编制竞争策略。一般来讲,这种评估大致按如下程序进行。

1. 收集竞争者信息资料。如竞争性企业的营业额、投资额、销售额、市场占有率、投资收益率、主要产品分布、主要市场分布、现金流量、资产及负债状况。主要在建及拟建项目、主要经营方针等等。如果是研究项目间竞争问题,则主要应收集竞争项目的基本情况,如:项目性质、项目规模、项目所在位置环境特点、项目建设周期、推出时间、投资总额、投资计划、融资方案、项目开发经营特点、营销计划、主要客户群,项目开发商、承建商、设计师、监理师、代理商的背景材料,以及项目主要卖点等等。

2. 收集市场信息资料。通过市场调查,借助于客户调查和各类中介服务机构调查可收集到与竞争对手有关的第二手信息资料。如竞争对手的市场占有率、情感占有率、信誉度、营销业绩、营销价格等等。

3. 全面分析和评估。将收集到的信息资料与已掌握的社会平均或行业平均状况相比较,通过专家评估竞争对手的优势和劣势。对房地产企业而言,这种评估一般集中于6个方面:①资源条件:如资金、人才、设备等;②经营管理条件:如组织、领导、综合管理能力、应变能力等;③成本与财务条件:如成本控制能力、利润、税收、资产与负债等;④技术条件:如技术开发能力、研究与适应能力、技术管理能力等;⑤市场与营销条件:如市场研究条件、营销渠道、营销业绩、融资能力;⑥公共关系:如社会信誉度、知名度、产品质量、社会影响等等。对于房地产项目而言,由于是研究项目间的竞争问题,应关注的焦点当然有所不同,大致上这种评估应集中于如下7个方面:①项目的性质、规模;②项目的位置及其环境条件;③项目的价格水平及主要顾客群体;④项目营销方案及销售状况;⑤项目主要卖点;⑥项目营销渠道;⑦项目主要促销手段等等。

(三) 反应模式判断

这里的反应模式是指竞争对手在遭遇竞争时的可能举动。这类举动既取决于竞争者拥有的实力、地位,也受制于竞争者自身的经营哲学、素养及精神状态,是由主客观多种因素决定的复杂心理过程。在编制营销策略时,充分研究竞争者的心理状态,估计他们的反应模式,对于计划的顺利实施是至关重要的。菲利普、科特勒在他的名著《营销管理》中,把竞争对手可能的反应状况归纳为如下4种类型。①从容型:即无反应或反应不强烈;②选择型:即仅对某些竞争性行为做出反映;③凶猛型:即对其领域内的任何竞争性行为均做出迅速而猛烈的反应;④随机型:无法预见其面对竞争性行为作出的反应。

任何竞争对手在面对竞争性行为时的反应都不是无缘无故的,因而,作为市场研究与分析者,关键的问题不仅要对这些竞争对手可能的反应做出估计,还要深入更深的层面,研究与分析他们为什么会做出这样的反应、目的何在、原因何在,由此而采取相应的对策是什么?。

三、竞争情报系统

分析与研究竞争对手需要大量的信息资料,为了及时地掌握,科学地提炼与分析这些信息,企业有必要建立起自己的竞争性情报系统。

(一)情报收集与分析机构

由于公司的规模、性质不同,情报分析与收集机构的编制不尽相同,大的公司可以有专门的部门,设专职人员分工负责各种渠道的信息收集与分析,可以有专门的市场调查与研究人员;小的公司无条件建立自己的专门队伍,可以委托专门的市场调研机构,从事某些信息资料的调查与研究。但有一点应肯定的是,任何公司,面对如此激烈的竞争局面,必须要有专人负责此项工作。机构的作用是收集与分析这些信息、扩散与通报有关资料。

(二)信息收集渠道

市场经济条件下,与竞争有关的信息来源是多方面的。如新闻媒体、政府机关、市场研究机构、竞争对手、消费者等等。因而信息来源的渠道与形式也是多方面的。如查阅报刊杂志、走访政府机构、委托市场研究机构、调查客户群等等。

(三)信息分析工具

信息往往在归纳和整理后才显示其价值。尤其是一些数据资料,大量的数据只有经过归类、统计、比较,才能反映某种规律,说明某个问题,也才具备信息的价值。因而,统计、传输、储存、显示、分析工具在竞争性信息情报系统的建设中就显得尤其重要。不仅要有用于大规模储存信息资料的电子计算机,用于统计分析这些数据资料的统计及绘图软件,还要有便于传输这些信息资料的网络系统。

任何企业,都要有自己的由机构、渠道、工具所构成的信息情报系统,惟一的区别在于系统的大小、人员的多少而已。

第三节 房地产市场的基本竞争策略

一、核心竞争力与竞争态势

(一)核心竞争力

核心竞争力是指最具竞争性的能力或最具竞争优势的能力。每个企业,在长期的商务实践中,都已具备或力争具备区别于别人的核心竞争力。或是品牌、或是管理,或是质量,或是服务。正是由于这种竞争力,才使本企业或本项目在激烈的竞争中立于不败之地,赢得部分消费者的惠顾。营销策划者不仅要熟悉本公司或本项目的核心竞争力,还要掌握每一个竞争对手的核心竞争力,知己知彼,有的放矢,才能编制出一个好的营销策略方案来。

核心竞争能力是企业独特的、长期个性化发展的产物,是无法完全模仿也无法完全交易的,它渗透于企业的各个部门,贯穿于企业经济活动的各个环节。核心竞争能力的管理包括:识别、形成、应用和发展四个方面。

1. 识别。核心竞争能力的识别有三个判断标准。一是看其是否存在让顾客感知的价值;即是否能让顾客感受到它的效用;二是看其是否具备让竞争者难以模仿的独特性,即是否形成竞争差异性;三是判断其是否可覆盖多个部门或产品,是否具备扩展性,是否提供进入潜在市场,以便扩展和运用的条件。

2. 形成。按照开发、整合、优化配置的基本程序形成企业的核心竞争能力。开发是企业决策层有意识的主动行为。为了获取形成核心竞争能力的技术、技巧等要素,既可由企业内部培育和积累,也可由企业外部引入。开发形成的构成要素(人才、技术、资源、理念)要通过有目的的整合、优化配置才能生根发芽,创新生长,最终形成自己独特的核心竞争力。

3. 应用。对那些具有广泛覆盖性和延伸性的核心竞争能力,应当推广应用到企业的各部门、各环节、各项产品上去,形成最大的影响,发展最大的效益,创造最大的价值。

4. 更新与发展。市场竞争环境条件在改变,企业的核心竞争能力也不可能永不变化,随着时间的推移,由于技术的进步以及顾客消费需求的变化,今天的核心竞争能力将很快退化而失去竞争优势。因而,企业要关心核心竞争能力的演变,定期评估,不断充实新的内容使其永远保持核心地位。

(二) 竞争态势

竞争态势是立足于市场调查与分析资料,在综合考察基础上,对自身在市场竞争中的地位所作的一种估计和判断。态势地位不同,就意味着竞争态度和策略不同。因而,客观、科学、实事求是地判定本企业或本项目在相关市场中的竞争态势就显得尤为重要了。

一般来说,任何企业在相关的竞争市场上都会处于下列六种态势中的一种。

1. 支配性竞争态势。指占有绝对的市场控制地位,控制着其他竞争对手的行为并具有广泛的策略选择余地的态势。

2. 超强型竞争态势。指具有强烈的市场控制地位,可以单独采取行动而不至危及自身的长期市场地位的态势。

3. 有利型竞争态势。指具有实现特定策略的力量(资源、信誉、顾客群),并有较多改善其市场地位的机会。

4. 稳定型竞争态势。指经营状况较为满意,市场销路及运行基本正常的态势。

5. 弱小型竞争态势。指处于被动、弱小地位,经营状态不佳但尚存有改善机会的竞争态势。

6. 危机型竞争态势。指处于危机状态,经营状况极差,已不具有生存机会的态势。

决定企业竞争态势的因素很多,有企业自身的规模、实力、资源、技术水平、管理等,也有市场及竞争环境方面的因素。通常在评估分析时,主要是从市场份额、心理份额和情感份额三个因素来考虑的。

二、基本竞争策略

不同的竞争态势,导致不同的地位,随即应采取不同的竞争策略。一般而言,人们把企业在市场中的竞争地位划分为:市场领导者、市场挑战者、市场追随者和市场补缺者四种类型。

(一)市场领导者的基本竞争策略

市场领导者即市场的支配者,他们往往占有绝大多数(40%以上)的市场份额。拥有绝对的影响市场的能力和资源条件。这一类企业所追寻的目标,当然是保持或更突出市场的领导地位。为此,其竞争策略往往是围绕扩大市场需求、保护和提高市场占有率三个方面展开的。

1. 扩大市场需求

市场领导者占有最大的市场份额。扩大市场需求将会给他们带来最大的利益。房地产行业扩大市场需求可以从寻找新的客户、进军新的市场,开创新的模式三方面入手。

(1) 寻找新的客户。依靠市场调查和消费者需求分析可以发现许多潜在的客户群。针对这些客户开发的新产品就能拓展一方需求。如最近才露头角的以体育运动为主题、以教育为主题、以老年人休闲养老托老为主题的住宅小区,以及为单身贵族、高级白领设计的酒店式公寓等等,均是成功的尝试。

(2) 进军新的市场。市场领导者往往在市场开拓方面倾注精力。无论是地域范围,还是产品种类,他们都有条件有能力开拓新的市场,占领新的市场。比如近年不少开发公司进军西部,在西安、成都、乌鲁木齐,甚至是西藏的拉萨、日喀则开发项目,也有南方的物业管理公司进入北京、天津甚至东北的城市接管物业。

(3) 开创新的模式。市场在变化、环境在变化,管理模式、经营模式、营销模式永远不可能一成不变,要不断地创新、开拓新的模式。往往一种新模式的出现,就打开了一片新的天地,创造了无数新的商机。如北京市在危旧房改造中充分利用房改政策,提出的"房改带危改"新思路,就在北京市龙潭西里的危旧房成片开发改造中取得了成功。其主政策框架是:①危改区居民可申请政策性住房抵押贷款购买安置房;②选择回迁的被拆迁户根据不同情况按房改房优惠价、成本价或经济适用房价格购置。这一新模式的推行,对于推动北京市危旧房改造工作起到了巨大作用。

2. 保护市场占有率

市场领导者的地位随时都会受到竞争者的挑战。为此,企业必须随时关注市场动态,研究市场状况,尤其是挑战者的行动,采取措施以保护自己的市场占有率。

3. 提高市场占有率

进攻是最好的防御。面对竞争,市场领导者最好的办法是不断创新、不断提高市场占有率。但市场占有率的提高并不意味着企业盈利会自动增加,这取决于企业追求提高市场占有率的策略和投入。一般而言,位于市场领导者地位的企业在采取措施提高其市场占有率时,应重点考虑如下二个因素。

(1) 引起垄断行为的风险。一个居于市场领导者地位的企业在采取行动进一步提高其市场占有率时,可能会被其他企业或政府指控为垄断行为而受到制裁。这时风险上升付出的代价可能会超出市场占有率增加所带来的盈利。

(2) 成本费用增加的风险。在存在一定实力的竞争对手时,进一步提高市场占有率往往会付出很大的代价而得不偿失。

一般来说,提高市场占有率而带来利润增加,必须满足如下条件:①实现规模经济,获得成本优势;②产品销售价格的提高大于为实施差异化战略所发生的成本费用的增加;③产品销售利润的增长高于实施竞争策略投入的增长。

(二) 市场挑战者的基本竞争策略

市场挑战者是指那些拥有 30% 左右的市场份额,地位低于领导者的企业。他们只有积极向市场领导者或其他竞争者发起攻击才能争取更大的市场份额。挑战者在追求市场占有率时要做好确定战略目标、挑战对象和选择竞争策略两方面工作。

1. 战略目标及挑战对象的选择

大多数的市场挑战者的战略目标是为了提高市场占有率,可供选择的进攻对象有三种类型:①市场领导者;②具有同等竞争地位的企业;③地区性的中小企业。以市场领导者为挑战对象将意味着向霸主地位的冲击,一旦成功,对于扩大市场份额,占领市场起着决定性作用。但所投入的资源也是相当可观的,所冒的风险自然也很大,需要挑战者具有极大的勇气、相当的实力及精心的策划。对于具有同等规模、同等地位的竞争者,往往在研究消费者需求,产品与服务创新上下功夫。地区性的中小企业,资金少、规模小、不具有竞争力,主要靠收购、兼并来蚕食其小块市场。

2. 选择正确的竞争策略

对于市场挑战者而言,通常的竞争策略主要有如下几种。

(1) 价格策略。即以较低的价格向顾客提供同质产品。价格策略的成功取决于三个因素:其一,必须让顾客充分感知价格的差异,而且这种差异是具有吸引力的;其二,必须让顾客相信低价的产品在使用价值与服务水平上与原有产品是相当的;其三,原有的市场领导者并不会采取降价措施而引发价格战。

(2) 产品策略。开发新产品,提供具有更卓越功能、更好性能、更美观实用,更符合消费需求的产品,以吸引顾客。

(3) 品牌策略。依靠优质的服务、良好的信誉、质量、环境等等顾客追求并感兴趣的东西极力塑造品牌,是吸引客户有效的手段。

(4) 服务策略。运用多种方法,为顾客提供新的服务,可以有效地扩张市场。

(5) 宣传策略。密集的广告,大块的评论、众多的公益事业,会令顾客对产品形象、企业实力、地位留下很深的印象,从而大幅度提高知名度、扩张客户群。

(三) 市场追随者的基本竞争策略

市场追随者是指那些市场份额不大(占20%左右),实力也不大的企业。这类企业愿意维持原状,通常因资源有限,害怕在竞争中得不偿失而在营销中多采用模仿战术。通常的市场追随者是依靠低廉的成本、优秀的产品和服务、良好的信誉而保住客户群、维持其市场份额的。市场追随者的竞争策略大致有如下三类。

1. 紧随市场趋势。即研究市场动向,模仿市场领导者。

2. 近距离跟随市场领导者。即在主要市场、产品、价格、服务等方面全力跟随市场领导者。

3. 选择追随市场领导者。即只模仿市场领导者最主要的策略,经常进行小规模的革新。

(四) 市场拾遗补缺者的基本竞争策略

市场的拾遗补缺者是指那些生存于市场夹缝,满足于特殊顾客群、特殊消费需求的小企业。这类企业规模小、实力小,市场份额小(通常不到10%)。这类企业不具备与大公司竞争的实力,通常致力于在一个或几个细分市场上开展经营和营销活动。对于拾遗补缺者来说,选择市场方向,通常要注意如下四方面的条件。

1. 是否有足够的规模和购买力;

2. 是否具备发展潜力;

3. 是否为大企业所忽略;

4. 企业是否具备为该市场提供服务的必须技术和资源。

市场拾遗补缺者不但要善于发现细分市场,还要不断地拓展细分市场,进军新的细分市场,逐渐扩大市场,积累实力进入新的市场挑战者或领导者的行列。

本 章 小 结

1. 房地产市场虽然是不完备的准市场,但在这里同样存在有激烈的竞争。竞争至少可以得到丰富产品,提高质量;规范工作、提高效率和效益;降低成本、促进供给;设置壁垒、净化市场;建立公开、公平、公正的市场环境等方面的好处。

2. 房地产竞争优势是指成本优势、产品(服务)差异性优势以及补缺拾遗性优势、规模优势、信息优势、和品牌优势构成的竞争优势。要熟悉获取这些竞争优势的必要途径。

3. 处于竞争环境的企业,必须善于识别那些既有的或潜在的竞争对手。房地产业经济活动的特点,要求这种识别在区分企业竞争对手和项目竞争对手两个层次上展开。要熟悉二者的识别方法和内在联系,具备确认竞争对手的能力。

4. 对竞争对手的分析与判断,目的在于编制正确的竞争策略。在通常情况下,是沿着三个层次展开的。即①现行战略、策略与经营目标分析;②优势和劣势评估;③反应模式估计。

5. 对竞争对手优势和劣势的评估对于编制正确的竞争策略至关重要。企业和项目优劣势的内容自然有所不同。要熟悉其内涵和评估方法。

6. 反应模式的判断在于正确估计竞争行为的后果。一般来说,通常的反映模式有:从容型、选择型、凶猛型、随机型4类。

7. 竞争情报系统是企业信息系统的子系统。在互联网技术长足发展的今天,任何企业都应建立自己的情报系统。一般而言,竞争性情报系统由情报收集与分析机构、信息收集渠道、信息分析工具构成。

8. 核心竞争力是指企业独有的、最具竞争性的能力和最具竞争优势的能力。核心竞争力的管理一般包括:识别、形成、应用和发展四个方面。

9. 竞争态势是对自身在竞争中地位的估计和判断,任何企业在相关的竞争市场上,都会处于下列六种态势中的一种。即支配型、超强型、有利型、稳定型、弱小型、危机型。依据客观的市场资料,做出科学的,实事求是的判断,对于竞争策略的制定尤为重要。

10. 市场领导者的基本竞争策略往往是围绕着扩大市场需求、保护市场占有率、扩大市场占有率三个层面展开。

11. 房地产企业扩大市场需求的基本模式可以从寻找新的客户、进军新的市场和开创新的模式入手。

12. 市场挑战者的基本竞争策略主要在价格、产品、品牌、服务、宣传这些方面入手。

讨 论 题

1. 何谓竞争优势?试调查一个房地产开发项目及其面临的竞争市场,识别主要竞争对手及各自的竞争优势和劣势。

2. 评价公司在竞争市场的竞争态势时,主要依据的是市场份额,心理份额和情感份额三项因素。试设计一套评估程序和调查表、统计分析表,对本地区如下四类房地产企业进行调查研究,判断每类企业的市场领导者:

(1) 房地产开发公司;

(2) 物业管理公司;

(3) 中介服务公司；

(4) 房地产评估公司。

3. 竞争情报系统在企业竞争中的作用日益明显,试为一间你所熟悉的房地产开发公司设计一套适宜的竞争情报系统。

4. 选择一个你所熟悉的房地产开发项目,分析其竞争环境,判定其主要竞争对手,分析其竞争优势和劣势,编制其主要竞争策略。

5. 试列举本地区房地产信息情报的主要来源及相应的成本费用。

案例　广州芳草园的市场营销①

芳草园位于广州寸土寸金之地的天河北路,占地面积 $53436m^2$,总建筑面积 $20307m^2$,总绿化面积达 $20000m^2$,其中中心花园占地 $8000m^2$,芳草园总体规划 11 栋住宅,首期面市的为 2 栋 31 层高层,首二层裙楼连体,地下一二层为停车场。小区生活配套有大型综合商场、幼儿园、医疗中心、电信局、银行……衣食住行配套设施齐全。

芳草园配有双重豪华会所,建筑面积达 $6000m^2$,包括双泳池、桌球室、棋艺室、乒乓球室、健身室、阅览室、篮球场、网球场、羽毛球场、儿童活动中心、老人活动中心等等。

处于广州新都市中心——天河北路的芳草园,中信广场、大都会广场、名雅苑、天河城广场、购书中心等名厦华宅拱卫环境,尽示尊贵;有广州东站、地铁一号,更显繁华,傲踞其中的芳草园,时刻彰显明日生活的新里程。

1999 年底,凌峻公司受芳草园发展商的委托,操作芳草园新盘上市的运动,在 1999 年 10 月份和 2000 年 4 月份两次大规模的推广运动中创造了天河北路的奇迹,每次推出的单位售出率高达 99%；而在 2000 年 10 月份楼盘淡市的情况下,第三度面市,再次制造火爆销售,通过以上三次推广,芳草园 A1 和 A2 两栋共 400 余套单元几乎全部售罄,总销售额超过 3 亿元。芳草园的推广业绩,在同行中获得极高的评价,是难得的成功推广案例。

天河北路作为广州未来的城市中心,在以中信广场为中心的周边地段,集中了大都会广场、国际贸易中心、市长大厦、金利来大厦等高档建筑和金海、天一、帝景苑等豪宅楼盘,由于规划上的问题,密度过大,楼宇档次参差不齐,缺乏公地共活动场地,这些都在一定程度上影响了天河北路商品房的素质。天河北路因其地理位置的独特,楼盘的价格大多在 7500 元左右。早期广州市场的豪宅标准是位于城市中心,装修豪华,面积大,可以说是以追求豪华为目的。在楼盘的命名上也无不给人以豪气甚至霸气的感觉。随着人们眼界的提高,豪宅的概念也在发生变化,评判豪宅的标准开始转到对环境以及景观等其他的质素要求上了。在这种思路及时势

---

① 摘自左农等编著. 房地产楼盘营销策划实战全录. 广州:广东旅游出版社,2001

的需求下,"芳草园"作为一个楼盘的名字顺时而出。如果单纯从地理位置、楼宇外形、大堂面积、会所设施等硬件标准来衡量,芳草园无疑是一个豪宅。但芳草园认为,仅仅把豪华理解为豪宅的内涵是片面的,豪宅的本质是给予居住者舒适的生活感受,而不仅仅是一些外观上的东西。芳草园是这样理解的,也是这样做的。在见惯了听惯了以豪气、大气为豪宅的名称后,芳草园这个名字最终听起来就让人感觉与天河北的传统豪宅命名不一样,有花有草的,倒像是一个什么郊区盘,却没有料到这是一个地地道道的市区盘,就在天河北路。芳草园正是敏锐地抓住了这一点,其建筑采取围合式的布局,中间有一个 $8000m^2$ 的花园,从根本上与竞争楼盘形成了差异。它更注重居住者的生活感受,比如,窗外的景色、户外活动的空间、回到家后的舒适感等等。这就是对现代人居住的理解与洞察。这形成了芳草园主要的营销策略,在此基本策略上芳草园展开了一轮又一轮的成功推广。

一、推广策略

在明确了芳草园的核心开发策略——天河北路超大规模绿色环保社区之后,芳草园的各项推广策略便有条不紊地展开。

(一) 目标消费群的圈定

作为广州新城市中心的高档商品房,具有投资和自住的双重价值。因为芳草园所处的广州天河体育中心,已经是广州金融和经济的新中心,集中了最高档的写字楼和娱乐设施,相应带动周边住宅的需求,使得天河北路的商品房租赁市场一直相当活跃,具有丰厚的投资回报。广州的豪宅,单位面积主要在 $120m^2$ 以上,以售价 7000 元$/m^2$ 来计算,总价往往超过 80 万元,能够购买的人群相当有限。而此部分买家经过多年的市场消化,存量已经不大,如果再以此类买家为主要消费群体,则必然面临激烈的市场竞争。

经过详细的市场调查,芳草园发现,天河区置业者平均年龄层比老城区置业者要小 5~10 岁,同时还有不少外地来广州发展的年轻高收入阶层。芳草园认为,中高收入的白领和金领人士将成为项目的主要潜在消费对象,他们年龄在 28~40 岁之间,个人月收入在 5000 元以上,具有很强的月供能力,家庭结构以三口之家为主,但家庭积蓄不会很多。他们所需要的房子是离上班地点不远,有较高的综合质素,户型面积以两房两厅和小型三房二厅为主,同时,房子要具有较好的保值和升值能力。

在明确了主力消费群之后,芳草园开始展开系列化的营销和推广工作。

(二) 形象包装

天河北路绿色环保社区是项目的市场定位,它清楚说明了项目所处的位置和基本状况,但是它不是一句广告语,同时,也没有赋予项目鲜明的形象。芳草园所针对的消费群与传统的购房者的区别是明显的,他们有自己的生活方式,作为项目的形象包装,要与他们的生活思想和生活观念相吻合,才能起到事半功倍的作用。

在这样的背景下,"我轻松,我快乐"的广告语应运而出,轻松和快乐也随之成为项目的主要形象包装方向。对于都市生活的年轻人来说,生活紧张,工作压力大,回到家中渴望的是轻松自如的生活方式,他们不想活得太累,他们也不想承受太重的负担,他们只是想回到一个让自己感觉轻松而快乐的家里。

具体来说,芳草园的轻松和快乐体现在以下三个方面:

1. 因为地理位置的便利,买家在下班后可以很快地回到家里,不用在路上花费太多的时间,此为轻松之一;

2. 因为总体规划的卓越,8000m² 的大花园让住户有回归自然之感,双会所可以让你彻底放松,此为轻松之二;

3. 因为楼价的优惠,芳草园以超低的价格发售,让更多的买家能够拥有高质素的物业,此为轻松三。

"我轻松,我快乐"此广告具有年轻人喜欢的语感,又具有清晰的承诺,所以一经推出,马上在市场上引起了强烈的反响。

(三) 定价策略

芳草园周边的楼价,每平方米最贵的均价在 9000 元以上,最低的也有 7000 元。这些发展商满足于每个月十几套的成交量,追求单位面积的利润。而芳草园发展商认为,最重要的是总体利润,而总体利润的关键在于销售速度。经过详细的论证和计算,芳草园决定以均价每平方米 6000 元推出市场,最低价仅为 4500 元,比周围楼价低 30%。芳草园认为,以这样的楼价推出这样质素的房子,销售速度一定可以提高很多倍,同时可以节约大量的推广费用,还可能避免未知的风险。时间证明,芳草园的定价策略是非常成功的。最终,周边的发展商只能选择降价的出路,与芳草园火爆的销售形成鲜明的对比。

(四) 现场包装

芳草园不因售价的优势而忽略其他细节,发展商清楚知道目标买家虽然会受到价格的影响,但楼宇的质素仍然是第一位的。所以,芳草园坚持在做好现场包装之后再推向市场,务求给买家营造完美的心理感受,形成心理价格与实际价格的巨大反差。芳草园的售楼部是很有特色的。整体上以现代时尚为主要风格,通过色块、布幅等元素,形成简ң、干净、清爽的感受。芳草园在第一次公开发售之前先做好了一半的中心花园,这样来参观的人对芳草园未来的生活就不仅是一种想象,而是一种真真切切的感受,对销售产生巨大的推动力。

(五) 投放策略

芳草园认为,房地产项目最重要的是速度,不应该打持久战。芳草园希望的效果是每一次推出的单位都快速售罄,这样不仅回笼资金快,同时给市场上留下旺销、供不应求的感受。所以,芳草园的广告投放策略是平时不做广告,只在展销会时做广告,不浪费一分钱。但一旦做广告,则成为此段时间广州楼市的焦点和明星项目,以轰轰烈烈的广告力度,以非同一般的广告创意,结合完美的现场和富有竞争力的楼价,芳草园的产品力与形象力达到高度的和谐统一,产生强大的销售热。

二、营销策划提纲

(一) 背景分析

1. 市场大势
- 市场大势表现平稳,年终表现比去年略有回升。
- 竞争惨烈,同质化程度较高。
- 多数楼盘注重人文建设。

2. 市场走向
- 市场渐盛行与消费者的人文沟通。
- 市场作业通常需要全新概念的引导。

3. 芳草园品牌认知
- 推广尚未展开,品牌认知度低。
- 无原有品牌认知的阻碍,利于引入新概念。
- 现有优势未得到充分扩张。

4. 芳草园竞争状况
- 有地段的优势。
- 与同区的同质楼盘对比,有价格优势。
- 上述优势未能张显。

5. 芳草园的差异优势
- "芳草园"品牌内涵的独特意境。
- 社区规划的"清新"定位。
- 社区人文沟通及定位。

6. 结论
- 芳草园处于品牌导入期,市场认知度低,是弱势品牌。
- 芳草园的项目优势不足于凸现其差异优势。
- 芳草园面对的最大问题是市场认知度不足。

(二) 目标

一个购买行为的发生,是购买欲望——品牌兴趣——品牌说服——购买行为发生的过程。思考芳草园的品牌状况,我们认为芳草园的价格优势是品牌说明和品牌发生的主题因素,而对潜在的消费者,品牌兴趣的引导则通常由传播媒介来完成。

对于芳草园的销售来说,当务之急是强效提升品牌认知度,积累人气吸引购买欲望和品牌兴趣。

1. 短期目标(1个月)
- 达到40%的提示后知名度。
- 至少在价格层面上建立其差异优势。

- 达到销售 120 个单位的目标。

2．长期目标(26 周)
- 建立芳草园的完全差异优势形象。
- 完成 A 区销售。
- 提示后知名度达到 60％。

3．广告目标
- 在传播层面上为销售积累大量目标群。
- 在消费者心目中建立芳草园的独特形象。
- 形成与消费者完整的人文沟通。

(三) 策略

1．品牌定位

芳草园地处天河北路独有的绿色社区,是一个强调轻松居家的社区。

2．广告中必须阐述的机会点

(1) 楼盘的地段和价格属性。

(2) 楼盘规划的人文沟通。

3．广告效果目标(反应)

人们知道了芳草园,认识到了它的独特属性,并感到了价格的适合,引发看楼的愿望。

4．目标群

年龄在 28～45 岁之间,文化程度较高,家庭月收入在 7000 元以上,主要倾向男性,职业取向以高级白领为主。

5．广告效果目标(行为)

(1) 来到售楼部的人均受到广告的影响,在心智深层对楼盘有了好感,并希望与楼盘发生进一步联系。

(2) 品牌名的好感度。

(3) 位置——天河北路。

(4) 社区规划——完全成型绿色小区。

(5) 价格——6500 元均价。

(6) 轻松社区——生活感受。

6．广告着重表现的品牌个性

(1) 轻松。

(2) 轻松置业:均价低出同区楼盘 1000 元/m²。

(3) 轻松居家:创建天河北路清新地带。

7．核心品牌资产:我轻松,我快乐

结合芳草园的规划特质,延展其"芳草园"的命名涵义,从与消费者沟通的角度出发,以消费者感受的方式形成传播。整合了其轻松置业,快乐家居两大优势,带有强烈人文色彩。

核心品牌内涵：

(1) 家居感受芳草园位于"非常地带"的天河北路，具有完善的社区配套和较高的社区价值。

(2) 芳草园社区规划"非常清新"，拥有轻松惬意之感。

(3) 置业感受芳草园较同区楼盘均价低 1000 元/m² 以上，5300 元起价售出更感置业轻松。

(4) 天河北路发现芳草园，只需 5300 元/m²，轻松自然快乐。

(5) 住在天河北路，上下班总是快捷，轻松自然快乐。

(6) 家住芳草园，领略非常清新环境，轻松自然快乐。

(7) 倚窗而望，感受完全放松的社区文化，轻松自然快乐。

8. 品牌核心资产

以芳草园楼盘特质为基础，从与消费者沟通的角度出发，确立并开发楼盘核心资产，以此为主体，建立芳草园在人文层面上的内涵，培养品牌的形象力。

用"我轻松，我快乐"为主题集中在"置业轻松"层面上进行入市宣传；通过对楼盘的规划设计、开发建设逐渐丰富其楼盘形象；通过在人文层面上的沟通，张扬轻松的社区文化，并以此塑造项目差异优势；深层次开发其地段和价格上的优势，结合使用创造销售力；设计并使用统一的视觉标识系统。形成传播的一体风格。

9. 传播及销售工具

从建立楼盘形象和节约成本的双重考虑，楼书制作分两款。其中大楼书以张扬楼盘形象为主体，创意深邃，制作精美，应集中使用于准确目标群体。小楼书则采用现代的折页加封套，整体介绍芳草园在物质层面的因素，同时可随时以单张的形式进行内容补充。

展板应用于售楼现场。

单页灵活制作灵活使用。

赠品对目标群赠以笔记本，唐宋诗词画册等礼物。

10. 市场策略

低价入市，低开高走，实实在在实价卖楼，逐步提升楼价。

快速渗透、强势出击、人文渗透。

11. 促销公关策略，采用名人策略，走情感路线。

项目形象代表第一候选人梁咏琪，梁咏琪的形象与芳草园的定位吻合。

梁咏琪在广州市脸谱熟悉度高，作一场 SHOW 身价约为 10 万元，较为合理。

可进而发展请梁咏琪作品牌代言人进行电视传播。

建议可作"芳草园、中秋节梁咏琪现场 SHOW"。

思 考 题

1. 芳草园的市场营销特点在哪里？试从这份材料里替他们总结出几点最成功的经验来。
2. 在你所在的城市选择3~5个楼盘，研究其市场定位及营销手法，提交一份研究报告。
3. 芳草园的核心竞争力是什么？

第七章 房地产市场细分与目标市场选择

本章学习目的

1. 了解市场细分的涵义及作用。
2. 掌握房地产市场细分的依据、程序,具备房地产市场细分的能力。
3. 理解房地产市场细分评价标准及其评价方法。
4. 了解目标市场的内涵。
5. 了解房地产市场选择的影响因素。
6. 熟悉房地产目标市场选择的几种策略。
7. 熟悉房地产目标市场选择的基本程序,具备选择目标市场的能力。

第一节 房地产市场细分概述

一、市场细分内涵及作用

将市场按照某些事先选择好的变量,分割为有意义的、相似的、可识别的部分或群体的过程叫做市场细分。市场通常是由人或组织、需求、购买欲望和购买能力等要素构成的,这些要素均可按不同的性质或程度划分为不同的"类",这些"类"的组合便形成了细分后的市场。

市场细分是市场竞争的产物,在社会生产力水平大幅度提高,供求关系失衡,买方市场形成的市场环境下,迫使产品的生产厂家或服务的提供机构更清楚地研究市场,分析顾客群体的不同类别和不同消费偏好,以寻找新的市场机会,市场细分便由此而起。

市场细分是一个强有力的营销工具,在当代市场营销策划中占据重要地位,其主要作用表现在如下几个方面:

1. 有利于发现市场机会。
2. 有利于实施营销组合。
3. 有利于组织生产(或服务)。
4. 有利于提高效率和效益。
5. 有利于促进销售。
6. 有利于提高声誉。

二、市场细分依据

市场细分的对象是市场构成的四大基本要素(人或组织、需求、购买欲望、购买能力)。市场分析人员通常会针对一个或多个市场要素的某一或某几个特征变量进行分割,以此作为市场细分的依据。如人(消费者)的性别、年龄、种族、职业、文化程度、地域(分布)、收入;需求的规模、地区、偏好、心理、使用率等;购买欲望的目的、动机、强度、偏好等;购买力的程度、来源、影响因素、规模与分布等。不同的商品、细分市场关注的因素有很大的差别,房地产细分市场的依据将在本章第二节中详细讨论。

三、市场细分程序

市场细分按如下基本程序进行。

(一) 调查

调查是一切分析的基础,调查的目的在于有针对性地收集信息资料。严格地说,调查应贯穿于市场细分的始终。这里的调查是特指在营销目标初步确定之后,按照目标所确定的市场和范围所进行的调查。调查的深度视市场分析人员对市场熟悉的程度和对市场信息把握的程度而定。对于那些已经很熟悉市场状况,已经掌握了大量相关资料的分析人员,不妨一步到位,直接进入深层次的细分市场信息调查;对于那些初次涉足的市场领域,分析者对市场细分变量的把握性不大,且手头又没有掌握必要的信息资料,调查活动就不妨分阶段逐步深入进行。最初的调查往往是最简单的、最粗浅的,其进行的形式也相应简单、成本亦相对低一些(如查阅资料、电话询问、街头采访等)。待事项逐渐明朗,认识逐渐深化后,再进行深层次的问卷调查。

(二) 分析

分析阶段的主要工作是对调查资料的研究。在分析阶段,市场研究人员不仅要依据自己的直觉和理性分析、感性经验、逻辑推理对所收集到的信息资料进行真伪判断、可信度与可利用价值的判断,而且要利用各种统计分析工具从大量的调查数据中,寻找某种规律性的东西。

(三) 市场划分

市场划分即依据市场调查资料和统计分析结果实施市场分割。这一阶段依据市场分割的细化程度又可划分为如下4个环节。

1. 市场初步分割。即依据细分变量对市场类型进行初步划分。如依据顾客主要特征把消费者分解为不同类型。
2. 筛选。即对初步分割的市场进行深入研究,寻找主要特征变量的阶段。如对同类的顾客群体研究其差异,寻找主要特征,剔除次要因素。
3. 命名。对初步选定的细分市场进行标识。应采用形象化的方法,对细分市场进行简单又富艺术性的处理,命名标识细分市场的特点。
4. 检验与评估。对拟订的细分市场之依据进行检查,可行性进行评估,对市场规模、市场范围、市场经济效益进行预测,为决策者提供可靠的评估报告。

四、细分市场评估

细分市场的评估包括市场细分方案的有效性评估与可行性评估两类。细分市场的有效性评估是指评估细分市场方案的有效性。其具体的评估因素主要有细分市场变量的可度量性和差异性。变量的可度量性和差异性是指被选做细分市场依据的因素(变量),是便于界定、区分、测量的,是可衡量的,因而,在具体实施时,也是可操作的。依据这些变量分割出的市场,亦是可区分、可界定的。

细分市场可行性的评估是指该细分市场对公司吸引力大小的判断。其主要评价因素有:细分市场的规模、成长性、投入成本、盈利性、风险程度,与公司目标的一致性,以及公司所具备资源条件的适应性。细分市场的规模主要是潜在市场销售规模的大小,它由市场营销额、可能的市场份额等因素确定;成长性是指市场未来的发展趋势、主要是指市场规模、市场份额及市场盈利额的增长率;投入成本是指公司进入该细分市场的各种投入以及放弃原有市场的损失(机会成本);盈利性是指细分市场利润率的高低和盈利概率的大小;风险程度是从市场竞争的角度来判断进入该细分市场所冒风险的大小;与公司目标的一致性是指用细分市场的地域分布、产品类型、消费群体等具体特征判断该市场与公司战略发展目标、长远利益的适应性;资源条件的适应性是指为进入该细分市场,公司需投入的资源(包括资金、人力、设备、技术、经验等),与公司所拥有的资源条件的一致性。

进行细分市场评估的目的是为进入细分市场决策提供充足的依据。显然,只有那些确定有效而又切实可行的细分市场,才能吸引公司,决心进入该市场。

第二节 房地产市场细分

一、房地产市场细分依据

市场细分是一个对市场因素(变量)重新归类,重新分割的过程。由于市场细分的目的在于尽可能地赢得顾客、扩大市场份额,市场细分的依据大多也集中在顾客身上。但正如上节所述,不同的商品,具有不同的属性,顾客关注的内容自然有很大差距,因而脱离商品笼统地谈市场细分的依据是没有意义的。房地产商品按其用途也可分为好几类,各类商品房由于用途不同、性质不同、顾客群不同,消费者的需求,除了一些基本要素(如安全、质量等)外,其他要素也有较大的差异。因而,房地产市场细分的依据,也应按房地产商品的类别分类研究。

(一)住宅市场细分依据

住宅是商品房的基本市场。住宅市场细分的主要依据有如下几类基本因素。

1. 人文因素

人文统计因素是消费者群体分类的基本变量。如人口的年龄分组、性别分类、家庭结构、收入、职业、文化程度、宗教、民族、国籍等等,均可作为市场细分的变量。

家庭结构是指家庭人口的构成状况,如:单亲家庭、一家三口的标准家庭、三代同堂的大户型等。显然,将潜在的住宅消费群体按其家庭结构状况进行细分对于住宅区的户型设计、配套设施设计以及道路、园林规划设计都具有重要意义,对于发现新的消费群体,开辟新的市场领域也相当重要。年龄分组通常关注的是青年、中年和老年组的分类。不同的年龄结构,将会对居住环境有不同的要求,购买力水平也有一定差距。如青年组大多喜欢方便、舒适、新潮,受支付能力的限制,他们大多倾向于小户型,按揭付款方式;中年开始考虑环境的优美、子女上学问题;老年人在购房时优先考虑的往往是就医、购物的方便程度……潜在消费者群体的年龄分组对于商品房的市场的定位往往是至关重要的。

至于收入、职业、文化程度、宗教、种族、民族、国籍之类的人文统计因素,都是影响住房需求的变量。如收入影响购买能力,决定着商品房的价格水平和付款方式;职业与文化程度决定着住房消费偏好,以及对居住环境、配套设施的特殊要求;由于宗教信仰、种族、民族、国籍等因素的作用,往往会形成完全不同类型的消费群体及某些特殊的消费偏好。

2. 地理因素

地理因素作为住宅市场细分变量主要是指潜在消费者的地理分布状况。如地区、地区特征(市区、郊区、远郊区、农村等)、人口密度以及地区自然环境、生活环境、交通环境等。潜在的消费者原来所处的地理环境因素或多或少地影响着消费者的生活方式,也影响着他们对新购住房的需求偏好。地理因素还是预测市场规模的重要因素。因而,住宅市场细分往往把地理因素作为一项重要的细分指标来对待。

3. 心理因素

这里的心理因素是指人们在购买商品住宅时心理活动的分类。著名的市场营销专家菲利普·科特勒在他的名著《营销原理》中,将购买行为的心理因素分为动机、知觉、学习、信念与态度四类。

动机是指购买行为的目的。市场营销专家们认为,购买商品是为了满足某种需要,而这些需要除了由生理需求(如饥饿、口渴等)引发之外,还有一些是由心理需求(如归属、地位、情感等)引发的。

知觉是指个人(消费者)对事物(商品及商品消费过程)的认识和理解。知觉的关键环节在个人,不同的个人,由于其性格、经历、文化程度,以及周边影响因素(信息、人际关系等)的不同,对同一事物往往会有不同的知觉。心理学家们认为,在消费过程中,人们一般会经历选择性注意、选择性扭曲和选择性保留等3种知觉过程,因而营销策划者在设计他们的计划时,必须研究潜在的消费者,仔细考虑这些知觉的过程。

学习是指由于经验而引起的个人行为的改变。专家们认为,人类行为大多来源于学习,而学习是通过驱动力、刺激、诱因、反映和强化的相互影响产生的。市场营销人员往往通过强烈的刺激性暗示和积极的强化手段促成对产品的需求,这就是"学习"因素的实际价值。

信念是指一个人对某事物所持有的观念和认识。态度是指一个人对某些事物或观念长期持有的好与坏的认识上的评价、情感上的感受和行为倾向。营销人员关注的是如何通过广告及其他促销手段影响消费者对促销商品及其品牌的信念与态度,从而促成交易行为。

心理因素之所以构成住宅市场细分的依据因素,是因为它最终将影响人们的购买行为。消费者在交易决策过程中,在很大程度上取决于自己的思维方法和价值取向,而最终将受制于他的消费心理。因而,研究不同的消费心理过程和心理特征,便于寻找新的市场机会、开发新的产品、满足不同的需求。

4．环境因素

环境因素是指住宅商品本身所处的环境条件。如商品住宅周边的自然环境(山川、植被、气候等)、配套设施环境(水、煤气、电力、通讯)、交通环境(道路、公共交通等)、生活环境(医院、市场、学校、运动等)等等。由于房地产商品本身所具备的不可移动性特点,决定了环境因素成为商品住宅市场定位的重要因素,从而构成了住宅市场细分的重要依据。房地产市场营销的策划者,十分关注商品住宅的环境状况,按照其周边的环境条件,确定商品住宅的性质、功能、档次、建筑风格类型,以满足不同消费者的需求。

(二)商业用房市场细分依据

商业用房的基本功能是满足商务活动的需要。如用于办公场所的写字楼、用于交易活动的商场、用于产品生产及储存的厂房、仓库等等。这类房屋的功能要求自然不同于普通住宅。因而,其市场细分的依据也有相当大的差距。一般而言,商业用房市场细分的主要依据是房屋的使用性质。

使用性质是商业用房市场细分最重要的依据。这不仅是由于使用性质的不同,将对房屋使用功能、建筑与结构设计、装修档次与质量具有不同的要求;而且使用性质不同,意味着相当大的区别。

按使用性质的不同,可将商业用房分为如下几类:

1．商场。如商场、超市、购物中心。而商场还可按档次规模大小再进行分类;

2．酒店业。如各式饭店、餐厅、酒店。酒店业也可按档次的高低分为若干类;

3．金融业。各类银行、证券公司、保险公司的办公用房、门市部营业用房等;

4．厂房。用于产品生产加工场所的房屋。有各类专用厂房,如机器加工厂房、锻造厂房、高精度无尘厂房等,也有各种普通厂房;

5．仓库。用于贮存原材料和产品、半成品的房屋,如用于贮存燃油的油料仓库、用于贮存粮食的粮库、用于贮存各类危险品的专用仓库等;还有大量存放一般原材料和产品、半成品的仓库;

6．娱乐业。各类电影院、剧院、歌舞厅、夜总汇等;

7．休闲业。各类公园、养老院、健身院;

8．文教业。各类学校、训练场、指导中心、博物馆、艺术中心、图书馆等;

9．写字楼。用作公司办公及商务活动的房屋。

几乎在每一种使用性质下,还可依据其客户的大小、商业活动的规模、性能等,最终消费群体等因素进行进一步的细分。

二、房地产市场细分程序与方法

菲利普·科特勒在《营销管理—分析、计划、执行和控制》中,将市场细分的工作程序划分为调查、分析和细分三个阶段。调查是对市场信息原始资料的收集;分析是对市场信息的研究;细分是按研究结论对市场的分解。市场细分的对象是市场、依据是市场、结果也是市场。因而,市场研究在市场细分过程中非常重要。无论进行到哪一个环节,都要紧紧地把握住市场的脉搏。市场细分的过程实质上是对目标市场逐渐认识、逐渐深化、逐渐具体的过程,是一个调查、分析、细分的不断循环、不断重复的过程。应当说,每进行新的一轮循环,人们对市场的认识就提高一个层次,市场细化的程度就深化一个等级,对目标市场就接近一段距离。房地产市场细分的基本程序应当要遵循这一过程,逐渐深化,逐渐具体。

（一）第一轮市场细分

第一轮的市场细分主要针对房地产市场总的供求关系而进行,以确定拟投资商品房的性质(住宅、商场、写字楼、仓库等等)及区位(城市、地区)而进行的。这一轮的市场调查关注的是主要有如下信息资料。

1. 本市各类商品房的供求关系,如：
(1) 各类商品房开发规模及其变化率。
(2) 各类商品房市场投入量及其变化率。
(3) 各类商品房市场吸纳量及其变化率。
(4) 各类商品房地区分布状况。
2. 本市各类商品房价格及成本信息,如：
(1) 各类商品房建造成本及其变化率。
(2) 各类商品房税费及其变化率。
(3) 各类商品房销售价格及其变化率。
3. 本市各类商品房建造资源信息,如：
(1) 土地供应信息。
(2) 房地产金融信息。
4. 其他有关信息,如：
(1) 各相应地块环境信息。
(2) 各类商品房法律环境及产业政策信息。

第一轮市场信息资料分析的目的在于寻找投资机会。由各类商品房的市场供求、投资成本、收益、建设资源条件及其他条件,判断最佳投资方向。这一轮的市场细分便是从一般的房地产的概念中细分出具体使用性质、具体地域乃至具体地块的具体项目来。

（二）第二轮市场细分

房地产市场的第二轮细分往往是针对消费者而进行的,以确定拟投资商品房的市场定位。如消费群体的定位、建设等级的定位、市场价格的定位等等。

在第二轮市场细分中,调查的重点对象是潜在顾客的地域分布、家庭结构、文化层次、收入水平、职业特点、消费偏好、购买欲望等。

第二轮市场细分分析的目的是确定目标群体及其特殊要求。这种分析首先要做的是剔除相关性很大的变量,然后分出一些差异最大的细分市场。相关性很大的变量(如安全、方便)反映了顾客的共同需要,市场信息固然重要,但主要用于项目策划时参考。细分市场关注的是差异,只要找到区别一般市场要求的特殊的需求变量,而且界定出这种市场规模的大小及其发展潜力,便为目标市场的确定奠定了基础。

第二轮市场细分最后要做的工作是为划分出的细分市场取名。取名的目的在于形成一个简明的、便于识别的和表述的概念。在市场细分阶段,细分市场的名称是暂定名,一般来说,只要便于识别、反映特质即可,并非十分重要。当然,一旦目标市场确定以后,目标市场的名称经常与项目名称关联在一起,项目名称的选择便十分重要了。

(三) 第三轮市场细分

房地产第三轮市场细分是在初步拟订了细分市场后进行的。这一轮市场调研的焦点是顾客的消费偏好,消费行为及其他个性特征。如对房屋开间布局、装修档次、建筑设备、朝向、窗户、阳台;以及配套设施、建筑规划、社区文化、小区服务等等方面的特殊要求。

第三轮市场调查的目的在于为市场特质、市场卖点寻找进一步的证据,为目标市场决策提供更精细、更可靠的资料。第三轮市场调研是针对第二轮市场细分的细分市场进行的。调查的重点将集中在潜在消费群体的消费心理、消费偏好等心理因素和行为因素上。

心理因素是指消费者购买商品房的动机、消费者的生活方式、社会阶层以及消费者价值观念、个性特点等参数。在房地产商品消费心理分析中,主要关注如下内容:

(1) 购买动机。居住、改善、就业、就医、求学、置业、投资保值等等。

(2) 生活方式。社交型、回归自然型、舒适型、炫耀型、运动型、方便经济型等等。

(3) 社会阶层。按家庭收入、受教育程度、工作性质、社会地位进行的分类。

(4) 价值观念和个性。独立的、大众的、节俭的、追求享乐的、家庭至上的、保守的、自信的、软弱的等等。

行为因素是指潜在消费者购买行为的差异,如消费偏好、消费过程以及消费心态等等,如:

(1) 消费偏好。对户型、规划、环境、配套设施、装修、朝向、楼层、服务等方面的一些特殊要求。

(2) 消费过程。购房时机、信息获取途径、最关注的问题。

(3) 消费心态。冲动、稳健、豪爽、犹豫、怀疑等等。

三、房地产细分市场评估

房地产细分市场评估是针对细分的房地产市场有效性和可行性进行的评估，是进入该细分市场决策前的最后一道程序。它将为决策者提供有效而且充分的证据。

房地产细分市场有效性的评估主要集中在细分市场的变量以及用以选作目标市场的标志的可度量、可区分性和可界定性上。显然，只有可界定、可度量、可区分的变量，才能用以区分消费群体、识别消费对象，才能形成一个有特质的、有个性的或称之为有特色的市场，才是有效的。如以追求安静、舒适为消费者偏好的中高层收入家庭构成的消费群体，以追求、医疗、保健和社区家政服务为消费偏好的老年人家庭构成的消费群体，以追求健身、体育运动为消费偏好的中青年人家庭构成的消费群体，以方便、舒适为消费偏好，要求提供公寓酒店式服务的单身贵族消费群体等等。

房地产细分市场的可行性评估主要集中在细分市场的规模、成本、效益、资源条件与公司战略发展目标的一致性等方面。显然，无论细分市场多么引人注目，必须构成一定的规模才具备开发的条件。如前几年各地盲目发展的豪宅建筑和环境足够令人向往，但脱离了中国实际(毕竟进入富豪阶层的人数太少)，相当一批项目并不成功。成本和效益评估主要指进入细分市场的投入产出。显然，只有足够的产出，足以弥补进入该细分市场的投入成本，并给投资者带来有足够吸引力的利润，该细分市场才能吸引投资者，才是可行的。必须的资源条件是指评价进入该细分市场必须的资源条件(人、财、物、技术、经验等等)和公司拥有的、可支配的资源条件相比较，只有具备必要的资源条件，投资者进入该细分市场才是可能的，该细分市场对于投资者也才是可行的。与战略发展目标的一致性是指从公司长远发展角度来探讨的该细分市场的可行性。只有那些与公司长远利益相一致的细分市场才是可行的。

第三节 房地产目标市场选择

一、目标市场概述

目标市场就是企业决定进入的那个市场，即企业经过市场细分，以及对细分市场评估以后，决定以相应的商品和服务去满足那种特定需要和服务的顾客群。就房地产企业而言，目标市场就是一个为满足细分市场需要的特定项目，以及该项目一系列的开发理念、市场定位、卖点设计等等营销策略的组合。

目标市场的决策关系着项目的成败,是企业发展生死攸关的大事。目标市场的选择不仅依赖市场细分过程中详尽的市场调查分析、依据细分市场的评估结论,在细分化市场中做出选择,还要就所选择的目标市场(项目及项目的市场定位)进行全面的、综合的技术经济论证,即所谓可行性研究。目标市场的选择在整个项目策划过程中,对项目决策起着至关重要的作用,具有重要意义。

1. 能够系统地考察各个细分市场,从而了解全局,更好地把握市场机会。
2. 能够系统地考察一个项目,就其满足特定的细分市需要进行项目策划。
3. 能够从技术、经济、管理角度,对项目策划方案进行全面的论证与评估。
4. 能够对项目投资及投资方案做出科学的决策。

二、影响目标市场选择的主要因素

影响房地产目标市场选择的主要因素有:市场规模、资源条件、环境条件及赢利性因素、风险性因素、政策性因素等。

(一) 市场规模

市场规模因素是指细分市场的规模大小及其发展潜力。具有足够发展空间的市场,即使当前的市场规模不够大,仍然具备吸引力。对房地产项目而言,市场规模的大小往往成了目标市场决策的首要因素。

市场规模大小的预测是依据市场调查进行的。市场调查资料是否真实描绘了市场的本质,一则取决于抽样方案、二则取决于样本规模。因而,市场细分的调查方案编制,一定要充分关注科学性、真实性的原则。

(二) 资源条件

资源条件是指公司所拥有的或公司能筹集到的可供支配的资源。对房地产公司而言,从事房地产项目开发所涉及的主要资源条件有:资金、土地、技术和人力资源。资金是第一位的,任何一个新的目标市场的决策(新项目的开发决策),首先遇到的就是资金,只有有条件筹集到足够的资金,项目才能决策;土地是房地产立足的根基,只有找到了适宜细分市场开发项目的土地,目标市场才能够确定;技术是指公司从事该类房地产项目投资经营、开发建设的技术力量;人力资源是指公司所拥有的具备同类项目开发建设及经营管理的人才。

(三) 环境条件

环境条件是指项目所在地块的环境是否与目标市场的要求相适应。房地产项目目标市场关注的环境条件主要有:

1. 自然环境条件:主要有项目所在地的地质、地貌(山脉、河流)、地形、植被(森林、草地、树木)、气候(风、雨、气温、湿度);
2. 社会环境条件:主要有项目所在地的社区文化、风俗、社区管理机构、社区治安及社区服务环境等;
3. 基础设施环境条件:主要指项目所在地块的基础设施状况。如给水、电力、通讯、排水、排污设备等;

4. 配套设施环境条件：主要有交通、商业、生活、医疗、卫生、保健、文化、娱乐、教育等配套设施条件。

（四）盈利性因素

盈利是指扣除投资成本后的收益。用来反映房地产项目投资盈利性的主要指标有：投资收益率、投资回收期、内部收益率、净现值等等，分别适用于不同的情况。应当视条件有选择地采用。

（五）风险性因素

风险是指由于意外因素影响，使项目收益偏离预期投资效益的程度。风险客观存在于一切项目投资过程之中。用来描述房地产项目投资风险的主要指标有：投资风险损失强度，投资风险分布状况（标准偏差及其变异系数）。用来衡量、评估项目风险状况的常用方法有：风险调整贴现率法、肯定当量法、决策树法（期望值法）、盈亏平衡分析法、敏感性分析法等，应当视具体情况采用不同的方法和指标。

（六）政策性因素

政策性因素是指项目所在国和所在地当时颁布的与项目有关的各种法律、法规、产业政策。应从有利和不利两方面来分析对项目带来的影响。对房地产开发项目而言，最主要的政策性因素有：城市规划、利率政策、环境保护政策、住房政策等等。

三、目标市场选择程序

房地产目标市场的选择过程是一个为满足细分市场需要的特定项目的项目策划与项目决策过程。因而，其目标市场的选择程序就如图 7-1 所示，基本上类似于房地产项目的投资决策程序。

由图 7-1 所示的房地产目标市场选择程序可看出，就房地产而言，其目标市场的选择本质上就是一个为满足细分市场需要的特定项目的选择以及该项目的策划过程。在这个程序中有如下几个要点需要特别注意。

（一）市场研究十分重要

目标市场的选择是在市场细分的基础上进行的。因而，广泛的、不断深化的市场调查与研究显得尤其重要。房地产项目投资额巨大、投资周期长、涉及因素复杂、风险大，尤其要重视市场研究。真实地把握市场规律，而不是主观臆断、观风向、凭想象。市场研究在房地产目标市场选择中的重要地位表现在如下两个方面：

其一是指市场研究贯穿于目标市场选择过程的始终，涉及目标市场选择的每一个环节，惟一的区别在于随着选择过程的深入，所关注的市场范围将会越来越窄，而研究的深度将会越来越增加。其二是指目标市场选择所涉及的评估问题，无论是评估内容还是评估依据、评估标准，都是与市场密切相关的。应当说，目标市场的选择是来源于市场，最终又回到市场。

（二）目标市场的选择是一个不断深化、反复修正的过程

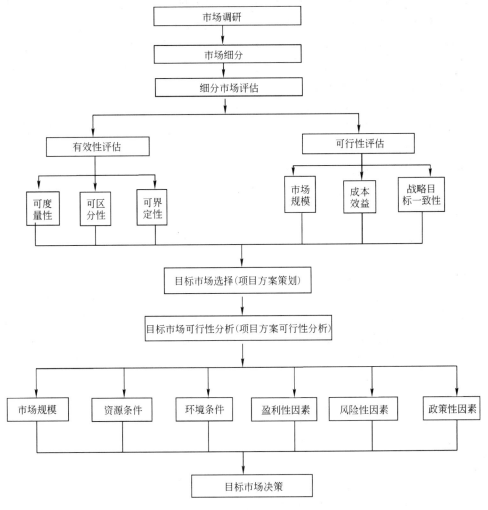

图 7-1　房地产目标市场选择程序

尽管程序图(图 7-1)将房地产目标市场的选择过程划分为若干阶段,但在实际工作中,这些阶段是很难划界的,他们仅仅反映了一个大致的过程顺序,许多工作都是反复、循环进行的。尤其是进入评估阶段以后,往往后期的评估会对前期某些工作(如市场细分的依据、细分市场的规模、目标市场的方案等)提出质疑,迫使人们不得不重新进行市场调研以寻找新的凭证或对原有的认识、原拟的方案进行修正。有时甚至会推翻一切定论,重新开始新一轮的研究。这一类问题,在接近后期的目标市场决策前的目标市场可行性研究阶段,尤其明显。

(三) 评估与分析(可行性研究)贯穿于始终

在房地产目标市场选择过程中,评估与分析几乎占据了全过程的核心地位。由图 7-1 可看出,在前期的市场细分阶段,要进行有效性评估以判定用以细分市场的变量是否有效,是否能细分出有特质的、有个性的、从而也是有特色的市场;要进行可行性评估,评价细分市场的规模、成本、效益、资源条件,判断是否值得进入。在后期的目标市场选择与决策阶段,基本上就是一个满足细分市场的特定项目及项目方案的策划与评估过程。在这里,针对各种不同内容,采用不同方法和程序的评估分析,就显得尤其重要了。

(四)项目方案策划是目标市场选择的灵魂

如前所述,对房地产而言,其目标市场就是一个满足细分市场需要的特定项目。因而,项目方案的策划,在目标市场选择过程中的核心地位和主导作用就十分明显了。尤其在后期,当细分市场的特征已很清晰,项目地块已基本确定,目标市场选择的主要内容就是认真研究特定消费群体的需求,分析相应市场规律,以及项目地块的状况,在项目的开发理念、卖点设计、规划设计、投资方案、融资方案、营销方案、经营方案上下功夫。可以说,对房地产市场营销而言,目标市场选择的灵魂,就是项目的方案策划。

四、房地产项目市场定位

市场定位是指目标市场产品的定位,是依据市场细分及目标市场的选择,针对目标消费群体对产品属性、特征、功能的需求,强有力地塑造产品个性形象,并把这种形象传递给消费者,从而吸引顾客,占领市场的过程。在市场营销学中,市场定位、产品定位、竞争性定位三个概念往往交替使用,并无本质的区别。产品定位主要针对产品属性而言,是就公司的某一产品在目标市场地位和竞争优势的研究与决策过程。竞争性定位是针对公司形象而言,是依据竞争对手的分析就公司竞争态势、竞争策略的研究与决策过程。房地产项目的市场定位是指根据目标市场的需求特征对项目产品特征作出的具体规定。由于房地产项目自身的特点,其市场定位的内涵就包容了市场定位、产品定位和竞争性定位的全部内容。

(一)房地产项目市场定位的内容

房地产项目市场定位主要包含如下内容:

1. 项目功能属性定位。如土地使用性质(商住、商业、工业、写字楼、住宅等)、房屋的基本属性(高层、超高层、低层;普通住宅、公寓、别墅等)。

2. 项目经营属性定位。如投资结构(独资、招商、集资、贷款等)、经营方式(出售、出租、自销、代理等)。

3. 项目市场属性定位。如目标市场(地域、消费群体等)、消费者需求(偏好、关注问题、开间布局、装修标准、经济承受力等)。

4. 项目价格属性定位。如竞争性价格、平均价格等等。

5. 规划设计定位。如平面布置、户型设计、配套设施、基础设施等。

6. 建筑与结构设计定位。如建筑造型、主体结构与材料、建筑设备等等。

7. 开发与建设方案定位。如开发建设周期、推出市场的时机、开发建设顺序、工程发包方式、招标方案、开发建设顺序、施工工艺等等。

8. 其他。如主要竞争性策略、卖点设计等等。

(二) 房地产项目市场定位的基本程序

由上述市场定位的内容可看出,房地产项目的市场定位实质上就是项目创意和方案策划的前期过程。只不过市场定位阶段所得到的仅仅是一些最基本的原则或指导思想,是未来项目方案策划的基础。因而,市场定位要力戒随意性,要遵循客观规律、依据充实的资料、做出科学的决策。一般而言,房地产项目的市场定位是建立在市场研究基础上的,是依据细分市场及目标市场的需求特征而确定的。此外,市场定位的目的在于为项目的方案策划制定依据。因而,其市场定位程序必然包括:市场研究、方案比较和效益评价。

房地产项目的市场定位涉及不同的层面和不同的内容,定位过程应当按照一定的步骤,由上而下、由宏观到微观、由全局到局部、由抽象到具体、由表及里循序进行。然而,在实际的操作过程中,许多定位内容是相互交错、互相影响的,而且在不同的层面间也有渗透和交融,因而,切不可机械地看待定位程序,而应将整个项目的市场研究、市场定位、方案策划作为一个整体,按系统工程的理论和方法进行研究与分析,做到既把握了大局,又顾及局部,既有先导、超前的意识与概念,又符合实际,具有可操作性,为方案策划制定具体的指导性意见。

针对一个具体的房地产项目,其市场定位一般按照如下程序展开。

第一阶段:项目市场属性定位,其主要内容及运作程序如下所示:

市场研究→一般投资机会分析→市场细分→目标市场选择→消费群体定位→消费偏好研究→承受能力分析。

第二阶段:项目功能属性定位,其主要内容及运作程序如下所示:

市场研究→具体项目投资机会分析→项目地址选择→项目使用性质定位→项目地块环境分析→项目主要功能定位。

第三阶段:项目产品属性定位,其主要内容及运作程序如下所示:

市场研究→环境分析→目标市场分析→消费偏好分析→项目规划设计要点→项目建筑设计及结构设计要点→成本与价格定位。

第四阶段:项目经营属性定位,其主要内容及运作程序如下所示:

市场研究→项目投资估算→项目投资组合设计→经营方案(营销方案)策划→项目开发建设方案策划→项目投资融资方案策划

(三) 房地产项目市场定位的原则

1. 实事求是,尊重客观规律的原则

市场定位是依据市场需求,针对目标消费群体的实际需求,对产品形象和产品属性的确定,是直接为产品方案策划制定指导性意见的重要阶段。定位正确与否,对项目的成败关系极大。因而,在实施定位研究决策过程中,切忌主观臆断,凭空想象,应当说,市场定位的每一个决策、每一项创意都必须是有根据的。这一原则对房地产项目更为重要。由于房地产自身所具备的不可移动性,房地产项目对地域环境的依赖性特别强。如果项目的市场定位脱离了项目的环境条件，必然不会为市场所接受，必然为未来的市场营销带来无法克服的障碍，严重者甚至会造成整个项目的失败。

2. 循序渐进，逐渐深化的原则

房地产项目的市场定位是一个过程，在这个过程中，将涉及众多的领域，在不同的层面、不同的范围内展开。虽然为了研究，分析及叙述的方便，将其划分为若干阶段，若干步骤，但在实际操作过程中，有些内容是不可截然分开的。要注意把握全局，统筹兼顾，在市场定位过程中，既注意由宏观到微观，由全局到局部，由抽象到具体，由表及里的循序渐进，按程序进行；又注意各阶段内容的渗透及互相影响和协调。一般而言，任何一个项目的市场定位，都要反复进行若干循环，才能逐渐深化和具体。

3. 虚实结合，以实为主的原则

有人说"房地产的市场定位不是对项目作实质性的改变"，这种观点当然是错误的，错在过度地夸大了"理念"、"概念"的作用。有人甚至提出，如今已经到了"卖概念"的时代。把项目的概念策划、文化内涵推到超越自身实体质量、实质内容的地位。片面追求包装，企图依赖一些华丽的词藻，引人注目的广告、新鲜的概念，就能引起市场轰动，创造营销奇迹。他们借助早期不成熟的市场环境，某些项目靠欺骗性宣传、空口承若所产生的造市功能，正在把房地产项目的市场定位引入虚无的世界，有人甚至提出策划就是无中生有的口号，这也是当前房地产市场诚信度下降，消费者投诉不断，市场营销纠纷急剧增加的原因之一。

房地产市场定位的基本目标当然是发现市场，但我们所需要的是按照所发现的市场，切切实实地研究适应市场需要的项目策划方案。在市场定位，策划方案中所提出的每项建议，都要落实在项目产品上，要让消费者看得见，摸得着，感受得到，而不是子虚乌有的"概念"。这既是对消费者负责、对社会负责的表现，也是开发商对自己负责的表现，要知道，经历了20余年历程的中国房地产业，已经是一个日趋成熟的行业，市场日益规范、投资者日益成熟、消费者也日益成熟。那种跟风向，观潮流，满足一时的虚荣，追求表面文章，仅仅靠一个"概念"、一句口号、一纸广告、一张照片就能打动的消费者固然还有，但绝不是趋势，靠这类消费者绝对不能成气候，更何况他们一旦醒悟过来，同样能通过法律途径追回开发商所承诺的条件。

因而，在房地产项目市场定位中，既要有理念上的创新、概念设计、文化内涵，更要在项目的建筑风格、规划设计、配套设施以及物业管理、社区服务中具体体现出来。要坚持虚实结合，以实为主的原则，应当把发现的市场用于项目的功能属性、产品属性和经营属性定位中，应当切切实实地交给消费者一个他们满意的商品。

本 章 小 结

1. 将市场按照某些事先选择好的变量,分割为有意义的、相似的、可识别的部分或群体的过程就叫做市场细分。市场细分是强有力的营销工具。

2. 市场细分的对象是市场构成的四大基本要素(人或组织、需求、购买欲望、购买能力)。市场分析人员通常会针对某一个或几个要素的特征变量进行分割,作为市场细分的依据。

3. 市场细分通常按照调查、分析、市场划分、细分市场评估的基本程序进行。

4. 细分市场的评估分为有效性评估和可行性评估两类。有效性评估是针对细分市场方案,从可度量性、差异性进行的评估;可行性评估是对该细分市场吸引力大小的判定,一般从市场规模、成长性、成本与效益、风险、资源以及与公司长远发展目标的一致性等方面进行评估。

5. 房地产住宅市场细分的主要因素有:人文因素(如年龄、性别、家庭结构、收入、职业、文化程度、宗教、民族、种族、国籍等);地理因素(如消费者地理分布、地区特征、人口密度、环境状况等);心理因素(如动机、知觉、学习、信念和态度等);环境因素(如自然环境、配套设施环境、交通环境等)四类。

6. 房地产市场细分过程实质上是对目标市场逐渐认识、逐渐深化、逐渐具体的过程,是一个调查、分析、细分、评估的不断循环、不断重复的过程。一般而言,这个过程将进行3~4轮的循环。

7. 第一轮市场细分,目的在于寻找市场机会,主要针对房地产市场总的供求层面及资源条件进行,用以确定拟投资对象的性质(住宅、商场、写字楼等),市场分析人员主要关注的是:各类商品房的供求关系、价格与成本、建造资源条件等信息,从而寻找投资机会。

8. 第二轮市场细分是针对消费者而进行的,目的在于确定市场定位。分析者关注的是潜在顾客的人文因素(地域分布、家庭结构、文化层次、职业特点、收入水平、消费偏好等)。分析的技巧在于把握特殊的消费群体及其特殊的需要,从而划分出细分市场来。

9. 第三轮市场细分的目的在于为市场特质、市场卖点寻找进一步的依据,为项目策划提供更系统、更有针对性的信息。市场调研与分析的重点将集中在消费群体的消费心理、消费偏好等心理因素和行为因素上。

10. 目标市场就是企业决定要进入的市场,就房地产开发企业而言,目标市场就是一个为满足细分市场需要的特定项目及项目的策划方案。

11. 影响房地产目标市场选择的主要因素有市场规模、资源条件、环境条件、盈利性因素、风险因素、政策因素等。

12. 房地产目标市场的选择程序基本上类似于房地产项目的投资决策程序。在其目标市场选择过程中,市场研究、评估与分析、方案策划占据着至关重要的地位。

讨 论 题

1. 什么是市场细分？试举本市一个成功房地产项目的实例，讨论其细分市场特征。

2. 住宅市场细分的主要依据有那些？试分别针对本市住宅市场调查的人文因素、地理因素、心理因素、环境因素设计调查表格及信息分析处理方法。

3. 在市场细分过程中，有效性评估和可行性评估主要是针对什么进行的？试举例说明房地产市场细分有效性和可行性的内涵。

4. 试联系本市一个成功的房地产项目策划方案，剖析其市场细分不断循环、不断重复的过程。

5. 何谓房地产企业的目标市场？试举例说明项目策划、可行性研究在房地产目标市场选择中的作用。

6. 在本市的住宅小区项目中，选择一个你认为最成功的项目，剖析其市场调查、市场细分及目标市场选择的全过程，研究其成功的经验及值得改善的地方。

案例　富利半岛花园的市场营销[①]

富力地产集团已经在广州房地产市场上形成了"精品物业、信心保证"的品牌内涵，成为公认的明星楼盘。如果想长期发展房地产开发业务，则必须重视产品开发和产品质量。富力地产集团的决策者选择了"精品物业"这一经营战略。房地产商和楼盘项目的知名度会在很多方面发挥出来，但主要体现在具体楼盘的销售方面，通过楼盘产品持续旺销，确保企业长期利益和即时利益都能实现是房地产开发商的终极目的。富力半岛花园高质价优已为社会各界人士见证，连续两年(1998、1999年)荣获广州市销售量十强楼盘。而2000年上半年也荣登销量冠军。

一、有针对性地进行产品设计是其成功的根本保证

(一) 户型

顾及到间隔的实用性和目标消费群的经济能力，以及市场上的需求和发展方向，逐步规划设计成一房一厅，二房一厅、三房一厅3种户型，其中二房一厅为主体户型，所占的比例为70%，一房一厅和三房一厅各占15%。

(二) 面积

按照上述的户型设计，规划设计了多种的套型面积：

其中一房一厅为 $30 \sim 50 m^2$，总价约为 $9 \sim 15$ 万元之间，满足单身或二人低收入家庭的要求；

三房一厅为 $80 \sim 110 m^2$，总价约 $25 \sim 35$ 万元之间，满足个别家庭人口多或经济富裕的买家要求；

[①] 摘自决策资源房地研究中心编著．现代房地产全程操作．广州：暨南大学出版社，2002

二房一厅作为占大比例的主体户型,特别设计了 50~80m² 等多种面积搭配,总价约为 16~20 万元之间,使买家可以选择多种大小面积不同、朝向不同、景观不同的户型,充分满足买家的需求。

(三) 付款

为了照顾买家的经济能力,特别设定多种比较轻松的付款方式供买家选择,例如:有一次性付款、多达 3 种不同期限的分期付款形式。

(四) 价格

在详细研究、分析了目标买家后,发现老城区和拆迁户购房时对发展商提供的交楼装修标准大部分并不接受,纷纷拆掉而进行二次装修。因此,为了降低成本造价和压低售价,富力地产集团采用了毛坯房的交楼装修标准的推广方式。

其好处在于一方面是大大降低成本造价,从而压低首期付款额度,比同区域的竞争对手降低接近 10% 的幅度,形成明显的价格优势。另一方面是大大缩短建筑周期,形成交楼快的良好形象。并选取了恰当的市场时机,很好的发挥了价格杠杆的作用,采用了低价入市的策略,在当时产生了销售高潮。

在第一期 A 式住宅推出时候,富力半岛花园凭大众化的价格,舒心实用的设计,吸引了不少的工薪族前来。开发当年就取得了良好的销售成绩。

二、环环相扣,承前启后的营销方案

(一) 第一期住宅推广

1. 切入市场,做市场上需要的产品

富力半岛花园在 1997 年推出市场,首期 22 栋 7 层无电梯洋房,在一个展销会上就卖出 130 套,其余的单位短短的 4 个月内便销售一空。

楼市流传着关于楼盘是否热销的三个要素:价格、地段、户型。在项目开发之初,决策者就对项目所在的区域作了详细的市场调查、摸底和分析,发现三个现象。

一是在售的楼盘多为单体建筑或只有很小规模的住宅小区。欠缺大规模、规划完善、配套齐全的住宅社区。二是在该区域的购房者大部分是荔湾老城区的原居民和受市政建设拆迁需要购房的买家,以一次置业为主。三是在荔湾老城区的原居住的环境条件都比较差,住宅面积小,经济承受能力也相对弱。于是,决策者看准了该区域商品住宅的市场需求呈现如下三个特点:

(1) 价格便宜。

(2) 生活便利。

(3) 紧靠荔湾老城区。

鉴于以上分析,富力地产集团制定了项目的最终市场定位,即大型园林绿化生活社区。

2. 实施措施

(1) 透彻把握市场需求,准确定位产品

富力半岛花园总占地面积 11.8 万 m²,总建筑面积 45 万 m²,考虑到要完成整个楼盘所需时间达数年之久，项目地块又很大。决定将项目规划成多个组团，每个组团相对独立，有各自的建筑风格、各自的园林绿化、各自的景观以及各自户型间隔、装修标准、营销策略、价格策略、传播策略等。而公建配套如：幼儿园、小学、足球场等则提供给社区的业主共享。其好处在于灵活多变，可以连续不断地创造多个销售高潮。

虽然当时市场上已经有为数不少的带电梯商品房出售，但大部分的买家普遍不为接受，原因在于其价格成本高、实用率低、管理费贵、建筑周期长等负面因素。7层以下无电梯的带园林绿化和齐全配套的住宅小区是当时市场上最受欢迎的产品。故此，富力地产集团的定位非常明确，采取了实惠型的7层无电梯设计。其造价低、实用率高、交楼快、管理费低的优势，迎合了买家的需求。

由于项目当时的目标消费群是面对荔湾老城区居民和拆迁户。他们的特点是购房以自住安家为主，多数为首次置业；经济能力并不十分富裕，对购房过程中的价格很敏感，应当在经济承受能力允许的情况下考虑户型及面积设计。

(2) 注重居住环境，突出社区概念

富力半岛花园是临江而建，小区的东面与南面一线临江。决策者在南面的堤岸，构筑了全市罕见的长达800m的江边公园和江边观景漫步小径，可以无遮挡的眺望城市景色及江面风光。

良好的人文环境是培育孩子健康成长的必不可少的条件。富力半岛花园在规划初期，就充分顾及业主的需要。在小区内规划筹建自己的幼儿园、小学，为业主解除子女教育的烦恼，使之成为楼盘文化内涵的一个重要组成部分。以此增加楼盘的附加值，体现了"完善生活社区"这样一个概念主题，从而在市场竞争中保持优势。

(3) 注重广告效应

富力半岛花园自开盘开始，其广告的策划、风格、内容都是非常务实的，完全针对当时买家最关心的问题。广告以价格、地段、生活便利为重点，在比较短的时间内，赢得人们的注意。在买家中口碑甚佳，形成良好的品牌效应。为后来的二期、三期的推广销售打下了基础。

(二) 第二期推广

成熟，注重实效的市场运作手法。

随着城市建设的快速发展，市场不断成熟，消费者考虑的楼盘除了上述基本要求之外，又增加了环境、配套、物业管理、综合素质等。

由于前一阶段的成功，富力半岛花园的品牌得到了进一步的提升。但决策者们反而清醒地意识到房地产销售并不能靠某一卖点，而应该建立在项目的整体素质上。

在第一期住宅的销售阶段，从现场的销售过程中反馈了几个重要的信息。

1. 买家在购房过程中除了对户型、面积、朝向、价格等诸多因素均考虑很多以外,同时对物业管理等服务考虑也很细致。

2. 买家在购房过程中对楼盘的规划、楼盘交付使用后,小区和周围环境的施工到位非常重视。如果项目建设各方面条件不很成熟,将会严重影响买家的购买欲望。

3. 买家在购房过程中对施工质量和工程进度非常关注。

故此,富力地产集团决策者们采取了成熟且注重实效的市场运作手法。在环境、建筑、服务等三个领域内均采取了必要的措施。

(1) 环境。项目施工时,先完成项目的环境及配套设施的施工。楼盘主体还在施工,叠水涌泉广场、演舞台绿化广场、儿童乐园区和足球场、标准网球场、篮球场等体育事业项目就已经率先做好。随着日常生活配套设施(银行、邮局、商场、农贸市场)的不断完善,买家的信心得到了空前的加强。

(2) 建筑。在项目主体施工时,先完成部分外立面施工,以使客户在购房时,就直观感受到住宅的建筑风貌。给买家以信心,取得良好的促销效果。

(3) 服务。上乘的服务,是提升产品附加值,增加楼盘项目吸引力不可缺少的重要手段。服务贯穿在项目开发的全过程,每个环节都要满足买家深层次的需求。

在项目设计阶段,决策者们就从人的潜在需要出发,特别关注户型设计和开间布局的市场要求。例如:二期的三房一厅主体户型,就引进了主人房间带独立洗手间的设计,这在当时的市场和同区域的楼盘来看,是非常领先的。同时采用了主力户型的推售手法:在现场售楼部将主力户型做成透视模型以及样板房供买家参观,使买家在现场咨询的时候能够很直观地获悉欲选购的户型的平面布局和间隔的大小。为了满足不同的买家的购房要求,特别推出标准装修与简单装修两种交楼标准,以求达至最佳效果。富力半岛花园由集团属下的合资物业公司管理,为业主提供贴身服务。

二期的发售,开始了富力半岛花园的新时期。虽然二期售价比 A 区提高颇多,但其高质价优的优势已经为社会各界人士认同。故二期 12 栋 12 层带电梯的小高层洋房在 6 个月内便被抢购一空。此时,富力半岛花园的市场渐趋成熟,在广告计划和表现策略上也形成了自己的特色:有计划、有规律地曝光,维持了在潜在买家心目中的形象地位。而广告也开始由单纯讲价格、地段,转移到以环境、景观为代表上。

(三) 第二期推广

把产品做好,适合买家,需要。

项目的规模大、规划好、环境佳、配套全、综合素质等基本特色已被大众所接受。但市场上竞争对手的不断出现为富力半岛花园增加了非常大的压力。决策者们意识到,随着时代的变迁,楼盘产品的特色需要适当的调整,完善楼盘产品形象以适应企业战略目标,就需要改变传播内容和方式,通过各种方式进行传播后就会在目标消费者中形成固定的品牌形象。第三期住宅位于整个小区的核心地带,占地 3.5 万 m², 由 9 栋 18 层、5 栋 28 层的高层住宅合围而成。

组团内汇聚多项娱乐消闲设施,堪称全区娱乐之最。

拥有 3 万 m² 的中央园林绿化。

该组团是富力半岛花园第一个以江景为代表的组团。

望江单位的售价提高到全区最高位。

在价格越来越贵、不断上升的同时,项目的目标消费者的层面也越来越高,分布越来越广,年龄特征趋向年轻化,出现了部分二次置业的买家。主要有如下二类:

1. 具有稳定收入,但需要财务支持的职业人,年龄层次在 22~32 岁之间,文化程度比较高,购房主要目的是自住,对所购房的户型、面积、朝向、价格等因素考虑很细致,文化层次高,但经济承受能力比较差(积蓄偏少,月收入较高、较稳定),在具有财务支持条件下,是比较容易开发的客户群体。

2. 具有良好的财务状况,具有良好的家庭积蓄,多数是从商人士,年龄层次在 30~40 岁之间,购房目的是置业(大部分二次置业),对购房过程中的各部分环节多很熟悉。对所购房的户型、景观、物业管理、市场价值(在二手房市场中的租赁和转手价值)等因素很注重,主要特点是购房资金容易到位,是一群注重各项细节的买家。

综上所述,项目所面对的目标市场归纳成:

(1) 具有稳定的经济来源,收入较高。

(2) 年龄层次相对比较低,家庭人口结构简单。

(3) 居住空间的休闲性与周边的娱乐性需求比较大。

(4) 具有一定的文化层次,容易形成个性的价值观,对新事物的接受意识比较强。

(5) 购房趋向容易受大众传播媒体的影响。

富力半岛花园为了坚持"把产品做好,适合买家"的原则,专程到亚热带花园城市——新加坡考察、参观学习。吸收别国先进的经营、管理理念和手法。在受到启发后,决策者们对本项目的营销方案做出调整,本期的推广重点主要是内部环境和天然景观。提出了"创广州第一生活环境"的概念主题,其内容涵盖了社区的内部环境、配套设施、临近江边等优势。

该项目最终获得了极大成功。

思 考 题

1. 富利半岛花园的产品是依据什么进行市场定位的?

2. 试述富利半岛花园市场营销的基本策略。

3. 请在你所在的城市,选择 3~5 个房地产项目,研究其市场营销策略,提交研究报告。

第三篇　房地产市场营销策略

第八章　房地产市场营销产品策略

本章学习目的

1. 掌握房地产产品的概念和分类。
2. 熟悉房地产产品决策的基本内容。
3. 熟悉品牌的基本内容,了解房地产品牌在市场营销中的作用和地位。
4. 熟悉房地产系列产品决策和组合产品决策的含义,掌握系列产品和组合产品策略。
5. 掌握房地产产品开发的基本过程,了解房地产产品生命周期。

第一节　房地产产品的概念与产品分类

一、产品概念

(一) 基本含义

房地产,是房屋和土地的物质形态和经济法律关系的权益形态的总和。物质形态上,房地产是土地、建筑物及其他定着物的总称;法律经济意义上,房地产是指对物质状态的土地、建筑物和其他定着物的各种权益。

经济学上所说的土地,是指地球的表面及其上下一定范围内的空间,其范围包括地面、地面以上的空间和地面以下的空间,是一个三维立体空间概念。依此概念,从理论上讲,一宗土地的地面以上的空间是指从地球表面的该宗土地的边界向上扇形扩展到无限高度的空间;地面以下的空间,是指从地球表面的该宗土地的边界向下呈锥形延伸到地心的空间。但在实际社会经济生活中,拥有一宗土地,其范围并不是可以随心所欲地开发利用的,而要受到多方面的限制。除土地拥有者由于受自身的建筑技术(包括建筑施工技术、建筑材料性能)和自身经济能力等限制而不能无限空间利用外,还因为土地是构成环境的重要因素,其开发、利用不是孤立的,会影响到周围及社会公众的利益,因此土地利用还受土地拥有者以外的因素,特别是城市规划方面的限制。

建筑物,是人类建筑生产活动的物质产品,包括房屋和构筑物两大类。房屋,是指能够遮风避雨并供人居住、工作、娱乐、储藏物品、纪念或者进行其他活动的空间场所,一般由基础、墙、门、窗、柱、梁和屋顶等主要构件组成;构筑物,是指建筑物中除房屋以外的建筑产品,人们一般不直接在内进行生产和生活活动,例如烟囱、水塔、水井、道路、桥梁、隧道、水坝等。

其他定着物强调"定着",是指与土地、建筑物不能分离,或者虽然能够分离,但是分离就会破坏土地、建筑物的功能与完整性或者其自身价值会明显受损害或甚至丧失的物。其他地上定着物如:为提高土地或建筑物的价值或功能而埋设在地下的管道、设施,种植在地上的花草树木或人工建造的庭院、假山,安装在建筑物上的给排水、卫生、照明、空调、通讯、防灾等设备。

房地产权益是指在法律上及经济上对房地产实物合法使用、出售、出租、占有、放弃等的权利和利益。在我国,城市土地属于国家所有,因此,就房地产开发经营来说,附着于房地产实物形态的权益包括房屋所有权和土地使用权,以及在此基础上设定的他项权利,如抵押权、地役权、典权等等。

(二) 整体产品概念

按照现代市场营销理论,产品是指能提供给市场以引起人们注意、购买并消费,从而满足消费者某种欲望和需要的一切东西。从市场营销的角度看,房地产产品也是一个包含多层次内容的整体概念,一般包含三个层次的内容:核心产品、有形产品和附加产品。

核心产品是满足消费者需要的主要功能和效用的房地产产品。人们获取房地产,并不是为了占有房地产实物本身,而是希望通过对该房屋的使用满足不同方面的需求,因此,房地产核心产品才是顾客真正的需要,是房地产开发建设首先要确定的主题。根据房地产的基本功能,房地产的核心产品通常就包括:办公、商业、工业、居住等消费,资本投资,财产保值增值,财富积累,炫耀等需求。核心产品是房地产产品整体概念中的最基本层次。

有形产品即产品的物质表现形式,是房地产核心产品的载体,它是消费者可直接观察和感觉到的内容。消费者实际上是从有形产品考察房地产是否满足其对核心产品需求的满足程度,所以,有形产品是消费者选购房地产的直接依据。房地产开发建设者也只有首先着眼于顾客购买产品时所追求的利益,以求更完美地满足顾客需要,从这一点出发再去寻求利益得以实现的形式,通过精心设计、精心施工,提供质量过硬的房地产,才能激发消费者的购买欲望。房地产有形产品包括:土地的区位,房屋的开间布局、楼层、朝向、质量、户型、建筑风格、建筑设备、配套设施等。

附加产品是顾客购买房地产商品过程中可以得到的各种附加服务或利益的总和。美国学者曾经指出:"新的竞争不是发生在各个公司的工厂生产什么产品,而是发生在其产品能提供何种附加利益(如包装、服务、广告、顾客咨询等)上"。房地产市场技术壁垒比较低,产品容易被模仿,企业与企业之间所生产的核心产品与有形产品的水平已越来越接近,附加产品竞争已经成为企业间竞争的焦点。只有向消费者提供有更多实际利益、能更完美地满足其需要的附加产品,企业才能在日益激烈的竞争中赢得胜利。

房地产附加产品包括消费者在购买过程中所得到的售前咨询和售后服务。如:代办手续、按揭保证及物业管理等。附加产品能给购房者带来更多的利益和更大的满足感,由于它主要存在于房地产购销过程的前后,所以,在日益激烈的市场竞争中,附加产品已成为房地产开发经营者市场营销中重要的竞争手段。

其中物业管理作为房地产产品附加层次中的新内容,已成为房地产产品不可分割的一部分,顾客在购买房地产产品时,已经不仅仅局限于关注有形产品及其所体现的核心产品内容,而把售后的物业管理作为所购买房地产的重要内容。物业管理的作用主要表现在如下两方面。

1. 更充分体现房地产产品的效用

物业管理公司接管物业后,为业主和使用者提供各项物业管理服务,既满足了人们对物业的保值和增值的需要,又方便了业主的日常生活,使物业的使用价值得到更充分的体现。

2. 提升房地产产品的性价比

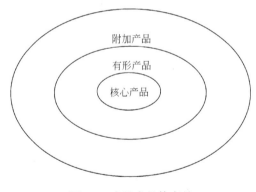

图 8-1　房地产整体产品

物业管理通过前期介入,可从项目规划设计、施工监理、接管验收、参与销售等各个环节提出更有利于业主和使用人的建议与意见,以督促开发企业提高房地产产品的质量。加上接管后物业管理公司为业主提供的服务及良好的环境和设施等,使人们所购买房地产产品的性价比得到提升。

房地产产品整体概念的三个层次关系如图 8-1 所示。

从房地产整体产品的内涵及相互关系可以看出,它体现了房地产的现代市场营销观念,因此,正确理解房地产整体产品,是提高开发企业声誉,满足消费者需求的基本要求。

二、产品分类

房地产是土地、建筑物及其他定着物的总称,但是并不意味着只有土地与建筑物合成一体时才被称为房地产,单纯的土地或者单纯的建筑物也都属于房地产,是房地产的一种存在形态。在现实中,房地产的存在形态还有未完成的房地产,即在建工程。

（一）土地

土地是自然资源，也是重要的生产要素。按照是否经过劳动投入划分，土地分为未开发土地和已开发土地，俗称生地和熟地；按照基本用途看，土地分为农业用地和城市土地。根据土地所处的状态不同，城市土地又可分为：具备开发建设条件，立即可以开始建设的熟地和必须经过土地的再开发才能用于建设的生地。

就城市土地的整体而言，按使用状况大致包括：

1. 工业用地。
2. 仓库用地。
3. 交通用地。
4. 市政用地。
5. 居住用地。
6. 商业服务用地。
7. 公共绿化用地。
8. 道路、广场用地。
9. 教育文化、体育和卫生用地。
10. 军事用地。
11. 港口用地。
12. 其他用地（如国家机关等）。
13. 储备用地。

房地产中的土地，主要是指与房地产开发建设和经营活动相关的那部分土地，所以也称为建筑地块。在我国城市土地为国家所有的条件下，建筑地块的使用权是一种资源性的房地产商品，它不仅是房地产业直接开发和经营的对象，同时也是城市各类房屋建筑不可缺少的基础载体。建筑地块作为一种房地产开发劳动的改造物，具有比原始自然土地更大的使用价值，因而具有更大的价值。

从房地产开发的角度看，单纯的土地开发一般是指成片土地开发，而把零星建筑地段的开发合并在房屋开发建设中综合考虑。成片土地开发是指房地产开发企业在土地市场（一般是一级土地市场）获得土地的使用权后，依照城市规划对土地进行综合性的开发建设，平整场地，建设给排水、供电、供热等综合配套基础设施（三通一平、五通一平或七通一平），形成工业用地或其他建设用地条件，然后进行商品房或其他房产、设施的开发建设。

（二）房屋

房屋是房地产业开发建设过程的最终产品，构成房地产经营活动的主体对象。从实物形态来说，房屋是房屋建筑物与建房地基的有机结合体，"房"与"地"不可分离，建筑物是地基的上层建筑，而地基则是建筑物的基础载体；但从权益关系和经济意义上而言，在某些情况下，房屋建筑可以作为单独的房地产而存在，例如：房屋施工、房地产估价等经济活动中涉及的房地产。

按照房屋的基本使用功能,可以分为住宅和非住宅房屋两类。住宅是供人们居住生活之用的房屋建筑,是人们从事各类社会经济文化活动的最基本的物质前提之一。住宅除了生活资料功能外,还具有社交等社会功能的作用。在任何社会中,住宅问题不仅是一个社会问题,也是房地产经济活动中的最重要的主体。非住宅建筑是除住宅外的其他所有房屋的总称。

非住宅房屋按不同的使用性质,大致可分为如下四类。

1．生产用房:是城市经济中物质生产部门的活动空间,主要包括实际用于生产单位进行物质生产活动的车间、工场、仓库,以及这类单位的办公室、实验室用房等。

2．营业用房:是城市中商业、金融业及其他各种营利性服务业所使用的房屋。

3．行政用房:它是指党政机关、社会团体的办公用房及其辅助用房。

4．其他专业用房:它是指文化教育、体育、科研、医疗卫生用房等。

除此之外,还可以根据需要而将房地产分为其他不同的类别。

例如,可以根据组成房屋建筑物结构的材料分为6类:

1．钢结构。

2．钢筋混凝土结构。

3．砌体(包括:砖、砌块、石等)结构。

4．木结构。

5．塑料结构。

6．薄膜充气结构等。

根据房屋的完好与损坏程度分为完好房、基本完好房、一般损坏房、严重损坏房和危险房屋;按建筑层数和高度划分为低层建筑、多层建筑、高层建筑、超高层建筑等。

第二节 房地产产品决策

在房地产市场营销活动中,企业满足顾客需要并通过提供满足顾客需要的产品而获取利润,是通过开发不同用途的房地产产品来实现的。为满足消费者不同的需求而开发建设的各种用途的产品,是买卖双方交易的基础。因此,房地产产品决策是开发企业的一项重大决策。它是房地产企业市场营销活动的核心,也是制定其他市场营销策略的基础。

一、产品属性

房地产企业要在激烈的市场竞争中取胜,必须提高其核心竞争力。由于房地产市场进入的技术壁垒较低,产品容易被模仿,因此,不断创新,实施产品差别化策略就成为房地产企业不断保持其核心竞争力的重要问题。所谓差别化,菲利普·科特勒的定义是:"差别化是指设计以系列产品差别,来区分公司与竞争对手之间的产品的差别"。房地产产品的差别化体现在房地产产品的质量、物业管理的完善程度、设计新颖性、功能满足度、环境配套设施等方面。而要实现房地产产品的差别化,需要通过产品决策,即常说的产品定位来实现。

按照市场营销全过程策划的观念,房地产产品决策过程是一个策划过程,通过这个策划过程,确定土地的用途和房地产产品的规划方向,并在此基础上,通过规划设计,使其得以实现。但房地产产品不同于一般商品,应当考虑房地产商品的特征对房地产产品决策带来的影响。①土地的不可再生性和位置固定性,决定了它的利用既受政策法规的限制,又受地域环境的影响,不能批量生产,因而很难进行标准化的设计;②房地产具有消费、投资、保值等多种特性,消费者购买行为的动机各不相同,因此,难以确定既满足企业目标要求又适应顾客需要的价值评价标准,并因此增加了房地产产品决策的难度;③房地产产品价值不仅受产品本身影响,更受周围环境的制约,且房地产产品寿命周期较长,因此,产品决策必须考虑环境变化的长远影响;④房地产产品必须为消费者所接受,市场调查和消费者需求分析在其产品决策中占据重要地位。

(一)产品决策的目标

房地产开发企业市场营销中产品决策总的目的是开发满足目标市场顾客需要的产品,并通过该产品的开发经营实现其利润目标,但在特定的项目或时期,这一总目标可能会有所侧重,从而对产品决策(产品定位)产生影响。在特定的时期或项目中,房地产开发的目标可能是如下目标的全部或部分。

1. 获取尽可能高的利润,增加投资回报,例如创造个别产品的高利润,或者整体产品的组合利润。

2. 降低开发经营风险,避免供过于求或不满足市场需要而造成收益损失,实现风险的抵御能力。

3. 平衡企业财务、资金和成本开支,避免开发销售与企业财务状况的冲突。

4. 通过项目创造企业形象,打造企业品牌。占领市场,提高市场占有率。

具体的目标是房地产开发企业产品决策首先应确定的问题。

(二)区位分析与地块分析

房地产投资开发的首要因素是位置,产品决策在目标市场选定和决策目标确定以后,就需要进行开发地块选择,需要从区位分析入手。

1. 区位分析

区位分析侧重于宏观分析,相对于地块分析而言,主要提供房地产远景价值,影响因素主要是交通网络、区位特征和发展规划。

交通网络对区位的影响主要通过两个方面体现,一是交通网络本身具有的物质形态对周围地块的影响;二是交通网络所带来的人流、物流因数量、质量和类别的差异而给区域发展带来的直接或间接的影响。

区位特征指相对聚集而产生的、依附于该区域并为其特有的一种物质和非物质状态。例如,人们习惯于按照区域功能分为:工业区、住宅区、办公区和商业区等;还有按照经济和消费水平分为:平民区、富人区等。区位特征是历史累积的结果,受产业结构、人口数量、教育程度、建筑物种类、风格、购买力水平、配套设施、环境条件等多种因素的制约。当然,按区位特征对区域的划分,并非绝对的,而只是涉及区位特征中相对明显的某一方面。

发展规划是指当地政府,为了实现一定时期内城市的经济和社会发展目标,确定城市性质、规模和发展方向,合理利用城市土地,协调城市空间布局和各项建设的综合部署和具体安排。发展规划对区域的交通网络和区位特征都可能产生影响,在房地产产品决策前期必须予以高度重视。

2. 地块决策

相对于较宏观的区位分析而言,地块决策对房地产产品决策更为直接。地块决策中需要分析地块的交通、方位和环境。

地块分析中的交通是指地块附近的主要道路、交通工具和交通方式。交通一方面表明地块与周围地区的交通联系状况和便捷程度,另一方面也左右着未来交通的发展态势。

方位是指地块具体坐落的位置、形状和大小,是临街地还是角地或袋地,主要朝向是向主干道还是次干道等特征。

环境是指地块及地块周围的物质和非物质条件与特征,如水、电、煤气等市政设施,公园、学校、医院、商场等生活配套设施属于物质条件;地块周围的历史、人文、人口数量和素质等则是非物质特征。

区位和地块分析的目的一方面在于辨别房地产开发投资的价值及前景,另一方面也在于体现其对目标市场潜在客户需求的满足程度,为开发建设地块选择提供依据,是在产品决策中最优先考虑的问题。

(三) 产品规划设计

在房地产开发建设项目的地块确定以后,产品决策首先要确定土地的使用性质(例如,办公楼、商业楼或住宅楼),但是由于"房"和"地"密不可分,加上产品决策是在目标市场细分并做出选择的基础上进行的,土地使用性质受到城市土地利用法规和政策,尤其是城市规划的严格限制,因此土地使用性质决策时需要考虑的自主决策因素相对就较少了。即使是综合用地,有一个不同用地的比例关系决策问题,也主要是根据规划设计的有关原则和规范来决定,所以,产品决策的第二个阶段重点就在于房地产的规划设计方面,例如,住宅产品究竟是规划为别墅还是公寓?是小户型还是大户型?建筑覆盖率、容积率、绿化率控制在多少?质量标准确定在何种水平?等等。

1. 产品规划设计的制约因素

产品规划设计的目的在于满足消费者的需求,使开发商能增加或创造产品的附加价值。必须考虑的制约因素包括:

(1) 与城市建设相关的法律法规限制,例如:容积率的分配、楼层高度规划限制、绿化率限制、用途管制、环境保护要求等等;

(2) 市场可接受性,例如:可接受的价格区间,可接受的房型等;

(3) 风险与报酬的相互关系。房地产投资风险与报酬总是同时并存的,不同的开发商,不同的产品规划设计以及面临的不同市场,风险程度不相同的,需要在风险与报酬之间找到一种开发商可能接受的均衡。

2. 产品质量的确定

房地产产品质量是根据国家有关法律、法规、技术标准和顾客(潜在顾客)要求对产品安全、适用、经济、美观等特性的综合要求。从功能和使用价值看,产品质量体现在适用性、可靠性、经济性、外观质量与环境协调等方面。

产品的功能和使用价值的质量要求相对于潜在顾客的需要而言,并无一个固定和统一的标准,因此需要以满足潜在顾客需要为前提,以实现产品目标附加价值为目的,在产品决策中确定产品的质量目标和标准,并通过产品规划设计具体化。

3. 房地产产品规划设计的基本要求

房地产产品规划设计直接影响满足市场需要的程度,从而影响企业经营目标的实现,所以,房地产产品规划一般应注意如下问题。

(1) 房地产产品规划设计应当和目标市场决策相吻合。不同的目标市场对应不同的产品,否则,市场不认可,产品就不能变为受市场欢迎的商品,再好的房地产也只能空置。目标市场在确定时虽然要考虑潜在顾客的职业、年龄、生活习惯、信仰等多种因素,但最终受到消费者收入水平的影响,反映到房地产市场上,就是消费者所能够接受的价格区间,所以,房地产产品规划设计应在一定的价格区间范围内,尽量做到产品丰富、完美,满足潜在顾客消费需要,体现出产品的高性价比。

(2) 产品规划设计应具有引导消费时尚的功能。房地产产品规划应当与目标市场潜在顾客的需要相吻合,但不是简单地满足和迁就顾客,而应善于挖掘并满足顾客的潜在需要,引导消费潮流。这就是很多房地产开发商在宣传上不断推陈出新的原因,但推陈出新不是简单的概念炒作,而是通过规划设计,在房地产产品上配置一些确实与众不同的内容,顺应和引导消费潮流,并通过"差别化"占领市场。

(3) 产品规划设计应当兼顾成本和创新的需要。房地产价值高,产品规划设计配置的功能不能是追求"高档"和"齐全",而应当考虑市场接受度和竞争对手的条件与情况,突出自身的优势。房地产产品比较容易被模仿,在规划设计中,如果一味简单地跟随市场,模仿别人,或者是追求功能配置的"齐全",则往往可能导致产品没有"优势"而成本却显著上升,从而处于不利的竞争地位。

二、品牌策略

(一) 房地产品牌的概念与作用

1. 房地产品牌的概念

品牌是房地产产品整体概念的重要组成部分,在整体产品中起着越来越重要的作用,成为房地产企业普遍重视的竞争手段。随着消费者品牌意识的增强,以及品牌效应给企业带来的良好的经济效益和社会形象,房地产企业越来越重视品牌策略。

房地产品牌是一个集合概念,包含品牌名称、品牌标志、商标等概念在内。是指房地产开发企业给自己开发的房地产规定的名称与标识,通常是由文字、标记、符号、图案和颜色等要素组合构成的。品牌实际上是企业或产品在消费者心中的一种形象代表,其功能在于把不同企业之间的同类产品区别开来,不致使竞争者之间的产品发生混淆。品牌代表开发商的实力,而开发商的实力又是物业品质的根本保证,只有有实力的开发商才能保证物业本身的综合素质与现阶段的市场营销策划以及今后的配套管理三方面的和谐统一。这就是为什么消费者重视品牌选择的原因,也是现代开发企业之所以通过将更多的资金投入到物业的人性化设计、较高的绿化率水平、优质的物业管理等方面,创建自己的品牌的根源所在。

2. 房地产品牌的作用

(1) 有利于企业进行广告宣传。

(2) 有利于企业新产品推广。

(3) 有助于企业进行市场细分和市场定位。

(4) 有利于建立顾客群的需求偏好。

(5) 有利于社会公众监督和提高产品质量。

房地产企业通过品牌的上述几个方面的交互作用,建立其在消费者心中的印象。运用品牌策略的目的就在于希望通过建立优秀或知名的品牌,使市场对自己企业及企业的产品产生认同感,并进而达到提高市场占有率的目的。

(二) 房地产品牌策略

1. 是否建立品牌

一个企业是否建立品牌是品牌策略的第一决策。由于建立品牌,需投资进行大量的广告、包装策划,耗费较大,因而为了降低成本,使房地产产品价格降低,增强竞争力,很多开发企业最初不愿意建立品牌。随着市场竞争的加剧及消费者品牌意识的增强,有品牌的房地产产品更容易在市场产生影响,良好品牌的物业的售价高于同档次的其他产品且市场占有率高,加之品牌还可以作为开发企业的无形资产,因而大多数开发企业越来越重视品牌的建设。

2. 品牌归属

品牌策略的另一个问题就是品牌归属问题。对房地产企业来说,从市场营销的角度而言,可有两种选择。

(1) 自建品牌。自建品牌投资大,创立品牌时间长,是否能被接受取决于市场的反应,成功与否,风险较大。

(2) 选用中介代理机构为其代销。选用这种方式,房地产开发企业与代理公司签订合同,项目使用代理公司品牌上市销售。借用具有良好声誉的中介机构品牌,使企业建造的项目开盘上市,在市场形成一种××代理公司销售的房地产商品都是质量优良的房地产商品的印象,可提升房地产产品的价格,但需支付较高的代理佣金。这种方式实际上是企业没有自己的品牌,并且要求企业的房地产本身具有良好的质量及相应的售后服务。

3. 企业/产品品牌决策

当房地产开发企业同时在同一地区开发多个项目,且项目类型、档次存在较大差异,是全部使用同一品牌,还是分别使用不同品牌时需要作出的决策。

(1) 个别品牌。即开发企业每推出一个房地产项目,分别给予单独命名的方法。这种方法的优点是在一定程度上可把个别项目的成败与企业声誉分开,不至于因为一个项目的失败而损坏企业形象。缺点是为每个项目推广都需作广告宣传,费用开支较大。

(2) 企业名称加个别品牌。即房地产开发企业为其推出的每个项目命名时,均在每个项目具体名称前冠以企业名称的方法。这样既可通过企业推出原有项目的声誉推广新的物业,缩短消费者了解和感受产品的过程,有利于迅速打开销路,节省广告宣传费用,又可以使每个项目的品牌在市场中保持相对独立,便于消费者认知。

(3) 统一品牌。即房地产开发企业为其推出的每个项目都冠以有一定内在联系的统一品牌。这样有利于确立品牌形象。

4. 品牌设计决策

当房地产企业决定就企业或项目建立品牌时,就需要进行品牌设计决策。品牌设计决策是一项专门的技术。考虑品牌宣传的效果,房地产品牌设计应遵循以下原则。

(1) 易于认读,识记。切忌选用生、冷、偏、怪的文字。

(2) 与房地产产品的品质、环境、价格相适应,做到名副其实;强调物业的意境、特色及文化和创意。使好的物业通过品牌起到"锦上添花"的作用。

(3) 符合时代潮流和民族传统。

三、售后服务、物业管理

随着房地产核心产品和实物产品差距的缩小,附加产品在房地产市场竞争中的作用越来越重要。一般来说,房地产营销服务可分为:售前咨询服务、售中代办手续服务和售后物业管理服务,这些被视为房地产附加产品的内容。

房地产产品从移交用户开始就退出流通领域而进入消费使用领域了。但这并不意味着营销工作的结束,还有一项非常重要的内容——提供售后服务。因为根据企业市场营销观念的要求,了解并满足顾客的需求是企业营销工作的核心,所以在顾客买回产品后帮助其正确、有效地使用产品既是企业不可推卸的责任,也是赢得良好声誉的手段。另外,在房地产消费使用阶段的物业管理也被认为是房地产附加产品的组成部分,并被开发企业作为产品营销的重要手段之一而使用,但两者实际上有着本质的区别。

(一) 售后服务与物业管理的关系

消费者通常认为物业管理就是房地产开发企业提供的售后服务。一方面,开发企业将完善的物业管理作为其楼盘的一个"卖点"进行宣传;另一方面,现在我国物业管理公司多是由开发企业的售后服务部门独立出来并自行管理已开发的项目,由此才形成了物业管理就是售后服务的观念。其实,物业管理与开发企业的售后服务有着本质的不同。

1. 提供服务的主体不同

为购买者提供售后服务是开发企业的责任,当然开发企业可委托其他人如施工单位、代理机构或物业管理公司等完成该项工作,但这不能免除其应负的责任。物业管理服务则是由购买房地产的产权人选聘的物业管理公司提供的。因此,严格来说,售后服务是房地产产品的附加产品,是伴随着产品实体转移而产生的一种延伸服务;而物业管理服务是一项独立的服务商品。

2. 服务内容不同

一般而言,房地产产品的售后服务主要针对产品本身出现的质量问题进行维修、对正确使用房屋及各类设施提供指导等,服务项目较少;而物业管理的内容则是由作为委托方的业主和作为受托方的物业管理公司协商确定的,服务项目和标准可以分为不同等级,范围可以相当广泛,几乎涉及业主使用物业甚至生活的各个方面。

3. 经济责任不同

提供完善的售后服务是开发企业应尽的职责,一般情况下是无偿的(用户造成的损失除外)。物业管理服务则是有偿的,无论是公共服务、专项服务还是特约服务,都应体现"谁受益,谁负担"的原则。物业管理公司的责任仅限于委托合同约定的内容,且物业管理公司有权决定是否接受这项业务。

尽管如此,但无论是由开发商提供的售后服务还是由专业的物业公司提供的物业管理,其目的都是保证业主(或用户)能合理有效地利用房地产产品,这种目标的一致性决定了二者在工作内容上有很强的关联性。

(二) 物业管理对市场营销的作用

现代的市场营销活动实质上已贯穿于开发企业生产经营的全过程(全程营销),从产品的开发设计、施工建造、销售到售后服务都属于营销管理的范畴。物业管理处于房地产产品的使用阶段,与开发经营同属于同一产业链的两个不同环节,但通过物业管理的超前介入,从业主使用和便于管理的角度提出项目规划设计要求,如封闭式管理小区内道路不宜直通,根据需要预留空调机位等方面提出要求和建议,实际上对市场营销过程有着非常重要的意义。

物业管理超前介入对于开发企业和建筑企业的活动起到了一定的监督作用,而且物业管理公司在项目规划设计、施工组织、工程竣工验收和销售过程中会代表未来的业主提出自己的建议和意见,这无疑对于保证项目的功能和质量,为开发企业的市场营销创造了有利条件。另一方面,不同类型、不同档次的房地产硬件设施需要配以适宜的物业管理的软件服务,才能构成完整的房地产商品使用价值。物业管理可以为业主和使用人营造良好的工作、生活环境,提升房地产产品品质,从而促进房地产开发企业的产品销售。

第三节 房地产产品系列决策与产品组合决策

现代企业为了满足目标市场的需要,扩大销售,分散风险,增加利润,往往在经营多种产品。但是,由于企业在不同的产品生产经营方面的成本、质量优势不同,市场对不同产品的接受能力和程度不同,因此,不同产品对企业效益的影响及给企业带来的风险也可能差别很大。所以,企业在市场经营的产品并非多多益善,而是需要对产品组合进行认真的研究和选择。所谓产品组合是指一个企业生产和销售的全部产品的结构。产品组合一般由若干产品系列(又称产品系列)组成。所谓产品系列是指具有相同使用功能,但其型号规格不同的一组类似产品。不同型号、尺码、大小、价格、外观等属性有别的不同产品称为产品项目。

产品组合包括:产品组合的广度、深度和关联性三个基本因素。产品组合的广度是指一个企业生产经营的产品系列的数目;产品组合的深度是指各个产品系列中所包含的不同规格的产品项目数。产品组合的关联性也叫产品组合的密度,是指企业生产的各个产品系列之间在最终用途、生产条件、销售渠道等方面存在的相关程度。产品系列是产品组合的基础。由于房地产产品资金占用周期长,占用量大,高投资风险与利益并存,更应该重视产品的组合问题。

一、产品系列决策

产品系列是决定产品组合广度、深度和关联性的基本因素。动态的最优产品组合就是通过及时调整产品系列来实现的。综合考虑各个产品系列的调整问题就是产品组合决策,而着眼于一个特定产品系列的调整就是产品系列决策,产品系列决策是产品组合决策的基础和主要组成部分。

(一)房地产产品系列的划分

产品系列是一组密切相关的产品项目。相关是多方面的,从不同的相关关系着眼,同样的产品项目可以划分成不同的产品系列。例如房地产产品有住宅、宾馆、办公、酒店、百货商场,可以把它们按照用途各作为一个系列看待,也可以按照性质,分为住宅项目,办公项目,营业性项目三个系列。因此,产品系列的定义并不是划分产品系列的绝对标准。产品系列的划分除了相关关系外,主要考虑如下两个方面。

1. 组合和管理这些产品的最佳方式

一般而言每一条产品系列都应有专人负责。如果主要产品的附件能获取高额利润,则企业常常会把这些附件列为单独的产品系列,由专人负责管理,以扩大销路,多创利润。

2. 为顾客提供最佳的服务

为了开展有效的竞争,更好地为顾客服务,有时将若干产品划为一条产品系列更有利。如将房地产开发的酒店与百货商场有机联系起来。

(二) 产品系列的分析与评价

企业要求产品组合最佳化,必须使每条产品系列都取得较佳效益。要做到这一点,各产品系列主管人员必须经常了解、分析、评价产品系列中每一个产品项目的销售情况和盈利情况,作为决策的根据。

(三) 产品系列延伸决策

产品系列延伸是把产品系列延长、使其超出目前范围的一种经营行为。产品系列延伸的原因是为了开拓新的市场,增加顾客;或者是为了适应顾客需求的改变,配齐该产品系列的所有规格、品种,使之成为完全产品系列。如不同类型、规模的住宅项目,某些较大规模的小区内,既有别墅,也有高层住宅,还有小高层建筑等。产品系列延伸有三种形式:向下延伸、向上延伸和双向延伸。

1. 向下延伸

原来生产高档产品,以后决定生产低档产品,这就是产品系列向下延伸。例如开发企业以开发别墅为主,但发现普通住宅虽然单位利润较低,但市场容量较大,于是在开发别墅区同时,延伸开发普通住宅。

企业基于如下理由,做出产品系列向下延伸的决策:

(1) 发现其高档产品成长发展极为缓慢,因而不得不将其产品系列向下延伸,以开拓市场。

(2) 高档产品遇到了激烈的竞争,需要进入低档产品市场取得回旋余地。

(3) 初期进入高档产品市场是为了建立质量形象,现在这个目标已经达到,向下延伸可以扩大产品的范围,开拓市场。

2. 向上延伸

有些企业原来生产低档产品,可能由于下列原因而决定进入高档产品市场。

(1) 高档产品的市场销售形势看好利润率高。

(2) 竞争者实力较弱,可以取而代之,占领市场。

(3) 企业的实力增强,欲图发展各档产品俱全的完全产品系列。

例如,房地产企业最初主要开发一些小型的普通住宅项目,一定时间以后,开始开发较高档次的住宅小区甚至别墅项目。

3. 双向延伸

生产中档产品的企业在取得市场优势后,可能决定同时向产品系列的上下两个方面延伸。

(四) 产品系列补充决策

产品系列补充决策不同于产品系列延伸决策,后者是产品系列越出现有经营范围的伸长,而前者只是在目前经营的范围内增加新的产品项目。因此产品系列延伸是一种战略性决策,而产品系列补充只是战术性的。

房地产企业为了防止产品系列补充决策的失误,做出补充决策时必须注意如下问题。

(1)核查新增加的产品项目是否适合市场需要,决不可单独为了填补"产品空白点"而增加新项目。

(2)产品系列主管人员应先行按市场接受程度确定新产品的售价,然后才进行产品设计。事先确定售价以对产品设计起指导作用。

(3)要分析为补充新系列而带来的潜在收益和投入成本相比是否划算。

二、产品组合决策

企业根据市场情况、开发能力和经营实力对产品组合的广度、深度和关联性进行不同的有机组合称为产品组合策略。针对房地产产品的特点,不同的房地产企业或同一房地产企业不同时期可以采用的产品组合策略一般有如下几类。

(一)综合发展策略

企业凭借雄厚的资金和技术力量以及市场信息把握能力,不放过任何机会,尽力全面扩展产品组合的广度和深度,向市场提供各种类型的房地产商品。由于综合发展需要较强的综合实力,尤其是资金运作能力,所以是规模较大的公司或集团所普遍采用的一种策略。

综合发展策略能较大限度地分散各种产品的经营风险、扩展企业的实力和声势,取得最大的市场覆盖面和最大限度地满足顾客的需要。但是,如果技术和管理实力跟不上,没有强大的资金实力作保证,或者是企业没有应付某一类项目在特定时期亏损的能力,往往风险较大,实际效果可能适得其反,因此,采用综合发展策略时,企业首先应当慎重分析扩展领域的风险及潜在利益。

(二)广度扩展策略

采用综合发展策略的房地产企业需要有雄厚的资金、技术与管理力量为保证,真正能够全面向广度和深度发展的房地产企业一般很少。因此一些规模较小的企业往往采取广度发展策略,参与各种类型的房地产如住宅、商业用房、工业用房、写字楼等的开发,但某种类型的房地产主要集中在一种或少数集中项目上。采取广度扩展策略可以避免某类项目市场不景气而给企业带来较大的冲击,也可以分散经营风险。

广度扩展策略并不意味着各类房地产项目面面俱到,采用此种策略的房地产企业应注意根据自身的实力确定合适的产品组合广度。由于不同类型房地产的开发、经营管理和市场营销各有特点,如果产品组合广度过大,而企业管理跟不上的话,容易使得企业的经营管理变得纷乱复杂,难以形成某一方面的优势,如果经营不善,可能影响企业的市场竞争力。另外,企业如果没有某类项目在市场上有较大影响,还有可能在消费者心目中造成不良影响。

(三) 深度扩展策略

与广度扩展策略相反,采取深度扩展策略的房地产企业不是面面俱到,而往往选择某一类型的房地产作为其主攻方向。如很多房地产企业只致力于发展住宅项目,其开发的产品既有价位较低的,又有价位中等的,还有高档的花园别墅等。采取这种扩展策略的房地产企业可以较为容易地形成产品系列化,并能够在某一方面向深度发展,因此能以较快的速度发展新产品,形成某一类产品方面的优势。

(四) 目标市场细分化策略

在市场细分的基础上,专门为某一类需求未能被满足的顾客(目标市场)开发和销售某种产品。例如,被新列为对外开放的地区,外来机构大量进入时对办公楼的需要;适用于经济条件不富裕,人口构成比较简单,或者是临时居住的面积在 $50\sim60m^2$ 的住宅需求。

需要注意的是,采用这种策略需要企业有很强的市场预见能力和调整能力,因为细分的目标市场很容易发生变化,尤其是在激烈竞争的条件下,如果某一细分市场的项目成功以后,就不考虑调整,很容易使企业陷入困境之中。

正如前面已经述及的,产品组合策略运用需要充分考虑企业自身的技术、管理和资金实力,同时应当充分注意市场的变化。产品组合状况直接关系到企业销售额和利润水平,因此,企业运用产品组合策略时,应当充分进行分析。这种分析不能是单一类产品的分析,而应该是组合产品的综合分析,评价组合方案的优劣,优化产品的组合。

在一个动态的市场环境中,消费者的需求和爱好是在不断变化的,竞争者也在不断地进入或退出市场,而且在不断地调整他们的产品战略及整个营销决策。所以一个房地产企业不管采用何种产品组合,均应该按照"调整→分析→评价→再调整→分析→评价"的思路进行动态管理,使企业营销组合处于不断的优化之中。

第四节 房地产新产品设计

一、新产品开发策略

(一) 新产品的概念

房地产整体产品概念中任何一部分的创新、改革或改进等,都可以称为新产品。借用市场营销中的观念,根据新产品的原理或来源,新产品包括如下四种。

1. 全新产品。指采用新原理、新技术、新材料、新工艺所制造的前所未有的产品。它的性能、结构和造型都具有新的特性。房地产的基本功能不易改变,只能是功能的扩展,加上房地产产品是由品种繁多的材料经综合加工而成,建筑技术、建筑材料不可能同时全部更新,因此,房地产全新产品很少见。

2. 替代新产品。指将新的功能与老产品进行重新组合,使产品具有新的效用,因此又可称之为部分新产品。它与全新产品的不同之处在于它保持了原有产品的基本用途,只是将两种以上不同用途功能的产品,经技术结合使产品产生新的效用。房地产产品通过增加功能或采用新的技术、材料等,能够满足顾客对新的功能的要求,所以可以认为房地产产品存在替代新产品。

3. 改良新产品。原有老产品的品质不变,只对产品外观、造型、式样等方面进行改良。如一些房地产产品的基本设计不变,只适当改变了造型、颜色及使用部分新材料,这就称之为改良新产品。

4. 仿制新产品。指房地产企业模仿市场上已有的产品,称之为仿制新产品。房地产产品新技术与其他产业不同,其保密性较差,不存在技术垄断,新兴技术、材料共享性较大,因此仿制新产品相对比较容易实现。

(二) 新产品开发策略

房地产企业开发新产品的目的在于提高企业的影响和知名度,占领一定的市场,或者为了保持企业的竞争优势,因此,根据不同的市场背景和开发新产品的目标,可以选用不同的新产品开发策略。

1. 补缺策略

补缺策略的基本含义就是补上市场"缺"的房地产产品。采用这种策略的目的就是要避免那些供过于求或供求平衡产品的诱惑,那些产品开发者众多,竞争激烈,对于实力不太雄厚、没有取胜把握的房地产企业,难以在激烈的竞争中去抢占市场。所以最好避免与众多的竞争对手较量,而应当把注意力放到发现市场供应的缺口上去。因为众多的开发企业都在关注着市场。所以存在"缺口"的市场要么是利润不丰,而被一般开发商所遗忘或忽视,但它们的风险较小,收益率较为稳定;要么是这块市场未被众多竞争者发现,所以,采用这种策略时,应具有敏锐的市场洞察力。

2. 配角策略

在现代化的社会技术经济系统中,企业与企业之间在市场经营活动中有着相互密切的协作和联系。企业如果不能在经营活动中取得主导地位,在一定时期内,可以采取甘愿当配角的策略,主动地为主导企业提供服务,如为主导企业提供拆迁、售后服务等等。也可和有影响的企业共同开发,利用主导企业的资金和销售渠道,完成自己的经营目的。但是,采取配角策略,只能作为一种阶段性的策略,企业应在这个过程中培育自己,提高和壮大自己。最终实现独立于市场。

3. 创新策略

采用补缺策略,每个企业都可能在寻找缺口,采用配角策略,依赖于其他企业,都会受到市场和竞争者的牵制。从长远来看,特别在日趋激烈的竞争环境下,房地产企业要能保持长期竞争优势,创新才是最根本的策略,房地产开发必须立足于创新,用新技术创造出富有特色的新产品。房地产企业创新应从企业本身的实际和市场需要出发,标新立异,与众不同,而不一定是要运用多少新技术、新工艺或者新材料,可以通过规划设计改进造型、布局,增加附加产品等等方式实现创新。

二、新产品开发过程

开发新产品是一个从新产品的构思开始,一直到把某个构思转变为商业上取得成功的新产品为止的连续过程。一般而言,新产品开发过程由寻求创意、甄别创意、产品概念的发展和实验、提出初步的市场营销战略报告书、营业分析、产品开发、市场调查和商业化等8个阶段构成。房地产产品开发的过程大致亦是如此。

(一)新产品构思——寻求创意

发展新产品首先需要有充沛的创造性构思(也称创意、设想,俗称点子),搜集的新产品构思越多,则从中选出最合适、最有发展希望的构思的可能性也就越大。新产品构思的来源是多方面的,主要有顾客、竞争者、企业销售人员和经销商以及企业的高层管理者。

新产品构思是一种主动的行为,关键在于企业必须具有激励人们提建议、出点子的机制,使寻求来的任何新产品构思能和产品开发部门直接沟通起来。正如前述,房地产产品难以形成全新产品,因此需要从功能改进、规划设计等方面寻找构思。

(二)构思的筛选——甄别创意

筛选的目的是剔除那些与企业目标或资源不协调的新产品构思。筛选过程应分为两个阶段。第一阶段要求做出迅速和正确的判断,判别新产品构思是否适应市场需求,适合企业的发展规划、技术专长和财务能力,以剔除那些明显不适合的建议,从而使宝贵的资源得以充分利用。第二阶段才实施明确的筛选,选出最优秀的,最符合实际的创意。

(三)新产品概念——发展和实验

这是开发新产品过程中最关键的阶段,目的在于把产品构思转变为适应消费者需求、使用时安全,能增进消费者利益,经济适用,具有为顾客乐于接受的物质特性的实际产品。产品构思是指企业可以加以研究、发展,准备向市场推出的可能产品,企业必须在产品构思的基础上加以发展形成产品概念。产品概念是指具有确定特性的产品观念,包括针对选定的细分市场设计的产品功能特性、质量水平、售价、包装以及名称和商标等内容。

(四)营销策略的制定——营销战略报告

企业通过对产品概念发展和分析,按照产品概念拟定相应的营销策略的初步计划,形成营销战略报告以便将新产品引入市场。营销策略计划将在以后的各开发阶段得到进一步的完善。

(五)商业分析——进行营业分析

商业分析也称为效益分析,就是对新产品的潜在利益所作的详细研究。目的是在发生进一步开发费用之前剔除不能盈利的新产品概念。由于大部分不适用的新产品构思及新产品概念在筛选和测试阶段已经淘汰,因此进行营业分析时常常集中于为数不多的几个新产品方案上。营业分析可以采用成本效益分析的各种方法进行。

（六）新产品开发

房地产因为其生产的单件性,所以不同于一般可以批量生产的工业品,其开发决策应慎重进行。为此,可是采用试开发的形式,如最初规模不宜太大,在小区建设中,可以分区开发,分阶段投入市场。

（七）市场试销

市场试销也称为市场检验,是指把根据选定的产品概念开发出来的产品投入市场试销,在销售过程中观察和分析消费者的反映以及对市场的影响。企业在试验阶段通过各种方式收集了用户对该产品的意见和建议,可以对产品做出改进,或者大规模开发,或者放弃某种产品。

（八）正式进入市场——商业化

正式进入市场也称为商业化阶段,使房地产产品开发投放市场,组织大规模的销售活动。

三、产品生命周期

房地产产品和任何其他事物一样,也有其发生、成长、成熟和衰退的过程。产品在市场上一般都经历着引入、成长、成熟和衰退四个明显不同的阶段。产品生命周期,就是指产品从投入市场到退出市场这一全过程,也就是产品的市场生命周期。

典型的产品生命周期的四个阶段有以下特点。

（一）引入期

即新产品刚刚进入市场时期。在这个阶段,顾客对新产品不了解,对房地产新产品的功能、质量、适用性还有一个接受和认可的时期,而企业又要投入较多的精力和资源进行推广,有可能导致亏损。

（二）成长期

产品在市场上迅速被广大顾客接受,营销成本下降,随着开发建设规模扩大,配套的各种建筑材料实现批量生产,技术应用熟练,使开发经营成本降低,销售量大幅度增加,利润也迅速增加,但竞争开始加剧。

（三）成熟期

产品已被大多数潜在顾客所接受,销售量、利润额达到最大,市场趋于饱和,销售增长速度放慢。同时,竞争加剧,市场营销费用相应增加,产品利润率稳中有降。

（四）衰退期

产品趋于衰退,销售下降的趋势增强,利润趋于下降。房地产产品由于单位价值高,滞留在项目中的资金量大,因此,当产品进入这一阶段,企业应当迅速做出对策,及早收回投入的资金,避免造成更大的损失。

本章小结

1. 房地产产品是一个包含核心产品、有形产品和附加产品的整体概念。核心产品是满足消费者需要的主要功能和效用;有形产品是产品功能的载体;附加产品是顾客购买商品得到附加服务和利益的总和。

2. 房地产产品决策是开发企业的一项重大决策,是市场营销活动的核心。产品决策程序包括:市场调查、市场细分、目标市场选择、区位分析与地块分析、规划设计与评估五大阶段。

3. 房地产品牌是一个集合的概念。品牌决策的主要内容包括品牌建设、品牌归属、品牌设计、售后服务等。

4. 房地产产品组合策略主要有综合发展策略、广度扩展策略、深度扩展策略和目标市场细分化策略四类。

5. 房地产新产品的开发过程有:构思、筛选、概念形成、策略制定、商业分析、新产品开发、市场试销等基本程序。

讨 论 题

1. 房地产企业如何创品牌?
2. 房地产系列产品和组合产品策略运用时应当考虑的因素包括哪些?
3. 产品决策包括哪些内容?
4. 试调查本地区的一个著名楼盘,描述其产品特色,研究其新产品的开发决策过程。

第九章 房地产市场营销价格策略

本章学习目的

1. 了解房地产定价与房地产估价之间的联系与区别、房地产价格的影响因素。
2. 掌握房地产项目定价的方法。
3. 掌握房地产项目定价的基本策略,尤其是低开高走、高开低走策略的有利点、不利点以及适用性。
4. 掌握房地产定价的工作程序。
5. 明确垂直价差涵义、分布规律及影响因素。
6. 明确水平价差涵义、影响因素及确定方法。
7. 熟悉价格组合、调价策略。

第一节 房地产价格的主要影响因素

房地产价格策划是在一定的内外环境的背景下进行的,将受各种因素的影响。因此价格策划必须在对各种影响因素进行深入细致分析的基础之上制定。价格策划主要体现在与其他营销组合的协调配合、合理确定定价目标、灵活运用各种策略的定价方法。也就是说,价格策划首先必须针对影响价格定位的因素,进行系统分析。影响和制约楼盘定价的决定性因素主要包括以下几个方面:

一、成本

房地产开发成本是指房地产开发企业为开发一定数量的商品房所支出的全部费用,大致可分为开发成本和开发费用两大部分:

(一) 开发成本

这一部分费用是房地产开发成本的主体,大致占项目总成本的80%左右。由土地使用权出让金、土地征用及拆迁安置补偿费、前期工程费、建筑及安装工程费、基础设施费、公共配套设施费、不可预见费、开发期间税费等八项构成。

土地使用权出让金是国家以土地所有者的身份,将土地在一定年限内的使用权有偿出让给土地使用者所收取的费用。一般而言,这笔费用是在通过土地的拍卖招标、协议出让等形式获取土地使用权时,交付给政府的。

土地征用费是指对于那些位于乡村仍然属农民集体所有的土地,根据《中华人民共和国土地管理法》的规定,应当支付给农民的费用。其主要项目有:土地补偿费、劳动力安置补助费、水利设施维修费分摊、青苗补偿费、耕地占用税、耕地垦复基金、新菜地、鱼塘开发基金、征地管理费等。拆迁安置补偿费是指对于城镇地区的土地,国家或地方政府可依法有偿出让用作房地产开发,对因出让而使原用地单位或个人造成的经济损失,由新用地单位按规定给予的补偿费。

前期工程费是指在项目投资实施前所发生的费用。主要包括项目开发前期的规划、设计、可行性研究、水文地质勘测以及"三通一平"等费用支出。

建安工程费是指直接用于工程建设的成本费用,主要包括建筑工程费、设备及安装工程费、室内装修工程费等。

基础设施费又称红线内工程费,主要包括:供水、供电、道路、绿化、供气、排污、排洪、电讯、环卫等工程费。

公共配套设施费是指按地块规划设计要点必须建设的各种配套设施(医院、学校、幼儿园等)的建设费等。

开发期间税费是指房地产开发作为一项经济活动在开发过程中所缴纳的各种税金和按规定应向地方政府或有关部门缴纳的各种费用等。

(二) 开发费用

开发费用是指与房地产开发项目有关的管理费用、销售费用和财务费用。管理费用是指企业行政管理部门为组织和管理经营活动而发生的各种费用。销售费用是指开发项目在销售过程中发生的各项费用,如广告宣传及市场推广费、销售代理费及其他费用。财务费用是指为筹集资金而发生的费用,主要包括:借款利息及其他费用。

二、竞争

市场经济最明显的特点就是市场竞争。价格作为市场竞争最基本的工具,受市场竞争程度和状况的影响极大。竞争使得开发商千方百计地降低成本,以争取较大的利润空间;竞争也使得开发商给自己的楼盘慎重定价,以免使"双刃剑"砍向自己。市场竞争的必然结果就是优胜劣汰,产品的价格日益趋向于其价值。

三、产品差异性

市场竞争在一定程度上表现为差异竞争。而差异竞争主要集中在产品的差异,即楼盘本身素质及各种卖点的不同上。产品的差异化程度越高,所面临的市场竞争越小,其产品本身的惟一性也越大,价格也将不再是销售中的最大难点。此时产品可以提高定价。产品差异主要表现在建筑风格、户型、外立面、小区环境设计等方面。

首先,建筑风格影响房地产价格与销售速度。1994年初北京万科城市花园一期推出时,有清水红砖墙和混水墙两种建筑风格的产品,容积率、户型及建安造价基本相同,清水墙住宅基价3980元/m^2,混水墙住宅基价3600元/m^2,价差约为10%,销售速度清水房比混水房略快。至1997年,两种不同风格的住宅的价位形成了明显的差距,清水墙住宅的一期房上升至4780元/m^2而告售罄,而一期混水房的基价仍然保持在3600元/m^2且略有库存。

其次,环境设计对市场价格的影响。北京万科城市花园新区丹桂园推出销售时,凡是靠近中心花园、景观较好的房子都有加价,加价系数最高的达10%,另外一楼带小花园的房子也加价10%。但正式发售之后,景观好的和带花园的房子虽然有加价,仍然率先售出,而且景观最好的几套在推出的第一个小时内就出现超额抢购。

第三,户型对市场效果的影响。在很多户型多样化的小区中,都很容易找到这样的案例:这个小区往往有一两种户型特别好卖,这样的户型,即使发展商将价格提高,依然比较抢手。而有的户型,会很少有人问津,甚至将价格下调10%以上,仍然会卖不动。

四、消费者心理

房地产的消费心理因素包括很多方面,有关内容已在第四章谈到。在不同阶段,购房者的需求特点也不相同。如深圳,1998年以前,购房者的选房主要关注户型,即室内功能配置是否合理上。1998年以后,许多楼盘的户型已不再是需求的要点。随着人们对环境保护意识的增强,楼盘的小区环境及楼盘周边的环境已成为楼盘营销的新卖点。

五、房地产商的发展目标

根据房地产商在市场的定位,房地产商的发展目标,可有多种定价方法。如果房地产商的目标是引起消费者关注,击败竞争对手,扩大市场份额等,此时定价可采取低价入市的策略。如果房地产商的目标是追求高额投资回报率,实现较高利润,此时定价可采取高价入市的策略。

六、法律、政策

国家法律与有关政策均会对房地产价格构成影响。例如,招标、拍卖的供地方式提高了房地产开发的成本。1998年,因不少单位争赶"福利分房末班车",突击购买商品房,使部分需求提前释放,给1999年的房地产市场带来一定的冲击。

第二节 房地产项目定价方法

定价方法是企业为了在目标市场上实现定价目标,而给产品制定的一个基本价格或浮动范围的方法。虽然影响产品价格的因素很多,但是企业在制定价格时主要考虑产品的成本、市场需求和竞争情况。产品成本规定了价格的最低基数,而竞争者价格和替代品价格则提供了企业在制定其价格时必须考虑的参照系。在实际定价过程中,企业往往侧重于对价格产生重要影响的一个或几个因素来选定定价方法。房地产企业的定价方法通常有成本导向定价、需求导向定价、竞争导向定价和可比楼盘量化定价法四类。

一、成本导向定价

成本导向定价是以成本为中心,是一种按卖方意图定价的方法。其基本思路

第二节 房地产项目定价方法

是:在定价时,首先考虑收回企业在生产经营中投入的全部成本,然后加上一定的利润。成本导向定价主要有成本加成定价法和目标收益定价法。

(一) 成本加成定价法

这是一种最简单的定价方法,就是在单位产品成本的基础上,加上一定比例的预期利润作为产品的售价。售价与成本之间的差额即为利润。这里所指的成本中,包含了税金。由于利润的多少是按成本的一定比例计算的,习惯上将这种比例称为"几成",因此这种方法被称为成本加成定价法。它的计算公式为:

单位产品价格=单位产品成本×(1+加成率)

其中:加成率为预期利润占产品成本的百分比

例如:某房地产企业开发某一楼盘,每平方米的开发成本为2000元,加成率为15%,则该楼盘:每平方米售价:2000×(1+15%)=2 300元

这种方法的优点是计算方便,因为确定成本要比确定需求容易得多,定价时着眼于成本,企业可以简化定价工作,也不必经常依据需求情况而作调整。在市场环境诸因素基本稳定的情况下,采用这种方法可保证房地产企业获得正常的利润,从而可以保障企业经营的正常进行。

(二) 目标收益定价法

这种方法又称目标利润定价法,或投资收益率定价法。它是在成本的基础上,按照目标收益率的高低计算售价的方法。其计算步骤如下:

1. 确定目标收益率

目标收益率可表现为投资收益率、成本利润率、销售利润率、资金利润率等多种不同的形式。

2. 确定目标利润

由于目标收益率的表现形式的多样性,目标利润的计算也不同,其计算公式有:

$$目标利润=总投资额×目标投资利润率$$
$$目标利润=总成本×目标成本利润率$$
$$目标利润=销售收入×目标销售利润率$$
$$目标利润=资金平均占用额×目标资金利润率$$

3. 计算售价

$$售价=(总成本+目标利润)/预计销售量$$

例9-1 某房地产企业开发一总建筑面积为20万 m^2 的小区,估计未来在市场上可实现销售16万 m^2,其总开发成本为4亿,企业的目标收益率为成本利润率的15%,问该小区的售价为多少?

解 目标利润=总成本×成本利润率=4亿×15%=0.6亿

每平方米售价=(总成本+目标利润)/预计销售量

$$= (4亿 + 0.6亿)/160000$$
$$= 2875 元$$

因此,该企业的定价应为 2875 元/m²。

目标收益率定价法的优点是可以保证企业既定目标利润的实现。这种方法一般适用于在市场上具有一定影响力的企业,市场占有率较高或具有垄断性质的企业。

成本定价方法的共同点是:均以产品成本为制定价格的基础,在成本的基础上加一定的利润来定价。所不同的是它们对利润的确定方法略有差异。虽然较容易计算,但它们存在共同的缺点,即没有考虑市场需求和市场竞争情况。

二、需求导向定价

所谓需求导向定价是指以需求为中心,依据买方对产品价值的理解和需求强度来定价,而非依据卖方的成本定价。其主要方法有理解值定价法和区分需求定价法。

(一) 理解值定价法

理解值也称"感受价值"或"认识价值",是消费者对于商品的一种价值观念,这种价值观念实际上是消费者对商品的质量、用途、款式以及服务质量的评估。理解值定价法的基本指导思想是认为决定商品价格的关键因素是消费者对商品价值的认识水平,而非卖方的成本。房地产企业在运用理解值定价法定价时,企业首先要估计和测量在营销组合中的非价格因素变量在消费者心目中建立起来的认识价值,然后按消费者的可接受程度来确定楼盘的售价,由于理解值定价法与现代产品定位思路很好地结合起来,成为市场经济条件下的一种全新的定价方法,因此为越来越多的企业所接受。其主要步骤是:(1)确定顾客的认识价值;(2)根据确定的认识价值,决定商品的初始价格;(3)预测商品的销售量;(4)预测目标成本;(5)决策。

理解值定价法的关键是准确地掌握消费者对商品价值的认知程度。对自身产品价值估计过高的卖主,会令他们的产品定价过高;而对自身产品的消费者认识价值估计过低的企业,定的价格就可能低于他们能够达到的价值。因此,为了建立起市场的认识价值,进行市场调查是必不可少的。广州"某花苑客户开价销售"就是理解值定价法运用的典范之一。

买家、卖家围绕楼价的争论一直纠缠不清,消费者说房价还应大幅下降,开发商则称几乎降无可降。面对相去甚远的分歧,广州精明的房地产公司及时转换思路,将楼价交由市场裁定。2001年元月,广州某公司采取竞投的方式,把其位于五羊新城楼盘的20套住宅留给买家定价。竞拍当天,现场气氛十分活跃,竞争相当激烈,每套住宅的竞价争夺都要经过十几个乃至二十多个回合才见分晓。开发商最终取得满意的结果。

(二) 区分需求定价法

区分需求定价法又称差别定价法,是指某一产品可根据不同需求强度、不同购买力、不同购买地点和不同购买时间等因素,采取不同的售价。例如,消费者在商店的小卖部喝一杯咖啡吃一块点心要付10元,在一个小餐厅则要付12元,而在大旅馆的咖啡厅就要付14元,如果要送到旅馆的房间内食用则要付20元。价格一级比一级高并非产品的成本所决定的,而是附加服务和环境气氛为产品增添了价值。同样,对于房地产来说,同一种标准、同一种规格、同一种外部环境的商品房,可以根据楼层数的相应变化而使销售价格相应变化。区分需求定价法的主要形式有:以消费群体的差异为基础的差别定价,以数量差异为基础的差别定价,以产品外观、式样、花色等差异为基础的差别定价,以地域差异或时间差异为基础的差别定价等。

三、竞争导向定价

竞争导向定价是企业为了应付市场竞争的需要而采取的特殊定价方法。它是以竞争者的价格为基础,根据竞争双方的力量等情况,企业制定较竞争者价格为低、高或相同的价格,以达到增加利润,扩大销售量或提高市场占有率等目标的定价方法。对于房地产企业而言,当本企业所开发的项目在市场上有较多的竞争者时,适宜采用竞争导向定价确定楼盘售价,以促进销售,尽快收回投资,减少风险。竞争导向定价有跟随型定价法和排他型定价法两种方法。

(一) 跟随型定价法

跟随型定价法就是企业使自己的商品价格跟上同行业的平均水平。一般来说,企业基于产品成本预测比较困难,竞争对手不确定,以及企业希望得到一种公平的报酬和不愿打乱市场现有正常秩序的情况下,这种定价方法较为行之有效。在竞争激烈而产品弹性较小或供需基本平衡的市场上,这是一种比较稳妥的定价方法,在房地产业应用比较普遍。因为在竞争的现代市场条件下,销售同种商品房的各个房地产企业在定价时实际上没有选择余地,若没有其他竞争性或经营战略性的考虑,只能按现行市场价格来定价。若价格定得过高,其商品房将难以售出,而价格定得过低,一方面企业自身的目标利润难以实现,另一方面会促使其他房地产企业降价,从而引发价格战。因此,这种定价方法比较受一些中、小房地产企业的欢迎。

具体操作时,是在市场上选择若干类似物业,以其市场售价为参考值,再以事先确定的若干因素去作调整系数,进行调整。这种定价方法又称为通行价格定价法。所谓通行价格,是指当时、当地、同类物业的市场平均价。采用通行价格定价,既包括项目的质量、环境条件、及信誉等价格因素一致的情况下,直接套用同类物业的价格水平;也包括在质量、环境条件及信誉等价格因素不相同时,按其差异情况进行相应价格调整的定价方法。事实上,由于房地产商品的单件性,很难找到完全一致的物业。在现实定价策划中,一般都要视具体情况进行相应的调整。通常的做法是视本物业区别于其他同类物业的特征,事先选取若干权重因素,再分别就某物业的因素状况取权重系数 w(条件相当取100作系数,优于本物业者取大于

100 的系数,差于本物业者取小于 100 的系数),设该物业市场平均售价为 p,则可按下式求得该物业的加权平均售价为:

$$P'_i = P_i \prod_{j=1}^{m} \frac{100}{W_{ij}}$$

式中 $\prod_{j=1}^{m} \frac{100}{W_{ij}}$ ——为 m 项因素权重比的连乘积;

W_{ij} ——为被调查物业(i)第 J 项因素之权重系数;

m ——为事先确定的权重因素个数;

P_i ——为被调查物业(i)的销售单价;

P'_i ——为被调查物业(i)的加权平均售价。

然后再视各被调查物业的市场营销状况营销权重系数修正。最终确定供作定价参考的市场通行价。营销权重系数是视各物业的市场营销状况而定的系数。最大为1,营销状况越差,系数值越小。市场通行价按下式计算:

$$P'' = \frac{\sum_{i=1}^{m} g_i P'_i}{\sum_{i=1}^{n} g_i}$$

式中 $\sum_{i=1}^{n} g_i P'_i$ ——为各被调查物业加权平均单价期望值之和;

$\sum_{i=1}^{n} g_i$ ——为各被调查物业经营权重系数之和;

n ——为被调查物业幢楼;

P'' ——为市场通行价。

例 9-2 为确定某一高层住宅楼宇的市场通行价,对其周边的同类物业进行了市场调查。调查结果及各物业价格影响因素的权重系数如表 9-1 所示。销售状况权重系数如表 9-2 所示。试据此确定该楼宇的市场通行价格。

各物业价格影响因素权重系数表　　　　　　　　　表 9-1

序号	物业名称	平均价格 (元/m²)	权重系数(W_{ij})				
			繁华程度	交通条件	生活设施	装修档次	开发商信誉
1	北秀花园	7200	98	97	105	100	103
2	恒福阁	7100	97	95	105	100	100
3	侨福苑	6640	107	98	105	98	108
4	金满楼	6740	107	98	105	98	108
5	富宏花园	6630	98	97	105	97	100
6	天秀大厦	7650	98	97	105	105	100

各物业营销状况权重系数调查表　　　　表 9-2

内容＼物业名称	北秀花园	恒福阁	侨福苑	金满楼	富宏花园	天秀大厦
g_i	1	0.91	0.89	0.87	0.92	0.93

解 由各物业评价单价(P_i)及各物业价格影响因素权重系数(W_{ij}),可求得各物业的加权平均单价如下所示:

$$P'_1 = P_1 \prod_{j=1}^{5} \frac{100}{W_{1j}} = 7200 \times \frac{100}{98} \times \frac{100}{97} \times \frac{100}{105} \times \frac{100}{100} \times \frac{100}{103} = 7003$$

$$P'_2 = P_2 \prod_{j=1}^{5} \frac{100}{W_{2j}} = 7100 \times \frac{100}{97} \times \frac{100}{95} \times \frac{100}{105} \times \frac{100}{100} \times \frac{100}{100} = 7338$$

$$P'_3 = P_3 \prod_{j=1}^{5} \frac{100}{W_{3j}} = 6640 \times \frac{100}{107} \times \frac{100}{98} \times \frac{100}{105} \times \frac{100}{98} \times \frac{100}{108} = 5698$$

$$P'_4 = P_4 \prod_{j=1}^{5} \frac{100}{W_{4j}} = 6740 \times \frac{100}{107} \times \frac{100}{98} \times \frac{100}{105} \times \frac{100}{98} \times \frac{100}{108} = 5784$$

$$P'_5 = P_5 \prod_{j=1}^{5} \frac{100}{W_{5j}} = 6630 \times \frac{100}{98} \times \frac{100}{97} \times \frac{100}{105} \times \frac{100}{97} \times \frac{100}{100} = 6848$$

$$P'_6 = P_6 \prod_{j=1}^{5} \frac{100}{W_{6j}} = 7650 \times \frac{100}{98} \times \frac{100}{97} \times \frac{100}{105} \times \frac{100}{105} \times \frac{100}{100} = 7299$$

由表 9-2 所示各物业营销状况系数权重系数便可求得该物业市场通行价。

$$P'' = \frac{\sum_{i=1}^{5} g_i P'_i}{\sum_{i=1}^{5} g_i} = \frac{1}{5.52}(1 \times 7003 + 0.91 \times 7338 + 0.89 \times 5698 + 0.87 \times 5784 + 0.92 \times 6848 + 0.93 \times 7299) = 6680(元/m^2)$$

(二) 排他型定价法

跟随型定价法的出发点是按市场接受的价格水平营销,从而避免价格竞争。而排他型定价则是直接以价格作为竞争手段的定价方法。房地产项目的排他型定价,一般都是物业市场出现了大量的商品房空置,项目经营者为了尽快实现经营目标,或是面对严峻的竞争形势,面临严重的财务困难,投资者为了尽快回收资金而采取的定价策略。若采取排他型定价,策划者必须对竞争形势、市场行情、竞争对手及自身的状况了如指掌,否则将事与愿违,不仅达不到促销目的,反而会造成更大的损失。

四、可比楼盘加权定价

针对许多楼盘均倾向于定性描述的现状,可以尝试对楼盘价格影响因素进行定量描述。采用条件相似的楼盘市场售价作基数,对某些影响因素如地段、价格、功能、用途等,以权重系数的形式进行调整,称之为可比楼盘加权定价法。

可比楼盘加权定价法的具体操作步骤是：首先选择影响可比楼盘与待定价楼盘的详细影响因素，例如位置、价格、配套、物业管理、建筑质量、交通、城市规划、楼盘规模、朝向、外观、付款方式、户型设计等因素；确定影响因素的指标与分值，如可分为五级，分值为1、2、3、4、5，分值越大，表示等次越高；也可以某因素的实际评价值作分值，如销售率、质量综合评分、以建筑面积描述的楼盘规模等等。第三，综合计算每一楼盘的总分，一般按下式计：

$$P = \Sigma W_i \times F_i = W_1 \times F_1 + W_2 \times F_2 + W_3 \times F_3 + \cdots + W_n \times F_n$$

式中　P——总分（诸因素在片区内楼盘优劣的综合反映）；

　　　n——楼盘影响因素的总数；

　　W_i——权重（某因素对楼盘优劣的影响度）；

　　F_i——分值（某因素对片区内所表现出的优劣度）。

第四步，据给出的原始数据，判断楼价与楼盘得分因素分值之间的相互关系。一般情况下近似呈直线相关。故将所要建立的回归方程设置为：

$$Y = a + bX$$

式中　Y——为拟定价楼盘均价；

　　　X——为拟定价楼盘得分。

只要求解出式中的待定参数 a 与 b，该回归方程即可惟一确定。据此便可求得拟定价楼盘的价格参考值。

第三节　房地产项目定价策略

定价策略，是指企业为了在目标市场上实现自己的定价目标，所规定的定价指导思想和定价原则。定价策略应根据商品房本身的情况、市场情况、成本状况、消费构成、消费心理等多方面因素来制定。不同房地产在不同时间、不同地点可采用不同的定价策略。

由于个人购房将成为住宅消费市场的主流，消费者自己掏钱，首先考虑的是价格问题。据中国社会调查事务所1998年的一项调查表明：68.4%的购房者将价格作为首要考虑因素。价格是房地产市场运行的核心，是社会各方面利益的结合点。要使消费者能够承受，房地产商的投资又能得到较好的回报，合理、有效地确定和控制销售价，是房地产销售面临的难点。

一、总体定价策略

从房地产企业定价主要目的来看，房地产企业总体的定价策略一般可分为低价策略、高价策略、中价策略三种。每种定价策略各有不同的定价依据。

（一）低价策略

采用低价策略，一般以提高市场占有率为其主要目标，而营销利润往往为次要目标。其定价依据主要是：(1)扩大市场容量，转换有效需求，让无法支付高价的新消费者成为实际购买者。(2)企业的产品多为较低档次的商品房,其价格弹性较大,低价会促进销售,从而提高利润总额。(3)企业的开发成本较低,期望的利润值也低。(4)市场上同类楼盘相对过剩,市场竞争激烈。(5)作为先发制人的竞争策略,有助于企业夺取市场占有率。(6)与竞争者保持均势。(7)低价可阻止实力不足的竞争者进入市场,使企业可在竞争压力最小的情况下,获得大量顾客。

(二) 高价策略

采用高价策略的主要目的是在短时间内赚取暴利,而市场营销量与市场占有率可能无法相对提高。定价的主要依据是:

1. 具有别的楼盘所没有的明显特点

楼盘的特点是楼盘的卖点之一,譬如有先进、合理、经济的户型设计;有其他楼盘所没有的付款方式、产品配套等。这样的楼盘突破了市场的思维格局,代表了房地产的发展方向,容易给客户以最新的购买享受,即使定位较高,也会受到客户的欢迎。

2. 产品的综合性能较佳

高单价大多对应高品质,当楼盘没有什么特别的优点时,只要地点、规划、户型、服务等产品的综合性能为客户所接受,它所提供的产品品质与客户所能接受的心理价位相符,甚至略高,也便于高价开盘。

3. 开发量适合、发展商信誉好

如果一个楼盘的价格在当地的主流价格范围之内,产品的开发量适合,基本上在一年内能销售一空。并且公司的品牌响亮,市场需求大,高价开盘完全有市场基础。

4. 在一定时期内,这一类型的楼盘供应缺乏,企业希望通过高价策略获得较多的利润。

(三) 中价策略

这种策略一般适用于房地产市场状况较为稳定的区域内的楼盘销售,房地产企业希望在现有的市场状况下保持其市场占有率。其依据是:(1)市场消费容量较为稳定,成交量大。(2)楼盘投入市场后比较成熟,消费者认同程度较高。(3)区域或楼盘形式的发展进入了成熟阶段。(4)价位对于开发商和消费者都比较容易接受。(5)市场供求较为平稳。(6)市场竞争较弱。(7)企业的利润期望值一般。

二、营销过程定价策略

房地产全营销过程是指开发的楼盘或小区从预售开始到售完为止的全过程。在实际营销中,市场营销环境可能相当复杂多变,房地产企业往往需要在确定总体定价策略后,根据实际情况确定其全营销过程的营销策略。全营销过程定价策略一般有以下几种:

(一) 低开高走定价策略

1. 含义

低开高走定价策略就是随施工建筑物的成形和不断接近竣工,根据销售进展情况,每到一个调价时点,按预先确定的幅度调高一次售价的策略,也就是价格有计划定期提高的定价策略。这种策略是较常见的定价策略,尤其适合处于宏观经济周期恢复阶段或者人气较旺的待售楼盘或小区采用。

据1999年《上海地产市场报告》统计,当年1~5月上海房地产市场抽样的50个楼盘中,只有嘉阳公寓、家天成、真情公寓和兆丰苑等9个楼盘是采用高开低走策略的。82%的楼盘采用低开高走策略,在5个月内的平均升幅为3.2%。

这种定价策略多用于期房销售。期房销售价与其施工进度关系密切,由于开发商投入的资金不同,因此,一个楼盘的市场价其实在不断变动之中。这种价格的动态特征与市场价格的合理变换相一致,物业在市场销售中所处的状态会截然不同。

低开的目的是吸引市场视线,其路线是提升价格。例如1997年在上海楼市中畅销的上海绿洲城市花园,自1997年5月份以4880元/m^2亮相后,在不到半年的时间中,已将市场价提升了近1000元左右,而价格提升与热销能基本协调,表明该楼盘处于优良的市场状态。

2. 优点与缺点

低价开盘的有利点是:

第一,便于快速成交,促进良性循环。价廉物美是每一个消费者的愿望,以低于行情的价格开盘,肯定能吸引相当一部分客户的注意。但客户在对产品进行了解、确认事实后,便很容易成交,不但意味着企业创利的开始,而且还能鼓舞士气,以良好的精神状况开展日后的工作。此外大量的客户上门,即使没有成交,也会营造出现场热烈的气氛,创造楼盘良好的形象。

第二,每次调价能造成房地产增值的假象,给前期购房者以信心,从而能进一步形成人气,刺激有购房动机者的购买欲,促使其产生立即购房的想法。

第三,便于日后的价格控制。低价开盘,价格的主动权在发展商手里。当市场反应热烈时,可以逐步提高销售价格,形成热销的良好局面;当市场反应平平时,则可以维持低价优势,在保持一定成交量的情况下,静观市场的反应。

第四,便于内部周转,资金回笼。有成交便有资金流入,公司的运转才能形成良性循环。特别是在市场不景气之时,与其守着价位让银行利息吞噬,不如自己果断断臂寻求生机。

低价开盘的不利点是:

第一,首期利润不高。低于市场行情的售价往往首期利润不高,有的甚至没有利润,发展商因此将主要利润的获取寄希望于后续调价。

第二,楼盘形象难以提升。高价位不一定代表高品质,高品质是需要高价位来支撑的。低价开盘,作为局部的促销活动问题不大,但若作为公司的一项长久的策略,则必然会影响楼盘的档次定位和实际运作。

3. 调价技巧

在充分考虑市场行情及竞争激烈的基础上,以成本起价作为开盘价有以下几点好处:第一,房地产商虽无利却不会亏本,尤其是在市场不景气,竞争激烈的情况下,生存比利润更重要。第二,成本价一般都低于市场价,有较大的市场占有率。第三,有良好的开端,易产生无形效益。

低价开盘后,如果价格调控不力,譬如单价升幅过大,或者升幅节奏过快,都可能对后续到来的客户造成一种阻挡,从而造成销售呆滞的局面,不但让原先设定的利润期望落空,而且会抵消已经取得的销售佳绩。因此,这种策略的运用关键是掌握好调价频率和调价幅度。

价格调价幅度的关键是:小幅递增。调价的要点是小幅递涨,一般每次涨幅在 $3\% \sim 5\%$ 之间,如 5000 元$/m^2$ 左右的楼盘,每次调价幅度在 $150 \sim 250$ 元之间较为合适。调价新近几天,可配以适当折扣策略,作为价格局部过渡,有新生客源流时,再撤销折扣。以上海市徐汇某小区销售状况来看,自开盘后提价四次,最早以 4980 元$/m^2$ 开盘后,第一次提价数为 200 元$/m^2$,第二次提价数为 180 元$/m^2$,第三次提价数为 150 元$/m^2$,最后又提价 100 元$/m^2$ 左右的市场价。

提价要精心策划、高度保密,才能收到出奇制胜的效果。但在提价后要加大对已经购买的业主的宣传,让其知晓所购物业已经升值,他们会向亲戚朋友宣传,起到口头传播的作用。

4. 低价开盘的两种模式

低价开盘可分为两种模式:

(1) 开盘起价低,均价也低。随着项目工程进度的推进,项目起价、均价随之微调。应当说,这种定价策略是多数项目所采取的。开盘时整体售价低,一是出于宣传目的,想让更多的人知道这个项目,让市场传播速度加快。这种让利行为实际上相当于房地产商为自己做了一个广告;二是在尚未开工时购房的客户,比工程进度已到后期的客户承担的风险更大些,因为他买的纯粹是期房,工地可能连一根钢筋都没有,因此他理应享受更多的优惠。

(2) 开盘起价低,均价高。仅有几套房子走低价,随着楼层递增,售价快速提升。这种定价策略,带有过强的宣传目的,但并没有真正的让利给购房者,这样真正到实地寻价的购房者,会有一种很强的失落感,觉得这个项目的定价没有遵循诚信原则。

5. 低开高走的四种结果

(1) 因为开始的定价比综合的均价低,有的相差 1000 元左右,这就有可能影响物业的档次,给人一种"便宜没好货"的感觉。

(2) 由于公布的价格比消费者的心理价格低,给消费者以实惠,这样容易聚集人气。

(3) 由于价格低,消费者或投资者已经知道了发展商"先低后高"的策略,其中包含着市场机会和升值空间,容易成交。

(4) 先低后高实现了前期购楼者的升值承诺,开发商容易形成口碑。

6. 适用范围

若一个楼盘面对以下一种或多种情况时,低价面市将是一个比较明智的选择。

(1) 产品的均好性不强,又没有什么特色。产品的开价虽然有许多外部因素,但自身的条件仍是最根本的。一定的价格在绝大部分情况下总是对应着一定的产品品质。如果一个楼盘的地点、规划、户型、服务等综合性能和其他产品比较,不但没有优势,而且还有或多或少的劣势,价格的定位不与之匹配,则其定价的基础就不稳固,降价的趋势是理所当然的。

(2) 楼盘的开发量相对过大。地产是一个区域性产品,而区域性客源不但是有限的,而且是"喜新厌旧的"。吸纳量的相对过少,造成销售时间拉长。若不经过精心策划,各种危机便会孕育而生。

(3) 绝对单价过高,超出当地主流购房价格。例如深圳特区内2000年前后,房地产市场的主流价格基本上在6000~7500元,如果一个产品的单价超过7500元,便偏离了主流市场,客户的需求相对有限。

(4) 市场竞争激烈,类似产品过多。在项目附近地区如果类似产品过多,产品定价则应该以增强产品竞争力为主。否则大量的广告只是替他人做嫁衣裳。虽然吸引了不少客户,但客户在决定购买之前,必然会与周边楼盘做一比较,如果你的产品没什么特色,价格也不吸引人,客户就会流失。

(二) 高开低走定价策略

1. 含义

这种定价策略类似"吸脂定价策略",正如将一锅牛奶中的油脂(精华)部分一下子撇走的做法。其目的是开发商在新开发的楼盘上市初期,以高价开盘销售,迅速从市场上获取丰厚的营销利润,然后降价销售,力求尽快将投资全部收回。

2. 优点与缺点

与低价开盘相对应,高价开盘的利弊正好相反,其主要表现在:

(1) 便于获取最大的利润,但若价位偏离当地主流价位,则资金周转相对缓慢。

(2) 便于树立楼盘品牌,创造企业无形资产。

(3) 日后的价格直接调控余地少。

3. 高价开盘的结果

高开低走一样有四种结果:

(1) 楼盘的品质和口碑得到了展示,先声夺人,符合"楼越好,看的人越多"的规律。

(2) 但由于价格较贵,难以聚集人气,难以形成"抢购风",楼盘营销有一定的风险。

(3) 由于高开低走,价格是先高后低,或者定价高折头大,消费者也会感到一定的实惠。

(4) 先高后低虽然迎合了后期的消费者,但无论如何,对发展商的品牌和物业品牌尚有一定影响。

4. 适用范围

这种策略一般适用于以下两种情况:第一是一些高档商品房,市场竞争趋于平缓,开发商在以高价开盘取得成功,基本完成了预期的营销目标后,希望通过降价将剩余部分迅速售出,以回笼资金;第二是楼盘或小区销售处于宏观经济周期的衰退阶段,或者由于竞争过度,高价开盘并未达到预期效果,开发商不得不调低售价,以推动市场吸纳物业,尽早收回投资。如处于上海市华山路与淮海西路交界处的某一高层住宅,几年前竣工时开发商曾以 7000 元/m² 的高价开盘,当时由于在邻近区域内没有类似的物业同该楼盘竞争,由此取得了一定的销售业绩。而时至今日,为尽快将尚未实现销售的几个单元售出,开发商将价格降到了 5000 元/m²,而其中处于 3 楼的一个房型较差的单元售价竟破天荒地降到 3500 元/m²。

上述两种情况我们可以列表 9-3 比较它们的利弊如下:

低开高走与高开低走比较表　　　　表 9-3

价格走势	低开高走	高开低走	升值空间	先大后小	先小后大
物业品牌	影响物业档次	展示物业形象	发展商品牌	较易建立	较难建立
卖场人气	畅旺	一般	销售速度	快	慢

实际上无论是高开低走,还是低开高走,都不是绝对的,销售过程中的价格变化是较为微妙的。深圳乃至内地楼盘的价格走势,1999～2000 年一直存在一个奇怪的现象,那就是楼花比现楼贵,现楼比二手楼贵,那么一般发展商都采取"低——高——低"的价格变化节奏。作为发展商,关键的问题是要在楼盘定价的前期,考虑消费者的机会点,这样才能真正地聚集人气。否则不考虑楼盘销售的成交量以及时间成本,将会受到严峻的市场考验。风险亦在其中。同时开发商在考虑楼价的高低差方面,也要根据市场的变化适当把握。否则太低可能影响利润,太高可能影响销售进度,开发商应在市场营销中不断进行价格曲线的维护,这样才能达到整合营销的效果。

(三) 稳定价格策略

这种价格策略是指在整个营销期间,楼盘的售价始终保持相对稳定,既不大幅度提价,也不大幅度降价。这种策略一般适用于房地产市场状况稳定的区域内的楼盘销售,也即是房地产开发项目销售量小或项目销售期短时可采用。例如,利用稳定价格策略销售几个大客户购买物业后剩下的小量部分物业。

三、时点定价策略

时点定价策略即以销售价格为基准,根据不同的销售情况给予适当调整各出售单位价格的策略。时点定价策略大致有以下几种：

(一) 折扣和折让定价策略

这种策略是在定价过程中，先根据建造好的商品房定出一个基本价格，然后再以各种折扣和折让来刺激中间商或客户，以促进销售。常用的折扣或折让主要有：

1. 现金折扣

在赊销的情况下，卖方为了鼓励买方提前付款，按原价给予一定的折扣。例如"2/10,30"表示付款期为 30 天，如果客户在 10 天内付款，给予 2% 的折扣。这种折扣在西方很流行，它能加强卖方的收现能力，降低信用成本并阻止呆账的发生。在我国，一些房地产开发商也采用这种方法，如"以现金一次性付清购房款，九二折优惠"等。

现金折扣又可分为一次性付款折扣和分期付款折扣，显然，一次性付款折扣率要高于分期付款折扣率。对于房地产开发商来说，合算的现金折扣金额，应小于按允许最长的付款期限(如楼宇的按揭期)提前付款的时间计算的利息与购房者中途购房毁约的风险损失之和。

2. 数量折扣

视购房者购买数量不同而给予不同价格优惠的策略，称为数量折扣策略，或称批量销售折扣策略。为刺激客户大量购买而给予一定折扣，购买量越大，给予的折扣率越高。数量折扣可以按每次购买量计算，也可按一定时间内的累计购买量计算。对于房地产开发商来说，合算的数量折扣金额，应小于零售费用与按零售延迟的平均出售时间计算的利息之和。由于房地产商品的价值量较大，个人批量购买的可能性较小，因此，这种折扣策略大多用于单位或团体购买。

3. 职能折扣

根据各类中间商在房地产营销中所担负的职能不同而给予不同的折扣，称为职能折扣，也称为贸易折扣。例如从事房地产销售的中间商，有的只负责收集信息，联系客户，有的不仅联系客户，出售房产，而且还负责办理有关产权登记等工作。因此，房地产开发商可根据不同的中间商采取不同的折扣，这样才能调动中间商的积极性，以促进本企业商品房的销售。

(二) 单一价格策略和差别定价策略

1. 单一价格策略

所谓单一价格策略是指不分楼层朝向，无论购买多少，也不管购房对象是谁，所有销售单元都采用同一价格。它的优点是顾客容易确认价格水平，增加顾客对卖主的信心，使不善侃价的顾客不易产生吃亏的感觉，对于提高楼盘知名度，树立企业品牌形象具有积极的促进作用，同时也可以节省交易时间，便于交易的顺利进行。但单一价格策略也有其自身的缺点。因为即使在同一楼盘中，不同单元也或多或少地存在着层次、房型、朝向、采光等方面的差异，如果对所有单元都采取"不二价"的价格策略，必然导致那些存在缺陷的"死角房"难以售出。因此，在现代市场营销中,开发商一般不愿意使用这种定价策略,取而代之的是差别定价策略。

2. 差别定价策略

差别定价策略是指企业在销售商品时,根据商品的不同用途、不同交易对象等采用不同的价格的一种定价策略。差别定价策略一般有以下几种形式:

(1) 根据同一楼盘中不同单元的差异制定不同价格。在同一栋商品房中,虽然设计方案、施工质量,各种设备等都一样,但各单元之间存在着层次、朝向、房型、采光条件等方面的差异。开发商可根据上述情况来综合评定各单元的优劣次序,从而确定从高到低的价格序列。

以多层商品房为例,在确定基价后,可根据层次对售价进行修正。在一幢7层的房屋中,一般可以将2层楼的售价为基价,3～5层由于层次居中,采光条件较好,通行也较为方便,其售价一般可达到基价的104%～106%;底层虽然采光条件略差,但往往由于有天井附送,其售价也可达到基价的102%;6层虽然采光条件不错,但由于位置较高,通行不便,售价往往只能达到基价的95%;而顶层除了通行不便外,还有因楼顶直接与外界接触,容易因日照、降水等自然侵袭使房屋受损的缺点,因此,其售价一般可定为基价的85%左右。

高层商品房的朝向往往较多层要复杂,在定价时可以以朝向的优劣为参考因素。在同一楼盘的同一层次中,如果将朝东的单元的售价定为基价,那么朝南和东南的单元的售价可以定得高于基价,而其他,如朝西、北等的单元的定价一般应低于基价。

由于各种经济或非经济因素的作用,消费者对于商品房需求的口味在不断发生变化,由此可能引起在不同的时间、不同房型的商品房的市场需求量状况的变化。因此,开发商可以根据市场需求,对于不同房型的商品房制定不同的售价,以促进销售。如:在某一楼盘所面对的消费对象中,三室二厅或三室一厅比较受欢迎,或者说有"明厅"的单元较受青睐,那么开发商可以将这种类型的单元的售价定得略高一些,而将二室一厅和一室一厅或那些属于"过道厅"房型的单元的售价定得略低一些。

(2) 对不同的消费群体定不同的价格。某些楼盘所面对的消费群体的范围可能比较大,开发商可以针对消费群体的不同而制定不同的售价,对于有些消费者给予优惠,即根据具体情况灵活掌握售价,差别对待。例如:对于普通消费者实现照价收款的,而对于教师购房则给予九折优惠等。实现这种策略,可以体现房地产企业重视教育、重视知识分子的良好风尚,有助于在社会上树立企业形象,提高企业的知名度,从而提高企业的竞争力。

(3) 对不同用途的商品房定不同的价格。房地产开发商可根据购房者购房后的不同用途采用不同的定价。例如:有的购房者用来作为办公楼,有的用作职工宿舍,有的作为商业用房等等,于不同的用途,可制定不同的价格。

(4) 对不同的交易对象定不同的价格。在商品流通中,各流通环节都各有其职能作用。因此,在价格上必须采取差别价格,区别对待。在我国,现行制度规定的商品价格分为四个层次,即出厂价格、调拨价格、批发价格和零售价格。同样,在房地产销售过程中也存在着类似的成本价、福利价、国家定价、国家指导价、市场调节价等。

(三) 用户心理定价策略

用户心理定价策略,是根据用户求廉、求吉利等购房心理,微调销售价格,以加速销售或取得更大效益的定价策略,常用的有以下几种:

1. 尾数定价策略。这种定价策略是根据消费者求廉的购房心理,尽可能取低一位数,如许多商店的商品的标价尾数为 9、5、7 等,如 1.9 元,9.99 元 4.85 元等都属于这种定价策略。商品房由于价值量巨大,其价格要比普通商品高得多,所以一般不会精确到小数点后面的位数,有的甚至精确到 10 位数。比如 1920 元/m^2,2388 元/m^2 等。消费者之所以会接受这样的价格,原因主要有两点:一是尾数定价会给人便宜很多的感觉。如开发商定价为 1980 元/m^2,消费者会产生还不到 2000 元的感觉,虽然事实上 1980 元与 2000 元只相差 20 元,但会使消费者产生 1000 元与 2000 元之间相当大的差距感;二是有些消费者会认为整数定价是概略性的定价,不够准确,非整数定价会让消费者产生定价认真、一丝不苟的感觉,使消费者在心理上产生对经营者的信任感。

2. 整数定价策略。对于同种类型的商品房,往往有许多房地产企业开发建设,但其设计方案、内外装修等各有千秋,消费者往往以价格作为辨别质量的"指示器"。特别是对于一些高档别墅或外销房,其消费对象多是高收入者和上流社会人士,他们往往更关注楼盘的档次是否符合自己的要求,而对其单价并不十分关心。所以,对于这类商品房,采取整数单价反而会比尾数定价更合适。如一些装修豪华、外观别致、气派不凡的高档别墅开价往往都是一套 80 万元、100 万元,或 50 万美元等等。因为这类消费者购买高档商品房的目的除了自我享用以外,还有一个重要的心理因素,就是显示自己的财富或地位。因此,在这里采用整数定价法可能比尾数定价法反而销路要好。

3. 习惯心态定价策略。习惯心态定价策略就是根据某些消费者的习惯心理制定商品房的价格。例如时下房地产开价比较流行使用吉利数字,如 5888 元/m^2、8888 元/m^2 等,这可能会满足客户求吉利的心理;而类似 18 号、88 号、808 室之类口彩较好的门牌号码,若其售价定得略高一些,也未必会对其销量产生多大的影响。又如某些港商、台商或华侨等高档次的消费者在购买别墅时特别讲究该别墅所处地域的"风水"。

4. 首尾定价策略。这种定价策略是将楼盘最早推出面市的个别或一些单元,以相对低价销售,取得促销轰动效应;将楼盘最后难以出售的"死角房",亦以较低的价格出售,从而形成开盘价格与收盘价格的首尾呼应。因为一旦房屋设计由于种种主、客观原因而存在少许疏漏(如房型、通风条件等欠佳等),或存在轻微的天然缺陷(如室外噪声污染较为严重)等,这些有"败相"的房屋就较难售出,因此,惟有利用低价来刺激消费者才有可能将其售出。

5. 满意定价策略。所谓满意定价策略,就是其价格既不能等同于获取高额利润所定的价格,也不等同于商品房建造的最低成本,而是在这两者中间的价格,使开发商和购房者都满意,故称为"满意定价策略"。采用这种定价策略,容易赢得消费者的好感,有助于树立企业形象,从而打开市场销路。

第四节 房地产项目定价程序

一、收集信息

主要搜集开发楼盘的所在城市、区域,尤其是标的物附近同档次楼盘资料。其中包括楼盘位置、区域与个别因素、房屋装修、均价、单元价等内容。同时,在企业内部整理楼盘开发过程中的各种费用数据。

二、估计成本和需求

在进行价格定位之前必须掌握楼盘的成本结构,准确估计楼盘的各项建造成本、销售费用、管理费用以及筹资费用。就房地产市场而言,楼花的定价比现楼定价更为复杂。因为相对于现楼而言,楼花在定价之时有许多成本核算及费用尚未发生,必须依赖预测和判断。

估计产品的需求是对产品在不同价格水平下,消费者可能产生的需求变动。通过对消费者需求量变动的估计可以大致确定楼盘的价格水平,确保楼盘得到最大限度的利润。

三、分析竞争对手

这一步骤的作用在于分析自己和竞争者之间的产品差异程度。了解不同产品的不同特征对价格的影响,并进行初步的量化分析,找出本楼盘在产品性质、特征上的优势,根据竞争者的价格确定适合自己的价格水平。这一步骤对房地产商选择竞争者导向的定价方法极为重要。

四、选择目标与方法

在进行产品定价之前,必须对楼盘的营销目标进行深入研究,考虑竞争环境,权衡房地产营销中的各种关系,依据楼盘的定位、发展商自身经济实力,确定合理的定价目标。如定位于高档豪华商品房,则可选择最大利润定价目标;如中小规模开发商可采取应付与避免竞争之目标。然后根据定价目标确定应采用的基本方法。

五、决定平均单价

任何一个楼盘首先须决定其整体价格水准,也就是一般所俗称的"平均单价"。虽然开发商在开发土地之时,通常会预估一个平均单价水准,但到了真正公开销售之前,常常由于市场竞争、时机差异、产品规划及开盘目标等因素的影响,有必要再确定"平均单价"水准,以作为细部价格制定的依据。分析"平均单价"对全楼盘销售金额及利润的影响,也是开发商和代理公司最"计较"的一环。

整体平均单价既是如此重要,需特别提醒的是,在决定"平均单价"时,别落入"平均"两字的陷阱中,须先区分楼盘中差异性明显的产品,例如首层与楼上各楼层、商场与住宅、大厦与别墅,或钢骨结构建筑及非钢骨结构建筑等,就各差异部分的产品分别决定平均单价,以充分掌握产品差异的程度。

六、决定单体时点平均单价

一旦决定了平均单价。若为大规模楼盘,预计分期销售,则可就各期制定平均单价,称之为时点平均单价;若个案规划为数栋建筑,则可评价各栋差异因素及程度,例如栋距、楼层数、景观等。从而决定各栋的平均单价,称之为单体平均单价。除了评估差异条件之外,还须检视各期或各栋的可销售面积,使各期或各栋平均单价乘以各自的可销售面积的总和,等于楼盘之平均单价乘以全部可销售面积的总和。

七、决定楼层垂直价差

垂直价差,顾名思义主要是指楼层高度之不同所产生的价格上的差异。一般在制订垂直价差时,常会先决定一个基准楼层,使基准楼层的单价即等于该栋建筑的平均单价,然后再评估其他楼层与该基准楼层之间价格差异的程度,从而制定楼层别的相对价格,并使各楼层相对价格的总和等于零。例如一栋规划为 5 层的公寓建筑,除 1 楼因临路且有庭园所以单独定价之外,假设 2 楼至顶楼的平均单价为 5000 元/m^2,并以 3 楼为主价楼层,经评估楼层差异,可决定相对价格,例如 2 楼相对于 3 楼每平方米减价 100 元,5 楼相对于 3 楼每平方米减价 150 元,则 4 楼相对于 3 楼则须每平方米加价 250 元,使 2～5 楼垂直价差之总和为零,或其平均价格即等于基准价。通常楼层愈多,则最高价和最低价楼层的价格差距愈大。

八、决定水平价差

决定了垂直价差之后,接下来要着手制定"水平价差"。水平价差是指同一楼层各户之间的价格差异。通常是依据各楼层的平均垂直价格,评估同一楼层之间朝向、采光、私密性、格局等因素之优劣程度,定出同层平面中各户的单价。但同一楼层各户单价的平均值与原定平均单价相符。若为直筒式建筑,由于每层的平面规划均相同,因此仅制定一个水平差价,即可适用于各层;若是平面格局复杂,例如高度退缩式建筑,或每层之户数不相同,则就每种不同之平面格局制定水准价差。

九、调整价格偏差

经过了上面所述的各个步骤,我们已可逐步制定出各户型的平均单价,但还需检核整体的平均单价是否与原先预定的相符? 这时,我们可将各户的面积乘以各户的单价,得出楼盘全部的可销售金额,将此可销售金额除以全部可销售面积(即各户可销售面积之和),即得出所制定的平均单价。由于各户的面积大小不一,因此所得出的平均单价可能不等于原先所预定的平均单价,此时,即可将差异金额等比例调整至相同。

例如,按定价步骤得出的平均单价为 5220 元/m²,原先预定的平均单价为 5200 元/m²,为达到后者的水准,可将全部客户的单价均乘以 1.004 倍(即 5220 元/5200 元=1.004 倍),一来,使可销售总额维持原来预定的水准,二来,由于是等比例调整,仍可维持定价过程中垂直和水平的相对差价。

十、确定付款方式

包括一次性付款、建筑分期、银行按揭和优惠措施等等,在优惠措施中我们将研究折扣、先租后买、零首期、免息付款、送家私、无理由退房和搭配送房等内容。

(一) 一次性付款

一次性付款是指购房者确定签约后,立刻将所有的购房款项一次性付给开发商。一般而言,一次性付款都是有折扣的,这主要取决于该楼盘距离交房期时间的长短。

(二) 建筑分期付款

建筑分期付款是指整个购房款被分成若干比例,购房者依楼宇的施工进度逐一支付的付款方式。这种付款方式避免了购房者对开发商缺乏约束的缺点,使其通过付款来监督工程的进度,是相对稳重和公平的一种付款办法。时间付款是分期付款的一种,是指购房者决定签约后,按时间逐一交纳房款。这种付款方式类似于建筑期付款,但它的付款进度未与工程进度进行实际上的挂钩,而是简单的与时间挂钩。

(三) 银行按揭(贷款)

银行贷款是指购房者在购房时,向银行提出担保的质押文件。经银行审核通过后,取得房屋总价的部分贷款,依抵押约定,按期按时向银行偿还贷款本息,并将该房产作为偿还贷款的担保。通常,房屋贷款分为公积金贷款和商业贷款,二者同时使用时通常被称为组合贷款。

(四) 延期付款

延期付款是指购房者在交纳一定比例的前期房款后,到交房入住或未交房入住时,在以后的若干年中按月分期付清剩余款项。有的开发商为了促销,习惯把延期付款包装为所谓的"开发商贷款"。其实,延期付款和银行没有一点关系,它仅是开发商提供的一种付款便利。

第五节 垂直价差与水平价差的确定

一、垂直价差的确定

(一) 垂直价差涵义及分布规律

所谓垂直价差,是指同一幢建筑物中不同楼层之间的价格差异,通常以每平方米的单价差额来表示。

随着城市规模的不断扩张及城市化的进程加快,楼盘已从一般的多层,发展到带电梯的小高层、高层及至摩天大楼,使得我们对垂直空间价值的判断准则也随之复杂起来。但一般而言,除非楼盘的最底几层(一般为5层以下)因商业用途而使楼盘的价值随楼层的增高而减少外,一般对于带电梯住宅而言,楼层越高,楼价越高,反之则低。高层住宅部分的顶楼,相对其他楼层,均有价值较高的特殊性。

根据这一原则,在实际操作中宜就垂直楼层区分价值等级,以一般带电梯住宅(1楼为商业)为例,均可按基层分为2楼以上到顶楼的各个部分。就2楼以上而言,不论是小高层,还是高层。其最高单价楼层几乎全在顶楼,最低单价楼层则为2楼,至于其他楼层之间价格高低的顺序可以依据实际情况划分等级。顶楼之所以价格最高,主要在于私密性高、采光、通风、视野等较佳条件,而且楼层越多,顶楼的价格也越高。

一旦决定了各楼层之间价格高低的顺序之后,接下来即需选定垂直价格的基准层,即垂直价差为0的楼层。其他楼层即可根据基准层做正负价差的制定。有关基准层的确定一般须视住宅楼层的数量而定,且以取价格顺序居中的楼层最为常见。例如楼高为7层的多层为例,可选择4楼为基准层。14层的小高层可选择7楼或8楼作为基准层等。

至于各楼层与基准层的价差也因产品而异。例如多层住宅高度较低,各楼层的采光、通风等条件基本相同,因此楼层的价格差距一般较小。而高层住宅,与基准层的价格差距更大。

(二)影响垂直价差的因素

制定垂直价差,最高与最低单价的价差,可反映各楼层之间可能存在的价差空间。楼层数越多,则最高与最低单价楼层的价差也越大。除了楼层数之外,市场状况以及目标客户购房习性也会影响价差幅度的大小:

1. 当市场状况较好时,价差幅度大,当市场状况不佳时,价差幅度小。

2. 当产品单价水平高时,价差幅度大。但产品单价水平低时,价差幅度小。例如平均单价在10000元/m^{2}的产品,其最大价差幅度可能达到2500元。而单价4000元的产品,其价差的最大幅度仅为1000元。

3. 目标客户的购房习性比较保守时(通常为区域性较强的楼盘),大多无法接受差异大的价格,因此价差的幅度不宜过大;反之,若客户多来自本区域之外,或客户的背景多元化,则价差的幅度可较大。

二、水平价差的确定

(一)水平价差的涵义

所谓水平价差是指在同一楼层不同户别的每平方米的价格差异。在同一水平层面,已经排除了楼高的差异。在制定水平价差时,先须确定同一水平层面的户数或单元数。例如只有单栋建筑,则以同一楼层的不同户别制定水平价差;如果有多栋建筑,比较系统化的方式是先制定各栋之间的水平价差,再分别就各栋同一楼层的户别制定价差。

(二) 影响水平价差的因素

一般而言,影响水平价差的因素包括下列几项:

1. 朝向

朝向通常是指客厅的朝向,简易的判断方式以客厅临接主阳台所朝的方向为座向。传统的房屋朝向观念是"东南向最好,西北向最差"。

2. 户型

户型好,售价应高;反之则低。

3. 私密性

私密性是指私有空间与公共空间或其他户别私有空间隔离的程度,可用栋距来评估,至于应采用何种调整幅度,则视同一楼层的户数多少、管理好坏、防火间隔、与邻房高低差,及大门入口距离等的不同。

4. 景观

景观对于住宅购屋者而言,常具有决定性的影响力。目前景观的有无已明显决定了楼盘是否具有竞争性,通常有景观房屋的售价可比无景观者每平方米多几百元。

(三) 因素成对比较法在水平价差确定中的应用

1. 方法简介

因素成对比较法又称强制比较法,主要是通过因素间成对比较,确定因素权重的一种方法。

该方法应用有两个基本前提:一是因素间的可成对比较性。即在因素集合中,任意两个目标均可通过主观性的判断确定彼此的重要性差异;二是因素比较的可转移性。设有 A、B、C 三个因素,若有 A>B,B>C,则必有 A>C。

该方法的具体使用是:首先按矩阵形式罗列各影响因素,然后两两比较因素的重要性。假使有两因素 A 和 B,若 A 比 B 重要,则给 A 因素赋值 1,B 因素赋值 0;若 A 与 B 同等重要,则给 A、B 两因素均赋值 0.5;若 A 不如 B 重要,则给 A 因素赋值 0,B 因素赋值 1。为防止某一因素的权重为零,可在因素集合中设置一虚拟因素,所有因素都比该因素重要。最后将比较结果汇总,得到各因素的权重值。

2. 应用举例

我们以广州海云大厦为例,说明因素成对比较法的具体应用。

海云大厦位于广州市珠江南岸,三面临江,位置优越。大厦共 33 层,1~3 层为商业用途,4 层以上为住宅。俯瞰海天大厦,其形状似蝴蝶。每层住宅一般有 4 种房型,共计 16 个单元,影响大厦同一层次、不同单元价格差异的因素主要有四:一是微观区位。例如:靠近电梯、过道的单元易受噪声干扰,此点不如远离电梯、过道的单元;二是户型。海天四望大厦 E、F、G、H 四种房型中 E 型结构最为合理,H 型相对最差;三是朝向。南向、东南向的单元自然通风条件最好;四是景观。生活在"城市石林"中的广州人,如能倚窗而望葱葱绿意,或能凭栏远眺一目千里,无疑是一种最高享受。因此有江景的单元更好卖。用因素成对比较法确定上述各因素的权重,结果见表9-4,其中V5代表虚拟因素。

海天大厦的因素成对比较　　　　　　　　　　　表 9-4

	区位	户型	朝向	景观	V5	得分	权重
区位	—	0	0	0	1	1	0.1
户型	1	—	0.5	0	1	2.5	0.25
朝向	1	0.5	—	0	1	2.5	0.25
景观	1	1	1	—	1	4	0.4
V5	0	0	0	0	—	0	0
合计	—	—	—	—	—	10	1

然后,以某个单元为标准(海天大厦选择G3为标准),各个单元均与G3进行因素状况比较,形成因素状况比较表。有关数字再与权重加权平均,进而计算出加权值。将楼层价与加权值综合考虑,最终得出各单元单位面积售价,具体结果见表9-5(单位面积售价以第32层为例)。

各单元因素状况比较及单位面积售价　　　　　表 9-5

	区位	户型	朝向	景观	加权值	售价(元/m²)
标准单元 G3	100	100	100	100	100	10621
E1	103	102	106	76	92.7	9846
E2	103	102	90	86	92.7	9846
E3	103	102	90	86	92.7	9846
E4	103	102	106	78	93.5	9931
F1	103	88	110	72	88.6	9410
F2	103	88	90	88	90.0	9559
F3	103	88	90	93	92.0	9771
F4	103	88	104	83	91.5	9718
G1	100	100	110	70	90.5	9612
G2	100	100	101	82	93.1	9883
G4	100	100	100	87	94.8	10069
H1	94	85	101	70	83.9	8911
H2	94	85	102	70	84.2	8938
H3	94	85	99	85	89.4	9495
H4	94	85	94	86	88.6	9405

第六节 价格调整策略

在市场经济环境中,随着供求关系的变化和市场竞争的激烈,价格也就有上升或下降的波动,为配合销售情况,有必要进行价格调整,以反映出市场需求的变化。同时由于市场营销的实质在于不断细分市场,制造细分市场上的供求不平衡,因此随着销售过程的不断深入,以及营销策略的不断调整,价格的调整也变得很有必要。

一、调价的前提

(一) 面临强大的竞争压力

竞争是楼盘调价的主要原因。新竞争者的出现,竞争者价格的变动、促销手法的变化,都可能引起消费者需求的改变。此时,调价就显得尤为重要了。

(二) 楼盘成本费用发生改变

价格是以成本为最低界限的。成本的降低或提高使价格的底限产生变动。价格的调整也就有了基础。

(三) 产品需求出现变动

价格受供求关系的影响。房地产产品有效需求不足,空置面积上升,产品就得杀价。而产品供不应求,不能满足所有客户的需求,此时就可以提价。创造更大的效益。

(四) 销售中的心理战术

针对消费者"买涨不买跌"的心理,为表明产品具备广阔的升值空间。楼盘可以相应采取提价措施。

(五) 营销策略的改变

随着销售的深入,以及市场行情的变化,营销策略也随之不断调整。作为营销策略的一部分,价格也相应的有了调整的必要。

二、价格调整带来的反应

(一) 消费者的反应

产品无论提价或降价,消费者、竞争者不能不关心。首先分析一下消费者的反应。

1. 购房客户对产品降价的理解可能为

· 产品的设计老了,越来越不值钱。

· 产品品质出现一些缺点。

· 楼盘销售状况较差。

· 价格可能还会下降。

· 开发商的财务周转困难。

· 如因楼盘尚在楼花阶段,开发商准备偷工减料。

2. 购房客户对提价的理解可能是
· 产品比较畅销。
· 产品的自身条件比较好。
· 开发商可能想取得更多的利润。
· 涨价可能是假象,价位无法维持太久。

消费者的反应是楼盘调价的最终结果,也是企业最关心的问题。因此在调价之后,要收集和分析消费者的各种反应,采取各种分析方法,测定价格的升降是否恰当。

有时,由于调价的理由与消费者的理解不一致,会出现意料不及的反应。比如降价本应吸引更多的消费者。但有时消费者认为降价无好货,降价是因为销售状况不好,以后可能还会下降。这样便造成了持币观望的局面。又比如提价是为了抑制购买,但有时消费者认为涨价一定畅销,不购买将来可能买不到。这样反而造成了抢购。

(二) 竞争对手的反应
1. 竞争者对本方提价的猜测可能是
· 该楼盘销售较好。
· 该楼盘希望能够利用涨价区分产品的差异,摆脱竞争。
· 该楼盘可能利用涨价制造热销假象。
2. 对降价的猜测是
· 该楼盘产品销售情况不佳,以降价来扭转不利局面。
· 该楼盘希望利用降价来抢占市场。
· 该楼盘希望利用降价来区分产品品质,摆脱竞争。

三、调价技巧

由于竞争者、消费者在对楼盘调价的原因可能有种种猜测,进而引发各种反应。因此在调价时应选择适当的时机和方式,运用一些调价的技巧。

(一) 调价的时机

一般楼盘的销售期通常有 4~8 个月,因此销售期 2 个月左右即有调价的必要。同时调价的时机也可结合销售率来确定。当销售率达到三成时即可调价。

销售率、销售期必须同时考虑。比如当销售期仅三四周时间即达到 30% 的销售率。此时就有了调价的必要,若三成的销售率经过了很长的时间才达到,此时调价危险性较高。

应分析消费者的接受程度,如果销售缓慢的原因在于价格,则维持价格是较优选择。除非希望制造热销的假象,引发消费者的逆反心理。

此外对于楼花来说,工程进度也是确定调价时机的一个标准,随着工程的不断推进,成本不断发生,价格的调整就显得必要。工程进度与销售期基本上可以合并考虑,从销售策略上讲,楼花的销售期的安排一般以工程进度为标准。

（二）调价的顺序

如果打算提高价格，在已售套数较多的情况下，可先调高已售户型的价格，借此拉大与未售户型的价差，以促销未售的户型。如果已售的套数较少，即可全面调高价格，造成全面涨价的印象；或提高某些产品条件特别好的户型，以促进剩余户型的销售。如果打算降价，应尽量调整未售户型，以避免引发已售户型客户的不适心理。

（三）调价的方式

调价时降价可以采取明升暗降的原则，降低价格，以调低底价为主，加大议价空间。除非是因为表价定得过高，影响消费者的购房意愿。

对于提价，应当格外慎重。因为一旦自己提价，而周边的楼盘没有变动，在产品差异不大的情况下，竞争者将享受到比较价格优势，将客户吸引过去。因此提价时最重要的依据是工程进度和销售状况。

（四）调价的方法

· 调价方法一：精英组合法。

即买家只要在买楼时，凑够5个人同时购房，开发商便为这5个客户一个更大的价格折扣，其目的是吸引更多人购房，实质上又是暗中降了价。

· 调价方法二：随楼赠送法。

即买家在买楼时，除了享受当时一定的折扣之外，还可以得到开发商另外赠送的价值。比如若干年的物业管理费、某名牌家具家电等。让买家花同样的钱享受到更大的优惠。

· 调价方法三：付款优惠法。

即买家在订购房产之后，开发商为加速资金周转，促使买家尽快交款，规定买家在10日之内交款再优惠2%，20日内交款则再优惠1%，20日以后交款则无优惠。这种方式在某种程度上为一些客户降低了价格。但其适用面一般适合一次性付款的客户。

本 章 小 结

1. 影响楼盘定价的因素主要包括：成本、市场竞争、产品差异、购房者心理、开发商发展目标以及政策、法律因素。

2. 房地产项目定价方法通常有成本导向定价、需求导向定价、竞争导向定价和可比楼盘量化定价法四类。其中前三类又可进一步细分。

3. 房地产项目定价的基本策略包括：总体定价策略、全营销过程定价策略、时点定价策略三类，每一类也可进一步细分。

4. 房地产项目定价的工作程序包括：收集整理市场信息及定价标的物楼盘资料、估计成本和需求、分析竞争对手、选择房地产定价的目标与基本方法、决定楼盘的平均单价、决定各期、各栋的平均单价、决定楼层垂直价差、决定水平价差、调整价格偏差、确定付款方式10项步骤。

5. 垂直价差是指楼层高度之不同所产生的价格上的差异。对于带电梯住宅而言，一般楼层越高，楼价越高，反之则低；对于多层住宅，一般中间高，低层和顶层价格低。

6. 水平价差是指在同一楼层不同户别的每平方米的价格差异。影响水平价差的因素主要有：朝向、户型、私密性与景观等，水平价差可以采用因素成对比较法确定。

7. 房地产销售过程中，随着供求关系变化和市场竞争加剧，开发商有必要进行价格调整。调价应注意时机、顺序、方式、方法和幅度等问题。

讨 论 题

1. 结合你所在城市熟知的两个楼盘，比较它们的价格差异，并分析它们价格差异的原因。

2. 结合你所在城市即将开售的某个楼盘（最好通过有关渠道事先搜集有关资料），假如你是该项目的"操盘手"（即项目经理），你将采取什么定价目标、定价方法和定价策略，并请说明理由。

3. 以上题资料为例，如有可能，请按照房地产项目定价的程序对项目进行详细定价，形成一份完整的价格策划报告。

案例　深圳某房地产开发项目的楼盘定价过程

1. 楼盘及环境简况

决定楼盘价值的高低主要取决两个方面，地段和价格。抛开价格，先确定地段，经权衡决定将片区确定为东起爱国路、西至布吉路和文锦北路、北至下围岭和石鼓岭（松泉山）、南至田贝四路和东贝路这样一个15km^{2}左右的区域。

本花园所在片区为大头岭森林公园以北的住宅和加工型工业混杂的区域，近几年来，随着人口的不断增多，工业功能逐渐淡出该区，松泉山庄、百仕达花园、新港鸿花园随着崛起。但由于先天规划不足，改造的步伐并非一步到位，造成街区功能整体感零乱。

如果不考虑街区功能整体感，单纯从本区的自然地理环境来分析，北倚松泉山，东西分别有深圳水库、洪湖两"水脉"雄踞，南望大头岭森林公园，是一块绝好的居家宝地。设想再过4～5年，当整个区域都改造完毕，将成为罗湖区最好的住宅区。

当前整个区域处在走下坡路的阶段，经济大气候不佳，深圳经济西移，本片区在近1～2年内难有复苏。

2. 楼盘影响因素、指标及权重确定

我们总共列出18个定级因素，分别为位置、价格、配套、物业管理、建筑质量、交通、城市规划、楼盘规模、朝向、外观、室内装饰、环保、开发商信誉、付款方式、户型设计、销售情况、广告、停车位数量。此18个因素,共分5等级,每一等级均制定出相应指标,并且对应分值1、2、3、4、5分。分值越大,表示等次越高。具体见表9-6定级因素、指标与分值。

定级因素、指标与分值 表9-6

定级因素	指标	分值
位置	A.距所在片区中心区的远近;B.商业为临街或背街;C.写字楼为临街或背街;D.住宅为距所在片区中心区的远近	A.最差(远)1;B.很差(远)2;C.一般3;D.很好(近)4;E.最好(近)5
价格	A.百元以上为等级划分基础;B.商铺、写字楼、豪宅、普通住宅等级距依次减少;C.价格是否有优势	A.最高1;B.很高2;C.一般3;D.很低4;E.最低5
配套	A.城镇基础设施:供水、排水、供汽、供电;B.社会服务设施:文化教育、医疗卫生、文娱体育、邮电、公园绿地	A.最不完善1;B.不完善2;C.一般3;D.很完善4;E.最完善5
物业管理	A.保安;B.清洁卫生;C.机电;D.绿化率及养护状况;E.物业管理费(元/月);F.是否人车分流;G.物业管理商资质	A.最差1;B.很差2;C.一般3;D.很好4;E.最好5
建筑质量	A.是否漏雨漏水;B.门窗封闭情况;C.内墙;D.地板;E.排水管道	A.最差1;B.很差2;C.一般3;D.很好4;E.最好5
交通	A.大中小巴士路数量;B.距公交站远近;C.站点数量;D.大中小巴舒适程度	A.最少(远)1;B.很少(远)2;C.一般3;D.很多(近)4;E.最多(近)5
城市规划	A.规划期限(远中近期);B.规划完善程度;C.规划所在区域重要性程度;D.规划现状	A.最不完善1;B.不完善2;C.一般3;D.很完善4;E.最完善5
楼盘规模	A.总建筑面积(在建及未建);B.总占地面积;C.户数	A.最小1;B.很小2;C.一般3;D.很大4;E.最大5
朝向	A.按方向;B.按山景;C.按海景;D.视野	A.西(西北、西南)1;B.东(东南、东北)2;C.北(东北、西北)3;D.南(东南、西南)4
外观	A.是否醒目;B.是否新颖;C.是否高档;D.感官舒适程度	A.最差1;B.很差2;C.一般3;D.很好4;E.最好5
室内装修	A.高档;B.实用;C.功能是否完善;D.质量是否可靠	A.最差(远)1;B.很差(远)2;C.一般3;D.很好(近)4;E.最好(近)5
环保	A.空气;B.噪声;C.废物;D.废水	A.最差1;B.很差2;C.一般3;D.很好4;E.最好(远)5

续表

定级因素	指 标	分 值
开发商实力及信誉	A.资产及资质;B.开发楼盘多少;C.楼盘质量;D.品牌	A.最差(少)1;B.很差(少)2;C.一般3;D.很好(多)4;E.最好(多)5
付款方式	A.一次性付款;B.分期付款;C.按揭付款;D.其他	A.最差1;B.很差2;C.一般3;D.很好4;E.最好5
户型设计	A.客厅和卧室的结构关系;B.厨房和厕所的结构关系;C.是否有暗房;D.实用率大小	A.最差1;B.很差2;C.一般3;D.很好4;E.最好5
销售情况	A.销售进度;B.销售率;C.尾盘现状	A.最差1;B.很差2;C.一般3;D.很好4;E.最好5
广告	A.版面大小;B.广告频率;C.广告创意	A.最差(小)1;B.很差(小)2;C.一般3;D.很好(大)4;E.最好(大)5
停车位数量	A.停车位数量;B.住户方便程度	A.最差(少)1;B.很差(少)2;C.一般3;D.很好(多)4;E.最好(多)5

3. 楼盘分值判定与计算

可比楼盘综合因素量化统计表(一)　　　表9-7

项目名称 因素及权重	序号	大地花园	松泉山庄	百仕达	东湖大厦	景园大厦	景竹园	鹿鸣园	泰宁大厦	备 注
位置0.5	1	4	4	4	4	4	4	4	4	
价格0.5	2	3	4	5	4	4	5	4	5	
配套0.4	3	3	4	5	4	3	5	4	4	鹿鸣园饮水
物业管理0.3	4	3	4	5	3	3	4	4	4	
建筑质量0.3	5	3	4	4	4	4	4	4	4	
交通0.3	6	4	4	4	4	4	4	4	4	
城市规划0.3	7	3	4	4	4	4	4	4	4	
楼盘规模0.3	8	2	4	5	4	4	5	4	4	
朝向0.3	9	4	4	4	3	4	4	4	4	
外观0.1	10	3	4	4	4	4	4	4	5	
室内装饰0.2	11	2	4	4	4	4	5	4	4	
环保0.2	12	2	5	4	3	3	3	5	4	东湖、景竹园噪声大
开发商信誉0.1	13	4	4	5	4	4	4	4	5	
付款方式0.2	14	4	4	4	4	4	4	4	4	
户型设计0.1	15	3	4	5	4	4	4	4	4	
销售情况0.1	16									
广告0.1	17	1	3	5	3	3	5	5	4	
停车位数量0.1	18	1	4	4	3	3	4	3	4	

可比楼盘综合因素量化统计表(二) 表9-7

项目名称 因素及权重	序号	新丰大厦	碧瑰园	翡翠园	鸿业花园	万事达名苑	柏丽花园	鸿园居	备注
位置0.5	1	4	4	2	5	4	5	4	翡翠园位于特区界线
价格0.5	2	4	5	2	5	4	4	3	翡翠园均价低于4000元/m²
配套0.4	3	3	5	3	4	4	4	3	
物业管理0.3	4	3	4	3	5	4	4	4	鸿业花园为智能系统
建筑质量0.3	5	4	4	3	4	4	4	4	
交通0.3	6	4	4	2	5	4	4	4	鸿业花园处商业旺地
城市规划0.3	7	4	4	3	5	4	4	3	
楼盘规模0.3	8	3	5	4	4	4	4	3	
朝向0.3	9	3	4	4	5	4	4	4	
外观0.1	10	3	5	4	4	4	4	3	
室内装饰0.2	11	0	4	3	4	4	5	4	新丰大厦不包括装修
环保0.2	12	3	4	3	5	4	4	2	
开发商信誉0.1	13	4	4	3	4	4	4	3	
付款方式0.2	14	4	4	4	4	4	4	4	
户型设计0.1	15	3	5	3	4	4	4	2	新丰大厦部分"半暗房"
销售情况0.1	16	2	3	5	5	3	5	3	
广告0.1	17	3	4	3	4	3	4	4	
停车位数量0.1	18	3	4	3	4	4	4	4	

4. 可比楼盘分值汇总

为对本项目制定一个合理的价格,选取15个楼盘中的10个有可比意义的楼盘按上述的量化方法,将每个项目的各种因素的得分乘以各自的权重再求和,计算出每个项目的得分。

① 鸿业花园20.0分,

② 百仕达花园19.5分,

③ 景竹园19.2分,

④ 翡翠园13.0分,

⑤ 碧瑰园 18.4 分，

⑥ 松泉山庄 17.4 分，

⑦ 鹿鸣园 17.1 分，

⑧ 东湖大厦 16.6 分，

⑨ 景园大厦 16.0 分，

⑩ 新丰大厦 14.7 分。

5. 楼价与分值相关分析

计 算 表　　　　　　　　表 9-8

	原 始 数 据			计 算 栏		
序号	楼盘名称	楼盘得分(X)	楼价(Y)	XX	YY	XY
1	松泉山庄	17.4	6800	302.76	46240000	118320
2	百仕达	19.5	9000	380.25	81000000	175500
3	景园大厦	16	6100	256	37210000	97600
4	景竹园	19.1	7800	364.81	60840000	148980
5	鹿鸣园	14.7	7500	216.09	56250000	110250
6	东湖大厦	16.6	5500	275.56	30250000	91300
7	新丰大厦	14.7	7700	216.09	59290000	113190
8	碧瑰园	18.4	7800	338.56	60840000	143520
9	翡翠园	13	4200	169	17640000	54600
10	鸿业花园	20	7900	400	62410000	158000
	合　计	169.4	70300	2919.12	511970000	1211260

注：表中楼价为均价(元/m²)。

据表中给出的原始数据，大致可判断楼价与楼盘得分因素分值之间近似呈直线相关。故将所要建立的回归方程设置为：

$$Y = a + bX$$

解上式中的参数 a 与 b，得：

$$Y = 50.7 + 411.8X$$

式中　Y——楼盘均价；

　　　X——楼盘得分。

6. 楼盘定价

本花园的楼盘得分为假设条件下的得分，经测算，得分为 15.1，将得分带入公式：

$$Y = 50.72 + 411.8X$$

得本花园的楼价平均为 6268.9 元/m²（此价格为一次性装修后的价格）。此价格与实地调查的估计结果十分相近，估计有 10% 左右的误差。

思 考 题

可比楼盘定价法的基本思路与核心是什么？使用该方法的前提与基础是什么？

第十章 房地产市场营销渠道策略

本章学习目的

1. 理解营销渠道的内涵及房地产市场营销的结构。
2. 了解营销渠道的基本功能。
3. 熟悉物业代理中卖方代理、买方代理的基本运作程序。
4. 熟悉房地产市场营销经济活动(售房经济活动、购房经济活动)的基本程序。
5. 掌握房地产市场营销渠道决策程序及其决策方法。

第一节 市场营销渠道概述

一、营销渠道的概念

营销渠道又称分销渠道或流通渠道,是指产品或服务由生产者向消费者转移的途径,是促使产品或服务顺利地进入市场,最终被使用或消费的一整套相互依存的组织及维持组织正常运行的一系列政策、制度与合同关系。

在市场经济环境下,大多数生产者都是不将其产品直接出售给最终用户,而是利用一些介于生产者和最终用户之间执行不同功能的中间机构,如批发商、中间商、代理商、经纪人来寻找用户,推销产品。这类中间机构,就构成了市场营销渠道。

菲利普·科特勒在其专著《营销管理》一书中引用科立的话指出"一个分销系统……是一项关键性的外部资源。它的建立通常需要若干年,并且不是轻易可以改变的。它的重要性不亚于其他关键性的内部资源,诸如制造部门、研究部门、工程部门和地区销售人员以及辅助设备等等。对于大量从事分销活动的独立企业以及它们为之服务的某一特定的市场而言,分销系统代表着一种基本组织的一系列政策和实践活动的承诺,它们被编织为一个巨大的、长期的关系网"。①

二、营销渠道的基本模式

在营销渠道结构研究中,把每一个具有产品所有权或帮助转移这种所有权的中间商称为一级,营销渠道便可按这种级数的不同划分为图10-1所示的若干模式。

1. 零级渠道模式:产品的生产者不使用中间商而直接将产品销售给用户和消

---

① (美)菲利普·科特勒著,梅汝和等译.营销管理.上海:上海人民出版社,1999

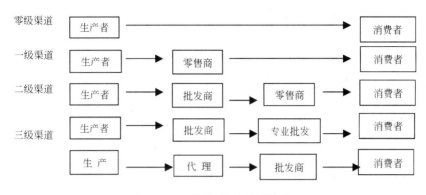

图 10-1 不同级数的营销渠道

费者的一种营销渠道模式。如:上门推销、邮寄销售、网上直销、生产者自设商店销售等。

2．一级渠道模式:借助一级营销机构进行营销的模式。如:零售商、代理商或经纪人。

3．二级渠道模式:由二级营销机构进行营销的模式。如由批发商、零售商或代理商构成的营销渠道。

4．三级渠道模式:由三级营销机构进行产品营销的模式。如由代理商、批发商、零售商构成的营销渠道,或由批发商、专业批发商、零售商组成的营销渠道。

不同的营销渠道模式使用于不同的产品和营销环境。

三、营销渠道的功能与基本流程

营销渠道的基本职能是把产品从生产者转移到消费者,建立起全社会生产与消费的联系。其基本功能可归纳为如下 8 项。

1．调查研究功能:包括市场供需状况的调查、消费者需求信息的调查,以及编制营销计划所必须信息资料的调查与研究;

2．促销功能:进行产品宣传、推广、介绍,为推销而进行的说明性沟通功能;

3．联系功能:在产品的生产者与消费者之间建立起联系与沟通的桥梁;

4．协调功能:协调供需关系、生产与消费间的关系,使商品的生产日益满足消费者的需求;

5．谈判功能:与产品的生产者与供应者就价格、质量、包装及其他问题进行谈判、协商并最终达成协议,实现商品的交易;

6．物流配送功能:商品的运输、储存和配置;

7．融资功能:筹集和分配资金,供渠道运行使用;

8．承担风险的功能:承担与营销有关的各类风险。

营销渠道的基本流程由正向流程(如物流配送、促销)、反向流程(如付款、定货)、双向流程(如协调、信息)三大类构成。菲利普·科特勒在他的专著《营销管理》中,为我们列举了铲车营销渠道中实物流、所有权流、资金流、信息流和促销流等 5

种最基本的渠道流程(见图10-2)。

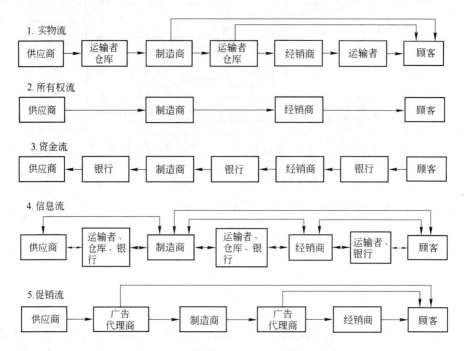

图 10-2　铲车营销渠道中的 5 种渠道流程

实物流是营销渠道最基本的营销流程。实物流描述了产品从原材料的供应者到形成实物产品,再到最终用户(消费者)手中的全部流程。

所有权流是指随着物流的运动,产品的所有权从一个机构向另一个机构转移的过程。需要注意的是,并不是所有的营销渠道环节,都必然发生产品所有权的转移,如代理商仅仅实施产品营销的代理职能,在代理营销的这一环节,并不发生所有权生产者向代理商、或由代理商向用户(消费者)的转移。

资金流是指用户(消费者)为取得了产品的所有权而支付费用给经销商、生产者的程序。在市场经济条件下,这一流程通常需要银行或其他金融机构的参与。

信息流是一种典型的双向程序,即随着营销活动的开展,营销渠道中的每一个环节的要素都将同时从上下流程环节取得信息,并向渠道提供信息。

促销流是指开展产品的促销活动而发生的运动,尽管促销流的基本目标指向产品的用户(消费者),但渠道中的每一个环节都将对其直接关联的下一个环节开展促销活动。

四、营销渠道的基本特征

营销渠道具备如下 5 项基本特征。

1. 营销渠道是由参与市场营销活动的机构与人员组成的系统。如商品的生产者、代理商、消费者等。这些渠道成员以推销某一产品为目标组合成一个具有典型意义的系统。

2. 营销渠道具有明确的目标、具有明确的"起点"(生产者)和"终点"(消费者)。渠道的目标还将明确无误地以各种形式分解到每一个渠道成员身上。

3. 在营销渠道中,商品的所有权至少被转移一次。即使是代理商的行为,也属于间接转移产品所有权的性质。

4. 营销渠道的基本功能除了典型的"实物流"外,还有必不可少的信息流,资金流等其他的功能。它们相辅相成,共同实现了产品由生产者转移到消费者手中的目标。但这些功能的实现在空间、时间、流向上并非完全一致。

5. 营销渠道的建立通常要经过相当长的时间,也是相对稳定的,同时有时是变化的,随着时间的推移,无论是渠道结构、内容,还是渠道成员,以及为维持这些成员共同运作的政策、制度、合同关系,均是动态演变的。

五、房地产市场营销渠道结构

以商品房为主体的房地产市场营销渠道主要有开发商自行销售(零级渠道模式)和委托中间商(物业代理、物业经销)销售(一级渠道模式)两种基本模式。

(一) 开发商自行营销模式

较大的房地产开发公司,大多数拥有自己的营销队伍和机构。在房地产市场兴旺,商品房市场供应短缺,需求量大、或楼盘销路较好的情况下,许多房地产开发商也宁愿自己组建销售队伍,以节省营销经营中的成本。

(二) 委托中间商销售模式

房地产市场的中间商通常是指专职从事物业代理或物业营销的营销部门。

1. 物业代理。物业代理又称房地产中介(中间介绍之意),是指受物业业主(房地产生产者、营销者或所有者)委托,从事所托物业营销业务,但不拥有该物业所有权的中间商。物业代理内容由代理委托合同确定。物业代理的形式通常有代理商和经纪人两种。代理商指专门从事房地产中介代理业务的企业;经纪人即房地产的个体代理商,又称中介人。他们为物业的买卖双方提供产品、价格及一般市场信息,穿针引线、促成交易,收取佣金。

2. 物业经销。物业经销商是指拥有物业所有权和处置权的中间商。他们通常从房地产开发商、业主或房地产市场购置物业,再投入市场,赚取差额利润。

第二节 物业代理营销渠道的运作

一、物业代理商营销渠道

(一) 物业代理的形式

物业代理的营销形式是通过物业代理合同确定的。传统的代理形式主要有如下几类。

1. 联合代理与独家代理

联合代理是指开发商委托两家或两家以上的物业代理商从事同一项目的营销业务。通过联合代理和约,规定各代理商的职责范围和佣金分配;独家代理是指开发商仅委托一家代理商从事某一项目的营销业务。

2. 买方代理、卖方代理和双重代理

买方代理是指买方委托收购物业的营销代理;卖方委托是指受卖方委托,销售物业的营销活动;双重代理是指同时受买卖双方委托的营销代理活动。一般而言,代理佣金向委托方收取。

3. 首席代理和分代理

对于大型项目,开发商往往委托一家代理商作为项目营销首席代理,全面负责该项目的代理业务。再由首席代理商去委托分代理,分工负责某些部位或某些地域的代理业务。

(二) 物业代理的运行

1. 卖方代理

如前所述,卖方代理是指受业主委托销售物业的代理。其代理行为的基本程序是:

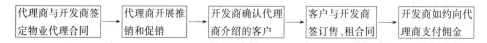

代理商的房源如果来自房地产的二手市场,则其业主大都是希望通过代理商实现物业转让的零星业主。代理业务的基本程序则如下所示。

在许多情况下,开发商往往不愿意完全放弃该物业营销机会或失去对该物业营销的控制,而让自己的销售部门与代理商合作营销。他们组建一个双方都参与的营销的联合体。以联合体的名义进行市场推广和促销活动。当然双方的权力、责任和利益都是事先由合同详细规定了的,其基本运作程序如下。

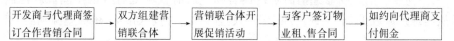

由于市场竞争及物业代理活动的实际需要,当前的物业代理无论形式还是内容均发生了很大的变化,总的特点是范围扩大、更加灵活,深层次的合作有所加强,主要表现在如下几个方面。

(1) 由纯粹的物业代理向多种经营扩展。许多大型的代理商,除了一、二手市场物业的售、租代理业务外,还兼营商品房,尤其是商铺、写字楼的投资及租赁经营业务,以及市场调研、项目策划等经济活动。

(2) 物业代理的内容日益增多。为了方便顾客、吸引客户,许多代理商还协助

顾客代缴税费、代办过户手续(房地产证)、代办银行按揭,提供买卖商品房的一条龙服务;

(3) 营销内容向深层次发展。对于许多中小型房地产开发公司,由于投资条件的限制,不具备大规模的市场调研与项目策划、营销策划能力。一些代理商便凭借自身优势,为房地产项目开发者提供诸如市场调研、投资顾问、项目策划、营销策划,甚至包括项目管理、招标代理之类的业务,使物业代理的形式和内容发生了很大的变化。

2. 买方代理

对于一些大客户,由于经营业务的需要,经常要求在不同的城市购置或租赁物业。一些代理商便与他们建立起长期的代理业务关系,成为这些客户的长期的独家代理。当客户有购、租商品房的需要时,便委托该代理商提供购、租的业务服务。当然,这类代理对象主要是那些经常需拓展办公而后居住用房的大公司,大机构。

大量的买方代理来自于二手市场寻找房源的客户。由于房地产二手市场的扩展,代理商从事买方代理的业务量也在突增,代理商凭借自己大量的房源信息、完善的全过程服务(签约、过户、按揭等)及可靠性、安全性,吸引大量的客户,增加业务量。二手市场的买方代理业务流程如下所示。

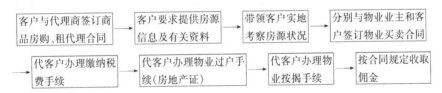

(三) 物业代理佣金

物业代理佣金是从事物业代理业务的代理公司向委托方(卖方或买方)收取的业务费用。对于单纯从事物业代理业务的公司,这是他们的主要收入来源。

每项物业代理佣金的支付标准是不一样的,这主要取决于委托责任的大小和内容的多少,由委托代理合同决定。对委托方来说,选择多家代理通常比选择独家代理支付较多的代理费用(通常是 1.5 倍左右)。委托内容较多(如包括:市场推广、宣传、广告等),委托要求较高(如限定时限和销售比率),就要支付较高的委托代理费。在一般情况下,代理费是租赁物业年租金的 10% 或相当于 1 个月的租金;出售物业是销售额的 1%～3%。

二、经纪人营销渠道

经纪人是指从事房地产经济活动(如房地产交易、租赁、交换和国有土地使用权转让等经济活动),为当事人提供中介、代理、咨询等有偿服务的个人代理商。经纪人为房地产交易的双方提供市场信息,专业协助,成交后收取佣金。

(一) 经纪人应具备的条件及其职业道德

房地产经纪人是传播有关房地产信息、提供专业服务,促成房地产交易的个体经营者,若干经纪人应当组合建立自己的房地产经纪机构(中介服务公司)取得法人资格。经纪人和机构均要符合一定的条件。

从事房地产经济活动的经纪人必须具备如下条件:

1. 熟悉国家及地方政府有关房地产经营的政策法规;熟悉房地产市场行情,掌握有关信息;具备相应的房地产技术及房地产经济知识,取得执业资格;

2. 具有相对稳定的经营方向和经营范围,要按业务种类和地域确定一定的经营方向和经营范围,不得进行实物性买卖;

3. 具有良好的职业道德,自觉遵纪守法;

4. 有固定的营业场所和一定数量的独立财产,并能承担相应的民事法律责任。

经纪人应当具有如下职业道德:

1. 诚信:如实向客户提供信息,不得欺骗和隐瞒;

2. 公平:在买卖双方间保持中立公平的地位,绝对公正地对待双方;

3. 热诚:积极热情地为客户服务,凭借自己的专业知识、谈判能力和服务热情促成交易;

4. 公正:收费合理,不得向交易双方收取任何佣金外的酬劳。

经纪人应组建自己的房地产中介经纪机构,独立从事房地产经纪业务。机构的成立必须符合如下条件:

1. 有自己的机构名称,有完整的组织运作机构,有必要的财产和经费,有足够的从业人员,有固定的办公场所和法律法规规定的其他条件;

2. 向房地产主管部门申请批准,领取"房地产营业资格证";

3. 向工商行政管理部门申请登记,领取"营业执照";

4. 向税务部门申请登记,按规定缴纳各种税费。

(二) 房地产经纪人与代理人的区别

房地产经纪活动是在交易双方间进行的居间代理活动,同样处于房地产交易的代理地位,但经纪人和代理人有本质的不同。

1. 经纪人以经纪人及其他经济机构的名义进行经济活动,其行为的法律后果由自己承担;代理人以委托人的名义进行代理活动,其行为的法律后果由委托人承担;

2. 经纪人对交易双方均负有公平媒介的同等义务,其地位是中立的;代理人受人之托,必须站在委托人的立场,按委托人的意愿办理委托业务,只对委托方负有义务;

3. 经纪人与委托人之间没有连续的、固定的关系,可以同时接受当事人双方的委托;代理人只能接受一方委托,不能同时承接双方委托;

4. 经纪人的业务只限于介绍双方促成交易;代理人可按授权直接与对方签约,并在一定程度上享有销售的自主权;

5. 经纪人可以同时收取委托双方的佣金,而代理人则只能收取代理人一方的报酬;

6. 法规规定房地产经纪人可以从事代理活动,但禁止就同一委托事项身兼代理或暗自充当交易者。

(三) 房地产经纪活动程序

1. 售方经纪活动程序

委托销售房地产的经纪活动,一般按如下程序进行。

在有些情况下,经纪人还可能凭借自己的专业知识和便利条件,为当事人提供代办产权过户、代办有关税费、代为联系室内装修等服务,这类事项一般由委托合同约定。

2. 购房经纪活动程序

委托购置房地产的经纪活动,一般按如下程序进行。

有时经纪人也可受委托为委托人代办过户登记、按揭、代缴税费等有关事项,提供多方面的服务,但这些委托事项必须事先在有关合同时中明确规定。

第三节 房地产市场营销渠道决策

一、影响营销渠道决策的主要因素

房地产市场营销渠道决策的主要影响因素有:产品因素、环境因素、顾客因素及公司(或项目)自身所具备的条件因素,在选择市场营销渠道时,应综合考虑这些因素,做出科学决策。

(一) 产品因素

产品因素是指拟推销的产品(项目)所具备的性质及条件。房地产产品(项目)的特性及条件主要有如下内容:

1. 产品的营销特性:如是租赁经营型还是销售经营型;

2. 产品的使用特性:如是住宅、写字楼还是商场,对于住宅还要区分普通住宅、高档住宅、别墅等;

3. 产品的质量特性:普通建筑、高档建筑;

4. 产品的市场特性:市场适应性强的畅销品还是滞销品;

产品因素决定了不同的消费群体及营销目标实现难易程度,是渠道决策首先应考虑的主要因素。

(二) 环境因素

房地产市场营销的环境因素有两重含义,其一是房地产市场的经营环境,其二是房地产项目的周边环境。

市场经营环境主要包括如下内容:

1. 经济环境:指项目推出时的大经济环境是经济发展的高峰期、低迷期还是稳定期,市场购买欲望、购买力的大小;

2. 竞争环境:主要指同一地域同类项目的市场供求状况,市场竞争激烈的程度、竞争对手的实力、地位及分布等;

3. 政策法规环境:项目可享受的优惠政策或不利的制约条件;

4. 金融环境:项目融资环境、融资条件,再投入资金对营销的压力以及还贷压力;

5. 人文社会环境:项目在当地的社会影响,受客户欢迎的程度、主要营销群体及其分布。

项目周边环境主要包括如下内容:

1. 交通环境:交通的便利程度、通达程度、距主要交通站点(机场、港口、公共汽车站等)的距离;

2. 自然环境:风景、地质、地貌、植被、山川、河流等;

3. 生活环境:商场、医院、学校、菜场等配套设施条件;

4. 基础设施:给排水、排污、道路、电、煤气、通讯、邮电等基础设施条件。

上述环境因素分别从不同的角度影响着项目营销的难易程度和营销进度压力的大小。当然也是营销渠道决策时要优先考察的因素。

(三) 顾客因素

顾客因素主要指项目消费群体的特性。这些特点决定着项目促销手段、营销渠道的规模及其分布。一般而言,影响房地产市场营销渠道决策的消费群体特性主要有:

1. 潜在顾客的阶层:市民、蓝领、白领还是富裕阶层;

2. 潜在顾客的规模及其分布:顾客群体规模大及地域分布广的项目销售渠道自然规模也大;

3. 潜在顾客的消费特性:不同的消费心理及消费需求对营销品位、营销手法亦有不同要求。

(四) 公司(项目)自身所具备的条件因素

公司(项目)自身条件直接影响营销进程,自然也是在进行营销渠道决策时应考虑的主要因素。

1. 公司的规模、声誉、实力;

2. 项目的品牌、知名度、竞争力、卖点;

3. 公司提供的售后服务、承诺与担保条件。
二、营销渠道决策的基本程序
房地产市场营销渠道的决策,一般按如下程序进行。

(一) 设定营销目标

营销目标是指项目营销应达到的规模、收益(成本)及完成期限目标,是在项目营销策划中依据市场条件及项目的开发进度、投融资计划而确定的,是营销渠道决策的重要基础。

(二) 考察分析影响因素

影响因素决定着渠道的结构和数量,应抓住反映项目主要特点的影响因素,由此而确定其营销渠道结构和规模。

如规模大、资金雄厚、实力强的开发商,大都有自己的营销队伍,可不依赖或少量依赖中介机构。而规模较小的开发商,则往往主要依赖中介机构建立营销渠道。潜在顾客群体规模大、地域较分散的项目,需要建立分布面广、数量较多的营销网点。而营销对象针对性较强、规模较小的项目,则可采取自行推销的营销方案。如某商厦需设快餐店,则可针对当地几家较大规模的快餐公司直接上门推销。

(三) 设计营销渠道方案

房地产市场营销渠道方案包括渠道结构、渠道规模、渠道成员的条件和责任(要求)。

渠道结构是指市场营销渠道的模式结构(详见本章第一节)。对于房地产开发项目而言,主要有零级和一级两类(图 10-1)。零级结构是指无需中介组织销售的营销渠道。显然,零级结构渠道模式仅适用于具有良好声誉的大型开发商或具有较高知名品牌、市场销路很好的物业项目。一级结构就是在开发商和顾客之间,增加了一级中介代理机构的渠道模式。对一些超大规模的房地产项目,由于销售压力较大,也会出现二级结构营销渠道模式,即在开发商与中介代理商之间增加了一级总代理,由总代理再委托分代理商实施分销。

渠道规模是指进入营销渠道的中介代理商的数量。显然,渠道规模大小受制于两个因素,其一是潜在顾客群的规模和分布,潜在顾客群体越大、分布越广,应考虑进入营销渠道的代理商数量也应当越多;其二是营销目标的压力,营销目标规定的时间越紧、营销规模越大,营销压力也越大,渠道成员自然也越多。

渠道成员的条件和责任是通过双边谈判由合同规定的。在设计渠道方案时,策划者可以依据渠道营销目标的要求和营销市场的行情先行设定。其具体内容主要包括:营销量、营销进度、营销成本、佣金标准、付款方式等。有些代理合同还对促销方式、广告强度、展销规模等作了详细规定。

(四)评估方案效果

营销渠道方案的评估主要针对方案实施的预期效果,围绕经济性、可控性和适应性三方面进行。

1. 经济性。主要指方案实施的预期销售量和耗费成本的关系,由单位成本的销售量或单位成本销售额指标进行评价。显然,这个比值越高,说明方案的经济性越好。通常,每个地区,同类物业领域内都有反映其社会平均水平的单位成本销售量或单位成本销售额。开发商借此便可判断渠道方案与一般社会平均水平相比的高低。

2. 可控性。可控性是指开发商对渠道运行的可控制程度。这一评估反映了营销渠道的安全性。开发商必须在合同设计及渠道设计时,建立有效的控制手段,确保渠道的安全运行。

3. 适应性。营销渠道的适应性是指渠道方案对市场及项目的适应性。市场是千变万化的,项目自身的条件也千差万别。一个好的渠道方案应当能适应这种变化及项目特点,随时做出调整。

(五)渠道方案的优化及确定

即通过评估对原计划的方案进行优化调整,最后确定渠道方案。

(六)选择渠道成员

房地产开发商不可能像一般商品的生产者那样具有相对稳定牢固的营销渠道成员,几乎要为每个开发项目设计营销渠道、寻找渠道成员。一般来说,选择渠道成员应注意其规模、素质、拥有的资源条件、良好的信誉、成功代理的业绩、营销代理条件等。注意选择资信度高、有一定规模、营销代理成本较低、较好素质的代理商做项目营销伙伴。

(七)签署营销代理合同

开发商与营销渠道成员间的关系是通过正式签署的委托代理营销合同确定的。签订合同时,应仔细推敲每个字隐含的意义,清楚地表明双方的权利、责任、义务和利益。明确代理权限及时间范围、中止代理的程序和条件,列明开支费用清单及标准等等。一般来讲,一份完备的委托代理合同应具备如下主要内容:

1. 委托内容:委托项目的名称、地址、性质、面积、套数,委托事项等;
2. 委托代理期限及目标:包括分阶段应实现的目标及总目标;
3. 双方责任与分工:分别详细列明甲乙双方在该委托事项中的责任及分工事项;
4. 订金及楼款的收取办法及程序;
5. 佣金及销售费用支付:明确佣金标准及佣金支付办法(时间及程序);详列销售费用项目及其标准、结算支付办法;
6. 法律责任;
7. 和约中止条件及中止程序;

8. 违约责任;
9. 争议解决办法。

第四节 房地产市场营销渠道的管理

房地产市场营销渠道管理职能如图 10-3 所示。主要有选择渠道成员、明确成员责任、确定控制指标及控制程序、评估渠道成员、激励渠道成员、渠道合作与冲突管理、渠道调整等。

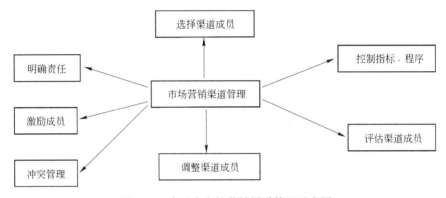

图 10-3 房地产市场营销渠道管理示意图

其中选择渠道成员、明确成员责任,确定控制指标及控制程序均是在营销渠道决策过程中通过委托代理合同的签订实施的。房地产市场营销渠道的控制指标主要是营销期限、销售额、销售进度和销售成本等。本节主要讨论房地产市场营销渠道冲突的管理、渠道成员的激励、评估与调整问题。

一、渠道冲突管理

中介代理公司承接委托后,自然会尽职尽责履行委托合同,完成承接项目的市场推广和营销任务。但是,在具体实施市场推广和营销活动过程中,代理公司和委托者的目标并非绝对一致。尤其是一些较大规模的中介公司,往往同时代理多家开发商的项目,他们关注的是公司整体的经营目标,不可能把公司的营销资源全部投入一、二个项目。而开发商只关心自己投资的项目,希望本企业的产品受到更多的关注。两者营销目标的差异,将在促销措施、资源配置、营销策略等具体问题上难免会产生分歧和意见,矛盾将在所难免。因而,营销渠道冲突的管理问题在渠道管理中占有相当重要的地位。在营销渠道策划时,应当确定冲突管理原则和冲突管理程序。

(一) 营销渠道冲突管理原则

营销渠道冲突管理应遵循如下基本原则:

1. 双赢的原则。开发商与代理商,是项目投资经营中两大环节的核心,于项目的成功与否,关系极大。只有遵循双赢的原则,才能齐心协力,遇到矛盾迎刃而解。

2.有备无患的原则。凡事预则立,只要在营销渠道策划时就将各种可能出现的问题研究透,通过渠道成员的选择及代理合同的签订避免或防范,便可做好各种应急准备,避免渠道冲突的发生。

3.有效控制的原则。开发商必须对营销渠道实施有效控制,以便即时发现问题,即时解决矛盾,解决冲突。

(二)营销渠道冲突管理程序

营销渠道冲突管理应执行如下程序,实施有效管理。

显然,分析原因是第一位的,只有实事求是、客观公正,科学地分析原因,才能正确地认识冲突。冲突双方必须抛弃片面性和主观性,才能有客观、公正的认识。协商是冲突双方在冲突原因得到正确认识后惟一可取的正确态度。应当在互利互惠的原则指导下,按照委托代理协议(合同)中所规定的有关事项,针对冲突发生的具体问题,制定措施,既解决当前问题,又预防未来出现同样问题。

二、渠道成员激励

开发商与受委托的代理商基本目标是一致的,为了促使代理商尽职尽责履行项目营销合同,开发商应不断地激励代理商,使其竭尽所能、全力以赴。激励的基本目的在于调动积极性,尽管手段五花八门,但立足点要放在沟通和协调上。一般来说,对市场营销渠道成员的激励手段主要有控制性激励、奖励性激励、合作性激励三类。

(一)控制性激励

控制性激励是指设立若干控制性指标,将代理佣金的比率与控制指标完成的程序挂钩的激励手段。

如在某一开发商与中介代理公司就某一楼盘的委托营销合同中,就代理佣金的支付问题作了如下规定:

1.销售面积低于委托面积的10%时,代理佣金为总成交额的0%;

2.销售面积达到委托销售面积的10%以上至30%时,代理佣金为总成交额的1.2%;

3.销售面积达到委托销售面积的30%以上至50%时,代理佣金为总成交额的1.4%;

4.销售面积达到委托销售面积的50%以上至70%时,代理佣金为总成交额的1.6%;

5.销售面积达到委托销售面积的70%以上时,代理佣金为总成交额的1.7%。

这样一来,就通过销售面积这一控制性指标将代理商的营销热情充分调动起来。

(二)奖励性激励

奖励性激励是指代理佣金之外的,额外的奖金或其他实物和事项。如各类奖品、其他楼盘的代理权、收入分成、佣金比率的上浮。优秀员工的奖励、荣誉称号等等。

(三)合作性激励

合作性激励是指委托者与被委托者合作营销的一种激励模式。当开发商与某一中介公司双方都有着长期合作的愿望和信心时,不妨超越单纯的委托关系,采用关系更为密切的合作模式。常见的合作形式有如下几类。

1. 中介代理直接参与楼盘的前期准备工作,如市场研究、项目方案策划、规划设计、项目招标等等,就项目的投资经营、开发方案、市场定位提出意见。

2. 开发商为中介代理商提供人员培训服务,就楼盘特点、开发经营理念、项目有关的技术经济问题和营销手法进行培训与交流。

3. 联合成立项目营销领导小组或派出人员参与中介公司营销组织活动。

4. 合作营销。开发商为了与代理商建立更牢固的利益关系,也可就某一个项目成立股份有限公司,对该项目的营销或未来的营销管理实施联合经营。双方的权利、利益、义务、风险应在合同协议中明确。

三、渠道成员评估

开发商对营销渠道实施经常性的评估,是渠道管理和控制的重要内容。通过评估活动,不仅有利于掌握渠道成员情况,为渠道管理提供信息;也有利于把握项目营销进程,为营销战略和策略的调整提供依据。

一般而言,对房地产项目营销渠道成员的评估,主要集中于如下几个方面:

(一)业绩性评估

房地产营销渠道成员的业绩性评估主要集中在营销业务的执行效果、代理合同的完成情况方面。如营销规模(单位时间的营销面积、营销额)、营销计划完成进度、营销款的交纳程度、营销成本(单位面积营销成本、单位营销额的营销成本)、同类项目的市场占有率等等。需要注意的有如下两点。

1. 对营销渠道成员的评估应当是经常性的,不仅在签订代理合同前,在营销代理合同执行中或项目销售任务完成后,也要进行评估;

2. 对营销渠道成员的业绩评估不仅要关注公司项目的营销状况,还要关注其他项目的营销状况;不仅要关注本公司代理合同的执行情况,还要关注其他代理合同执行情况。

(二)经济性评估

经济性评估主要是针对营销渠道成员的营销经济状况进行的评估。如代理商的营销成本率、利润率、广告投资效率、促销成本费用等等。当然,由于有些信息涉及商业秘密,这类评估往往相当艰难,但至少对该公司代理的本公司的楼盘,一些基本的财务信息是要了解并进行评估的。

（三）信誉性评估

房地产营销代理涉及金额巨大、产权关系复杂，选择代理商时，应当特别注意代理商的信用关系。信誉性评估主要针对该代理商已代理楼盘的信用状况进行评估。如合同执行状况、代销金额交纳情况、消费者投诉及调解情况，其他开发商的口碑等等。

（四）实力性评估

实力性评估是针对代理商的实力及其在本行业中的营销地位进行的评估。评估内容主要集中在代理商的人数、规模、营销额、代理楼盘数量、规模、单位时间销售面积、市场占有率、营销点分布状况、代理楼盘类型覆盖状况等等。

四、营销渠道成员调整

市场营销渠道并不是一成不变的。开发商应随时依据市场条件的变化、渠道成员的评估结果对渠道成员进行调整。应依据代理合同的执行情况清除那些未完成营销合同规定的或发生严重信用危机、经营危机的代理商，避免造成损失；要即时调整渠道规模以适应市场发展需要。

本 章 小 结

1. 营销渠道又称分销渠道，是产品由生产者向消费者转移的途径。营销渠道按级数的不同分类。

2. 营销渠道的主要功能有：调查研究、促销、联系、协调、谈判、物流配送、融资、承担风险等。

3. 营销渠道的基本流程有：实物流、所有权流、资金流、信息流和促销流。

4. 房地产市场营销渠道有开发商自行销售（零级）和委托中间商（代理商）销售（一级）两种基本模式。

5. 房地产营销的中间商是指专职从事物业代理和物业经销的营销部门，其中物业代理是我国房地产市场营销的主要形式。

6. 传统的物业代理有：联合代理与独家代理；买方代理、卖方代理和双重代理、首席代理和分代理等分类。

7. 经纪人是指专门从事房地产经纪活动，为当事人提供中介、代理、咨询等有偿服务的个人代理商。经纪人必须成立经纪机构才能从事经纪活动。

8. 影响房地产市场营销的主要因素有产品、环境、顾客以及公司（或项目）自身所具备的条件等。

9. 房地产市场营销渠道决策的基本程序是：设定目标、考察因素、设计方案、评估方案效果、确定渠道方案、选择渠道成员、签署代理合同。

10. 房地产市场营销渠道管理的主要职能有：选择渠道成员、明确成员责任（合同）、确定控制指标、激励渠道成员、实施冲突管理、评估渠道成员、进行渠道调整。

讨 论 题

1. 什么是营销渠道,房地产市场营销渠道的基本功能有哪些?
2. 何谓物业代理? 试述物业代理运作程序。
3. 何谓房地产经纪人? 试述经纪活动的基本程序。
4. 试为本市某一公司的房地产项目进行营销渠道设计。

案例　商品住宅的一种促销渠道——直邮营销①

由于当前主要大报的广告争取不易,且费用高昂,使房地产销售业者颇感困扰。他们既无法获得较大的广告篇幅,也常常被延误了刊登时机,更谈不上能刊登有计划、有变化的系列广告,而且若干报纸的印刷条件不佳,一些设计得很精致的广告,刊登出来,每每变成像个顽皮孩子的脸和手,全是焦焦块块的油墨,一副脏相。这样的广告,吸引读者欣赏的程度无形中被削弱了很多。有时,广告企划人与设计人,在业主面前,还得替印刷不佳的报纸背黑锅。

这些因素使房地产广告的企划人员在编拟广告计划。执行广告预算时,纷纷谋求报纸广告媒体之外的广告媒体。

房地产业者们自行创刊的《今日房屋周刊》,经过一年多的试验,已演变成很有用的媒体。每期发行量,多的时候,能达到10多万份。最少的时候亦有几万份。已不亚于一般次要日报。然而其印刷之佳,则超过所有的日报。凡是印刷精致读物,耐读率亦一定较高。更何况这份周刊,还能针对广告策略的需要作重点式的发行。例如,广告企划人,希望在某些地区,家家户户都能看到这份周刊,就可以额外在这些地区,按户赠送,这也为一般的报纸媒体所不能做到的事。

杂志媒体被选用的情况也有所增多,如《房屋市场》、《住的世界》、《中国房地产》等月刊。主要的因素之一是杂志的广告印刷精美,广告的有效时间比报纸长。另一因素是凡是发行已有基础,每月均能按期出版者,即已拥有许多固定的读者。这许多读者。就形成了一大群集中而特定的广告对象,往往能产生良好的广告效果。

广告企划人正积极地进一步试验寻求杂志广告的优点,以便扩大选用。直接函件是已试验得很有效的一种媒体。有若干原列为报纸广告的预算,现已被广告企划人员,改用为制作直接邮件。有些广告预算较少的房屋,只利用直接邮件为主要广告媒体、也能获得较好的销售结果。

1976年4月下旬,位于台北市和平东路二段的"知风雅筑",其28户住宅,在短短数天内,即全部售完。这就是直接邮件广告所造成的成绩。"知风雅筑"的业主,过去曾委托两家房地产销售代理商代销,两次成绩皆很差。这一次再委托台北

---

① 周改等编著.房地产营销.北京:企业管理出版社,1996

房屋公司代销,则立即见效。此中颇有些值得房地产代理商借鉴的做法。直接邮件虽然是很有效的媒体,但不是人人都能运用得很有效。如果所具备的基本条件不够,就不能做得有效。

1. 市场调查工作做得是否有效深入?是应具备的基本条件之一。除了调查房屋的位置、四周的环境、交通的路线等等,进一步还需了解当地房地产的价格,包括近几年来的升值情况和未来的发展。同时要了解:这个地区的现住人,他们为什么居住在这地段?假如他们换购房屋,会买怎样的房屋?

2. 根据市场调查资料和业主商讨房屋的售价,求售价合理是应具备的基本条件之二。目前一般业主,都希望将售价订得高些。试想,售价订得偏高的房屋,如何能顺利交出呢?今日的消费者已经很精明了。售价偏高的房屋,广告做得再多,再好也难以收效。房地产代理商如果不在这一点与开发商详加商讨,则情况不会很妙。倘若业主坚持要按高价出售,则房地产代理商尽可拒绝这笔业务。不能拒绝时,最好仅仅做广告代理,不必涉及代销房屋的业务。

3. 需掌握有可能购买者的名册,是应具备的基本条件之三。在现阶段,房地产代理商分为老资格者和新创办者两类。前者已掌握这类名册,后者则缺少这类名册。所谓老资格者,就是已有多次销售房屋的经验,每销售一次即收集得一批消费对象的名单。包括购买者或可能购买者(指只询价而未购者)。目前几家老资格的代理商,皆拥有1500户至2000户以上的消费对象名单。这是创造直接邮件效果的秘密武器。新创办者,只能根据电话簿等等名册去寻找,对象选得不精,效果自然差得多。

台北房屋公司充分具备了这三个基本条件,再加上认真思考,精心策划,故将"知风雅筑"的直接邮件,做得相当出色。这个彩色直接邮件被设计成6页的折叠式,正反两面,共有12页篇幅可用。一页设计成封面,只有商品的名称"知风雅筑"的标准字。一页设计成信封式样,供填写收信人的姓名地址。一页是透视图,加上"细致的规划","第一流气派大厦造型"一句标题,确能给消费者细致优美的感觉。一页是位置图,一页是建材设备说明文字。房屋内部的平面布置图占了5页。尚有两幅漫画,配上文字,形容这幢大厦是建筑在幽静的文教区,对成人和孩子均有益处。其报纸广告用得极少,只刊出了一则消息,标题强调"现在知风雅筑住户的孩子,可以准备转学了"因为大厦的附近就是许多家长想让孩子就读的邮专附小和再兴小学。这是营销策划小组为这幢大厦所刻划出的个性,直接针对实际需求。

这幢大厦销售成功,尚有两个基本因素。首先是售价合理。其次是在推销时,A幢已经建好,立即可以搬进去住。企划小组还布置了"成品屋",欢迎消费对象前往参观。这种"成品屋"的效果颇高,消费对象多数是欣赏了成品屋之后才决定购买。从这一点上可看出"样品屋"的广告方法在现在效用已降低了许多。因为欣赏了"样品屋"而购买的人,等到房屋造好了去交接时,很多人发现所接受的房屋不及原"样品屋"的标准,这就逐渐降低了大家对"样品屋"的兴趣。

同时，在经历了销售成品屋逐渐转向预售房屋之后，在1975年前后又逐步走上了销售成品屋的趋向，就是将房屋先造好一部分，再推出销售。1976年5月以前各月，各种高楼大厦销售得能接近理想者很少。相信谁都了解，今天的房屋购买者，对于只凭载有透视图、平面图的精美说明书所销售的房屋，多嫌不够了解。对于已建造完成的房屋，兴趣则较高。

"知风雅筑"的销售总额，约为新台币2700余万元。广告费却总共只用了10余万元，只占销售总额的0.5%，支出很少，效果却很高。

现在一些权威人士认为，在房地产营销中广告费用以不超过销售总额的1%为最合适，超过了1%则广告费用就支配得太多；试想，在广告刊播后，假定房屋只销出半数（一般而言，有这样的成绩，已算不弱），广告费用的支出比率就相应增加了一倍。房地产营销企划人员已充分注意到这一点。

思 考 题

1. 要成功地进行房地产商品直邮营销，应具备哪些基本条件。
2. 房地产的广告费投入应控制在多大比例为佳？试调查你所在城市的房地产营销费用构成情况，就其结构、比例、效率、效益进行评价。

阅读材料　房地产营销代理公司的选择 [①]

一、代理公司选择六大标准

（一）平等对待参与竞争者

发展商在寻找中介公司时一定要以平常心对待每一个参与竞争者，不能主观臆断。应根据每个公司提供各项资料综合评定。发展商一般与中介公司上层接触较多，但也应寻找一些机会对从业人员整体素质有所了解。一个好的中介公司，员工整体形象，精神面貌，谈吐修养都会对以后的长期合作具有影响。为此，应尽力大跨度地了解合作方，知己知彼，才能合作愉快。

（二）是否具有中介从业资质

房地产中介市场规范化起步较早。隶属于国土房管局的房地产经纪人服务管理所每年对房地产中介从业人员进行培训，并对中介公司进行资质审核，对有一定实力，信誉良好的中介公司评定等级，颁发等级证书。为此，发展商在选择中介公司的时候一定要看清楚是否具有从业资质证书。

（三）是否具有强烈的敬业精神

发展商与中介商接触过程中，若发现有些中介商并不是急客户之所急，详细、客观地分析市场，而是故弄玄虚，过分夸大已做过的案例，并有欺骗倾向，应及时中断合作意向。还有一类中介商与发展商时刻保持思路一致，你说可卖高价，他云楼

[①] 决策资源研究中心主编.地产销售职业操盘手册.广州：暨南大学出版社，2002

素质好,价值高;你说不想花太多钱,他曰这个不必做,那个不必想。这类讨好型中介商不从项目全局考虑,人云亦云,也不具备合作价值。

(四)是否具有较强的市场调研能力

发展商在拥有地块时即可寻找中介公司参与项目的策划。市场调查是中介公司必做的功课,调查分析结果不仅可以作为宏观决策问题的参考,也可细到墙线的色彩选择之类问题。为此,好的中介公司能够真正贴近市场,并将获得的大量市场信息,分析、提炼、提交具有一定水准的市场调查报告。这样才会对发展商的决策有所帮助。

(五)是否具有较强的公关能力

在楼盘推广中,不定期地组织一些公关活动,不仅可以树立良好的项目形象,而且可以与客户进行充分的情感交流,并达到默契。发展商在选择中介代理公司时,此公司是否具有良好的声誉,是否与媒体有密切的联系,是否成功地组织、策划过大型的公关活动都应作为考查的重要内容。

(六)是否适合于自己的项目

寻找合作者的发展商,一定要选择适合于自己项目的中介公司。房地产中介代理公司有的侧重于前期调研,或代理一手楼盘,有的则专精于二手服务。为此,在委托项目前应充分了解中介公司的长项,并初步掌握该公司对所委托项目的认识度及准备或实际可投入的人力、物力、精力等等。规模大的一些中介公司可能同时代理几个盘,精力难免会比较分散,而且这些盘中若有与发展商的盘处同一区域,或目标客户一致等情况,发展商就应该慎重考虑了。

二、代理公司选择程序

当一家房地产公司的楼盘待售时,它首先面临的决策是:这宗楼盘是自己销售还是请他人代理?如果是请他人代理销售,如何选择合适的物业代理商为自己服务?每个房地产公司都希望找到一个优秀的、可以信赖的物业代理为自己服务。选择物业代理的程序一般分为如下五步。

(一)计划

先组建一个由3~5人组成的选择小组,在公司销售部经理领导下行动。主要任务是:收集市场上的物业代理商的有关资料;设计一个评审模式,制定选择代理商的标准;如果目前已有一个物业代理商,应对其各项工作进行评价;初选一批物业代理商作为重点,也可根据需要随时增减;制订一个详细的选择计划,对各项活动及其所需时间做出具体安排。

(二)访问候选物业代理商

选择小组要访问各候选代理商,收集决策所需的各种资料,明确各代理商的优势和劣势。必要时也可访问物业代理商的主要客户。需了解的主要内容有:

1. 物业代理商的实力,其代理楼盘的规模及主要客户;
2. 物业代理商的主要服务领域和服务范围。例如能否包销?价格是否合理?能否为客户提供全方位的营销策划等服务;
3. 物业代理商的素质、经验和能力;
4. 物业代理商的管理水平和财务状况;
5. 物业代理商的业绩,即其所代理的物业有多少是成功的,有多少是不成功的,为什么。
6. 考察物业代理商与客户的关系状况。

(三) 邀请候选物业代理商访问本公司

在第二步完成之后,可对候选者作适当删减,将一些不合格的代理商删掉。然后邀请候选的物业代理商访问本公司。为此事先要为每一候选物业代理商准备一份本公司的资料。主要包括如下内容:

1. 本公司的发展历史,组织结构;
2. 本公司楼盘及其特点;
3. 本公司市场占有率,主要竞争对手的基本情况;
4. 拟销售楼盘推出和销售计划,包括楼盘竣工时间、位置、价格、规模和费用支付标准等。

这一阶段的任务是,先让物业代理商了解本公司推出的楼盘,然后由各物业代理商在规定时间内拿出各自的营销方案,以供评审之用。类似于投标竞争方式。

(四) 评审物业代理商的营销方案

首先,要准备好一个设计方案评审表,列出评审项目和评价标准。评审项目一般包括如下主要内容:

1. 营销前的各项准备措施;
2. 营销方案的创造性和实用性;
3. 能否达到预定的营销目标;
4. 广告选择的合理性;
5. 整个营销过程的协调性;
6. 营销方式的可行性;
7. 营销战略的体现和发展等等。

在此基础上对各代理公司报送的营销方案进行评估、打分、汇总。

(五) 决策

选择小组按原订评审标准,写出综合评审报告,交由决策者最终选择,再与中选的物业代理商签订代理合同。

三、广州奥林匹克花园的中介代理

广州奥林匹克花园是由广东金业集团有限公司、中体产业股份有限公司联合投资开发的大型房地产项目。本项目将房地产与体育产业相结合作为总体策划思路,把奥林匹克精神融入项目主题,力求创造一种全新的21世纪健康生活小区。本项目的成功,标志着一种全新的房地产开发理念的诞生,并展示出一片广阔的全国性的开发前景。据悉,该项目的成功除了正确的开发方案、市场定位外,与一流的中介代理密切相关。

(一) 条件

为确保项目的成功推广及销售,就必须认真合理地挑选中介公司。本项目的销售代理公司应符合以下条件。

1. 必须对项目目标客户有着充分的认识,对广州市特别是洛溪地区的物业市场有着敏锐正确的认识。

2. 必须有多年丰富的销售经验。

3. 必须对本项目有所了解,并能意识到奥林匹克花园这种开发理念,将是一种具有全国滚动开发效应的理念。

4. 必须有较强的品牌意识,以及辐射全国的能力。

5. 必须愿意投入公司最强的实力为此项目服务。

6. 必须擅长项目包装及广告推广策略。

7. 必须同意以灵活的方式与本项目合作,并收取合理或较廉价费用。

(二) 广州地区代理行分析

广州是全国房地产开发市场最为成熟的地区,因此广州市的代理行业也是最活跃及成熟的。但有能力操作此项目的代理行不超出10家。这不仅仅因为本项目地处洛溪这个竞争最激烈的地区,同时也因为要领会本项目的策划精神,并看到其后续全国性市场是需要有创造性眼光的。

(三) 项目销售代理联系过程

从项目策划至今,前后共接触代理公司5家。其中除B公司在1998年底自动放弃以外,其余均提交了销售策划报告。C公司在1998年中就曾提交过方案,但1999年3月29日本项目正式确定聘请销售代理公司后,至今一直无法进一步提交计划书。

1999年3月29日开始正式与以下3家代理公司接触,并提供有关项目资料。

A公司:3月31日工地现场勘察,4月17日下午提交计划书。

D公司:3月29日会面,3月30日、4月1日工作现场勘察,4月16日晚提交计划书。

E公司:3月31日会面,4月2日工地现场勘察,4月16日上午提交计划书。

(四) 各代理公司基本状况

1. A公司

一级代理,近两年业绩突出,代理量为广州首位。

1999年已签有10个楼盘代理合同。

今年6月将继续保持一级代理资格。

所有项目均由项目经理负责,总决策高层不参与具体工作。
一般只代理广州区内楼盘,每个楼盘都能售至80%以上。
对本项目不够热情,认识有待提高。
18万策划费,1.8%代理费。

2. D公司
发展商,广州地区为二级代理,近两年业绩突出。
1999年签有10个代理合同。
硬指标已达一级代理标准,6月份将评审一级。
本项目由决策高层负责。
对本项目较为热情,认识较充分。
每个楼盘都售至90%以上。
收费:销售率≥50%,收8%。
销售率≥70%,收1%。
销售率≥90%,收1.2%。

3. E公司
一级代理,近两年业绩呈下降趋势。
1999年尚未有新楼盘代理合同。
1998年达到一级代理标准,6月份有可能降级。
本项目由决策高层负责。
在广州市郊区努力寻求生存空间。
对本项目十分热情,认识一般。
大多数楼盘只能售出50%,并在3个月后被解约。
收费:最高2%,最低1.5%。

(五) 决策

在与A公司业务部接触时,谈及奥林匹克花园,代理行不知悉金业集团,也没留意奥林匹克花园近期推出的广告。在经详细阐述奥林匹克花园的创意后,仍没能立即做出参与的表示,并在当天下午通过其他途径了解我方是否只是为了探知市场行情而来。后得悉我方诚意,才表示第二天实地考察。为消除其疑虑,我方特意安排"A公司"人员参观了金业花园,此时代理行才认识到发展商的实力,并承认曾一度怀疑我方,同时表示将请其高层领导人员前来洽谈,但未成行。据了解,参加本项目策划的人员,都是资历较浅的,并且其公司高层未知悉此事。原本按实力及品牌,A公司应为上选。但是,随着其业务量增大,同时又着手加入开发商行列,每个项目的代理,决策层已不再参与,通常指派项目经理负责,而这次负责本项目策划的人员并非其精英。另,收取18万元策划费的做法略带歧视性,其在广州市内的代理项目均无此项收费。A公司还未真正意识到奥林匹克花园的真正价值所在。其提交的项目策划书,可以说是一本格式化的行货,如果其重视程度仍未提高,认识层次不加深的话,很难保证有较满意的结果。

与D公司的接触,则并非从代理这一块开始。D公司的背景是香港地产商,香港某上市公司是其母公司。表面上,D公司代理公司为二级资质,1997年初才重新进入广州市场,但这批人员组合是广州房地产开发的先驱,其根源可追寻至1989年开发世界贸易中心。同时D公司在全国各大城市都有开发及代理经验,这一点对奥林匹克方式将来的扩张有一定的合作意义。另外,母公司一直对本公司的奥林匹克项目和狮子洋项目有着较深的投资兴趣。D公司的态度是将奥林匹克花园的工作视为其树立品牌的重要项目,公司三位总经理亲自领导销售策划工作,提交的策划书内容较为充实,已有较深层次、实质性的操作方案。另外他们的收费标准较低,远远少于他们代理其他楼盘的费用。如果从近两年他们的业务量及广告见报量来看,已超出很多一级代理行,直逼A公司及B公司。从长线代理、成本控制和将来开发外地项目处着眼,似乎D公司很值得考虑。

惟一主动找上门来,要求代理的是E公司。E公司原本也是一家策划能力较强的公司。但令人担忧的是其操盘手法及目前人员配合,可以说广州代理行费用的大幅下调是E公司所赐。该公司以前惯用手法是承诺不收代理费或承诺实现高卖价来吸引发展商,然而在操盘时炒作较好位置的单位以谋私利或增大广告投放量以收取回扣。很多情况都是在售出大部分好单位之后,无法再推销下去,合同未满即被解约。因此近两年内广州老区内的发展商已经没人再找E公司代理,去年度E公司仅有的两张代销证均是郊区楼盘。近两年其高层又连番振动,先是分出一个新E公司,近期其总经理又出走,所以目前参与此次任务的人都是新招聘人员。但本次他们所做的策划书,在市场分析及目标客户这部分的论述却比"A公司"的好一点。总之,他们的品牌无论在代理界还是市场上都已不怎么吃香,如果其策划的确可用的话,必须严格控制其销售过程和广告建议。同时今年他们还未有新楼盘签约,可压低其价格到一满意水平。

经过全面慎重考虑,即从可合作性、专业性、费用、代理公司实力及忠诚度等考虑,最后选D公司作为本项目的销售代理。

第十一章 房地产市场营销促销策略

本章学习目的

1. 熟悉房地产广告媒体选择程序和方法。
2. 掌握房地产广告效果的评价方法。
3. 熟悉营业推广的基本方式。
4. 掌握营业推广不同方式运用的基本技巧。
5. 熟悉公共关系策略的内容和方法。
6. 掌握推销人员的管理方法。

善于经营的房地产开发企业不仅要努力开发适合市场需求的房地产产品,制定具有市场竞争力的价格并选择合理的销售渠道,而且要及时有效地进行促销活动。房地产促销是指房地产开发企业通过各种促销手段(如广告、人员推销等)激发消费者的兴趣,从而促进房地产产品销售与租赁的一系列活动。其主要方式有四种:广告促销、人员推销、营业推广和公共关系促销。房地产促销组合策略也就是有关这几种促销方式的选择、运用与组合搭配的策略。

第一节 房地产市场营销的广告策略

一、广告目标与预算

在现代信息传播条件下,广告被认为是一种信息传播的有效途径。房地产企业在房地产营销过程中,运用好广告宣传工具,将对房地产营销产生积极的推动作用。

房地产企业在采用广告宣传方式时,应当根据宣传目标,制定广告计划,选择适当的广告媒体,在一定的广告预算条件下,提供广告促销的效果。

(一) 广告目标

广告宣传的投入是必需的。一定时期内的房地产广告应当明确宣传要达到的目标,才能在广告费用与广告效果之间达到平衡。一般而言,进行具体广告策划,首先要考虑本次广告的目标。

1. 宣传房地产企业或一项具体的房地产项目。
2. 宣传发布某项目的动工或建设进展情况。
3. 宣传房地产项目的优势和品质。
4. 告知房地产项目的具体功能。

5. 发布项目竣工入住消息，诱使顾客购买。

上述目标表述只是从广告要让市场知道什么的定性表述。而具体促销活动中，目标则是上述要达到的效果，应当尽可能量化。例如：广告的目的是要让市场知道房地产项目的具体功能，则要在广告宣传后通过调查广告效果，房地产产品所有的功能是否被目标客户群所了解。如目标定为让30％市民知道本项目已经竣工验收等等。

根据企业的营销策略和目标消费者的情况，房地产广告目标可以分为提供、劝说（说服）、提醒三类。

提供信息广告是通过广告活动向目标消费者提供种种信息。比如为了让消费者购买即将推出的楼盘，企业首先要向目标消费者介绍新楼盘的有关信息，比如楼盘何时开盘，有哪些特点，开盘优惠价是多少等。房地产领域提供信息广告一般在新楼盘推出时或在楼盘状况（如建设进度）、营销方式等方面发生变化时经常使用。

劝说性广告主要是为了加深消费者对物业的认知深度，提高本企业房地产项目的竞争力，诱导说服消费者购买本企业房地产商品，所以又叫诱导性广告。这种广告的目的是使目标消费者的偏好从竞争对手的楼盘转到本企业的楼盘或者增加潜在消费者对本企业楼盘的偏好性。

企业为了达到说服消费者的目的，需要在广告中将本企业产品的优势予以突出，增强消费者的认知深度。

提醒性广告较常用于房地产销售的后期，或用于新旧楼盘开发的间隙期，以提醒消费者的记忆，加深消费者的印象。

(二) 广告预算

1. 影响广告预算的因素

在确定房地产广告预算前，首先要考虑以下因素。

(1) 竞争程度。这取决于房地产市场的竞争状况，竞争激烈、竞争者数量多时，需要较多的广告费用投入。

(2) 广告频度。为了防止广告传递的信息被目标消费者遗忘或者错过，企业要多次重复进行广告促销。国外学者研究发现，目标沟通对象在一个购买周期内需要接触3次广告信息才能产生对该广告的记忆；接触次数达到6次一般被认为最佳频度；当广告频度超过一定限度，一般认为8次以后，将会产生负影响。

(3) 房地产的销售进度。对某一特定楼盘来说，销售总量是固定的，卖一套就少一套，这与一般商品销售多少就生产多少不同，销售刚开始时，由于企业急于通过销售收回投资，减少风险，实现利润，往往广告预算较高，当销售进行到后期时，楼盘已经被市场认知，剩余不多的情况下广告预算就很低了。

2. 广告费用预算

编制广告费用预算的目的是控制广告费用的开支。房地产营销广告费用预算常采用如下方法编制。

(1) 成本控制法。即企业在确定房地产广告预算时,是根据企业自身的承受能力,企业能拿多少钱就用多少钱为企业做促销宣传。房地产企业由于项目开发投入资金量大,在产品没有回报以前,资金状况往往比较紧张,于是多采用这种方法控制成本。

(2) 百分比法。即以方案可能实现的总营业额为基数,规定一定的百分比,作为广告费用的上限,不得超支。一般以可能实现的总营业额的 1.5%~2% 为广告费用的支出上限。这种方法常用于广告部门的包干经营。

(3) 竞争对等法。是指按竞争对手的大致广告费用来决定本企业的广告费用支出。它有助于保持竞争的平衡。但是采用竞争对等法的前提条件是房地产企业必须获悉竞争者确定广告预算的可靠信息,只有这样才能随着竞争者广告预算的升降而调高或调低,但是广告费用预算通常被作为企业的商业秘密而不予公开。

(4) 目标法。即开发企业为实现某一特定的广告促销目标而专门编制预算的方法。此时,企业不应过多地考虑营业额和利润,应注重目标是否能够实现。

二、广告策略

(一) 广告媒体种类及特点

广告媒体大致分为:印刷媒体、视听媒体和户外广告等形式。

印刷媒体信息记录全面,具有可保存性,可多次反复阅读,公共印刷媒体还具有可信度高、传播面广等特点。房地产企业广告宣传最好使用在目标市场范围内发行面广的那些报纸、杂志。因为房地产是各行各业、各家各户都必然涉及的资产,所以不宜在过于专业化的报刊杂志登载。在目前广告铺天盖地的情况下,最好有专版,才能引起读者的注意。此外,由于房地产的地域性很强,所以在一定范围内采用其他一些印刷方式进行宣传也是合理可行的,如:售楼书、宣传材料等。

视听媒体具有主动刺激性的特征,普及面广,但稍纵即逝,需要查阅房地产有关资料时,往往就无能为力了,并且费用较高,所以我们见到的房地产视听广告并不多见,通常只在仅对项目做一般性宣传用。

户外广告也是可以采取的一种方式,尤其在房地产所在地设置户外广告有时能起到不错的广告效果。现场广告牌也可以说是一种特殊的户外广告。

(二) 广告媒体选择影响因素

1. 媒体特性。不同广告媒体在传播范围、表现手法、刺激效果、影响力等方面都有很大差别,对广告效果有很大影响。因此,房地产企业在选择广告媒体时,必须首先了解不同媒体本身的特点,以选择最佳的广告媒体,以便结合目标沟通对象的媒体习惯做出正确的选择。

2. 目标沟通对象的媒体习惯。要考虑房地产广告欲送达的对象平时对哪种媒体有更多的接触,以使广告能提高有效性。

3. 房地产广告信息本身的要求。这里涉及广告的目标、信息要求的覆盖面、频率强度、内容范围、信息时效等因素。

4. 媒体成本。不同媒体所需费用是不同的,自然会影响到广告媒体的选择,但是广告要达到预期效果,不能用绝对成本数字来衡量,而是目标沟通对象的人数、信息要求与成本之间要达到一种平衡的关系。

(三) 房地产商品特点对广告媒体选择的影响

房地产商品由于交易与一般商品交易相比有不同的特点,因而除了一般广告方式之外,售楼书、样板房、模型等是房地产广告中特有的媒体方式。

基于开发商资金筹集和资金回收的要求,一般房地产项目都存在商品房预售形式,这时还无法看到所交易的商品的真实情况,就需要借助样板房、售楼书、模型等方式来宣传和展示未来的房屋。

房地产实体不可移动,所以在异地销售时,需要借助售楼书、模型等向客户展示房地产产品的详细信息,使潜在顾客更多地了解房地产产品。

单位面积、结构形式、周围环境等顾客关心的问题通过一般的电视、广播等广告形式难以全面展示,需要借助详细的如售楼书等资料。

(四) 广告时间和广告频度

广告时间是半个月、一个月、甚至更长的时间。一般而言,房地产广告应当考虑的时间应考虑宣传的目的、项目进展、广告预算。

根据房地产广告安排的时间,房地产广告节奏安排分为集中型、连续型、间歇型、脉动型。

集中型是指广告集中于一段时间发布,以便在短时间内迅速形成强大的广告攻势。好处在于能在短时期给予消费者强烈而有效的刺激,达到广告的效果,并能够促成销售;缺点是广告的费用集中于一段时间使用,发布时机必须掌握好。房地产企业在商品房开盘前后(预售前后)、楼盘封顶等时候常采用这种形式。

连续型是指在一定时期内,均匀安排广告的发布时间,使广告经常性反复在目标市场出现,以逐步加深消费者的印象。房地产企业从项目开工到竣工及销售期间内,均匀有节奏地安排发布广告就属于这种形式。

间歇型是指间断使用广告的一种方式,即做一段时间广告,停一段时间,再做一段时间广告,这样反复进行。房地产企业可能在同一项目不同的一些关键阶段发布广告,而在其他时间则不进行广告。房地产的一些关键时期如:项目开工、预售开始、楼盘封顶、竣工验收等时间。

脉动型是连续型和间歇型的综合,即在一段时间内不断保持广告发布,又在某些时机加大发布力度,形成广告攻势。脉动型集中了连续型和间歇型的优点,能够不断刺激消费者,使潜在顾客不会遗忘,还能刺激短期的购买欲望。

三、广告效果

广告效果是指广告对目标消费者所产生的影响程度。房地产广告发布后,必须对广告的效果进行测评,对先前的广告战略计划进行信息反馈和修正,以保证房地产广告达到最佳效果。广告效果先是表现为目标是否达到,最终的效果则表现为销售业绩的增长。针对不同的广告目标,房地产广告效果一般可以分为两类,即沟通效果和销售效果。沟通效果是指由于广告的作用,消费者对房地产企业或房地产商品的认知程度的变化情况或消费者接触广告后的反应。销售效果是指通过广告对房地产销售量所产生的影响,对于不同的广告效果,可以采用不同的广告效果评价。测定广告效果通常有以下几种方法。

沟通效果的评价主要是判断广告是否能够有效地传播信息,它分为预先评价和事后评价两种。

1. 预先评价。其方法主要有三种:第一种:直接评分法,这是由消费者小组或广告专家小组观看各种房地产广告方案,然后请他们对广告做出评定。这个方法有助于筛选不良方案。第二种:实验测试法,这是通过某些仪器设备来测量广告接受者的生理反应。如测定眼睛的注意情况,测定接受者的心跳、血压等的变化,以测量广告的吸引力。第三种:组合测试法,请消费者观看一组广告,然后请他们回忆所看过的广告,看能记住多少内容。其结果显示广告突出的地方及其信息是否易记易懂。

2. 事后评价:事后评价是指广告促销活动之后进行的评价。主要是围绕广告宣传所增加的销售效果而进行的。具体评价方法如下所述。

(1) 广告费占销率法

广告费占销率是指广告费用占总销售额的比率。其计算公式:

$$广告费占销率 = 广告费/销售额 \times 100\%$$

广告费占销率愈小,表明广告效果愈好。

(2) 广告费增销率法

计算公式:

$$广告费增销率 = 销售增加率/广告费增加率 \times 100\%$$

广告费增销率越大,表示广告效果越好。

(3) 比例变动测定法

比例变动测定法是通过计算广告费投入量与销售额之间的变动关系来测定广告的促销效果的方法。若两者之间呈正向比例变化($E>1$),表示广告效果好;若呈负向比例变化($E\leqslant 1$),表示广告效果差。其计算公式为:

$$E = \Delta S/\Delta A \cdot S/A$$

式中　E——广告效果;

　　　S——广告推出前的产品销售量;

　　　ΔS——广告推出后增加的产品销售量;

　　　A——原广告费用支出;

　　　ΔA——增加的广告费用支出。

在采用这种方法进行广告效果测定时,应注意:(1)当广告效果好,而实际销售欠佳时,应从产品组合的其他因素,如产品定位是否准确,产品质量是否过硬等方面作具体分析;(2)注意选择多种广告媒体搭配宣传。因为采用单一广告媒体宣传,即使投入很多的广告费用,对增加销量的促进也不大。所以,应注意媒体的搭配和更换,才能有利于促销。

第二节 房地产市场营销的营业推广策略

一、营业推广目的

营业推广是房地产开发企业为了正面刺激消费者的需求而采取的各种促销措施,包括参加商品交易会、有奖销售、优惠促销及购房赠礼等多种方式。其共同特点是可有效地吸引消费者,刺激购买欲望,短期促销效果显著。其基本目的是刺激潜在顾客购买。

营业推广范围广泛,形式多样,凡除人员推销、广告和公共关系以外的所有刺激顾客采取购买行动的措施,都能够称为营业推广。一般可以分为三类。

1. 鼓励消费者直接购买。如赠送礼品、室内设施、地下室、花园等。

2. 鼓励房地产租售代理商交易。如除代理佣金外,还在租售价与底价之间的差额中进行分成等。

3. 鼓励企业推销人员。如按照推销的房地产数量和金额支付报酬。

营业推广运用时应注意其两个显著特点:一是它实际上向消费者或代理商提供了一种特殊的优惠条件,具有明确的吸引力,因此要合理确定"刺激"的"度",使中间商或消费者感到实在和实惠,真正起到促进销售的作用。二是在推广的宣传上要注意处理好策略,以免引起降低房地产声誉的负作用。诸如产生:会不会是产品不好销?赠送的附属设施的价格是不是已经包括在房地产价格中,这些附属设施对我到底有多大的作用之类的疑问。

二、营业推广目标

营业推广可分为三种类型:对消费者的营业推广;对房地产中间商的营业推广;对推销人员的营业推广。不同类型的营业推广有不同的目标。

(一) 对消费者的营业推广目标

1. 刺激消费者购买或租赁本公司的房地产商品。营业推广也叫销售促进,本意就是促销。利用营业推广能起到刺激消费者购买的目的。

2. 吸引消费者前往售楼处咨询了解房地产商品,因为房地产所处位置各不相同,分布地域较广,消费者只能选择有限的几处咨询了解,比较后做出决定。因此吸引消费者前往售楼处将对销售起到相当重要的作用。

3. 鼓励原有租户继续承租。有相当数量的消费者是租赁而不是购买。如许多企业租用办公用房,许多个人也租住公寓或别墅,房地产的所有者就通过减租金、免物业管理费、赠送物品等方式鼓励他们继续租赁。

4. 促使竞争者的客户或他们的潜在消费者成为本企业的客户或潜在消费者。由于房地产市场竞争十分激烈,因此许多方式都可以刺激消费者在不同房地产商品之间转换或选择。

(二) 对房地产中间商的营业推广目标

对房地产中间商的营业推广目标是促使中间商参与企业的促销活动,帮助中间商改善营销工作,吸引新的房地产中间商加入销售行列,提高中间商的工作效率和积极性等。房地产开发商常常通过价格折扣,高比例佣金,馈赠礼物等手段达到以上的目标。

(三) 对房地产推销人员的营业推广目标

对推销人员的营业推广不单是指房地产开发商对本企业推销人员的营业推广,也包括对房地产中间商推销人员的营业推广,其目标显然是鼓励推销人员积极工作,努力开拓市场,增加销售量。

三、营业推广工具

1. 房地产商品交易会

参加房地产商品交易会是营业推广的有效形式。通过交易会,房地产企业可以展示推出新楼盘。参加交易的开发企业、产权交易部门、银行等的一条龙服务及交易会期间的多种优惠措施,均有助于促进消费者的购买。

2. 样板间展示

样板间展示是以拟推出楼盘的某一层或某一层的一部分进行装修,并配置家具、各种设备,布置美观的装饰品,以供消费者参观,使其亲身体验入住的感受的促销方式。除样板间外,对于建筑物的大堂、入口也要进行装修,并保持整洁,尽量给顾客留下美好的第一印象。值得注意的是,样板间的装修应突出个性化设计,切忌简单地以豪华装修材料堆砌。

3. 赠品促销

为了吸引消费者购买,通常推出赠品活动。如赠送空调等实用家用电器或赠送某些厨卫设备等。赠品的选择应灵活多样,不可千篇一律。

在实际的房地产市场销售中,多种营业推广工具的组合应用正发挥越来越重要的作用。

四、营业推广方案

(一) 营业推广方案要素

营业推广方案的制定由以下几个方面构成。

1. 根据营业推广目标,选择适当的营业推广形式。由于不同的营业推广形式的促销效果不同,因而房地产开发企业可根据资料、经验及本次营业推广的目标,选择适当的营业推广形式。可以是单一的形式,也可以是多种形式的组合。

2. 选择营业推广的对象。营业推广信息可向每个消费者及经过挑选的团体提供。

3. 选择促销宣传的载体。开发企业应及早确定发布营业推广促销活动信息的载体,以尽快传递信息,吸引更多的消费者参与。

4. 确定促销的持续时间和时机。应根据促销的目标和性质决定营业推广活动持续的时间,并选择适当的时机(如节假日之前)推出该活动。

5. 制定促销预算。制定促销预算应包括此次推出的各种营业推广活动方式的各项费用。

(二)营业推广效果评价

营业推广不同于广告之处在于其目的是促进销售,不像广告还有传递信息的作用,因此,营业推广效果主要应从对销售量或顾客购买欲望的变化来考察。基本方法有如下两种。

1. 租售量变化比较评价法。租售量变化比较评价法是通过比较营业推广的中、后各时期租售量的变化情况,以评价营业推广效果的一种方法。如果营业推广活动结束后,租售量没有明显变化,这表明营业推广未取得长期的效果;如果活动结束后的租售量经过一段时期以后超过活动以前的水平,这说明营业推广取得了长期的效果。

2. 推广对象调查评价法。通过对推广对象进行调查,了解推广对象对营业推广促销的反应和行动,是评价营业推广效果的一种方法。如通过调查发现,多数推广对象对营业推广活动记忆深刻,或有许多消费者前往售楼处参观或咨询,那就说明营业推广取得了预定的效果;相反,如果推广对象对营业推广活动印象不深,也没有多少消费者前来咨询参观,则说明营业推广效果不好。

第三节 房地产市场营销的公共关系策略

公共关系是企业在市场经营中一种促进销售的手段和管理职能。公共关系是指企业通过公共关系活动,使社会广大公众理解企业的经营方针和宗旨,加强企业与公众之间的联系,在社会上树立企业的信誉,为推进企业的市场销售服务。公共关系的目的是着眼于企业长远发展,维持企业的盈利性和社会性之间的平衡。与其他促进销售方式相比,突出以下几个原则。

1. 从公众利益出发。房地产企业要与公众沟通,并为公众接受,必须为公众提供一定的利益。当然,要为公众所接受,不仅仅是存在于口头上,更重要的是企业要付诸行动。

2. 以维护企业声誉、树立企业形象为主要目的。企业的声誉和形象是企业的生命。一个房地产企业开展公共关系,首先在于在人们心目中树立企业的良好形象。

3. 重视公共关系对象的广泛性。房地产企业的公共关系活动的出发点在于在公众中树立好的形象。因此,公共关系重视对企业内部股东、员工、外部的中介机构、顾客、供应商、金融机构等方面进行广泛的宣传推广。

4. 重视公共关系工作效应的滞后性。公共关系本身不是一次或几次活动所能概括的,它依赖于企业长期形象的积累。而公共关系活动的效果通常也不是立刻见效的,需要一定时期的积累才能产生相应的效果。

鉴于公共关系的特点,它实际上是一种推销企业的行为。因此运用公共关系促销需要通过新闻、事件、公益事业、视听资料等机会和场所加强公司形象宣传。当然,运用公共关系促销,仍然是一种有目的的活动,所以,首先要分析公司目前的形象,公司是不是被社会认识和了解?目前的形象如何?有没有对公司不利的情况?产生的原因是什么?在这些分析的基础上,制定出具体的宣传目的,目前最重要的是解决什么问题?使社会认识公司?还是纠正一些错误的观念?创造良好的形象?然后还要进一步考虑公共关系的场合或媒介,通过哪种途径才能更有效地达到预期的目的?

一、公共关系策略的主要工具

(一) 媒体事件

发现或创造对房地产企业或房地产本身有利的新闻,是房地产企业公关人员的一项主要任务。一条有影响力的新闻,社会影响大,对树立房地产企业形象、提高房地产企业的知名度、增加房地产的租售量具有显著的作用。媒体事件的方式之一是将企业新闻通过媒体加以宣传,新闻在企业中是经常存在的,企业发生的各种事件,如庆典、展览会等,都可以作为新闻事件来宣传。媒体事件方式之二是"创造"新闻,如企业发起举行一些对社会影响大的活动等。

(二) 举办或参加专题活动

房地产企业常通过举办或参加专题活动,以强化与各有关公众之间的信息交流与情感联络。

(三) 调研活动

房地产企业通过民意调查等多种方式来收集企业内部与外部环境的变化信息,了解消费者对企业,对房地产的价格、质量、功能、房型等诸方面的意见和建议,并及时将改进后的情况告知消费者,以跟踪消费者的需求趋势,尽力满足消费者的要求,这实际上是在消费者中开展公共关系活动。

(四) 参与社会公益活动

企业应积极参与各种有意义的公益活动,如参与社会赞助活动,举行义卖活动,用以支持体育、文化、教育、社会福利和慈善等事业的发展。这不仅可以充分显示企业雄厚的实力,充分体现企业积极承担社会责任的精神,在公众中树立企业关心公益事业的美誉,同时还可以为企业赢得政府及相关公众的支持,为企业生存和发展创造良好环境。

(五) 编写和制作各种宣传材料和宣传品

开发企业可以通过发行企业自办刊物宣传企业文化、企业产品,也可以制作业务通讯,定期举行企业经营信息及物业市场走势的专家论谈活动,还可通过设计企业独特的标志、品牌,定做员工制服,印制专用信笺、台历等建立企业识别系统,塑造出企业独特而美好的形象,以加深公众的印象,培养潜在目标顾客的偏好。

（六）对外联络协调工作

房地产企业要设法建立同政府、银行、新闻界、行业协会、消费者协会等社会各界组织和人士的稳定的沟通关系,主动定期或经常性地向这些公众介绍有关信息,以征求其意见与建议,争取其理解与支持,这样既可避免因误解而造成的不必要的麻烦,又可使企业一旦陷入困境而易于挽救,顺利解决危机。

二、公共关系策略的主要决策

房地产公关作为一种促销手段,为了达到预期的目标,需要有目的、有计划地进行,促销决策主要包括以下内容。

（一）确定公关促销目标

公关促销目标是房地产企业促销目标的组成部分之一。根据公关促销的作用,房地产企业公共关系促销目标应是建立企业或房地产项目的知名度,树立或改变企业形象,直接促进房地产销售等。

（二）选择公关信息

选择公关信息是指根据房地产企业的公关促销目标选择适当的信息。对于公关信息的选择,可以搜集企业中已具有的信息,也可以由公关人员开展有关活动创造适合于房地产企业公关目标要求的信息。在选择到合适的信息以后,还要将这些信息通过有关媒体传播出去,使所选择的信息能够在所要求的范围内广泛传播。

（三）公关促销效果评价

公关促销效果评价与其他促销方式促销效果评价相类似,即针对公关促销的目标设计相应的评价指标与评价程序,如评价目标接受者接受到公关信息的次数,通过公关促销引起消费者对企业或对房地产知名度认识的改变等。通过对这些相关指标变化的评价,可反映房地产公关促销效果的大小。

第四节 房地产市场营销的人员推销策略

人员推销是一种传统的推销方法,尽管随着现代电子技术和通讯手段的现代化,人员推销的比重下降了,但在促销过程中,仍有其特殊的意义,特别是由于房地产产品自身所固有的特点,决定了其仍有特殊的作用。与非人员推销相比,人员推销具有如下特征。

（1）当面洽谈。与客户面对面进行洽谈,以便于及时进行调整。

（2）建立长期关系。通过多次交流和感情培养,形成一种友谊协作关系,便于了解顾客的要求。

（3）信息反馈快。销售人员可以及时听到客户对于产品的反映,以便及时调整自己的经营策略与技术措施。

要发挥人员推销的优势,首先要选择好推销人员,优秀的推销人员应能言善道、随机应变、反应灵敏、长于应对。此外,还应通过讲授、实战模拟、案例分析等培训使他们熟悉推销技巧,熟悉房地产的特点、优势以及公司的政策和经营方针。

人员推销一般按下列步骤进行。

(1) 寻找潜在的顾客。

(2) 事前计划。研究顾客的时间、需求、影响他们决策的主要问题,联系的方式,初步接触的技巧等。

(3) 接近筛选出的潜在顾客。

(4) 进行宣传和介绍。

(5) 处理顾客的异议,达成共识。

一、推销人员的角色

人员推销是以人面对面进行推销为基本特征的,在推销过程中,推销人员的基本角色与基本功能有如下六项。

(一) 寻找目标消费者

寻找目标消费者,发现需求是房地产人员推销中的一项经常性的工作,是房地产人员推销的其他活动开展的前提。在寻找消费者时,一般是通过研究与特定房地产需求有关的资料,如市场调研资料,房地产中间商提供的客户名单,企业名册等,使推销人员明确目标,以便采取相应的应对策略。

(二) 传递信息

进行有效的信息沟通是人员推销的基本职能之一,也是推销工作成功的关键。房地产推销人员除了向消费者介绍房地产的各种情况,如地段、价格、房型、质量、物业管理等以外,还可以将房地产的有关图片和文字资料带给消费者,这是广告、营业推广或公共关系促销无法传达的。

(三) 促成交易

房地产不同于普通商品,它价值巨大,又具有不可移动性,消费者购房租房极为谨慎。房地产推销人员可以在和消费者面对面的交谈过程中,根据消费者的不同需求,做出针对性的解释和说明。特别是在价格等关键问题上,通过双方面议,容易取得一致,得到满意的结果。另外,房地产中介代理公司的推销人员还可以根据消费者的需求向其推荐符合其要求的房地产,这也是房地产人员推销独有的作用。

(四) 提供配套服务

服务贯穿于房地产人员推销的全过程。房地产推销人员在推销过程中提供的服务项目和种类比较多。如售前要有各种咨询参谋服务,售中有银行抵押贷款办理服务(包括公积金贷款)、产权产籍登记服务,售后还有协助入住的一系列服务等等。

（五）建立长期关系

在建立与消费者的长期关系方面，房地产人员推销具有独特的作用，是其他方式不能比拟的。通过建立消费者档案、对消费者进行定期回访，与消费者进行经常沟通，为消费者提供各种服务，可以与消费者建立从注意实际的销售关系直至深厚的个人友谊的各种联系。

（六）调研和反馈信息

房地产推销人员在推销工作中，可以对市场进行广泛的调查，通过与顾客面对面的交流，获取真实可靠的信息，通过搜集和分析消费者、竞争对手以及整个房地产市场的各种信息情报，并反馈给有关部门，从而对市场做出正确的判断和预测。

二、推销人员的管理

1. 推销队伍的规模

合理确定推销队伍的规模是推销人员管理的首要问题，主要通过营销目标、推销人员销售能力和工作负荷量分析来确定推销队伍的规模。

2. 推销人员的选拔

选拔推销人员主要有两个途径：一是从企业内部选拔，即把企业内品行端正、业务能力强的人员选拔到推销岗位；二是对外公开招聘，经过严格的笔试和面试，考察应聘人员工作态度、语言表达能力、分析能力和应变能力，择优录用。

推销人员选拔应从多种素质考察：

（1）政治素质。房地产推销人员应有良好的政治修养，遵守国家的法律和有关政策，对国家负责，对人民负责，全心全意为消费者服务。

（2）职业道德。所谓职业道德，是指从事房地产职业应遵守的基本行为规范和道德准则。

（3）业务水平。房地产推销人员的业务素质要求较高，要求具有丰富的房地产专业知识（建筑、施工、材料、设计等）、营销知识、房地产法规知识以及市场竞争方面的知识等。

（4）文化素质。房地产推销人员应受过系统的教育，知识面宽、接受信息的能力强，并具备社会学、心理学、管理学、市场学、经济学等学科知识。

（5）表达能力和语言艺术。推销人员直接与消费者打交道，所以要有较强的语言表达能力、讲究语言艺术。

（6）工作经验。一个优秀的房地产推销员需要有一个逐步培养和锻炼的过程。

3. 推销人员的培训

推销人员培训的内容应包括房地产专业知识，如房屋结构、房地产法规、物业管理、按揭贷款办理程序等，还应包括：房地产企业知识、房地产市场知识、房地产营销及人际关系处理技巧等知识。培训的方式主要有课堂讲授、案例分析和实际操作演习，这三种培训方式可配合使用。推销人员培训应注重提高学员实际分析问题的能力和语言表达能力。培训内容应当包括：企业概况、房地产情况、潜在顾客情况、目标市场情况以及推销技巧等。

4．推销人员的激励与考核

企业对推销人员的激励通常是通过制定推销系列指标和竞赛等激励手段来实现的。推销系列指标主要有产品推销量（额）、市场调查次数、为企业提供建议的数量等。考核应尽可能做到公平合理，起到表彰先进、鞭策后进的作用。激励方式包括物质奖励和精神奖励。

本 章 小 结

1．广告是信息传播的有效途径，广告目标是广告宣传达到的目的。广告目标可以量化，根据企业的营销策略和目标消费者的情况，房地产广告目标可以分为提供，劝说和提醒三类。

2．广告效果是指广告对目标消费者所产生的影响程度。测定广告效果的方法有沟通效果评价、增加销售效果评价两类。

3．营销推广是为了正面刺激消费者的需求而采取的各种促销措施。营销推广效果主要应从对销售量或顾客购买欲望的变化来考察。

4．公共关系策略是市场经营中一种重要的促销手段。实施公共关系策略要经历确定促销目标、选择公关信息、公关促销效果评价三个环节。

5．人员推销策略是一种传统的推销方法，推销人员的基本角色是寻找目标消费者、传递各种信息、促成交易、提供配套服务、建立长期关系、调研和反馈信息等。

讨 论 题

1．房地产广告运用有什么特点？选择广告促销时应注意哪些因素？

2．房地产营业推广可以采取哪些方式？

3．房地产企业如何开展公共关系策略？

4．房地产销售人员基本素质要求是什么？

5．选择一间你所熟悉的房地产开发公司或中介代理公司，研究其市场促销策略，写出分析报告。

第四篇 房地产市场营销管理与控制

第十二章 房地产市场营销的顾客满意分析

本章学习目的

1. 理解顾客让渡价值内涵。
2. 了解一般商品总顾客价值与总顾客成本的各组成要素。
3. 了解住宅总顾客价值与总顾客成本的各组成要素。
4. 理解什么是顾客满意,学习期望与现实感受形成的诸要素。
5. 了解房地产市场的顾客关系营销的重要性及实施办法。
6. 了解价值营销和顾客满意的关键环节——全面质量营销。

第一节 顾客价值与顾客满意的概念

彼得·德鲁克在多年前就曾经指出,公司的首要任务就是"创造顾客"。然而,在市场竞争如此激烈的今天,顾客面对着众多的楼盘、价格和代理商,他们将怎样做出抉择呢?营销学家认为,顾客能够判断哪些产品将提供最高价值。在一定的搜寻成本、有限的商品知识、灵活性和收入等因素限定下,顾客是价值最大化的追求者。他们形成一种价值期望,并根据它做出行动反应。然后,他们会了解产品是否符合他们的期望价值,这将影响他们的满意、传播和再购买的可能性。

一、顾客价值

在这里,我们假设的前提是,顾客是理智的。即他们将购买或租用他们认为为其提供了最高顾客让渡价值的房地产产品。

顾客让渡价值(customer delivered value)是指总顾客价值与总顾客成本之差。总顾客价值(total customer value)就是顾客从某一特定产品或服务中获得的一系列利益;而总顾客成本(total customer cost)是顾客在搜寻、评估、获得、使用该产品或服务时引起的预计费用。为了便于具体地描述、理解和操作,通常在营销学书籍中以一般商品为例将总顾客价值划分为四方面的因素,即:产品、服务、人员和形象带给顾客的价值;将总顾客成本也划分为四方面的因素,即:货币、时间、精神和体力成本(图12-1)。

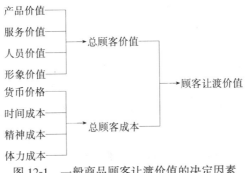

图12-1 一般商品顾客让渡价值的决定因素

房地产的不动产特性,使其产品价值的范畴超越了建筑物本体给消费者带来的价值,而扩展到周边环境。建筑物周边环境现状极大地影响其价值。如繁荣商业区的商铺给购(租)者带来的无限商机的价值;风景区的住宅给住户带来健康、愉悦和受尊重的价值;交易会附近的宾馆和写字楼给宾客带来便利、成功、商机的价值。建筑物周边环境发展变化同样极大地影响其价值,如地铁线路和站点规划建设,给沿线商业楼盘、住宅楼盘、饮食行业等带来价值提升的预期。考虑到房地产产品价值范畴的这种特殊性,笔者将房地产总顾客价值和总顾客成本的决定因素做了进一步细分,以便更清楚地反映其每个组成部分带给消费者的子价值,同时也便于房地产发展商能从顾客让渡价值的每一个角度对其产品进行机会、威胁和优势、劣势分析,抓住机会,规避威胁;发扬优势,转化劣势。全面提高或突出某项顾客让渡价值,并以此作为卖点。

以住宅购买为例。住宅的购买是复杂的购买,通常经过一个完整的购买过程:确认需要,信息收集,方案评估,购买决策,购后行为。而一般从产生信念,形成态度,做出选择要有一个完整的学习过程。消费者对于住宅的选择是多目标的。既要考虑满足工作、购物、子女读书等便利性;又要考虑满足各种环境、小区绿化和美化。住宅满足消费者的多层次需要。既要满足生理睡眠等需要;又要满足安全感需要;还要满足家庭归属感:爱与亲情;社会归属感:友情与被他人所接受的需要;同时,住宅也代表着身份与地位等。

有鉴于此,笔者将住宅的价值细分为:社区价值,小区价值和住宅本体价值三部分;房地产的价格也是一个广泛的概念,笔者将其细分为:入住前货币支出,入住后货币支出和贬(增)值三部分。

下面对图12-2中每一决定因素进行逐个说明。

(一) 社区价值

社区为都市内的特定的地域(区位),大至包括整个市镇,小至几个邻里单元所组成的地区。住宅的社区价值是指住宅所在社区环境赋予住宅所有者的价值。

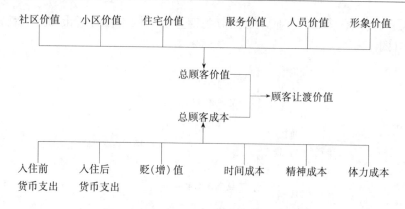

图 12-2　住宅顾客让渡价值的决定因素

又可分为社区自然环境、人文环境和经济环境三个方面。

社区自然环境指，社区所在地域的自然和风景地理特征。包括社区的地理位置(区位)；地质地貌和自然风光(山脉、丘陵、海洋、湖泊、河流、森林等)；水文；气象(温度、湿度、日照)；动植物等。除天然的因素外，消费者往往将人为因素也归并于自然环境。包括人工绿化和美化(草坪、树木、假山、人工湖泊等)；环境保护(空气素质、水源素质、噪声、高架桥、电视塔、高压线等)。

社区人文环境指，社区中的人及各类文化对其的影响所形成的一种综合的文化气息和人与人的关系。具体有人口，人口密度，亚文化(宗教信仰、价值观念、语言文字、风俗习惯)，教育水准，社会阶层，教育设施现状及规划(幼儿园、小学、初中、高中、大学、图书馆，甚至科研机构等)，文化设施现状及规划(音乐厅、博物馆、艺术馆、文化馆、博物馆、展览馆、公园、电影院，甚至广场等)，体育设施现状及规划(体育场、体育馆，甚至健身房等)。

社区的经济环境是指社区经济环境现状及综合发展规划。包括产业分布现状及规划，而住宅消费者更关心其商业和饮食行业(超市、百货公司、专卖店、宾馆、酒家、菜市场等)；交通设施现状及规划(机场、铁路、码头、高速公路及出入口、环城公路及出入口、地铁线路及站点、公共汽车线路及站点、公路宽度、车流量及拥挤程度、高架桥、地下道等)；基础设施现状及规划(供水、供电、供热、供气、电话、有线电视网络、互联网络、排污、排洪)；其他服务设施现状及规划(医院、邮局、银行、美容美发等)。

(二) 小区价值

我们将小区定义为(曾)由一个发展商或几个发展商共同兴建，现由一个物业管理公司管理的一个住宅组团。小区与社区的区分标志是：小区一般只限小区居民进出，非小区居民不得随意进出。对于消费者而言在于小区内的各种服务设施、绿地等一般只限小区内居民享用；对于发展商而言区别在于社区的规划建设是不可控的，而小区的规划建设是可控的，发展商对小区规划设计有相当高的自由度。

住宅的小区价值是指住宅所在小区环境赋予住宅所有者的价值。包括小区自然环境(参见社区自然环境),总体规划布局,小区道路,中心广场,停车场,绿化,美化,景观,建筑风格(造型、色泽、特色),康乐设施,居住者群体(年龄、职业、收入、阶层、生活方式等)。

(三) 住宅本体价值

住宅本体价值是指住宅本身户型、功能和质量赋予住宅所有者的价值。具体包括住宅建筑质量;住宅各组成部分及其面积和层高(客厅、卧室、书房、厨房、浴厕、走道、楼(电)梯等);设备和工程管线(厨房、卫生、供电、供水、供热、供气、电话、可视门铃、有线电视、互联网、报警、消防等设备以及与之相应的工程管线);室内装修(墙面、楼面、地面等的装饰);室内陈设(家具、灯具等);居室的日照、光照、朝向、视野、通风等状况;居室的隔音、隔热、保暖等状况。

消费选择的标准是适用性、实用性、舒适性、灵活性、私密性、一致性、耐用性、可靠性、安全性、节能性、先进性(智能型)、环保性、艺术性和个性等。

(四) 服务价值

住宅的服务价值包括:保证,信贷,物业管理服务项目和水平等赋予住宅所有者的价值。保证指:建筑、装修、管线质量的保证;信贷指:按揭的成数及期限;物业管理服务项目包括:保安、清洁、建筑、管线、绿化、公共设施维护保养,各种杂费代收代交,小区文化建设和其他个人化服务项目;物业管理水平包括:准确、及时等。

(五) 人员价值

人员价值主要指,住宅销售人员和物业管理人员赋予住宅所有者的价值。一般包括:礼貌、礼仪、主动、胜任、敏捷、知识、可信、可靠、沟通(语言、肢体、心灵)、个性、责任心、荣誉感和情感等。

(六) 形象价值

形象价值泛指,社会公众对住宅本体,小区,所属社区及发展商、建筑商、物业管理公司的看法带给住宅所有者的价值。这种价值可显示住户的聪明、智慧、成功、富有、情调和文化等,以使其受到他人的尊敬从而感到精神上满足。

除了社区形象一般不受发展商控制外,发展商可通过对住宅本体,住宅小区个性的设计,发展商、建筑商、物业管理本身个性的设计等影响住宅形象价值。设计个性是为了在公众心目中塑造形象,追求特色和优点,以形成"感情动力"。还应通过信息传播途径展示个性含义的与众不同。

创造个性的工具有以下 5 种:

1. 标志。名称、标识、理念、标语、口号、颜色、声响和音乐。
2. 环境(氛围)。自然(人工)环境、规划布局、建筑风格、装修风格、色彩搭配和公共设施等。
3. 媒体。广告、宣传、楼书、价格表、认购表、光碟、公司年度报告、员工名片、饰品和饰物等。
4. 事件(活动项目)。如赞助城市建设,赞助教育事业,参与公益事业(抗洪救灾、植树、献血、修理、环保)、赞助老人、孤儿、残疾人、举办音乐节、歌唱节、电影节、奖励为国家和地方争光者等。

5．口碑。

（七）入住前货币支出

以购买住宅为例，消费者在从选购住宅到入住前的货币支出一般包括期间的交通、通信、学习、咨询费用；购买住宅(以及车位)首期费用；政府收取的购置税费；住宅装修费用；搬家费用；(新房)有线电视、燃气管道初装费用；子女转托、转学所需费用等。

（八）入住后货币支出

入住后的货币支出包括：分期付款的购房和车位的月供；物业管理费用；停车费；水、电、燃气、公共管道暖气、电话和互联网费；维修费；家庭成员上班、上学、购物、娱乐等交通费。

（九）贬(增)值

购买者预期若干年后住宅比现在贬值的金额数(若为增值，则应取负值。)

（十）时间成本

购买前包括：学习、搜寻、评估、购买、装修、搬迁等时间。居住期包括：家庭常住人口工作、上学、生活(购物、消闲)等花在交通和等待时间之和。

（十一）精神成本

购买期等待时间过长，受到不公正或不礼貌的待遇等；居住期不安全，住宅质量差(漏水、漏风、裂缝、污染、功能不齐)，物业管理不健全及服务态度差等，环境污染(噪声、废水、废气、烟尘等)，交通不便(乘[驾、转]车时间长、拥挤)，购物不便(品种不齐备、价格不合理等)，子女不便(难以入学入托、教学质量差、收费高、危险性高)，家庭不和(由于新居住环境问题带来的家庭矛盾)，社区文化不良(邻里关系不融洽，不同层次等)等引起的精神烦躁、恐慌、恶心、气愤等。

（十二）体力成本

购买期搜寻、评估、购买、装修、搬迁等消耗的体力；居住期家庭常住人口工作、上学、生活(购物、消闲)等消耗的体力。

此外，还需说明以下几点：

（1）以上提到的入住后货币支出，时间成本，精神成本和体力成本中的若干子要素都是一个相对的概念，是相对于原居住地或竞争性楼盘而言的。并且，相对于原居住地或竞争性楼盘而言增加，取正值；减少，取负值。

例如：假设购买新居后，家庭常住人口工作、上学等花在交通和等待时间之和较原居住地，平均每天增加一小时，取正值1；若平均每天减少一小时，取负值1。

（2）买方决策理论认为顾客追求顾客让渡价值最大的产品。因此，作为房地产开发商就有两大类措施以及若干小类措施可以采取。即提高总顾客价值(社区价值，小区价值，住宅价值，服务价值，人员价值和形象价值)和降低总顾客成本(入住前货币支出,入住后货币支出,贬(增)值,时间成本,精神成本和体力成本)。

(3) 不同的消费者对顾客价值、成本因素的理解不尽相同。有些人只注重产品、服务,不特别注重人员、形象;而一般社会阶层越高,其注重价值的程度越全面;有些人只注重货币价格不注重非货币成本,尤其是低收入消费者;而一般社会阶层越高,对非货币成本的要求越高。

(4) 消费者的核心需求极大地影响其对顾客价值、顾客成本各要素赋予的权重。如:希望拥有一套自己的公寓;希望拥有一套更舒适的公寓;希望在名牌中学附近拥有一套公寓;希望在郊区拥有另外一套周末度假的公寓;希望拥有一套与自己的事业成功相匹配的公寓。显然,核心需求是不同的,他们考虑的重点不同。这就要求我们务必作好市场细分和目标市场选择,以己(楼盘)之长定位于目标市场核心需求之中。

二、顾客满意

20世纪的80年代以后,一种新的营销战略观念在日本、欧美各国兴起,那就是顾客满意(Customer Satisfaction)。科特勒认为"满意是一种感觉水平,它来源于对一件产品所设想的绩效或产出与人们的期望所进行的比较"。所以,公司营销的目标就是提高期望同时提升绩效,两者结合,追求所谓的"整体顾客满意(Total Customer Satisfaction)"。

满意水平是可感知的效果(或结果)与期望值的差异函数。即

满意(水平) = (某)人对一个产品感觉状态(水平)

公司不断追求高度满足的顾客,因为他们的高兴或欣喜将形成良好的市场口碑,为楼盘和公司创造品牌效应,带来忠诚的客户,从而促进产品销售和品牌延伸,同时降低营销成本。而那些一般满意的顾客则仍然不能抵御其他楼盘和开发商的诱惑。数据显示,44%声称满意者经常换品牌,大部分十分满意者较少换品牌。正因为如此,许多大公司执着地追求全面满意。例如,施乐公司保证在顾客购买后3年内,如不满意,公司负责更换;西那公司的广告宣称:"在您满意之前,我们将永远不会达到100%满意";本田公司的广告则称:"我们顾客之所以有理由之一是我们不满意。"

顾客对楼盘期望值的形成来自于以往的购买(居住或营业)经验(以往个人经历),朋友、同事的影响(口头推荐),营销者、竞争者提供的信息和承诺(营销传播、品牌形象)三个方面。

顾客对楼盘感知的实际效果(现实感受)来源于产品的有形因素,产品的无形因素,外部因素和个人经历四个方面。由于房地产产品是特殊的产品,又分为若干

大类,而且其产品概念外延至包括楼盘所在的整个社区,所以我们将消费者对其的现实感受分为两个阶段并以新住宅楼盘的销售为例进行论述。

产品销售阶段(消费者的购买阶段),产品的有形因素包括:销售部及陈设,楼书及沙盘等;楼盘本体和样板房(建筑、装修、家具、灯饰、摆饰等设计,材料等);小区布局、绿化、美化、公共设施等;工地物料堆放等;小区外楼盘附近街道、绿化、学校、商场等。产品的无形因素包括:售楼现场的氛围,热烈还是清谈,其他购买者的态度和议论;销售人员的态度和专业程度;参观程序和参观队伍的组织;施工的组织管理等;外部因素包括当时的天气,交通情况和社区发生其他事件;个人经历包括:对原居住住宅及社区的居住经历;对其他楼盘有形、无形因素和外部因素的感受等。

顾客这个阶段的感知效果将影响其购买决策,为了提高顾客感知的实际效果,公司可以在自己能控制的诸因素上下功夫。除了有良好的小区规划布局,建筑设计,建筑、装修质量外,应注重售楼部的设计,楼书和沙盘模型的制作,售楼人员的培训;样板间的整体设计;小区绿化、景致、公共设施等尽可能在开盘前完善;营造热烈甚至抢购的氛围;开盘前物料堆放整齐;参观人员及施工人员组织有序等。

入住阶段业主感知的实际效果主要来自于其入住后的经历,业主及其家庭将根据自己的价值观对所购住宅的整体顾客价值(由社区价值、小区价值、住宅价值、服务价值、人员价值、形象价值构成)与整体顾客成本(由入住前货币支出、入住后货币支出、贬或增值、时间成本、精神成本、体力成本构成)之间的差异做出全面评判。

顾客这个阶段的感知效果将影响其再购买决策和其口头传播。这对公司的影响更为巨大,因为它会极大地影响其他消费者的购买决策,影响公司品牌的美誉度。提高该阶段顾客感知的效果的方法主要是搞好售后服务和物业管理。同时,可以影响业主及家庭成员的价值观,改变其对于某些问题的看法,这些也主要靠我们的全体物业管理人员进行(图 12-3)。

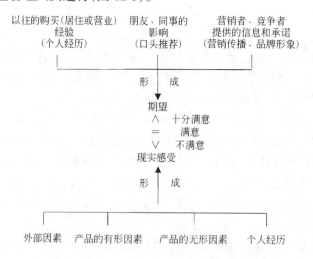

图 12-3 影响顾客期望与现实感受形成的因素

那么如何提高顾客满意度呢?表面上看,顾客感知的实际效果越高,期望值越小,则差额越大,满意水平越高。但欲提高顾客感知的实际效果,一般会增加成本,从而降低了公司利润;减少顾客期望值,会降低楼盘吸引力;虽然增加顾客期望值,会提高楼盘吸引力,但可能由于名不副实带来顾客的失望。

所以,公司不应追求顾客最大的满意水平,因为公司除了要使顾客满意外,还要使股东、雇员、供应商、中间商的利益得到照顾。正确的理念是在总资源一定的限度内,公司应在保证其他利益攸关者至少能接受的满意水平下,尽量提高一个高水平的顾客满意度。

在衡量顾客满意方面应该注意以下事项。

1. 不同的顾客在宣称"非常满意"时,可能出于不同的原因。一个顾客可能是针对住宅内布局而言;一个顾客可能是针对价格而言;另一个顾客可能是针对物业管理的水平而言。

2. 经理和推销人员可操纵顾客满意率的高低,如调查前对顾客特别好,或将不满意的顾客排除在调查外。

3. 还要注意当顾客知道公司全力取悦顾客时,有些顾客可能会尽量表示不满,以获得更多的折让或其他好处。

4. 顾客满意追踪调查和衡量的方法有:投诉和建议制度;顾客满意调查。

第二节 房地产市场的顾客关系营销

一、维系顾客

在房地产公司关系网中另一个重要因素是它的顾客链(customer chain)。为了深入理解顾客链的含义,我们介绍两个重要法则:

A. 1∶10∶27(1∶5)法则

该法则讲:同维持一个基本客户(熟户)的关系所付出的努力(假设为1)相比,吸引一个新客户要付出10倍的努力,将一个不满意的客户重新吸引回来则要付出27倍的力量。

而任何企业都是由一些基本客户来源维持的,他们是企业营销的基石。

所谓1∶5是有的营销专家认为吸引一个新客户要付出的努力比维持一个熟客的关系所付出的努力高5倍,而不是10倍。

B. 3∶11法则

该法则讲:一个满意的顾客将向3个人表达他们的满意,而一个不满意的顾客

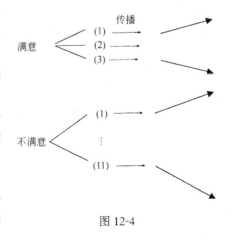

图 12-4

将向11个人表达他的不满意,考虑到接受信息的人还会传播这个信息,影响就更大(图12-4)。

法则中的比例关系实际上只是一个平均值。考虑到房地产产品的性质(长期使用性,大量投资性等),考虑到我国的文化特性(密切的朋友和同事关系,更广泛的口碑传播等),对于房地产产品在我国该比例绝不会仅仅是3∶11。

以上两个法则毫无疑问适用于商场、写字楼、公寓楼、酒店、住宅出租等收益性房地产项目,实际上也适用于住宅的购买。一个住宅购买者可能无能力或不会再购买同一地点,同一发展商的楼盘,但他们会极大地影响他人对于某个楼盘或发展商的选择。这种口碑影响是如此深远和有力,是广告或宣传不可比拟的。

对于住宅市场经过调查有以下法则可供参考:

1. 1∶8∶25 法则

该法则讲:一个满意的置业者,会使8个准置业者产生购买的欲望,其中一个人极有可能还会采取购买行动。也可以说:服务好一个旧业主,使其满意,就能产生一个新业主。而一个不满意置业者,会打消另25个准置业者的购买欲望。

2. 40∶30∶20∶10 法则

该法则讲:一个楼盘的销售中,40%的买家是通过朋友介绍而来购买的,这些朋友通常是早期的业主,他们对所居住楼盘的综合质素最有发言权,也最客观和公正,所以他们的话颇具号召力;30%的买家是在楼盘现场看了样板房,了解了楼盘的整体规划、环境后,才确定购买的;20%的买家是从其他渠道获得信息或受到广告的诱惑引发购买欲望的;还有10%的买家是受其他原因影响购买的。

3. 1∶25∶100 法则

该法则讲:平均100个不满意的业主中平均只有4个人通过媒体或法律程序公开抱怨。这就意味着1个业主公开表示不满,就代表了25个业主的不满意,不满意的业主会私下抱怨,而其第一轮影响根据法则B将起码达到25×11=275人。

以上这些重要法则告诉我们:

赢得基本顾客,赢得满意顾客,就赢得了顾客的忠诚和最有效的营销渠道"口碑"。这是成本最低,效果最佳的营销方法;满意顾客是企业最好的广告,他会长期租用(或再次购买)并给公司带来新的顾客,从而形成稳定的顾客链;不满意的顾客是企业最具破坏性的广告,吃亏的人总想寻求报复,他会离开并赶走其他顾客,从而破坏顾客链。

基于以上法则,在住宅市场上,为了争取更多的购买者,许多公司都对业主介绍新业主买楼的行为进行奖励。有些楼盘给介绍新业主的业主现金回扣或扣减楼价,有些楼盘则送物业管理费,有些楼盘还同时给被介绍来的新业主送部分装修和家具,以期他们再介绍新业主,形成不间断的顾客链。这使得许多对自己购买的房子尚满意的业主更乐于充当"义务传声筒"了,纷纷介绍亲朋好友前来做邻居。正如某房地产开发公司的负责人所言,业主的口碑是效果最快的传播渠道,业主讲一句好,胜过自己的销售人员一百句。所以,"收买"业主是推广新楼盘的最佳传播途径,对于营造公司品牌十分有帮助。当然了,这些都必须建立在做好楼盘质素的基础上。

在住宅、写字楼等房地产产品供不应求的年代,顾客是不成问题的,因为他们没有更多的选择,以至公司不必去担心它的顾客是否满意。而现在情况已经改变了。遗憾的是,大多数的营销理论和实践往往集中在如何吸引新的顾客,而不是在保持现有顾客方面。强调创造交易而不是关系。讨论的焦点往往集中在售前活动本身,而不是售后活动。

然而,要维系顾客就必须的提供高质量的产品和服务,这通常将导致成本上升,问题在于这些成本的提高是否值得。与此相关的一个概念是顾客流失率(customer defection rate)。降低流失率的措施分4个步骤:

1. 公司必须确定和衡量它的顾客保持率。例如,一间商场铺位或写字间的续租率。

2. 公司必须找出导致顾客流失的不同原因,并找出那些可以改进的地方。有些是公司无能为力的,例如,顾客离开了该地区;城市中心商业区的转移等。但是,有许多地方是公司可以有所作为的,例如,顾客流失是因为服务差、产品次、价格太高等。公司应备有一个流失率分布图,以显示因各种原因离开本公司的顾客的比例。

3. 公司应该估算一下当它失去这些不该失去的顾客时所导致的利润损失。例如,从顾客退租起到寻找到新租户入住至这段时间所损失的租金收入,以及新租金与原租金的差异造成的损失。(尽管新租户的租金有可能超过老租户的租金,但对一个难以维系顾客的公司来说,新租户的租金不会超过老租户的租金。)

4. 公司需要计算降低流失率所需要的费用。只要这些费用低于所损失的利润,公司就应该花这笔钱。

顾客流失分析时应提几个问题:

1. 今年顾客流失的变动率是多少?
2. 在各楼盘、各细分市场、各销售代表或中介商上的顾客保持率变化如何?
3. 顾客保持率与价值变化之间的关系?
4. 在流失的顾客身上发生了什么和他们去向何方?
5. 你的行业保持率标准是多少?
6. 在同行中哪一家公司保持顾客时间最长和为什么?

通常有两种途径可以达到保留顾客这一目的。其一是设置高的转换壁垒。如,某一地区市场商铺供不应求,租户退租后可能找不到商铺承租;或其他商铺租金较高;或另外租铺可能导致租户本身失去老顾客等。这时租户可能就不太愿意更换铺面。

而随着市场经济的发展,高转换壁垒这一招越来越行不通了。更好的一种保留顾客的好方法就是提高顾客满意程度。这样,如果竞争者只是简单地采用低价策略或其他一些像免费试住(租)等促销手段时,便很难争到顾客。培植顾客忠实的任务被称为关系营销。关系营销包括,公司了解和更好地为其有价值的每个顾客服务的全部活动。

二、顾客关系营销

理解顾客关系营销(relationship marketing)的第一步是要了解在吸引保持顾客活动中的各个过程。图 12-5 展示了顾客发展的主要步骤。首先是猜想(suspects)顾客可能会购买我们产品和服务的人。公司要把他们确定为预期(prospects)顾客是困难的——预期顾客是对公司的产品有强烈的潜在兴趣和有能力购买的人。不合格预期(disqualified prospects)顾客遭到公司的拒绝,因为他们没有信用或对公司没有利润。公司希望把合格预期(quali—fled prospects)顾客转变成首次购买顾客(first—time customer),然后,把满意的首次购买者转变为重复购买顾客(repeat customer)。但这两者可能同样地向竞争者购买。因此,公司要把重复购买顾客再转化为客户(clients)——在相关的产品类目中去购买本公司的产品者。下一步的挑战是把客户转化为主动性客户(advocates),他称赞公司的产品并鼓励其他人也购买它。公司的最后一个挑战是把主动性客户转化为合伙人(partners),合伙人与公司共同开展工作;同时,有些顾客不可避免地会停止购买。原因可能是破产、搬迁、不满意等等。公司的任务中有说服不满意的顾客再次回来。一般来说,说服过去的顾客重新购买比寻找一个新的顾客更容易。

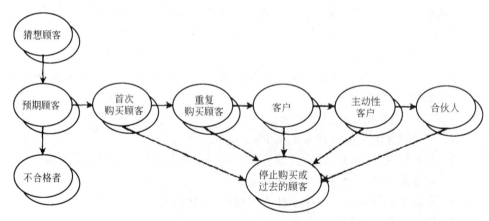

图 12-5 顾客发展过程

资料来源:See Jill Griffin, Customer Loyalty: How to Earn It. How to Keep It(New York: Lexington Books, 1995), p. 36. Also see Murray Raphel and Neil Raphel, Up the Loyalty Ladder: Turning Sometime Customers into FullTime Advocates of Your Business (New York: Harper Business, 1995)

发展忠诚的顾客越多,公司的收入越多。但公司对忠诚顾客的支出也会越多。发展忠诚顾客的获利率往往会高于公司的其他业务活动。那么,一个公司应该在顾客关系活动中投入多少呢？怎样使成本不超过收益？市场营销学家将公司与顾客关系划分为五种不同水平。

·基本型营销：推销员只是简单地出售产品。

·反映型营销：推销员出售产品，并鼓励顾客，如有什么问题或不满意就打电话给公司。

·可靠性营销：推销员在售后不久就打电话给顾客，以了解产品是否与顾客所期望的相吻合。推销员还从顾客那儿征集各种有关改进产品的建议及任何不足之处。这些信息有助于企业不断改进产品。

·主动性营销：公司推销员经常与顾客电话联系，讨论有关改进产品用途或开发新产品的各种建议。

·合伙型营销：公司与顾客一直相处在一起，以找到影响顾客的花钱方式或者帮助顾客更好地行动的途径。

影响公司的顾客关系水平确定的是产品及市场特性。生产、经营日用消费品的企业由于顾客及分销商众多，而采用基本型或反映型营销；生产一般选购品的企业由于顾客及分销商也不少，而采用反映型或可靠型营销；生产特殊消费品及工业等中间产品的企业要取得较好的营销业绩，一般起码要采用可靠型营销。房地产产品无疑是特殊消费品，采用主动型营销时，才会获得中等利润，达到合伙型营销时，将会获得高利润。

房地产公司通常可以采用以下三种关系营销方法：增加财务利益，增加社交利益和增加结构性联系利益。

(一) 增加财务利益

增加财务利益通常有两种方法：频繁营销计划和俱乐部销售计划。

频繁营销计划(frequency marketing programs, FMP)就是设计向经常购买或大量购买的顾客提供折扣、优惠或奖励。

例如，大型商场向承租铺位三年以上的租户予以折扣租金优惠；写字楼经营者予以 500m² 以上的租户折扣租金优惠；酒店除给长包房顾客折扣外，还给予免费早餐待遇；住宅销售者给予介绍新业主的老业主减免若干物业管理费等。针对经常购买或大量购买的顾客各公司还纷纷推出游戏、抽奖、旅游等促销计划等以报答他们的忠诚和口碑传播。

一般来说，第一家推出频繁营销计划的公司通常获得最多，尤其是当其竞争者反应较为迟钝时。在竞争者做出反应后，频繁营销计划就变为所有实施此类规模公司的一个财务负担。这些计划甚至可能降低对顾客的服务水准。因为这些吸引回头生意的计划均是以经济动力为基础的。

俱乐部营销计划。俱乐部成员可以因其购买(或租用)，自动成为会员，也可以通过购买(租用)一定数量的商品入会，甚至不需购买(或租用)即可成为会员。根据计划对会员可收取会费或不收取会费，其主要根据是俱乐部活动项目。

例如:香港新鸿基地产创立了"新地会",深圳万科成立了"万客会"。

"万客会"的创会宗旨是通过与会员的沟通使会员仔细了解如何更好地购买万科地产开发的房产;仔细了解做万科地产的业主的权利和待遇;使会员意见和有关问题进行愉快投诉和细致反映;与会员展开有关房产业务的沟通和交流;向会员及时提供万科地产最新推出的楼盘情况与资料;了解会员对万科房产的需求或建议,从而改善小区规划和住宅设计;以实现万科地产从"共住共管"到"共住共建"的过渡。

"万客会"会员分普通会员和资深会员两种。普通会员为年满18岁的国内外人士,欢迎踊跃加入。资深会员则需满足以下两种条件之一:1.所有曾经购买万科房产并且已经完整填写申请表格的人士;2.加入本会一年以上的人士。对会员不收取任何会务费用。

"万客会"普通会员享有下列优惠:提前收到万科新推出的楼盘全套印刷资料;在正式推出之前,优先安排参观销售示范单位;优先安排选购房产、选择朝向、挑选楼层;参加万科现有房产物业的浏览和参观活动特别安排参观万科集团在内地的优良房产及物业;自由选择参加本会举办的各类公众社会活动;享用由"万客会"精选商号所提供的购物折扣和优惠价格;了解购买万科房产的基本常识和得到采用标准交房程序实惠购房的帮助;免费收到由万科集团总部出版的《万科周刊》。

资深会员优惠:在购买万科地产的房产时,除享有上述普通会员的所有优惠外,还可以在购房时享受资深会员的"会员价"特别优惠。

(二) 增加社交利益

即房地产公司通过了解顾客各种个人的需求和爱好,将其服务个别化、私人化,从而增加顾客的社交利益。从本质上说,有思想的公司把它们的顾客变成了客户。唐纳利(Donnelly)、贝利(Berry)和汤姆森(Thompson)描述了两者的差别:

"对于某个机构来说,顾客可以说是没名字的,而客户则不能没有名。顾客是作为某个群体的一部分为之提供服务,而客户则是以个人为基础的。顾客可以是公司的任何人为其服务,而客户则是指定由专人服务的。"

例如,住宅物业管理公司开展建立社区文化的各种活动,读书社,集邮爱好者俱乐部,棋牌俱乐部等。

(三) 增加结构联系利益

例如,写字楼的经营者可以向承租者提供传真机、复印机、扫描仪和刻录机等办公设备,提供带有多媒体设备的会议室和洽谈室等;百货商场可以其铺位的承租者提供管理软件,新产品信息,市场调研,销售培训和指导,甚至气象资料等;还可以帮助其管理他们的订单、存货等。

三、测试顾客盈利能力

在强调维系顾客和关系营销的同时,我们要注意这样一个事实,就是不同的顾客为公司带来的利润不同。例如:我们可以将百货商场铺位的承租人分为大、中、小三种。大型承租者承租多个铺位,表面上看其交付更多的租金,但他常常要求相当多的服务和价格折扣,例如:铺位的重新分割;水、电、照明、通信线路的重新安装调整;免费的仓库面积,以储存货物;租金的八折优惠;租金的分期付款等,从而减少了公司的获利水平。小租户虽然不享受租金优惠,也不享受分期付款,然而从管理的角度看,在某些方面他的繁杂程度与中型和大型租户是一样的,另外小租户同样享受公司对全体租户的一些服务设施和项目,这也就降低了公司利润。中等租户支付的租金接近全价,在很多场合,他们带来的利润最大。

本质上说,营销就是一门吸引和保持有利可图的顾客的艺术。著名的80∶20法则认为,20%的顾客创造了公司80%的利润。威廉·谢登又将该法则发展为80∶20∶30。其含义是"在顶端的20%的顾客创造了公司80%的利润,但其中的一半给在底部的30%的非盈利顾客丧失掉了"。

那么什么样的顾客才是有利益可图的呢?我们将一个有利可图的顾客定义如下:

一个有利可图的顾客(profitable customer)就是指能不断产生收入流的个人、家庭或公司,其收入应超过企业吸引、销售和服务该顾客所花费的可接受范围内的成本。

必须注意的是这里强调是长期的收入和成本,不是某笔交易所产生的利润。

不同的房地产公司都应根据其产品特性,市场特性,认真测量各类顾客的盈利率,找出有利可图的顾客群体,并留住他们。并不断优化顾客队伍,增加有利可图的顾客数量,减少无利或微利的顾客数量。

为此,公司可以:(1)提高无利产品的价格,或者取消这些产品。(2)尽力向那些未带来利润的顾客推销盈利产品。有人甚至提出,鼓励无利可图的顾客转向竞争企业对公司是有利的。

第三节　房地产产品的全面质量管理与市场营销

一、全面质量管理与市场营销

房地产产品的质量是顾客关心的头等大事。目前在许多地区住宅质量问题仍然是业主与发展商、业主与物业管理公司产生矛盾最多的问题。屋面、厕浴间、外墙渗漏,墙面开裂,门窗变形、关闭不严密,电器设备安装不牢、使用不方便等建筑工程质量问题;以及水景不清洁,小区学校师资水平低,交通车辆不正点,物业管理人员态度恶劣等服务质量问题严重困扰着业主。随着生活水平的提高,人们非但不会接受存在严重质量问题的楼盘,而且大多顾客已不再接受或容忍质量平平的产品。本田宗一郎说得好:"我们的目标是使产品带来愉快,我们能愉快地销售,我们的顾客能愉快地使用。"

随着房地产市场竞争的加剧,要想在这场竞赛中站住脚,并且获得利润,除了接受全面质量管理(TQM),别无选择。提高质量会增加公司盈利,降低质量会遭到市场的抛弃。

全面质量管理(total quality management)是一个组织对所有生产过程、产品和服务进行一种广泛有组织的管理,以便不断地改进质量工作。

美国质量学会关于质量的顾客导向定义也已在世界范围内被采用:

质量(quality)是一个产品或服务的特色和品质的总和,这些品质特色将影响产品去满足各种显明的或隐含的需要的能力。

顾客有一系列的需要、要求和期望,我们可以这么说,当所售的产品和服务符合或超越顾客的期望时,销售人员就提供了质量。一个能在大多数场合满足大多数顾客需求的公司就是优质公司。

质量可分为:适应质量和性能质量(或等级)。一座豪华别墅的等级(性能)质量比一套普通公寓的等级(性能)质量高:它环境优美、风格独特、装修豪华、用材讲究、经久耐用,等等。然而,如果豪华别墅和普通公寓分别满足了它们各自的目标市场的期望,那么,我们可以说两者提供了相同的适用质量。

在国际性的层次上,对高质量的认同就是要达到国际标准组织(ISO)认证标准,这是由独立的检查人员授予的,他们根据国际标准组织所订立的质量管理标准检查住宅、写字楼或商业大厦是否符合要求。1987年,(ISO)公布了5项国际标准,以指导企业内部质量管理计划,并促使外部质量保证体系的建立。在建立产品的质量要求时,营销职能应当放在首位,它应当确定产品或服务的需要,具体确定市场的需求和领域,通过对市场需求调查的审核具体决定顾客的要求,并且将所有顾客的要求清楚、准确地在公司内进行沟通。营销功能也是产品的正式陈述,它建立一个动态的信息控制与反馈系统,并开发一种能报告产品经营失败或缺陷的早期预警系统。

房地产的全面质量管理体系是极其复杂的,因为涉及太多的公司和社会部门。如钻探勘察、小区规划设计、建筑设计、装修设计、建筑公司、装修公司、营销中介公司、物业管理公司、有关各种建筑装修材料供应商;以及水、电、气、有线电视、电话、互联网等企业。作为业主,不管发生什么质量问题,他都会将意见归咎于发展商或物业管理公司。因此作为发展商一定要在其价值交付系统的合同中注明严格的质量条款,以使整个价值让渡系统的所有成员一起追求高质量,才能使全面质量管理得到落实。而作为发展商本身,其在全面质量管理中处于核心的地位。为了做好全面质量管理工作首先要提高全面质量管理意识,而最重要的是提高其高层管理人员全面质量管理的意识。并将意识转化为实践,在公司形成全方位的质量管理哲学,重视每个员工的作用,充分发挥他们的才能,奖励其注重质量的行为,把全面质量管理作为市场营销的基石,以促进顾客满意。

全面质量管理是创造价值和顾客满意的关键。J·丹尼尔·贝克海姆(J. Daniel Beckham)对此有很好的表述:

第三节　房地产产品的全面质量管理与市场营销

"那些不懂得质量改进、制造经营语言的营销者将像马车鞭子一样被人弃之路边。功能营销的年代过去了。我们不能再将自己看成是市场研究者、广告者、直接营销者、战略者等——我们必须把自己视为顾客的满足者——整个过程都要将顾客作为中心。"

在研究质量问题,赞瑟姆.V.A.贝利 L.L 和帕拉休拉曼.A.在论述服务质量时创立的"差距模型"十分具有启发性。虽然,这是贝利作为服务质量而提出的该模型,但在许多场合下其同样也适用于产品。现陈述如下：

差距分析(Gap Analysis)模型见图 12-6。

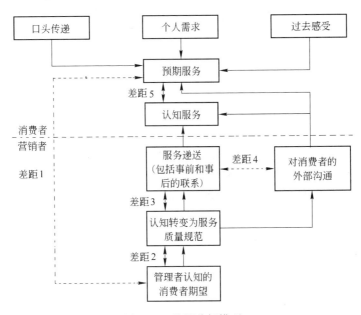

图 12-6　差距分析模型

资料来源：赞瑟姆.V.A.贝利 L.L 和帕拉休拉曼.A.服务质量生产中的沟通和控制过程　市场营销杂志　美国市场营销协会 4 月刊　P36。

将该模型用于房地产业。模型的上半部涉及与顾客有关的现象和期望。开发商所提供的产品及服务是顾客的实际经历,个人需求以及口碑沟通的函数。另外,也受到房地产营销沟通活动的影响。

实际经历的模型中称为感知的产品和服务,是一系列内部决策和内部活动的结果。在开发商与客户(业主)服务交易发生时,开发商对业主期望的认识,对确定组织所遵循的服务质量标准起到指导作用。当然,业主亲身经历的服务交易和生产过程是作为一个与服务生产过程有关的质量因素,生产过程实施的技术措施是一个与服务生产的产出有关的质量因素：楼盘营销沟通影响着期望质量,也影响感知质量。

二、质量差距

房地产产品质量要素间有五种差异,也就是所谓的质量差距(Ouallty QaDs)有五类。质量差距是由质量管理前后不一致造成的。最主要的差距是期望服务和感知(实际经历)服务的差距,它是整个过程中可能发生的其他差距的函数。了解这些差距的成因对于推动房地产产品的全面质量管理具有重要意义。

差距1:消费者期望与开发商感知之间的差距
产生的原因有:
(1) 对市场研究和需求分析的信息不准确;
(2) 对期望的解释信息不准确;
(3) 没有需求分析;
(4) 从企业与顾客联系的层次向开发商传递的信息失真或丧失;
(5) 臃肿的组织层次阻碍或改变了在业主联系中所产生的信息。

差距2:管理者的感知与产品或服务质量规范之间的差距
(1) 计划失误或计划过程不够充分;
(2) 计划管理混乱;
(3) 没有建立产品或服务质量特定的标准;
(4) 服务质量的计划得不到开发决策者的支持。

差距3:产品及服务质量规范和提供之间的差距
产生的原因如下:
(1) 标准太复杂和太苛刻;
(2) 员工对标准有不同意见;
(3) 标准与现有的企业文化发生冲突;
(4) 服务生产管理混乱;
(5) 内部营销不充分或根本不开展内部营销;
(6) 技术和系统没有按照标准为工作提供便利。

差距4:产品和服务提供与外部传播之间的差距
产生的原因有:
(1) 营销沟通计划与服务生产没有统一;
(2) 传统的房地产营销和服务生产之间缺乏协作;
(3) 营销沟通活动提出一些,组织却不能按照这些标准完成工作;
(4) 有故意夸大其词,承诺太多的倾向。

引起这一差距的原因可分为两类:一是,外部营销沟通的计划与执行没有和服务生产统一起来;二是,在广告等营销沟通过程中往往存在承诺过多的倾向。在第一种情况下,治疗措施是建立一种使外部营销沟通活动的计划和执行与服务生产统一起来的制度。例如,至少每一个重大活动应该与服务生产行为协调起来,达到两个目标:第一,市场沟通中的承诺要更加准确和符合实际;第二,外部营销活动中做出的承诺能够做到言出必行,避免夸夸其谈所产生的副作用。在第二种情况下,由于营销沟通存在滥用"最高级"的毛病。所以只能通过完善营销沟通的计划加以解决。治疗措施可能是更加完善的计划程序,不过管理上严密监督也很有帮助。

差距5:感知产品与服务质量和预期值的差距

它会导致以下影响:

(1) 消极的质量评价(劣质)和质量问题;

(2) 对房地产公司形象或楼盘形象的消极影响,口碑不佳;

(3) 丧失业务。

本差距也有可能发生相符的质量或过高的质量。

差距分析模型能使管理者发现引发质量问题的根源。并寻找适当的消除差距的措施。差距分析是一种直接有效的工具,它可以发现服务措施提供者与顾客对服务观念存在的差异。明确这些差距是制定战略、战术以及保证期望质量和现实质量一致的理论基础。这会使顾客给予质量积极评价,提高顾客满意程度。

质量营销作为战略武器是建立在房地产企业意识深处的,它专注于企业各项经营活动质量的持续改进。一个企业满足顾客对质量的需求能够达到什么程度,它的与众不同就达到什么程度。同时顾客的忠诚就能保持到什么程度。不仅如此,持续的质量改进,可以使组织的竞争令竞争对手难以模仿。这也是为什么有的企业长命百岁仍生机勃勃的根本原因。因此说质量营销作为一种理念,贯穿于整个企业的经营活动中,是全员营销的支柱。它要求企业每一个部门都要以顾客需求为依据,为其他部门提供高质量的产品或服务,在各个部门的通力协助下,最终生产和提供高质量的产品和服务。

下面的有关追求完全质量营销战略的资料值得我们反复阅读。

追求完全质量营销战略:

成功的全面质量管理(TQM)要求确认下面有关质量改进的诸条件:

1. 质量必须为顾客所认知。质量工作必须以顾客的需要为始点,以顾客的知觉为终点。如果顾客要求过高的可靠性、耐用性或者高性能,那么这些就构成了顾客眼中的质量。质量改善只有在被顾客认知时才是有意义的。为了确保顾客认知产品的高质量,制造商必须在整个设计、工程、制造和分销过程中听取顾客意见。

2. 质量必须在公司的每项活动中体现出来,而不仅仅是在公司的产品中。通用电气公司的伦纳穗·A·摩根(Leonard A. Morgan)曾经说过:"我们不能只考虑产品的质量,还应考虑广告、服务、产品介绍文献、送货、售后服务等等方面的质量。"

3. 质量要求全体员工的承诺。惟有当公司全体员工都承诺要保证质量,以质量为动力,并得到良好培训,质量才有保证。成功的公司是那些能消除部门障碍的公司。这些公司的员工犹如一个团队,共同为核心业务和预定的目标而工作。员工们都渴望满足他们的内部顾客以及他们的外部顾客。

4. 质量要求高质量的合作伙伴。一个公司所提供的质量,只有当它的价值链上的伙伴都对质量做出承诺时才有保证。所以，质量驱动型公司的责任是发现和联合高质量的供应商和分销商。

5. 质量必须不断改进。优秀的公司坚信，每个人应该持续不断地改善每项工作。改善质量的最好方法就是根据"最佳等级"竞争者作为公司业绩的基准，然后赶上它们，或者超越它们。

6. 质量改进有时需要总体突破。尽管质量应持续不断加以改进，但对一个公司来说，有时确定一具体改进目标是必要的。小的改进常常通过努力工作就可以实现。而大的改进则要求新的思路和更高明的工作。例如，惠普公司的杨约翰不是要求一个10%的降低缺陷率，而是要求一个10倍的降低率。

7. 质量未必要求高成本。菲利普·克罗斯比认为，"质量不用花钱。"传统的想法是提高质量就会增加成本，降低产量。然而，质量实际上是通过学习并掌握"第一次就把事情做好"的方式得以改善的。质量实际不是检查出来的质量，而必须是设计进去的，当事情在第一次就做得很完美时，诸如抢救、修理等许多成本都可以免除，更不用提顾客不满意的损失。摩托罗拉公司声称，质量驱动使制造成本节省了10亿美元。

8. 质量是必要的，但不是充分的。由于买方的要求越来越高，改进一个公司的产品或服务质量无疑是十分必要的。然而同时，高质量并不保证必胜的优势，尤其是当竞争者也处于大致相同的质量水平时。例如，新加坡航空公司享有世界上最佳航线的声誉。然而，竞争的航空公司近年来已夺走了大量旅客，因为这些公司缩小了它们与新加坡航空公司在服务质量上的差距。

9. 质量驱动并不能挽救一个劣质产品。换言之，质量驱动不能弥补产品缺陷。

一个最近的调查研究，在分析诸如美国运通、IBM、摩托罗拉和施乐等取得高质量标准的公司时，发现它们有以下的特点：

(1) 在企业目标中形成明确的质量观念。
(2) 高层管理一开始就介入管理。
(3) 通过数据收集和分析突出顾客需要。
(4) 为实现质量目标制定必要的计划和执行方案。
(5) 培训员工使用统计(SPC)方法，例如、因果分析、图形分析和属性控制分析。
(6) 授权员工有个人控制和决策权。
(7) 认同和奖励员工的质量成绩。
(8) 不断迎接质量挑战和改进质量。

营销经理在一个以质量为中心的公司有两项责任。第一，营销经理必须参与制定旨在帮助公司通过全面质量管理并获胜的战略和政策。第二，他们必须在生产质量之外传递营销质量。每项营销活动——营销研究、推销员培训、广告、顾客服务等等,都必须高标准地执行。

营销人员必须在帮助其公司向目标顾客确定和提高质量商品与服务时发挥一些重要作用。首先,营销者在正确识别顾客的需要和要求时承担着重要责任。其次,营销者必须确保顾客的要求正确地传达给产品设计者。第三,营销者必须确保顾客的订货正确而及时地得到满足。第四,营销者必须检查顾客在有关如何使用产品方面是否得到了适当的指导、培训和技术性帮助。第五,营销者在售后还必须与顾客保持接触,以确保他们的满足能持续下去。第六,营销者应该收集顾客有关改进产品服务方面的意见,并将其反映到公司各有关部门。当营销者做了上述一切后,他们就是对全面质量管理和顾客满意做出了自己的贡献。

全面质量管理还意味着营销人员不仅要花精力和时间改善外部营销,还要改善内部营销。当产品不尽如人意时,营销者必须像顾客那样表示不满意。营销必须成为顾客的看门人或保护人。营销必须始终坚持这样的准则:"给顾客最好的解决"。

本 章 小 结

1. 顾客是价值最大化的追求者。他们根据自己的核心需求塑造出一个价值的期望值,然后将所有可供选择的产品与之比较,能提供他们认知的最高顾客让渡价值产品最终会获得购买。因为顾客让渡价值是总顾客价值与总顾客成本之差。所以销售者应该在努力增加总顾客价值的同时,减少总顾客成本。前者要求强化或扩大形成总顾客价值的各要素(如:住宅的社区价值、小区价值、住宅价值、服务价值、人员价值和形象价值要素);后者要求弱化或减少形成总顾客成本的各要素(如:住宅的入住前货币支出、入住后货币支出、贬(增)值、时间成本、精神成本和体力成本要素)。由于房地产的场所独特性和不可移动性,要保持其产品在各要素中全面领先几乎是不可能的,这就要求我们认真做好市场调研,仔细选择目标市场,以产品的优势和差异去强化其在消费者心目中的地位,使消费者赋予该优势和差异以高的权值。

2. 顾客满意是以顾客为中心的公司目标,同时也是重要的营销工具。一个高度的满意会导致高度的顾客忠诚。但一般来说公司并不追求最大的顾客满意,因为这将增加成本,影响公司员工、建筑商、中介商等方面的利益。

3. 为了给顾客提供更高的让渡价值和满意,公司应该形成内部的价值链和超越自身的价值系统。价值链强调公司内部各部门的协调;价值系统强调本公司与勘探、设计、建筑、装修、中介、物业管理等有关公司及社会有关部门的协调;以创造和传送顾客价值。

4. 在市场竞争愈演愈烈的今天,保持基本顾客,并由此形成顾客链已成为营销的主要工作之一。对于一般商品市场是如此,对于房地产市场也是如此,本章介绍的几个法则就说明了这一点。保持顾客的关键是关系营销。为了使顾客愉悦,营销者应该增加财务或社会利益,以产生或创建在他们自己和顾客之间的结构性的关系纽带。

5. 全面质量管理是价值创造和顾客满意的关键。营销经理在以质量为中心的公司有两个责任。第一,他们必须参与制定旨在帮助公司通过全面质量管理而获胜的战略和政策。第二,他们必须在生产质量之外传递营销质量。

讨 论 题

1. 参考图 12-2 住宅顾客让渡价值的决定因素,试就商铺租赁顾客让渡价值的决定因素进行讨论并以图的形式予以描述。

2. 在我国城市住宅的购买通常是(家庭)群体决策,群体中的不同个体对总顾客价值与成本的理解不尽相同,这时决策如何进行呢?

3. 假设有一座大型商贸城招租,如何设计有形因素,无形因素等影响顾客对其感知的实际效果(现实感受),从而促进承租。

4. 一间以开发城市住宅为主的房地产公司其价值链包括哪几项活动,如何管理这些活动?如何建立其价值让渡系统?

案例一 十年十个碧桂园[①]

称奇"可怕的顺德人"。一年一个碧桂园,十年一个巨无霸。

10 年前,房地产狂潮席卷全国,在顺德北滘镇一片河滩坡地上,几个北滘的农民企业家也跃跃欲试,悄悄建起了几排别墅式的新潮商品房。该地属于碧江管理区和三桂村,于是起名为"碧桂园"。

建房的人没想到,几年之间顺德碧桂园便有如"发糕"般迅速发大,直至 10 年后的今天,在扩大了不止 10 倍的园区内还有买家在等着新楼的落成;建房的人更没有想到,10 年后的今天,"碧桂园"竟成为驰名中外的房地产超级品牌。从顺德走向广州,走向佛山,走向增城,走向清远…今天碧桂园的超大型社区楼盘已有 10 多个。

近年,碧桂园平均每年有 5000 个以上住宅单元、几十万 m^2 建筑面积向市场推出,至去年,已创造出连续 4 年年均销售总额突破 25 亿元的奇迹。当人们面对着那些黑洞洞的"烂尾楼",为众多泡沫破灭后溘然陨落的房地产巨星发出万般慨叹的时候,人们更不得不为今天的"碧桂园"啧啧称奇。2002 年 1 月起,碧桂园竟有 7 个大型楼盘在同时销售,特别是当"五一"假期开始向市场推出的广州广园东碧桂园凤凰城向世人撩开面纱之时,有人预言,除买家的一片欢呼,恐怕就是业界的一次深深的震撼。

到底是什么造就了"碧桂园"?到底是什么深层的原因引发了如此神奇的"碧

[①] 摘自叶德时.十年十个碧桂园.广州:羊城晚报,2002

桂园"现象？房地产界在思考,一些经济学家也在思考。

回家"给您五星级的家"。

要以您为尊,感觉他乡为故乡。

碧桂园经营理念内涵不断丰富,正圆更多人的"房子梦"。

提起碧桂园,人们印象最深的自然是那句朗朗上口的广告语——"给您一个五星级的家"。随着发展,这个碧桂园创业初期便提出来的经营理念的内涵也在不断丰富,逐步演绎成为"品质卓越的建筑设计+五星级物业管理与服务+五星级生活型会所+休闲生活环境+综合型社区学校"的碧桂园模式和碧桂园生活模式。

目前,在各个碧桂园社区,已经有2.8万多户、14万多人口的本地、外地、港澳台地区同胞甚至外籍人士的家庭享用着这种服务。区内的中巴、城际穿梭的豪华大巴;"无时限生活超市服务"、"无时限维修服务"、"无时限餐饮服务"、"无时限商务中心服务"、"无时限医疗保健服务"、"无时限生活咨询热线服务",为住户提供了相当方便的生活条件。烧了个灯泡？打个电话便有人马上来修理;想喝杯咖啡打个电话就及时送到,这种生活事事方便。

其实,在那句广告语的背后,就是碧桂园十年来充满人文关怀的不懈努力与追求。他们2002年元月启动的"2002:'以您为尊'服务年",将这种努力与追求又推向了一个新阶段。上至碧桂园的决策层,下至一个保安,这种人文关怀深深渗透在"给您一个五星级的家"中的"家"字之内。

碧桂园集团董事长杨国强说,每一个人都有追求美好生活的梦想,包括美好的环境和舒适、安全、惬意的居所,现在生活越来越富裕了,圆梦就变为可能。碧桂园十年来所做的,无非就是努力为越来越多的人以他们可以接受的价钱提供圆梦的机会,让越来越多的圆梦者能发自内心地说:"回'家'的感觉真好!"

正是"给您一个五星级的家"这样一个全新的经营理念,以及不断"进化"的标准化、人性化的"五星级"经营服务体系和社区管理模式,令碧桂园超脱出时下业界同质化竞争的困局。十年砥砺,磨出了这把市场制胜的利剑。

法宝"抵食夹大件"。

不物美价廉,六星级也没人要。

碧桂园进攻一地、"扫荡"一地,如此抢手内有玄机。

"碧桂系"近年的市场业绩的确令许多人难以想象。碧桂花城去年2月开卖,一年时间销售了11亿元,创下了当时全省之最;华南碧桂园今年3月一个月便销售了9000多万元,至目前已总共销出14多亿元;广州碧桂园5000多套,从动土到全部售清,竟然还不到一年时间。

记者问杨国强:"碧桂园这么抢手,除了:'给您一个五星级的家',还有什么诀窍?"

杨国强不假思索:"抵食夹大件啰!"他还反问一句:"假如做不到价廉物美,价钱不合理,就算给你一个六星级的家,你会要吗?"

这,就是碧桂园另一致胜法宝。但业内人都很明白,要做得出色并不是易事。真正的诀窍又在哪里呢?

据了解,诀窍就在其可能是目前业界中独一无二的运作模式。

目前的碧桂园集团,有自己的建筑研究院、设计院,土建、装修专业队伍,销售公司,物业管理公司,从设计、材料采购、建造、装修,到包装销售,到物业管理,全部不向外发包,因而,也就能最有效地控制成本。

以此为后盾,杨国强就能做得到:"大胆设想,小心求证,列个算式,只要是正数(即不用亏本),便集中所有力量像猎豹般行动。"

广州碧桂园上马的时候,他们可以一天之内在500亩土地上全线动工。日前,在广州广园东碧桂园凤凰城的工地上,记者见到有一万多施工人员在干活,这个去年下半年才开始动工的工地,第一批楼盘下月"五一"假期就要开盘。

杨国强说,沃尔玛是他崇拜的偶像之一,他认为碧桂园的路子能越走越宽阔,就是因为能够将"物美价廉"的信条持之以恒。

资料1. 碧桂园凤凰城位于增城新塘镇广州广园东路路边,占地1万亩,首期开工面积3000亩。碧桂园的产品,过去十年在各式住宅、小区规划及配套上都有很浓的"碧桂园"特色。而凤凰城宣称"全新的带革命性改变"、"无论建筑规划、外立面设计、园林景观等都将给人以脱胎换骨的感觉"。

资料2. 2002年"五一"碧桂园凤凰城正式开盘。一天卖楼成交额7.5亿元。当天场面火爆,仅一个上午前来看楼的人就达到2万人,小车达3600余辆,首期推出的所有产品销售一空,售楼部简直像是春运的火车站。

思 考 题

1. 碧桂园从哪些方面提高了总顾客价值?从哪些方面降低了总顾客成本?
2. 碧桂园怎样做到"价廉物美"的,能否结合价值链进行说明?

案例二 走进新加坡看标准厂房物业管理[①]

物业一词是由英语"property"引译而来,其含义为"财产、资产、产业等",物业管理不仅仅包括:住宅,还应包括商业、写字楼、办公楼、标准厂房等,其内容不仅应包括:区域市政养护、清洁、绿化、保安、建筑及设备维修等管理工作,还应包括社区服务等。

国外的物业管理已有相当的历史和经验,而我国的物业管理刚刚起步,尤其是标准厂房的物业管理刚刚起步。随着改革开放的深入,国外的物业管理企业正逐步进入我国,加快我国物业管理的步伐,将有利于我国该行业民族企业的振兴。

---

① 摘自陈星.中外房地产导报.总290期.2001

一、新加坡标准厂房物业管理的方式

新加坡的标准厂房物业管理方式值得我们借鉴,其主要特点是产权与经营权分离,经营权为物业管理公司所拥有,它起一个相当于"代甲方"的作用,经营、管理、服务的优劣将决定其公司是否能生存。专业大规模物业管理公司的物业管理既有利于降低成本,提高效率,又可为客户提供更好的服务。具体运作包括以下几种形式:

1. 多层厂房划分出售

物业管理公司由发展商通过招投标聘请,并在物业管理费中支取合同中所规定的物业管理公司运作自身费用。通常以单位面积的单价来进行投标。

物业管理公司替发展商向各业主(购买者)收取、管理及使用物业管理费,并通过招投标选择清洁、保安、绿化、维修等各专业公司进行物业管理,其费用从向各业主(购买者)收取的物业管理费用中支付。

由物业管理公司为各客户提供物业管理及服务。

2. 出租(标准厂房或多层厂房)

发展商向租户收取租金(包括物业管理费);其余同上。

3. 整个地块出售(一般为标准厂房)

由业主(购买者)自行管理,物业管理方式同样可参考上面所述。

二、标准厂房物业管理的内容

从标准厂房的规划设计起,始终应将物业管理的思想贯穿在内,并始终体现"用户至上,服务第一"的原则。

1. 发展商的物业管理内容

(1) 设计阶段

1) 物业功能设计。在设计前,应先全面考虑物业管理的功能、方式、维修等方面,以方便以后物业管理的实施。

2) 吸收采纳物业管理部门意见。设计者应听取发展商物业管理部门及其他部门对设计图纸的意见,从而进一步改善设计。

3) 政府审查批准。政府审查图纸时也应从总体角度充分考虑设计的物业管理水平及对周边环境的影响。

(2) 建设阶段

1) 建筑材料及设备控制。建筑材料及其他设备的选择将直接关系到物业管理期间清洁的难度、维修及更换的频率、使用安全及物业管理的财务等各方面因素。

2) 工程质量控制。承包商一年的缺陷保修期满后,一些维修工作将由物业管理来完成,因此,施工质量的好坏将直接影响到物业管理的财务。

3) 工程资料积累。积累工程资料将有助于在物业管理期间准确、迅速找到出现的缺陷、故障及问题的关键,并有利于对症下药及时解决。

(3) 移交阶段

1) 发展商接管工程资料。全面、系统地接管工程资料，以备查询。

2) 检查并修复物业缺陷。在移交及保修期内仔细检查并修复缺陷，将有利于减少在物业管理期间出现的缺陷。

3) 检查物业运行效果。对物业管理运行中出现的问题加以改善，使物业管理体系进一步完善。

(4) 物业管理阶段

1) 政府批准收费。对物业管理收费进行预测，制定一个合理标准，送报政府批准。

2) 用户手册。用户手册是物业管理公司对用户(各业主或租户)的使用指南、行为要求及沟通方式，也是物业管理公司对该区域进行物业管理的制度。

3) 建立用户资料。建立用户资料便于随时了解用户各方面情况，并有利于提高工作效率。

4) 制定维修保养计划。维修保养计划是物业管理的工作计划，也是其维修保养基金使用计划及收取物业管理费的依据。

5) 制定维修保养基金使用计划。维修保养基金使用计划将全面控制物业管理费用的支出，也是收取物业管理费用的依据。

6) 招标物业管理公司管理物业。支付给物业管理公司的费用多少将涉及各业主或租户的物业管理费；物业管理公司的好坏将影响到物业的保值、增值及用户的生活、生产、公司形象等方面。因此，必须综合考虑各方面因素来选择物业管理公司。

7) 招标专业维修保养。物业维修应摒弃我国以往物业管理公司"小而全"的做法，而采取专业公司"大而专"的优势，这样将有利于提高物业维修的专业水平、降低成本、提高工作效率等。

8) 发展商(各业主或租户)审查年度计划执行情况。审查年度计划执行情况包括两方面：一是对物业管理的回顾，并审查年度计划执行情况，同时也是对物业管理公司的综合考评。另一方面也是对其财务收支情况进行审核。

2. 物业管理公司的物业管理内容

(1) 维修管理服务

1) 日常服务。包括建筑维修、环境清洁、园林景观、车辆停放及保管、保卫等。

2) 预防性工作。包括定期电梯保养、常年避雷器检查、常年储水柜清洗、消防等。

3) 周期性工作。包括建筑外墙涂料、更换供水增压器、更换水泵、更换屋顶隔热板、更换电线与电机设备、更换水管、翻新电梯等。

4) 紧急性工作(全天候服务)。包括电梯营救工作、其他紧急故障等。

(2) 客户服务

物业管理的对象是物业，服务对象是人，是集管理、经营、服务为一体的有偿劳动，所以物业管理属于第三产业，是一种服务性行业。物业管理的性质也比较明确，主要是"服务性"的，寓管理、经营于服务之中。因此，客户服务是物业管理成功与否的一个重要因数，宜采用"一站式服务"，其具体内容应包括：

1) 维修管理服务(见前面所述)。

2) 委托经营服务。代办各种公用事业费、代购车、船、机票、代订送报刊杂志、商务中心、室内保洁、咨询、中介及业主或租户所委托的其他服务。

(3) 财务管理

标准厂房物业管理的整个资金运作均由物业管理公司代理发展商进行。

1) 物业管理费的征收。物业管理采取有偿服务形式，由物业管理公司向各业主或租户收取，这也是物业管理的关键之一，没有资金保证，物业管理将成为空话。

国内的物业管理难度较大，其主要原因之一在于物业管理费用定位较低，且较难收取，要改变这种现状，形成物业管理的良性运转，涉及以下几方面因素：

① 建立相关法制并加强法制宣传。市场经济的发展必然推动法制建设，法制建设必然维护、规范、促进市场经济。我国物业管理市场尚不规范，正处于萌芽状态，市场的发育和成熟还需要若干年，还需要强有力的法制来保证。

② 提高物业管理公司服务水平，使大家看到良好物业管理的价值。

③ 加强物业管理意识宣传，转变观念。

④ 活跃房地产二级市场，使大家实实在在看到通过良好的物业管理使房地产保值、增值的效果。

⑤ 逐步形成物业管理公司的规模化经营，提高管理水平，降低运行成本。

2) 物业管理费的管理。物业管理费的管理包括以下内容：常年预算、收款条例、开支总则、审计法则。

(4) 物业管理软件和岗位职责。物业管理软件系统及岗位职责将有利于提高为客户服务的质量、提高效率、加强公司内部管理、加强资料管理等，可采用的主要软件系统如下：

1) 财务处理系统。包括管理与维修费系统、管理与维修费征收系统、行政及罚款系统、屋主资料系统、总账系统等。

2) 管理与维修系统。包括工程订单系统、水电费系统、维修记录系统、清洁工作系统、违规记录系统、物业检查系统、物业资料系统、周期性工作系统、员工报到系统等。

三、物业管理现代化与人才

1. 现代化管理技术

新加坡之行使我们有幸看到现代化技术在物业管理中的应用，"监控系统"能确保整个大楼内的安全，"快速信息反应系统"能集中控制多幢大楼，并能通知有关人员及时救援被困在电梯内的人和及时解决客户在水、电、空调等各方面所碰到的问题。现代化技术不仅能提高效率、降低开支,更能为客户提供优质服务。

2. 人才及培养

人是企业生存、发展的根本,这已成为当今人们的共识。但作为从事物业管理工作的人才,需要重新认识。那种认为物业管理工作仅仅是"收收房租、扫扫地、看看门",人人都会做,不需要什么文化技术的观点,是错误的。新加坡十分重视物业管理公司人才的素质及培养,连清洁工也有专门的培训学校。

一个优秀的物业管理人员应具备多方面的素质和能力,更应胸怀全局。新加坡怡安物业管理公司的中国公司总裁柯先生作了这样一个比喻:三个小和尚正在砌砖,有人问道,你们在做什么。第一个小和尚回答:我正在砌砖;第二个小和尚回答:我正在砌墙;第三个小和尚回答:我正在造庙。那么公司的员工不仅应具备良好的职业道德、相关专业知识及一定的现代化设备操作能力,还应是回答造庙的和尚,更应是回答"我准备作法事"的和尚。

所以我国的物业管理工作想要健康地发展,必须加强人才培养。培养人才可从两方面着手,一是从社会角度开设相关学校和专业,二是企业内部加强员工培训。人才培养的范围也应是全方位的,既要有高级管理人才的培养,又要有清洁、保安、绿化保养、设备维修等人员的综合能力及知识培训,并培养一支"一专多能"的高素质技术队伍。

新加坡的标准厂房物业管理经过几十年的不断探索改造,已形成一套较为完善的运行体制,我国应转变观念,吸收其成功经验,但不应照搬照套,尽快形成具有中国特色的一套物业管理体系,使我国的物业管理适应我国飞速发展的经济要求。

注:本文中的"标准厂房"是指由发展商预建的,然后出租给投资商(使用厂房的生产经营者)的单层或多层厂房。

思 考 题

1. 本案例对全面质量管理有哪些体现?
2. 技术与人才培养与全面质量管理有什么关系?
3. 结合本案例为一住宅小区设计一套充分体现"以人为本"的物业管理运行体制。

第十三章 房地产市场营销计划的编制与分析

本章学习目的

1. 理解计划在现代市场经济环境中的作用,并熟悉计划过程。
2. 了解房地产营销计划的内容,熟悉其编制方法。
3. 具备为一个具体的房地产项目编制营销计划的能力。
4. 理解常用的营销计划分析方法,具备计划分析的能力。

第一节 计划与市场营销计划

一、计划概述

(一) 计划

计划是对未来行动的预先安排,是所有管理职能中最基本的职能。任何组织和管理活动都需要有计划。计划是人们基于对现实的认识和对未来的估计,对今后某一时期应达到的目标,以及实现目标的措施、方案、程序、进度及人事、资源等所做的安排。

计划是一种思维过程,当一个人开始思考一个问题时,计划就已经开始了。计划也是实现目标的方法和手段,它在事件的始点和终点(目标)之间铺路搭桥,使那些目标的实现成为可能。

计划也是一种协调过程,它给管理者和被管理者指明了各项活动的目标和实现目标的过程,从而协调他们之间的关系,提高了效率。

计划还可以减少重复和浪费,可以提高效率和效益,加快进度。通过计划的优化,往往能找到理想的途径。

(二) 计划的性质

计划有下列四项基本性质。它们决定了计划的基本机理和计划工作在当代管理职能中的地位。

1. 计划的目的性

计划是实现目标的方法和手段。几乎所有的计划都是为实现某一确定目标而编制的。人们在编制计划时,就已大致确定了希望达到的或必须达到的目标。惟一的区别是在环境条件或资源条件受到限制时,有些计划目标是可以调整的。

2. 计划的首位性

计划的首位性是指计划在所有管理职能中的核心地位。严格地说,机构中的其他管理职能,无论是财务、材料、设备、生产、安全、质量;还是人力资源、公共关系、市场营销,几乎都是围绕着计划的实施而进行的,因此人们往往把计划与战略管理联系起来。位于机构最核心、最关键地位的职能,就是战略计划的制定。

3. 计划的普遍性

计划的普遍性是指计划及计划管理存在于机构运作的所有环节、所有过程。组织中的每个管理人员、每一项活动过程,都涉及计划,只是过程及影响层面不同而已。事实上计划职能对组织中不同层面的管理者都具有重要作用。

4. 计划的效率性

计划的效率是指因计划的实施而带来的效益。这种效益是表现在成本和收益上的。因而,经济效益(收入、成本、利润)和社会效益(知名度、感召力)往往是衡量一个计划先进性及计划实施效果的重要指标。

(三) 计划的影响因素

计划的影响因素是全方位的。编制何种计划,如何编制计划,往往要受各种因素的制约。一般来讲,这些因素主要有如下几类。

1. 组织(机构)

组织(或机构)对计划的影响往往是决定性的。不同的组织,需要不同的计划,甚至是同一组织的不同阶段,同一组织的不同层面,对计划的要求也不一致。一般来讲,基层管理者的计划活动主要是编制技术性的作业计划。当管理层的等级上升时,计划中的战略导向性便越强。作为组织的最高决策层所编制的计划,当然主要考虑的就是组织的战略发展计划。任何组织(机构)都要经历从形成、成长、成熟、到衰退的生命周期。在组织生命周期不同的阶段,组织具有不同的条件,面临不同的环境,对计划的形式和内容要求也不尽相同。在组织形成的初始阶段,无论组织自身的管理、资源条件,还是组织面临的环境条件,均不规范、未成型、变化大,这时的计划要求有很大的灵活性(这一阶段的公司目标往往是尝试性的、资源是不确定的、消费和服务对象也是难以辨认,不稳定的)。这一阶段的组织的计划,最重要的是期限较短的、更易调整的指导性计划。在组织的成长阶段,随着目标的逐渐明确,资源条件的确定和市场的逐步明朗,计划也更具明确性,可编制一些短期的、具体的计划。进入成熟的组织,具有很规范的运作经验,确切的资源条件和清晰的市场环境,往往编制一些长期的,具体的计划。当组织从成熟期进入衰退期,计划也从具体性转入指导性,从长期转入短期。

2. 环境

任何组织都存在于一定的环境之中。任何组织的计划,都是依赖环境条件和组织自身的条件及要求而编制的。当环境的不确定性增大时,计划的指导性就越强,期限也越短。处于剧烈变动环境条件中的组织,一味刻板地遵循详细规定的计划,反而会坐失良机、造成损失。应当说,环境的不确定因素越多、环境条件变化越大,就越需要灵活性,计划就越不需要精确。反之,处于一种稳定环境中的组织,需要通过周密策划来安排资源,争取市场,效益和效率显得尤为重要,这时的计划往往非常周密,非常具体。

在(美)斯蒂芬·P·罗宾斯博士的《管理学》中译本(黄卫伟译.中国人民大学出版社,1997年4月),第157页,有这样一篇短文。摘录如下,相信有助于对本节内容的理解。

在不断变化的世界上,计划必须是灵活的。20年前,"管理最佳"的公司都设有庞大的计划部门,这些部门产生出数不清的5年和10年计划,而且每年都对这些计划进行修订。例如,通用电气公司曾经有一个350人的计划班子,这些人煞费苦心地编制出成百的非常详细的报告。但是现在,计划逐渐转交给经营单位去做,成为经营单位中层管理者职责的一个部分。同时计划本身也只覆盖较短的期间。并考虑那些可行的选择。通用电气公司正式计划班子的人员已减少到20人左右,而且他们的作用仅仅是向经营者们提供建议。今天,通用电气公司的13种业务领域的总经理,每年只需提交5份报告,每份报告只有一页纸,在报告中只要求说明该业务所处产业在未来的2年中可能出现的机会和可能存在的障碍。

在不断变化的世界中,只有傻瓜才自以为是地相信他能准确地预测未来,但这并不等于说计划不重要。因此管理良好的组织很少在非常详细的、定量化的计划上花费时间,而是开发面向未来的多种方案。南加利福尼亚爱迪生公司(Southern California Edison)是一家电力公用事业公司,向加利福尼亚州的390万户居民提供服务。公司制定了12种未来的方案,这些方案基于经济景气、中东石油危机、环境主义的传播,及其他的发展趋势。公司之所以采取了这种灵活的计划方式,是因为在20世纪70年代到80年代期间,那些费尽心机制定出来的长期计划,最终由于一些意外事件的发生而变得毫无用处。这些意外事件,如石油输出国组织(OPEC)冻结油价、切尔诺贝利核电站事故导致的对放射性污染的限制条例等,随时都有可能发生。当然,南加利福尼亚爱迪生公司不是惟一一家面对不确定性日益增加的世界的公司,绝大多数公司都发现它们所处的环境变得又具动态性和不确定性。不仅如此,非营利组织也经历过类似的变化,例如,对于医院和学院来说,人口结构的变化、竞争的激化、政府资助的缩减以及扶摇直上的成本都在迫使这些组织的管理者开发更灵活的计划。

二、市场营销计划

(一)市场营销计划的内容

市场营销计划是指针对市场营销活动所做的全面安排,是围绕实现公司的目标,依据市场条件和企业的资源条件,就营销战略、策略、资源配置、行动方案、财务计划、进度计划、控制方案所做的具体安排。市场营销计划的内容因营销的商品性质不同而有很大的区别。一般来讲,任何商品的市场计划都应包括如下主要内容。

1. 内容提要

内容提要是计划开头的简短摘要,是试图给阅读者以强烈印象的,关于本计划的核心内容及主要要点的简短说明。主要应当包括：

(1) 市场营销目标：市场目标、销售目标、利润目标、竞争目标、进度目标等；

(2) 主要策略：促销策略、价格策略、渠道策略等；

(3) 财务指标：营销成本费用及其构成；

(4) 计划内容目录：为便于检索而提供的本计划章节目录表。

2. 现状分析

现状分析是对本次销售内外环境条件的客观描述及评价。应提供相关市场的市场环境、产品、竞争及竞争对手等的背景资料和数据。主要包括：

(1) 关于市场形势的分析研究：按细分市场研究其市场规模、增长变动状况，消费者需求信息、变化趋势等；

(2) 关于产品形势的分析研究：详细列举同类产品的特性、变动趋势、市场份额、价格、销售额、收益水平等；

(3) 关于竞争状况的分析研究：主要竞争对手的辨识、他们的规模、目标、市场份额、产品质量、技术水平、竞争实力与竞争策略等；

(4) 关于相关宏观环境的分析研究：与产品有关的政治、经济、社会、文化、法律环境研究。

3. 市场机会研究与竞争优劣势分析

(1) 市场机会研究：辨认能影响企业(项目)发展的内外环境，寻找市场机会并分析机会的发展前景。

(2) 竞争优劣势分析：研究公司(项目)的内部条件和面临的竞争环境，辨认公司(项目)所拥有的竞争优势及面临的劣势。确认在计划中必须注意的问题。

4. 目标设置

营销计划的目标主要是指财务目标和营销目标。财务目标是指该产品(或该项目)在计划期的销售规模、市场占有率以及其他财务目标。营销目标是财务目标转化而来的，包括销售规模、市场占有率、知名度，以及与市场销售有关的成本、价格、顾客满意程度等目标和指标。各目标间应有一定的层次关系、有一定的优先级次，要先进合理、现实可行。

5. 战略和策略

由目标市场、产品(项目)定位、价格、销售形式的战略安排到营销队伍、营销渠道、促销手段、分销网点、服务与公共关系等策略上的考虑。均需详实而周到，有的放矢，有效配合。既要有针对性，又要有实际意义。

6. 行动方案

详细安排营销活动的每个要素，每项战略和策略的实现方法，以及每项指标的实现步骤。行动方案是整个营销活动在运行程序、运作方式，是对时间、资金、责任者、考核指标、参与部门等方面所做的周密安排。

7. 财务报表

营销计划的财务报表是反映营销方案在财务实现方面的报表(主要是现金流量表),应全面反映营销活动的收入和支出状况。收入主要是指产品的销售收入,支出主要是指销售策划的费用、促销活动(广告、展销、推销)的费用、分销成本以及其他的营销活动的费用等。财务报表是交由公司决策者审批的营销计划的重要组成部分。经过批准的财务报表,也是营销计划实施过程中财务安排的依据。

8. 控制形式和控制手段

为了便于计划的顺利实施,计划中应具体规定对每项活动,每个参与方(机构和人员)的要求指标或标准,列出定期汇报或检查的内容,作为上级或委托方控制和检查的依据。

(二) 市场营销计划方法

计划工作除了按规范的程序进行外,在计划过程中还要经常借助许多量化的技术与分析工具,选择适当的计划方法。本节介绍几种在市场营销计划编制过程中常用的方法。

1. 预测

预测是指借助历史统计资料和市场调查,运用科学的方法和手段,对未来状况和发展趋势做出的预计、测算和分析。市场调查所取得的数据和材料,只有经过去粗取精、去伪存真的筛选,运用科学的预测和分析方法,才能成为估计未来、判断趋势的有用信息,用以作为计划编制的依据。

预测技术发展到今天,已经成为广泛渗透社会经济各个领域、应用性很强的科学。市场营销计划编制中常用到的预测方法主要有:

(1) 个人判断法:由分析人员依据调查资料、个人的阅历和经验,对事物发展状况进行推测的方法;

(2) 专家会议法:组织专家会议,依据调查资料进行讨论分析的预测方法;

(3) 德尔菲法:专家会议法的改进和发展,是一种依靠专家进行函询分析的预测方法;

(4) 时间序列趋势外推法:利用已收集到的按时间序列排列的数据,选择适当的数学模型,建立该经济问题的预测模型进行预测的方法。常用到的数学模型有:平均数、移动平均数、指数、对数等;

(5) 相关与回归预测法:是一种建立在因果关系上的分析与预测方法。

由相关分析通过相关系数来判断事物之间的相关性,由回归分析通过回归系数来判断事物间的相关程度并建立相应的预测模型。

2. 盈亏平衡分析

盈亏平衡是指收益与支出达到平衡的状态。盈亏平衡时的销售水平,即营销计划的最低销售规模,即保本不至亏损的销售水平。在市场营销计划的编制过程中,借助于盈亏平衡分析,可以查清销售收入、成本、规模间的关系,从而有助于各类促销手段的选择与营销渠道的决策。

3. 网络计划法

网络用来科学地安排营销作业计划,它借助一种网络状的图形,来形象地描述计划过程中各事件间的逻辑关系,借助于各种时间参数的计算和分析,来判断各事件对于整个计划在时间进度上的影响程度。计划工作中最常用的网络分析方法是计划评审技术(PERT)和关键路径法(CPM)。

4. 资源配置技术

为谋求最佳的营销收益与成本比,在考虑资源配置时,可考虑采用销售利润方程,销售反应函数加以分析和比较。

(1) 利润方程。营销方案的利润方程是用来描述销售利润与销售单位、数量、成本之间关系的方程。

$$Z = (P - K - C)Q - F - M$$

式中　Z——利润;

　　　Q——销售数量;

　　　P——单价;

　　　F——固定成本;

　　　K——单位折让费;

　　　M——可控市场营销成本;

　　　C——生产与分销变动成本(单位成本)。

单价折让费是指每单位产品所摊的运费、佣金、折扣等。

(2) 销售反应函数。销售反应函数是用来描述销售量(Q)与其影响因素之间数量关系的模型。

$$Q = f(P, K, C, A, S, D, R)$$

式中　Q——销售数量;

　　　S——促销费用;

　　　P——单价;

　　　K——单位折让费;

　　　C——变动成本;

　　　D——销售人员;

　　　A——广告费用;

　　　R——市场调研。

上式反映了销售成果与市场营销影响因素间的函数关系。它是某一特定时期,在其他市场因素不变的条件下,仅一个要素在各种可能不同水平下变化时,所预测的销售数量。图13-1,和图13-2分别描述了价格函数和营销费用函数的几种状态。

显然,一旦建立了销售反应函数,计划人员便可依据这个函数充分研究各要素间最佳的组合状态。

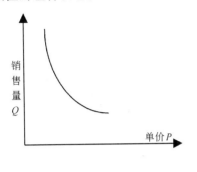

图 13-1 价格函数

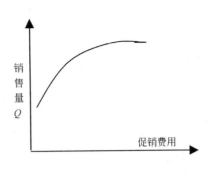

图 13-2 营销费用函数

估计并建立销售反应函数的方法有三类：一是统计法，即通过市场调查收集各要素组合的历史数据，运用相关与回归分析技术建立数学模型；二是实验法，即分别在一个或几个实验区进行比较实验，测试不同的组合水平下的销售量，从而建立模型；三是判断法，即请专家做出预测和判断，建立模型。

第二节 房地产市场营销计划

一、房地产市场营销计划的内容

房地产市场营销计划主要是针对项目编制的，其地域性、时效性特别强。一般而言，一份详尽的房地产项目市场营销计划，应包括如下主要内容。

（一）计划概要

简单描述项目状况，如区位、性质、规模、主体功能、立项背景；概述计划内容，如目标、主要卖点及竞争策略、本计划书的目录等。目的在于让读者很快掌握计划书的核心内容并留下总体印象。

（二）市场与环境分析

市场与环境分析是依据市场调查的资料，对项目所在地的房地产市场状况及项目的投资环境、竞争环境及其他环境所作的描述、预测和分析。

市场状况主要是项目有关的社会经济发展状况。如该地域（国家、城市）的社会经济发展水平、居民收入与消费状况，当地房地产市场发展程度、增长率，消费者需求发展趋势，未来的社会经济发展预测等等。

项目投资环境是指与本项目有关的房地产产业投资环境，有软环境与硬环境两类。软环境是当地政府和社会为项目投资提供的支援或阻碍条件。包括法律、法规、政策、服务；硬环境指与项目或项目开发建设相关的基础设施条件。包括供水、供电、煤气、交通、及材料供应、融资条件、劳动力条件等等。

竞争环境是对项目所在地域竞争市场及竞争对手的描述。如同类物业的供求关系、每年的市场吸纳量、平均价格水平、同类竞争物业的特点、竞争策略等等。

其他环境条件是指与项目营销有关的其他影响因素,包括产业政策、税费状况等等。

(三)机会与问题分析

依据上述市场与环境研究所提出的资料、分析项目自身的条件,研究项目营销面临的机会与问题,分析项目营销在竞争环境中面临的竞争优势与劣势,探讨项目营销存在的主要问题与症结所在。对这些问题的研究最终导致营销目标、营销策略的确定。

(四)目标和策略的确定

1. 营销目标

这里的营销目标是指项目营销活动应达到的目标。主要有财务目标和市场目标两类。财务目标是指项目营销应达到的收益目标。它是由分期的销售收入、成本、利润等指标来体现并最终反映在项目营销计划的现金流量表中。市场目标是由营销面积、营销额、商品房销售率(销售面积/可售面积)、市场占有率等一系列指标综合描述的。

在一些特殊的场合,如按照公司的战略计划安排,当某一项目开发的主要目的是开辟新的市场,争取新的顾客,进入新的领域时,项目营销的目标设置将会以信誉度、知名度、美誉度为主要指标。

目标是营销计划的核心,确定了营销目标,便可依据项目的现状、项目面临的机会与问题,优势和劣势,编制项目的营销策略和营销方案。目标的设置应符合如下要求:

(1)尽可能量化:即要尽可能用数量指标来描述,具体而又有可度量性;

(2)尽可能分解:即要分解到每个责任部门、责任者、以便落实;

(3)尽可能一致:目标值要统一、明确、一致,要与整个项目的形象追求的目标保持一致;

(4)要有时间上的要求:即要规定完成期限。

2. 营销策略

营销策略即营销方法,是面对具体的竞争对手,为实现营销目标,在营销技术上所作的安排。房地产项目的市场营销,在策略安排上主要围绕如下内容进行。

(1)产品定位、市场定位的策略:包括房地产的功能定位、销售对象定位、价格定位、设计及装修定位、材料及设备定位、服务定位等等。

(2)营销渠道选择策略:包括营销形式的选择、市场推出时机的选择、代理商的选择等。

(3)促销策略:包括广告、展销、推销在内的各种竞争手段的选择,以及卖点的设计、公关活动的策划等。

(4)竞争策略:包括价格、质量、环境在内的各种竞争手段的选择。

(5)其他策略:包括付款方式、营销方式以及保险、公证等一系列影响消费者心理以促进营销活动的手段和方法的选择。

(五)营销方案

营销方案是营销计划的实施方案,着重研究营销策略的实现形式及进度安排、资源条件的配置计划等。应就每项营销策略做出详细安排,诸如做什么、如何做、什么时候做、由谁来做、花费多少、达到什么目的、如何考核等等,均要做出明确的规定。各种策略安排的此类问题一一安排并经过平衡与协调后,便形成了项目的营销方案。

(六)财务计划

房地产营销计划中的财务计划,就是以财务报表(主要是现金流量表)形式描述的有关项目营销活动过程中的收益(销售或其他经营活动收入)、支出(各种营销成本费用及应缴税费)情况。它是用来反映营销计划经济效益的主要依据材料。经决策者批准的财务计划,也是营销计划实施过程中,财务安排的依据。在营销计划完成后,又是对营销活动及营销活动中各环节进行经济效益考核的重要依据。

(七)检查与控制

为了便于对营销计划的实施状况与实施效果进行检查与控制,确保目标的最终实现,营销计划应标示定期检查、考核的内容与程序,作为项目营销方案实施控制的依据。

计划与控制应当是密切相关的两个过程。实际上,计划过程本身就包括了建立反馈的控制系统。这种反馈系统提供了营销计划目标实现的情况,由此来评估营销业绩,从而为制定新的决策提供依据。

一般而言,营销计划的控制内容主要有销售控制、成本控制、盈利和消费者反馈控制四个方面。

1. 销售控制

销售控制是对每个营销点(渠道)的销售额、市场份额和销售投入(人员、广告、促销)等指标的分析控制。

(1)销售额:通过定期的销售业绩报告获得各销售点(渠道)的统计数据。如目标销售额(面积、全额)、实际销售量、差额、超(差)百分比。

(2)市场份额:由公司在相关市场上的市场份额来评估销售业绩。常用两种计算指标。

1)总体市场份额:公司销售额除以相关市场总销量。

2)相对市场份额:由公司市场份额与相关市场中最大的两家、三家公司市场份额总和的百分比来描述。

在市场份额发生变化时,控制的目的在于刻意分析造成这种变化的因素。如:顾客数量、用户意见、价格比或其他因素。

(3)销售投入:指营销活动的质量投入措施强度(对产品熟悉程度、促销活动质量、效率、态度、服务),数量投入(工作天数、每天客人数、推销时间、推销支出等)。这些要素反映了营销工作的效率、效果。广告投入效率的评估,主要集中于广告竞争水平、阅读者人数、每名受影响顾客广告成本、广告吸引咨询次数、广告吸引顾客人数等。

2. 成本控制

项目营销计划的成本一般通过预算指标、费用比率两类方法进行控制。

(1) 预算指标:营销预算一旦通过,就应当是营销活动成本的实际控制限。典型的控制程序依据每月、每季的财务报表将实际成本发生额与预算额进行分析,寻找引起差异的原因,并采取必要的措施。

(2) 费用比率:通过边际利润、销售费用比率、广告费率等费用比率来定期检查和评估营销计划的实施状况。

3. 盈利控制

项目营销计划的盈利控制分析主要是通过营销收入与营销成本费用的比较进行的。管理者一旦发现某销售点的盈利水平不理想,甚至出现亏损状况,就要进一步分析原因,采取措施,直至撤消这个销售点(渠道)。

4. 消费者反馈控制

消费者反馈控制主要是针对顾客反馈信息进行的控制性分析。包括分析顾客对本项目的认知程度、认知渠道、对本项目卖点的欢迎程度、认可程度,对本项目规划设计、建筑质量、配套设施的满意程度以及消费者反映的其他信息。用以作为调整项目营销渠道、促销手段,甚至是调整项目营销目标、竞争策略的依据。

二、房地产市场营销计划分析方法

这里讨论的是房地产市场营销计划评估及控制分析过程中常用的几种分析方法及其数学工具。主要包括用于研究计划执行偏差影响因素及其影响程度的连环代替法;用于分析利润实现偏差原因的利润偏差分析法;用于评估营销计划、改进营销计划过程的计划审计法。

(一) 连环代替法

连环代替法又称因素替换分析法,是用于测定由多种相互关联的因素构成的经济指标中,各组成因素的变动对指标差异总额影响程度的一种重要分析方法。

连环代替法属于结构分析法中的一种方法。结构分析又称为构成分析,就是将经济现象的内部各组成部分(因素)与整体(指标)进行分解分析的一种分析方法。通过结构分析研究经济现象部分与整体的矛盾关系,抓住影响经济现象变化的主要矛盾,反映经济现象发展的客观规律。结构分析法也有定量分析与定性分析两类。某些经济现象难以用数量描述,如企业管理架构、职工素质结构的某些方面等等,对其进行结构分析时,多采用定性分析。凡是经济现象的总体及各部分能够用数量描述时,都应当用定量的方法进行结构分析。

结构分析的具体实施办法很多,如分组差额法、连环代替法、指数法等传统分析法,以及线性规划、回归分析等数学分析法。其中,连环代替法是最重要的一种分析方法。

连环代替法又称因素替换法,主要用于测定经济现象的各影响因素对指标变动的影响程度。其分析过程是先假定其他因素值不变,只改变其中一个因素值,检查指标值的变化,按一定的顺序,逐个这样变动,就能查出各因素对指标值的影响程度和影响方向。需要注意的是,连环代替法只能用于被分析对象的因果关系具有严格函数关系的情况,即这种关系是可用变量的和、差、积、商或指数、三角函数、对数等超越函数的形式描述的。

例 13-1 某商品住宅的预算成本为 10341.2950 万元,而实际成本为 1096.4235 万元。设成本构成资料如表 13-1 所示,试据此进行因素分析。

商品住宅成本费用表　　　　　　　　　　　　表 13-1

项 目	单 位	预 算	实 际	差 额	差异率(%)
建筑面积	m^2	15000	15500	500	3.33
土建造价	元/m^2	427.35	430.50	3.15	0.74
其他费用	元/m^2	262.18	276.87	14.69	5.60
成本总额	万 元	1034.295	1096.4235	62.1285	6.01

商品住宅的成本费影响因素有建筑面积、土建造价、其他费用等。它们之间的关系为:

$$成本总额 = 建筑面积 \times (土建造价 + 单位面积其他费)$$

运用连环代替法分析各因素的影响程度,寻找成本超支的主要原因。分析过程如表 13-2 所示。

影响成本变动的因素分析表　　　　　　　　　　表 13-2

计算顺序	替换因素	影响成本总额的因素			成本总额(万元)	与前次计算差额	发生差异的原因
		建筑面积	单位面积土建费(元)	单位面积其他费(元)			
预算值		$15000 \times (427.35 + 262.18) = 1034.295$					
第一次替代	建筑面积	$15500 \times (427.35 + 262.18) = 1068.7715$				34.4765	修改设计建筑面积增加
第二次替代	单位面积土建费	$15500 \times (430.50 + 262.18) = 1073.654$				4.8825	单位面积、土建费增加
第三次替代(实际值)	单位面积其他费用	$15500 \times (430.50 + 276.87) = 1096.4235$				22.7695	单位面积其他费用增加
合 计						62.1285	以上三项共同影响

由表 13-2 的分析结果可知,除去因设计文件修改造成的实际建筑面积增加的因素外,该商品房成本超支的主要原因是单位面积其他费用大幅度增加而引起的(占成本增加总额的 22.7695/62.1285＝36.65％)。为进一步寻找主要因素,应对构成其他费用的勘测设计费、前期工程费、配套设施费、管理费等作进一步的因素分析。

由此可见,连环代替法是进行因素分解,寻求主要矛盾的有效分析方法。在具体应用时应注意如下问题。

(1) 影响指标的各因素必须是能够准确描述的,而且理论上已经证明确实是引起指标变动的真正原因。

(2) 由于随意更改替代顺序会导致不正确的结果。所以在进行替代运算时,应注意遵循一定的替代顺序。必须从指标的经济意义及其组成因素的相互依存关系出发,确定正确的替代顺序。一般来讲,在同时有数量因素和质量因素时,先查明数量因素的影响,再替换质量因素;在同时有数量因素和价格因素时,先查明数量因素影响,再替换价格因素;当有多种数量或质量因素时,应区别基本的和派生的,主要的和从属的,按先基本后派生,先主要后从属的顺序进行替代分析。

(3) 各因数对指标差异总额影响程度的代数和,必然等于该项指标差异总额。可据此检查分析计算结果的正确性。

综上所述,连环代替法应按如下步骤进行:

(1) 分析引起指标变异的因素,建立其函数关系式;

(2) 研究因素的经济含义及各因素间的相互依存关系。划分数量指标、质量指标、价格指标的界限,以及基本指标与派生指标、主要指标与从属指标的界限,确定替代顺序;

(3) 进行替代计算。按各因素对指标总额影响程度的代数和必然等于该项指标差异总额的原则,检查替代计算结果的正确性;

(4) 分析研究。由各因素对指标总额影响程度的大小及各因素的经济内涵,分析引起指标变动的主要矛盾,从中找到规律性的东西。

(二) 利润偏差分析法

利润偏差分析法研究项目利润计划执行情况及其影响因素。房地产项目经营利润主要由销售利润和租赁利润构成。这里主要研究销售利润的分析方法。

房地产项目销售利润即项目销售收入减去按规定交纳的销售税金和销售成本后的余额:

$$销售利润 = 销售收入 - 销售税金 - 销售成本$$

其中:

销售收入是项目的销售单价与销售数量之积;

销售税金是销售收入与税率之积,由于销售收入等于销售单价与销售数量之积,因而项目的销售税金取决于销售单价,销售数量,税率三个因素;

销售成本取决于单位销售成本和销售数量。

因而项目销售利润将受到项目的单位售价、销售数量、单位税金(即税率)、单位销售成本四大因素的影响。

对于多项目、多品种的房地产销售,由于不同品种单位售价不同,因而品种结构不同,企业房地产销售利润自然不同,影响销售利润的因素还要加上房地产产品的品种结构一项。

房地产销售利润分析,就是通过本期实际利润值与计划值或上期值的对比分析,寻找差距,并分析影响本期销售利润变动的各因素,借以找到影响销售利润的问题所在,为进一步革新挖潜,提高效益指明方向。

本节通过一实际案例研究房地产经营利润计划执行出现偏差后的具体分析方法。

例 13-2 某房地产销售利润计划及实际完成情况分别如表 13-3(a)、(b)所示,试据此进行该销售利润计划完成状况的分析。

由表 13-3(a)、(b)中统计数据可知,销售利润较计划值增加了 7836.05 - 7239.50 = 596.55(千元),增长幅度达(596.55/7239.5)×100% = 8.24%。其主要影响因素之影响程度分析如下:

销售利润计划明细表 表 13-3(a)

项目	销售数量		销售收入		销售成本		销售税金		销售利润	
	单位	数量	单价	总额(千元)	单位成本	总额(千元)	税率(%)	总额(千元)	单位利润	总额(千元)
商品住宅(一)	m²	15000	950	14250.00	800	12000.00	3.0	427.500	121.50	1822.50
商品住宅(二)	m²	8000	1200	9600.000	1010	8080.000	3.0	288.000	154.00	1232.00
写字楼	m²	15000	2600	39000.00	2230	3450.00	3.5	1365.00	279.00	4185.00
合计		38000		62850.000		53530.000		2080.500		7239.500

房产销售利润实际完成情况明细表 表 13-3(b)

项目	销售数量		销售收入		销售成本		销售税金		销售利润	
	单位	数量	单价	总额(千元)	单位成本	总额(千元)	税率(%)	总额(千元)	单位利润	总额(千元)
商品住宅(一)	m²	15000	950	14250.000	800	12000.000	3.2	456.000	119.60	1794.000
商品住宅(二)	m²	8630	1250	10787.000	1050	9061.500	3.2	345.200	160.00	1380.800
写字楼	m²	15000	2550	38250.000	2150	32250.000	3.5	1338.750	310.75	4661.250
合计		38630		63287.500		53311.500		2139.950		7836.050

1. 销售数量变动对利润的影响分析

销售数量变动对计划利润完成情况的影响,是指在其他因素,即品种、结构、销售单价、单位销售成本、税率等均不变的条件下,由于本销售数量增加或减少所引起的利润的增加或减少。因此,这里的所谓销售数量变动对利润的影响,并不是实际数量改变的简单影响,而是一种按销售收入折算出来的产品数量变动(称之为销售增长率)对利润的影响。

销售数量变动对利润的影响是复杂的。首先,数量增加会提高销售收入,从而增加利润。但销售数量增加的同时也提高了销售成本。销售收入的增加还会使税金同时增加。因而销售数量变动对利润的影响应从如下两方面讨论。

(1) 由于销售数量增加而引起的利润增加

由于销售数量增加而带来的利润增长按下式计算:

$$(计划销售收入 - 计划销售成本) \times 销售数量增长率$$

其中:$销售数量增长率 = \left[\dfrac{\Sigma 实际销售数量 \times 计划售价}{计划销售数量 \times 计划售价} - 1\right] \times 100\%$

将表 13-3(a)、(b)中的有关数据代入上式得:

$$销售数量增长率 = \left[\dfrac{15000 \times 950 + 8630 \times 1200 + 15000 \times 2600}{15000 \times 950 + 8000 \times 1200 + 15000 \times 2600} - 1\right] \times 100\%$$

$$= \left[\dfrac{63606000}{62850000} - 1\right] \times 100\% = 1.2\%$$

故本期由于商品房销售数量增加带来的利润增长为:

$$(62850000 - 53530000) \times 1.2\%$$
$$= 111840(元) = 11.84(万元)$$

(2) 由于销售数量增加带来的税金增长

在销售价格、单位成本、销售税率、销售品种结构均不变的情况下,销售税金将与销售数量等比增减,从而影响利润。销售税金增长的幅度按下式计算。

销售税金增长额 = 计划销售税金 × 销售数量增长率

以表 13-3(a)、(b)中的实际数据代入,便可求得该企业在销售价格、单位成本、销售税率均不变的条件下,单纯由销售数量增长而提高的销售税金为:

$$2080500 \times 1.2\% = 24966(元) = 2.497(万元)$$

因而,该企业本期由于销售数量提高了 1.2%,引起纯收入增加 111840 元,销售税金增加 24966 元,两项共使销售利润增加了

$$111840 - 24966 = 86874(元) = 8.687(万元)$$

2. 销售价格(单价)变动对利润的影响分析

销售单价的改变,对利润有直接影响,这种影响不同于销售数量,销售数量的改变,必然会使销售成本相应变动,而销售单价变动与销售成本一般不发生直接关系,它是通过影响销售收入间接影响成本。当销售单价受国家控制管理时,价格变动对企业而言就是客观因素。在利润分析时,就应单独计算其对利润造成的影响,

以便正确地评估企业的经营管理效益。当价格因素作为市场竞争的主要手段时，更应当正确评估价格变动对利润的影响。

在房地产项目销售数量、单位销售成本和税率都不变的条件下，销售价格的变化，将会引起销售收入的变化，从而直接影响企业的利润。而收入的改变，又会使应交纳的税金发生变化，影响企业的利润收入。因而，在作具体分析研究时，应分别考虑这两种相反因素的作用。

(1) 由于销售价格变动而直接引起的利润变化

销售价格变化直接引起的利润改变由下式计算：

$$\Sigma \text{实际销售数量} \times (\text{实际售价} - \text{计划售价})$$

将表13-3(a)、(b)中的数据代入上式，得：

$$8630 \times (1250 - 1200) + 15000 \times (2550 - 2600)$$
$$= 431500 + (-750000)$$
$$= -318500(\text{元}) = -31.85(\text{万元})$$

该公司由于商品住宅（二）提价50元/m²，增加利润431500元；由于写字楼降价50元/m²，而减少利润750000元。二者综合，该公司由于单位售价的变动，使销售利润直接蒙受31.85万元的损失。

(2) 由于销售价格变动影响税金额从而间接引起的利润变化

销售价格变化带来的税金变动，由下式计算

$$\Sigma \text{实际销售数量} \times (\text{实际售价} - \text{计划售价}) \times \text{计划税率}$$

将表13-3(a)、(b)中的数据代入上式，得：

$$8630(1250 - 1200) \times 3.0\% + 15000(2250 - 2600) \times 3.5\%$$
$$= 431500 \times 3.0\% + (-750000) \times 3.5\%$$
$$= 12945 - 26250 = -13305(\text{元}) = -1.331(\text{万元})$$

即：该公司由于销售价格变动减少了31.85万元的利润，从而使应上交的税金也降低了13305元。二者综合，该公司利润下降$(318500 - 13305) = 305195(\text{元}) = 30.52(\text{万元})$。

3. 单位销售成本变动对利润的影响分析

销售收入必须首先弥补成本后，才能实现利润。在销售数量、销售价格、税率都不变的情况下，成本越低，利润越高，成本越高，利润就越低，甚至出现亏损。确定单位销售成本变动对利润影响程度的方法，是将实际销售总成本与按实际销售量、计划销售成本求得的计划销售总成本相比较。计算公式如下：

$$\Sigma(\text{实际销售数量} \times \text{计划单位销售成本}) - \Sigma(\text{实际销售数量} \times \text{实际单位销售成本})$$

将表13-1(a)、(b)中数据代入，得：

$$(8630 \times 1010 + 15000 \times 2230) - (8630 \times 1050 + 15000 \times 2150)$$
$$= 42166300 - 41311500$$

$= 854800(元) = 85.48(万元)$

即该公司由于两种商品房的单位销售成本变动,使其利润增加 85.48 万元。

4. 税率变动对利润的影响分析

在其他因素不变的情况下,税率越高,企业的销售利润就越低。将实际交纳的税金与按实际销售收入、计划税率计算的税金相比较,便可求出税率变动对利润的影响程度。计算公式如下:

$$\Sigma \text{实际销售收入} \times (\text{实际销售税率} - \text{计划销售税率})$$

将表 13-3(a)、(b)所列数据代入,得:

$14250000(3.2\% - 3.0\%) + 10787500(3.2\% - 3.0\%)$
$= 50075(元) \approx 5.008(万元)$

即该公司由于商品住宅的销售税率从 3.0% 提高到 3.2%,增加了上交税金。从而使企业销售利润减少了 5.008 万元。

5. 销售品种结构变化对利润的影响分析

(1) 销售品种结构变动对利润的直接影响

企业销售的各种产品销售收入在全部产品销售收入中的比重称为销售的品种结构。对房地产销售而言,其品种结构就是不同等级、不同规格的房屋,单位售价、单位成本不同,单位利润率也不同,从而影响利润大小。如果利润高的品种在本年实际销售收入中的比重提高了,实际利润必然增加。这种影响程度是由下式计算的:

Σ实际销售量×(计划单价-计划单位成本)-销售总量计划完成率×(计划销售收入-计划销售成本)

式中:产品销售总量计划完成率 $= \dfrac{\Sigma \text{实际销售数量} \times \text{计划单价}}{\Sigma \text{计划销售数量} \times \text{计划单价}} \times 100\%$,

将表 13-3(a)、(b)中数据代入得:

$$\text{产品销售总量计划完成率} = \dfrac{[15000 \times 950 + 8630 \times 1200 + 15000 \times (2600 - 2230)]}{(15000 \times 950 + 8000 \times 1200 + 1500 \times 2600)} \times 100\%$$
$= 101.2\%$

产品销售结构变动,使销售利润增加额为:

$15000(950 - 800) + 8630(1200 - 1010) + 15000(2600 - 2230)$
$- (62850000 - 5350000) \times 101.2\%$
$= 9439700 - 9431840$
$= 7860(元) = 0.786(万元)$

即该公司由于销售结构的改变带来利润增加 0.786(万元)。

(2) 销售品种结构变动对税金的影响

由于各类产品税率不同,销售品种结构变化将引起税金变化,从而间接影响企业的利润。其影响程度由下式计算:

Σ实际销售数量×计划售价×计划税率-计划税金总额×产品销售总量计划完

成率

将表 13-3(a)、(b)中相应数据代入,得:

$$15000 \times 950 \times 3\% + 8630 \times 1200 \times 3\% + 15000 \times 2600 \times 3.5\%$$
$$- 2080500 \times 101.2\% = 2103180 - 2105466$$
$$= -2266(元) \approx -0.227(万元)$$

即该公司由于销售品种结构变化使销售税金减少了 0.227 万元,从而使利润增加了相应数额。

二者综合,该公司本期由于房产销售品种改变,房产销售总量计划完成率达 101.2%,致使销售利润增加 $(2860 + 2286) = 10146$ 元 ≈ 1.015(万元)。

将上述分析结果汇集于表 13-4 中。

房地产销售利润变动分析表　　　　　表 13-4

序号	影响房地产销售变动的因素	影响金额(元)	占总额比重(%)
1	产品销售数量增加,使利润增加 其中:销售数量增加,使利润增加 销售税金增加,使利润增加	86874 11840 -24966	14.56 18.75 -4.19
2	产品售价变动,使利润增加 其中:销售收入减少,使利润增加 销售税金减少,使利润增加	-305195 -318500 13305	-51.16 -53.40 2.24
3	单位销售成本变动,使利润增加	854800	143.29
4	税率上升,使利润增加	-50075	-8.39
5	销售品种结构变化,使利润增加 其中:收入增加,使利润增加 税金增加,使利润增加	10146 7860 2286	1.70 1.32 0.38
	合　　计	59.655(万元)	100

通过上述分析可知,该公司本期销售利润计划增加 59.655 万元。增长率达 21.36%。其中,因销售价格变动和税率变动带来的利润损失为 35.528 万元 (30.5195 + 5.0075),占利润增长额的 -59.5%;通过革新挖潜、增产节约带来的利润增长达 94.1674 万元(8.6874 + 85.4800),占销售利润增长额的 158.5%;属于企业经营决策,调整产业结构带来的利润增长额为 1.0146 万元,占利润增长额的 1.7%。总的来看,该企业房地产销售利润蒙受了较大损失,但由于该企业一方面分析市场需求,调节产品结构,另一方面又立足于企业内部革新挖潜、降低成、提高效益,最终还是实现超额利润 59.655 万元的好成绩。

(三) 计划评审法

市场营销计划评审是指对一间公司或一个经营单位的市场营销环境、目标、战略、策略和营销活动过程进行的全面、系统、独立的定期检查与审核,目的在于发现问题和机会的所在,并提出改进营销业绩的方案。

计划评审几乎适用于所有类型的组织,不论其成立时间长短、规模大小、也不论提供的是产品还是服务。针对房地产市场营销计划及计划过程进行的评审,其主要目的可归集为如下几方面:

(1) 评价营销运作情况;
(2) 评价目标、战略及策略;
(3) 寻找市场机会,发现问题;
(4) 提出改进建议;
(5) 落实纠正措施。

计划评审过程因时、因地而异,可大可小,可长可短,可以是专门针对一个专题的,也可以是长期而漫长的。一般来讲,无论何类计划评审,其基本程序不外如下几项。

1. 评审形式的确定

在确定评审形式时,有自我评审、交叉评审、上级评审、专职评审、小组评审、外部评审等六种评审形式可供选择。最好的评审应当由有经验的外部人员进行。以保证必备的客观性、独立性和科学性。在有些情况下,也可由内部评审员进行评审,由于内部评审人员熟悉环境、了解情况,也具有一定的优势。但要求内部评审人员对计划程序的了解应当全面而深刻,具有足够的营销知识。外部评审人员经验丰富,可以提供相当深的专业信息,带来新的思路。

2. 评审目标、范围和深度的确定

确定评审形式,选定评审人员,成立评审机构后,评审成员应和公司领导共同确定计划评审的目标、覆盖面及深度,包括资料来源、报告格式及期限等,确定评审的内容,对象、程序和时间安排。虽然每次评审目的不同,评审范围和具体内容有较大差异,但一般来讲,房地产营销计划评审主要应评审的内容不外如下 6 个方面。

(1) 营销环境评审:主要是针对公司营销面临的宏观环境的评审。
(2) 营销战略和策略评审:评估营销战略和策略与营销环境的适应性和有效性。
(3) 营销系统评审:检查并评估公司营销分析、计划、控制、实施系统的效率、效益和有效性。
(4) 营销效率与效益评审:检查并评估各营销实体的营销效率与效益、营销支出的成本效益。
(5) 营销要素评审:对公司营销系统的组成要素,即产品、价格、分销渠道、销售人员、广告、促销、公关等进行广泛而深入的评审。

本 章 小 结

1. 计划是对未来行动的预先安排,是所有管理职能最基本的职能。计划是一种思维过程,它存在于一切管理活动的各个层次、各个环节。计划的基本特性就是它的首位性、普遍性和效率性。

2．市场营销计划的主要内容包括:内容提要、现状分析、机会研究、竞争优劣势分析、目标设置、营销战略和策略、行动方案、财务报表、控制手段和控制形式。

3．营销策略是市场营销策划时,面对竞争对手及具体的市场环境,为了实现营销目标,在营销技术上所做的安排。房地产市场营销策略主要有如下内容:①关于市场定位、产品定位上的策略;②关于营销渠道选择的策略;③关于促销的策略;④关于竞争手段的策略;⑤其他策略。

4．常用的计划方法有用于市场分析的预测技术;用于研究规模效益问题的盈亏平衡分析;用于科学安排作业计划的网络计划技术;用于谋求最佳收益的资源配置技术。

5．反应函数是描述产品销售量与其影响因素之间数量关系的数学模型。

一旦建立了某一产品的销售反应函数,计划编制人员便有充足的根据来定量评估某些促销策略或市场因素对营销业绩的影响。

6．房地产市场营销计划的程序和结构与一般商品营销计划相差不大。但由于房地产商品及房地产市场自身所固有的特征,在计划的核心内容上,仍然有相当大的区别。

7．房地产市场营销计划分析的常用方法主要有:连环代替法、利润偏差分析法和计划评审法。其中连环代替法主要用于分析计划执行偏差的影响因素及其影响程度;利润偏差分析法主要是针对利润目标实施情况进行的分析;计划评审法则是全面评估营销计划和计划过程的分析方法。

讨 论 题

1．什么是计划? 计划管理在现代企业管理中具有什么样的地位和作用?
2．试述房地产市场营销计划的结构和内容,你认为重点和难点在哪里? 为什么?
3．预测技术在房地产营销计划过程中有什么作用? 试述你所熟悉的预测方法。
4．营销反应函数起什么作用? 你认为房地产营销反应函数建立的难点在哪里? 如何克服?
5．何谓计划评审法? 试为一房地产公司编制营销计划评审方案。

案例 《金顶大厦》营销计划[①]

一、计划概要

本方案旨在为房地产业主提供一个准确无误的投资方向,通过对市场状况的

---

① 摘自周政等编著．房地产营销．北京:企业管理出版社,1996

周密调查、机会与问题的审慎分析、市场营销策略的周密设计以及行动方案规划的新突破等,目的在于使金顶大厦特性更加突出,销售利润更为可观,更容易达到销售目标。

二、地区环境现状分析

1. 位置。大厦坐落在本市南平路与光明路、东平路之间。有两条主要干道连接本市与外界的高速公路,一为重清路,一为南平路。而重清路已发展成为商业、消费、休闲一体的高级生活区。南平路将同样有此发展潜力。从整个区域来讲,大厦所在地的道路,公共设施和对外联系等发展均有很好的前景。

2. 北区消费圈。附近高速公路旁有一特定北区商业消费区,日本八佰伴,远东爱买等大型商厦都设在此。旧有市区过度膨胀而促成次消费圈的发展,此区将起到重要的疏散消费人口的作用并发展成完整的生活区。

3. 环境质量。附近有九所学校和多条外环道路及各种公共设施,可提供很舒适的生活环境,包括商业、居住、消费、休闲、教育等。

4. 建筑配置。采取V字形规划,在日光角度、通风方位,视觉效果上均有最佳表达。

三、特性分析与建议

1. 地段

分析:本厦坐落地点乃系北区最理想之高级住宅地段。本区公告地价每坪约6万元,目前市场价约在20万元上下。水楠附近,因商业云集,车水马龙居家渐趋嘈杂,已不适合宁静的高级住家。

建议:本厦坐落地点位于南平路交流道之间,地段印象不及中港路、文心路,故于广告重点宣传,可列举同地段之知名大厦,以其高知名度及高级感来消除地段的不利因素。

2. 整体规划

分析:本厦基地占1255坪,楼高地下二层,地上20层。为北区史无前例之超级高层高级住宅大厦。

① 本厦系聘请闻名之王敦谦建筑师主持全案建筑设计,造型独特,格外与众不同。

② 每栋大厦只隔成四户,各以三部电梯登乘上下,大户气派,最有高级感。

③ 本厦尚规划有温水游泳池、喷泉、餐厅等,住家尽善尽美。

建议:娱乐性与休闲性空间规划仍不够完善,需加强。喷泉似不宜住宅大厦,可考虑其他静态性的大型雕塑,可邀名家规划主持。

3. 设计分析:(略)

建议:晒衣阳台皆面向马路、需考虑日后用户加造违章,破坏大厦造型,可以赠送全套洗衣、烘干设备,并于住户公约上载明不准违章,违者必罚之规定等,以弥补本项缺陷。

4．结构分析：(略)

建议：由于每层高度仅3米，对于本厦大户住宅空间似嫌低矮，可利用室内装修设计拉高室内空间感。

5．售价

分析：本区2层以上住宅每坪所能接受之平均销售价格约为7万元左右。

本厦预定售价每坪约为10万元至11万元之间。

建议：本厦与本区房屋售价每坪相差约3.5万元，若以目前现有商品特色，尚难弥补此大差额，故建材设备，装修赠送及规划方面尚需加强，以拉近差距。

四、问题与机会分析

1．困难点

(1) 经建会已拟定方案，计划大量增加房屋供给量来平抑高涨的房价。经建会有关权威人士更是预测，房价一年半后将会下跌二成。

(2) 土地公告现值即将提高，将使建筑界的成本提高，并且转价到房屋售价。

(3) 行政人员工资调整，涉及物价上涨，而技术工人缺乏，此外土地投资者因对物价敏感而纷纷惜售。影响建筑成本，使造价上升。

(4) 建筑业主急于搭赶景气的最后列车，造成一窝蜂的推销个案，更造成价格波动及销售吃力。

(5) 高利率效应，加上近日"投资公司风暴"，直接影响房市买卖及加重自住型购屋者的观望心态。

2．机会点

(1) 本公司财力雄厚，加上以往获利颇丰，对于今年这股不景气风潮可采取"边建边售"的策略。

(2) 今年下半年的投资策略还是以商业精华品的店面，交通要道的办公大楼和套房，高级住宅区的投资为主。

(3) 仍有不少房屋专案，因市场细分策略应用成功，推出后市场反应热烈，销售率高达80%～90%。

(4) 物价不稳，保值心理浓厚。

(5) 10月推出正值佳节，房屋推出可能再起高潮。

(6) 本案规划尽善尽美，国内市场鲜有与之竞争之方案。

(7) 旅美大牌建筑师王敦谦精心设计，无论造型、平面、建材等均属独创。

(8) 建筑业主在世界知名度极高，在社会大众颇具信赖感。

(9) 目前房屋方案针对中产阶层者颇多，本案对象属最高消费层，将无竞争对手。

建议：建筑业主属实力型公司，财力雄厚，作风稳健，平日知名度尚佳。业绩如金兰、钻石等等，平日给予大众印象及口碑尚佳。但由于业主缺乏自身形象之有利宣传，尤其在往年各业绩个案推出期间，往往只重商品宣传，而未加强企业形象，故社会大众对公司的印象尚未定位,似嫌单薄模糊,不如国泰建设的"国泰建设、值得信赖"来得有力。故本案在公开销售之前,应加强公司信誉的宣传,以及商品质量信任感的宣传。

五、目标

1. 销售目标预测

(1) 第一阶段(9月底至10月底)

预定成交	50户
销售率	38.5%

(2) 第二阶段(10月底至11月中旬)

预定成交	25户
销售率	19.2%

(3) 第三阶段(11月中旬至12月初)

预定成交	20户
销售率	15.4%

(4) 合计

	95户
销售率	73.1%

(5) 本销售率之拟订,乃系针对市场状况,以及各项销售工作进度之配合而定,若作业执行未遇特殊状况干扰,则本销售率之达成,当按上述预测而无疑虑。

2. 财务目标:投资与利润分析

(1) 面积计算:

① 基地面积:1,255P

② 建筑面积: $1,255P \times 46.73\% = 586.4P$

一层面积	586.40P	
露台面积	$4.39P \times 8 = 35.12P$	合计 621.52P
2～20层面积	$586.4P \times 19 = 11,141.60P$	
阳台	$4.39P \times 8 \times 19 = 667.28P$	合计 11,808.88P
合计可售面积	12,430.40P	
地下室二层	$1,162.8P \times 2 = 2,325.60P$	
屋顶突出物	$586.4P \times 1/8 = 73.30P$	
总建筑面积	$586.4 + 11,141.6 + 2,325.6 + 73.3 = 14,053.60P$	

(2) 损益估算

销售收入:25万元/P × 621.52P = 15,538.00万元

11万元/P × 11,808.88P = 129,897.68万元

合计 145,435.68万元

直接成本:土地成本 地价28万元/P × 1,255P = 35,140万元

增值税　　　　0万元
合计　　　　35,140万元

建筑成本：造价　4.5万元/P×14,053.6＝63,241.20万元
　　　　　公共规划　145,435.68×2.5%＝3,635.89万元
　　　　　合计　66,877.09万元
　　　　　合计　35,140＋66,877.09＝102,017.09万元

(3) 投资毛利：145,435.68－102,017.09＝43,418.59万元
(4) 营销成本：63,241.2×20%＝12,648.24万元
(5) 税前利润：43,418.59－12,648.24＝30,770.35万元
(6) 所得税估计：30,770.35×35%＝10,769.62万元
(7) 税后利润：30770.35－10769.62＝20000.73万元

六、市场营销策略

1. 目标市场

(1) 身家财产在3~5万元以上。
(2) 从事高收入及社会评价较高之职业，或为公司行号负责人。
(3) 购买年龄约为40~70岁。
(4) 家庭结构进入老年期，人口简单，婚姻历史久，居住空间之娱乐性与休闲性需求较大。
(5) 购买动机均非投资性或使用性。
(6) 形成个人独特的商品哲学与价值观。
(7) 社会关系复杂，接触较难。
(8) 购买行为鲜受大众传播影响。

2. 产品定位

(1) 超越的：本商品乃系独一无二的产品，针对其目标顾客的使用需求，务必使商品性能达到最巅峰，故无论建材或规划都将是突破性、超越性的。
(2) 荣耀的：心理的荣耀感，比较任何商品行色来得强而有力，因此本商品定位将超出一般的水平点甚多。
(3) 安全的：追求安全是人类与生俱来的天性，尤其本厦为高价位产品，心理上安全的疑虑将重于一般产品，如何给予安全上的保证，将是目前规划及今后经营的重点所在。
(4) 利润的：利润追求是企业经营的不二法则，尤其本厦营建时间历经三年，其中风险不可谓不高。如何控制成本，严格保障利润，以制定合理的销售价位，乃本案商品策略重点之一。

3. 产品开发建议：(略)

4. 定价

(1) 本厦土地成本据估计每坪(1坪＝3.3057m²)分摊约为3万元左右。

(2) 据建筑师提供资料显示,本厦每坪造价约在 4.5 万元左右。
(3) 营销成本每坪负担为造价之 20%,为 0.9 万元。
(4) 分担物价上涨风险,三年据估计当在造价之 30%,为 1.35 万元。
(5) 总成本为 9.75 万元。
(6) 则每坪销售单价平均为 11.7 万元。
(7) 利润为总成本之 20%,为每坪 1.95 万元。
(8) 一楼单元多属高价,若扣除一楼部分,则二楼以上每坪单价当为 11 万元/坪。

5. 促销组合策略构想
(1) 告知阶段
① 工地已搭建围墙、样品屋,将引起路人的注意。
② 杂志广告企业活动推展,先加强商品印象,并引起社会大众的好奇。
(2) 唤起购买者需求阶段
① 此阶段先行运用广告媒体之宣传,唤起目标顾客之关切与需要。
② 选定目标顾客,直接寄发商品讯息。
③ 接待中心适时担当销售解说商品之任务。
④ 说明书、简介等,扮演着购买者由接待中心回家之后的商品媒介。
(3) 促成购买阶段
① 人员销售集中攻势,采用促销策略,采取主动登门拜访。
② 配合广告促销活动,再度刺激销售高潮。
③ 公开酒会之举行,邀请社会名流,再肯定本厦之格调,进而促成购买成交。

6. 营销时间选择
根据本案之工作进度,推出时机可分别考虑 7 月初及 10 月初开始对外销售。
(1) 7 月初推出
今年最令人忌讳的 7 月鬼节,将于 8 月 2 日开始,则推出未及月,便遭顿挫,再等鬼节过后推出,则难以持续,必遭败绩,且时间未能充裕,质量难以控制,恐影响建筑物美好之设计形象。
(2) 10 月份推出
10 月份逢国家庆典,为每年房地产推出之旺季。本案若于此时推出,一来,准备时间充裕,一鼓作气,所有广告策略必能充分配合,必然销售成绩极佳。二来,房屋市场至 8 月时最为晦涩难定,至 10 月方能渐呈稳定。地利、人和配合得时,则可望马到成功。
(3) 建议
本案建议应于 9 月底 10 月初开始展开销售阶段。

7. 物业管理(略)

七、营销行动方案

1. 广告计划

(1) 报纸广告

① 媒体选择：经济日报、工商时报。

② 版面大小：20全、10全、10半，以10半为标准版面，以免破坏商品印象。

③ 刊登时间：自9月24日开始预售阶段，以单纯的企业广告为主；逐渐地转为商品性为重的企业广告，再而强调商品特色，而为商品广告，约至11月中旬以后，广告力减弱，乃至停止。

④ 广告强度：

9月下旬至10月上旬	25%	125万元
10月上旬至10月下旬	25%	250万元
10月下旬至11月中旬	20%	100万元
11月中旬以后	5%	25万元

⑤ 诉求重点：

a. 初期企业印象广告

·严肃的探讨中国建筑对世界建筑的影响。

·中国人的才华以及中国人的作品。

·一栋足让所有中国人自傲的世界级20层高级住宅大楼，将在中部诞生。

·一个大企业11位名建筑师构不朽之作。

b. 商品印象广告

·追求完美，是中国人与生俱来的天性。

·中部最高层的住宅大楼。

·商品规划最足以代表居住者身份地位。

·史无前例的世界级建材大结合。

·惟一签约生效的售后管理服务。

·最佳销售服务网，只要一通电话，随时登门拜访解说。

·企业体的保证，施工期间若有不满意，保证原价加银行利息退回。

(2) 杂志广告

① 媒体选择：经理文摘、卓越、日本文摘。

② 版面大小：全页彩色广告。

③ 期别：预售开始之10月及11月两期。

④ 诉求重点：

第一张稿

a. 现代中国的新建筑已开始起飞。

b. 一个第一流的大企业＋第一流的建筑设计的建筑经典之作即将诞生。

c. 欢迎所有有志响应为中国新建筑催生的人士，来共同了解这个伟大的新计划。

  d. 欢迎索取"一个崭新的中国建筑"简介。

第二张稿

  a. 世界水准——中部第一栋20层高级住宅大楼已经诞生。

  b. 规划特色——媲美欧美任何一栋高级纯住宅大楼。

  c. 建材特色——采用世界各国最高级最独特产品。

  d. 大企业的保证——不满意即原价退回。

(3) 电视广告

① 媒体选择：台视、中视、华视。

② 时段选择：高收视率节目：如连续剧、新闻气象报告等。

教育性节目：新闻眼、华视新闻杂志、90分钟、时事座谈等。

高水准影集：国外影集、世界名片欣赏等。

综艺节目：双星报喜、连环泡。

③ 提供方式：提供30秒或1分钟节目。

④ 影片制作：拍两支30秒的电视CF。

⑤ CF构想

  a. 第一个CF：于销售初期放映。

  • 当太空人初上月球，回望地球之时，不见纽约自由女神，不见巴黎艾菲尔铁塔，只见中国万里长城，中国人的智慧足以令人骄傲，今后两年从中部高空下望，也只见一栋20层的双子星式造型的高级住宅大厦。

  • 这支CF将引用全新的视觉效果，强化商品幻影，主旨在以新的构想及新的拍摄手法，而大大提高大众的注意力，塑造大厦的高知名度。

  b. 第二支CF于10月初以后放映。

  • 摘取商品重点特色，以片断的连接方式，有如电视影集的片头拍摄效果，配合动感而富于暖性的音乐效果，将可塑造大厦的高级感，并引起大众兴趣。

2. 直接邮寄(DM)计划

(1) 说明：

  本案乃系本市独一无二的高价位商品房，故目标顾客的选择，乃至商品特性如何被接受之方式，皆将迥异一般房屋销售。因此，本案DM的运用，将在销售策略里扮演一个极重要的角色，尤其是将针对过滤后的名单目标，直接渗透并传导商品信息。

(2) 构想

第一阶段：将刊登有本企业广告之日本文摘、经理文摘、卓越，选定目标顾客4000名，直接寄发，内附本大厦简介一份(简介内容见如下第3点)。

第二阶段：再度针对4000名目标顾客，寄发录音带一卷，录音带内容除录制优美动听的世界名曲之外，并适当的加入本厦说明旁白，富于煽动性的商品介绍，再次加深其对本案之注意与兴趣。

第三阶段:若当时机成熟时,则当然会来电咨询,若仍未有动静,则再次寄发公开酒会请柬,邀请参加或由销售人员登门拜访。

(3) 预测

本案执行之后,预料每20人有一人将有兴趣洽谈,再经过滤之后,每10人将有一人成交。

3. 大说明书

为销售时运用的便利,本说明书考虑拟分成三本一套的做法。三本的内容有异。

(1) 第一本乃系一唯美诗集,内容重点强调大厦规划的特色,以及大厦主人生活的诗篇,笔触柔和感性,有如翻阅一本世界名家摄影作品一般,予人无限遐思。

(2) 第二本即为建筑认知,采理性诉求,介绍本厦精彩之建筑设计及建材设备,严肃而真实。

(3) 第三本则是管理服务制度的拟订办法,充分显示天王公司对本厦日后大厦保养管理之认真的负责态度,同时这本管理服务条例之拟定,也可当作业主交与客户签约之合法凭证。

(4) 说明书之页数各为24页。

(5) 说明书的封面将采用进口纸张。以显示不同的气质格调。

(6) 说明书的内页以雪铜100磅为主。

(7) 说明书的大小及设计特色视说明书封面而定。

4. 小说明书(即DM)

(1) 小说明书可兼DM之效用,随时针对对象寄发。

(2) 小说明书的设计构想,将采取不同的方式,有DIARY(小日记本)的功效,以消除对广告的抗性。

(3) 商品特性说明视需要穿插其内。

5. 工地现场布置

(1) 任务:将整个土地现场,依建筑设计之特色配置,给予参观者一目了然之感。

(2) 构想:除大厦配置的正确位置,左边搭建接待中心兼样品屋,右边则以小栏栅围出其位置范围。

6. 销售接待中心设置

(1) 任务:增进客户对购买标的物的认识,进而引起其强烈的购买欲望。

① 显示商品的特点魅力,增加客户对商品的充分了解。

② 运用现场媒体的多重功能,影响客户对高级住宅大厦的再次评估。

(2) 构想:整个销售接待中心根据建筑师设计之平面配置。

7. 人员推销

(1) 说明

① 本案乃高价值产品,目标顾客与一般房屋个案不同,广告之功效仅在于宣传商品之知名度及引人至现场参观,至于成交与否,销售人员的素质训练占有举足轻重的地位。

② 为突破一般房地产销售之瓶颈,并大大提高销售人员之素质,乃建议按如下方式而行。

(2) 构想

① 于8月中旬登报公开征求销售服务人员,以大版面刊登。

② 征求人员将限于汽车业、保险业、房地产、事务机构等业别之高级业务人员。

③ 入选之人员,除甄选20名于工地接待中心负责销售之外,余者将以兼差方式行之。

④ 所有本厦之销售人员,均需佩带识别证,有别于其他大厦销售人员。

⑤ 兼差之销售人员,将以抽取0.15%之佣金为酬劳。

⑥ 分配至销售接待中心人员,则领取固定费用,并抽取0.1%之奖金。

⑦ 所有销售人员分配成四组编制,除给于规定之费用及奖金,同时另据销售成绩,给予优胜奖金,借以激起销售信心。

⑧ 每周必举行检讨会议一次,以随时改进大厦之销售方式,并提供企划作业人员参考。

8. 公共关系

公开酒会之举行,为避免流于俗套,而失去应邀者的兴趣,届时将由公司出面邀请社会知名人士共同联合召开,并由知名人士在酒会中发表演说,借此吸引工商界人士参与。

9. 为考虑购买客户之税务问题,本案建议拟用两份和约书,一为房屋购买合同,一为房屋装修合同,则将来涉及交税部分,只限于房屋购买部分。

八、营销预算

1. 广告计划

(1) 报纸广告   500万元
(2) 杂志广告   25万元
(3) 电视广告   300万元
    制片费用(2支)   40万元

2. 宣传促销计划

(1) 说明书 150元/套×3本×1500套   60万元
(2) 海报   4元/份×5万份   20万元
(3) DM   20元/份×3万份   60万元
(4) 消息稿发布   2万元

(5) 人际关系费	5万元
(6) 多媒体制作	20万元
(7) 透明胶片	30万元
(8) 图表制作	5万元
(9) 模型	20万元
(10) 公关活动	20万元

3．销售现场布置

(1) 工地接待中心	300万元
(2) 工地现场布置	50万元
(3) 路牌广告、围墙、指示标志、宅区指示板	25万元

4．其他项目支出

(1) 合同书 50元/份×2种×150本×2份	3万元
(2) 价目表 10元/份×3000份	3万元
(3) 营销训练	5万元
(4) 土地管理费	15万元
(5) 各种表格制作	5万元
(6) 人员薪资 1.5万元/人×20人	30万元
人员奖金 12亿×0.1%	120万元
合计：	1650万元

思 考 题

1．试述《金顶大厦》营销计划的特点及存在问题。
2．试为《金顶大厦》营销计划制定一套考核指标，编制一份监督检查方案。
3．《金顶大厦》营销计划若移置到你所在的地区,是否可行？为什么？

阅读材料　营销计划评审的内容[①]

第一部分　营销环境评审

（一）宏观环境

1．人口统计

(1) 对于公司来说,人口环境中有哪些主要的发展变化和趋势会成为机遇或者威胁。

(2) 公司采取了哪些措施来适应这些发展变化？

2．经济

[①] 摘自甘华鸣主编.市场营销.北京：中国国际广播出版社

(1) 公司在收入、价格、储蓄和信贷方面,受到哪些主要发展变化的影响?

(2) 公司对于这些发展变化,采取了哪些相应的行动?

3. 生态

(1) 公司所需要的自然资源、能源的成本和获得的可能性如何?

(2) 公司是否认识其在污染和环保方面的责任和作用? 采取了哪些措施?

4. 技术

(1) 在产品技术上发生了哪些主要发展变化? 在加工技术上又如何? 在这些技术领域里,公司处于什么样的地位?

(2) 有哪些一般代用品可以替代这项产品?

5. 政治

(1) 营销战略和战术会受到哪些法律的影响?

(2) 应当注意中央政府、省市政府和当地政府的哪些方面的行动? 在控制污染、就业机会均等、产品安全、广告宣传、价格控制等方面,有哪些变化会影响公司的营销策略?

6. 文化

(1) 对企业及其生产的产品,公众的态度如何?

(2) 在消费者和企业的价值观念和生存方式上,有哪些发展变化会影响到公司?

(二) 完成任务的环境

1. 市场

(1) 在市场规模、成本、地区性分销和利润方面,发生了哪些发展变化?

(2) 主要细分市场有哪些?

2. 顾客

(1) 顾客和潜在顾客对公司和它的竞争对手,在公司信誉、产品质量、服务水平、推销队伍和价格方面的评价如何?

(2) 不同的顾客群是如何做出购买决策的?

3. 竞争对手

(1) 主要竞争对手有哪些? 他们的营销目标和战略、优势和劣势以及公司规模和市场份额如何?

(2) 竞争对手的发展趋势会在哪些方面影响未来的竞争和替代产品?

4. 分销商和经销商

(1) 向顾客传送产品的主要营销渠道有哪些?

(2) 各种营销渠道的工作效率和发展潜力如何?

5. 供应商

(1) 关键性生产用原料获得可能性的远景如何?

(2) 在各供应商的销售方式中发生了哪些发展变化?

6. 辅助机构和营销公司
(1) 运送服务的成本和获得可能性的远景如何？
(2) 仓储设备的成本和获得可能性的远景如何？
(3) 资金来源的成本和获得可能性的远景如何？
(4) 公司的广告代理商和市场营销调研公司的工作效率如何？
7. 其他
(1) 从公司的角度出发，哪些公众是一些特定机遇的代表？哪些则是问题的代表？
(2) 为有效地满足每一类用户的需求，公司采取了哪些措施？

第二部分　营销战略评审

1. 企业使命
是否用以市场为导向的原则明确定义了企业使命的内涵？它是否有可行性？
2. 营销目标和目的
(1) 早期明确地表明了公司的营销目标和目的，并用其来指导营销计划和判断执行业绩。
(2) 营销目标是否符合公司的竞争地位、资源条件和所逢机遇？
3. 战略
(1) 管理部门为实现营销目标而制定的营销战略的表述是否明确？该战略是否是有效的？该战略与产品所处寿命周期、竞争对手的战略和当前经济形势是否相适应？
(2) 公司的市场细分是否恰当？评价细分市场的准则是否可信？选择的细分市场是否是最有利的？公司对每个目标市场细分的实际范围是否明确？
(3) 公司是否对每个目标细分市场都安排了一个正确的市场定位和恰当的营销组合？产品质量、服务、推销队伍、广告宣传、促销和分销等营销组合中的主要构成部分，是否都合理地分配了营销资源？
(4) 用以实现营销目标的预计资源是太少、正好，还是太多？

第三部分　营销组织评审

1. 组织机构
(1) 营销人员对于可能影响顾客满意程度的公关活动，是否享有足够的权力和充分的责任？
(2) 营销活动的组织是否按功能、产品、最终用户和地区最恰当地进行？
2. 功能效率
(1) 营销部门和销售部门之间的沟通和联系是否做得较好？
(2) 产品管理系统的运作是否有效？产品经理是只能大致估计销售量，还是可以预计利润水平？

(3) 是否还存在应当培训、激励、监督或评价的营销组织？

3. 联系效率

在营销部门和制造部门、研究与开发部门、采购部门、财务部门、会计部门以及法律部门之间的相互联系方面，是否存在一些应当特别注意的问题？

第四部分　营销系统评审

1. 营销信息系统

(1) 营销信息系统是否能够取得现实客户、潜在客户、分销商和经销商、竞争对手、供应商以及不同公众市场发展变化的信息，并且是真实的、充分的和有效的？

(2) 公司决策者对市场营销调查进行得是否足够？对于其成员是否做到充分地使用？

(3) 在市场和销售预测方面，公司是否使用了最恰当的方法？

2. 营销计划系统

(1) 营销计划系统的设置是否经过深思熟虑？是否富有成效？

(2) 是否正确地进行了销售量预测和市场潜力判断？

(3) 制定的销售定额是否恰如其分？

3. 营销控制系统

(1) 各项年度计划的实现，是否严格地控制以求得保证？

(2) 对于产品、市场、销售地区和分销渠道的盈利情况，管理部门是否定期做出总结？

(3) 是否定期地检查营销成本的情况？

4. 新产品开发系统

(1) 对于搜集、生产和选择新产品的设想、是否有一个规范的程序？

(2) 是否先对新产品进行了概念调研和商业分析，然后公司才对其投资？

(3) 公司是否在经过一定的产品和市场的试销后，才全面推出新产品？

第五部分　营销效率评审

1. 盈利分析

(1) 公司是否知道各产品、市场、销售地区和分销渠道的盈利率？

(2) 公司是否打算进入、扩大、缩小或者放弃任何细分市场？是否知道该细分市场短期的和长期的利润？

2. 成本分析

是否存在营销活动开支过大的现象？为降低成本可以采取哪些方法？

第六部分 营销功能评审

1. 产品

(1) 什么是产品目标？这些目标是否具有合理性？现有产品是否能够很好地符合这些目标？

(2) 产品是否应当延伸或者收缩？其方向是向上、向下，还是上下双向？

(3) 应当逐步放弃哪些产品？同时又应当增加哪些新产品？

(4) 对于公司及其竞争对手的产品的质量、特性、式样、品牌，顾客的了解程度和态度如何？是否应当在某些方向进一步改善产品战略？

2. 价格

(1) 什么是制订价格的目标、政策和战略？其程序又如何？其所依据的成本、需求和竞争程度的标准是什么？

(2) 公司所制订的产品价格与产品价值。在顾客眼中是否一致？

(3) 管理部门是否了解管理需求的价格弹性、经验曲线以及与政府的有关法令是否有背离之处？

(4) 公司的定价政策与分销商、经销商和供应商的要求，以及竞争对手的价格和订价政策是什么？

3. 分销

(1) 什么是分销的目标和战略？

(2) 市场覆盖面和所提供的服务是否充分？

(3) 分销商、经营商、制造商代表、经纪人、代理商等各渠道人员的工作是否有效？

(4) 公司是否需要调整其分销渠道？

4. 广告、促销和公共关系

(1) 什么是公司的广告目标？其是否具备合理性？

(2) 是否有足够的广告费用？如何确定广告预算？

(3) 广告立意及其内容是否有效？对于公司的广告，顾客有什么看法？

(4) 是否认真地选择了恰当的广告媒介？

(5) 是否有足够的公司内部广告人员？

(6) 是否有足够的促销费用？赠送样品、赠券、展销和销售竞赛等各种促销手段是否得到了充分地使用和发挥？

(7) 是否有足够的公共关系预算？公共关系部门的职员们是否富有竞争性和创造性？

5. 推销队伍

(1) 什么是该组织推销队伍的目标？

(2) 推销队伍的规模是否与实现公司的目标相匹配？

(3) 是否以特定化地区、产品、市场为原则恰当地组织推销队伍？指导现场推销代表的销售经理是否充足，还是太多、太少？

(4) 是否有恰当的销售报酬水平和结构以提供足够的激励和报偿？

(5) 推销队伍是否表现出极强的信念、能力和努力？

(6) 是否有恰当的程序来制订份额和衡量绩效？

(7) 公司的推销队伍是否优于竞争对手的推销队伍？

第十四章 房地产市场营销的组织与控制

本章学习目的

1. 了解市场营销组织结构及组织结构设计的一般原理。
2. 了解市场营销经济活动控制、控制系统及一般控制过程。
3. 熟悉房地产市场营销组织要素、特征及其设置原则。
4. 掌握房地产市场营销组织设计过程,具备组织结构设计能力。
5. 熟悉房地产市场营销控制过程,掌握常用控制手段和控制方法,具备控制能力。

第一节 房地产市场营销组织

一、市场营销组织

市场营销组织的概念有两重涵义。其一是描述一种框架体系,即市场营销活动的各个职位及其机构的关系。其二是指市场营销活动任务的安排、计划、实施与控制,是从市场营销活动过程所进行的研究。本节特指前者,主要研究组织架构问题。下一节再讨论市场营销控制问题。

(一) 市场营销组织的特性

组织是人的集合,由人所构成的机构,为了一个共同的目标,按照事先所做出的种种规定和程序运转,便是一个组织。作为一种组织,其最基本的特性是重复性、复杂性、集权性和规范性。

复杂性是指组织复杂的程度随着组织规模的扩展及专业化分工的细化,将会日趋深化。集权性是指决策权的集中特性。在不同的组织内部,集权的程度有所不同。规范化是指组织依靠程序和制度引导员工行为正规化的过程,一个组织使用的规章条例越多,其规范程度就越高。

市场营销组织是指从事市场营销活动的人的集合,也是指从事市场营销活动的机构,是以市场为中心,以顾客为服务对象的职能部门。市场营销组织具有如下特性。

1. 灵活性:灵活性是指组织以适应外在市场环境变化为目的的自我调整特性。一般来说越是成熟的组织,越拘泥于经验和惯性,越容易丧失组织的灵活性。越庞大的组织,形成灵活性机制难度越大。一个具有灵活性的市场营销组织应当随时研究市场的变化,视市场环境的变化来制定自己的营销策略,并视实施营销策略的需要来设置营销机构,编制相应的、保证机构正常运转的规章制度。

2. 系统性:市场营销组织的系统性是指营销组织的各部门、各环节虽有分工,但必须自觉地围绕营销目的形成一个有机的整体。此外,市场营销作为企业大系统下的一个子系统,与其他子系统,如新产品开发系统,生产系统,原材料供应系统等,有着千丝万缕的关系。

(二)市场营销组织要素

构成市场组织的要素是人、设施和制度。人员按照一定的制度架构组织起来,配备一定的设备资源运作起来,就组成了市场营销组织。影响市场营销组织规模和效率的因素是市场、企业性质和规模、产品、管理体制和专业化程度。

1. 市场

市场规模、市场分布以及市场竞争战略是决定市场营销组织的基础因素。一般而言,市场规模越大,营销组织的规模也越大;产品品种越多、分布地域越广,营销组织分支及层次也越多,越复杂;市场战略地位越高,营销组织的层次也越高。

2. 企业性质和规模

企业性质是指企业本身的经营特性。生产性企业特别关注营销系统与生产系统、技术系统、新产品开发系统间的关系,营销组织架构就要相对复杂一些;商业性企业营销组织在处理企业内部其他部门间关系时,就要相对简单得多。企业规模是指企业的生产规模和营业规模。一般而言,企业规模越大,市场营销组织规模也越大,部门增多、层次增加,管理幅度也相应扩大。

3. 产品

这里的产品是指市场营销组织所面对的产品。无论是产品的类型、特性还是产品的数量规模,都直接关系到市场营销组织的架构。显然,服务性产品和实物产品会有完全不同的营销组织。营销的产品数量越大、品种越多,营销组织规模也相应增大。

4. 管理体制

管理体制受制于企业性质、规模、经营理念。管理体制表现在集权和分权、控制幅度和激励机制。强调集权的企业营销决策来自于市场营销组织的最高决策层。这类组织将建立非常快速而灵活的信息反馈系统。强调分权的企业市场营销决策往往由下级主管部门制定,这类市场营销组织则更关注监控子系统的建立。控制幅度是指一名主管人员领导的下属人员的数量。为了防止下属人员过多,难以协调工作,通常采用增加组织层次的办法。但层次的增加,往往又带来信息失真、控制失灵的问题。因而依据经营业务的特性,确定有效的控制幅度是必要的。激励机制是与组织制度并行的,并以调动组织内员工积极性为目的的策略性措施。

5. 专业化分工

专业化分工以提高管理效率为目的,是社会经济发展的必然过程。专业化的优点在于能获得市场营销各种专门技术服务。如市场调查、广告设计、项目策划等等。大规模的市场营销组织往往非常重视专业化分工,设置有各种专业性很强的部门。即使小规模的公司,在开展市场营销活动时,也往往求助于市场上的各种专业公司。

二、市场营销组织的演变

市场营销组织随着市场环境的变化而变化。多年来,它经历了漫长的历程,从一个简单的销售功能演变成一个复杂的功能群体。著名的市场学权威、美国的西北大学凯洛格管理学院教授菲利普·科特勒博士把这种演进过程划分如下6个阶段。

(一) 简单营销部门

小公司习惯由一名主管销售的副总经理领导。该副总经理负责管理销售队伍,自己也从事某些销售活动。如果公司需要进行市场调研或做市场分析报告,这些工作也由主管销售的副总经理聘请外部力量完成[图 14-1(a)、(b)]。

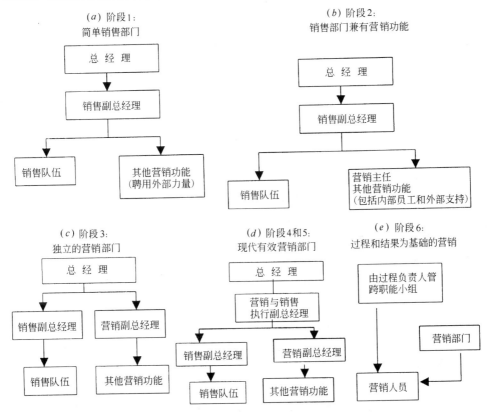

图 14-1 市场营销部门演进的各阶段

注:摘自菲利普.科特勒著,梅汝和等译.营销管理.上海:上海人民出版社,1999。

(二) 销售部门兼有营销功能

随着公司的扩大,公司需要更经常的、连续的、有专门经验的营销调研、广告及顾客服务。例如,公司计划向某一地域扩展,它首先要进行营销调研以了解顾客的需要与市场潜力。如果它要在当地立足,还必须对它的名称与产品进行广告宣传。因此,主管销售的副总经理就需要雇用一些专家来执行这些功能。主管销售的副总经理还可以雇用一名营销主任,负责对这些功能的规划与管理[图 14-1(b)]。

(三) 独立的营销部门

公司的不断发展,使得市场营销的其他职能——营销调研、新产品开发、广告和销售促进、顾客服务——更具有投资效益。但在上述营销组织中,销售副总经理还是要继续把过多的时间与精力放在销售队伍上。营销主任要求一个较大的预算,但实际上得到的总比他的需要少得多。公司总经理最终也将认识到,设立一个相对独立于主管销售副总经理的营销部门是有好处的。营销部门由主管营销的副总经理领导,营销副总经理与销售副总经理一道,向总经理或常务副总经理负责[图 14-1(c)]。在这个阶段,销售和营销是公司组织机构里应当密切合作的两个相互独立的职能部门。

这种安排使总经理有可能对公司的发展机会和存在问题有比较正确的看法。现假定这个公司丢了一些买卖,总经理询问销售副总经理如何解决。销售副总经理可能建议:增加销售人员,提高销售报酬,开展销售竞赛,或进行销售培训,或者为使产品易于推销而削价。如果总经理向营销副总经理询问解决的办法,营销副总经理则更多地是从顾客的立场来理解这个问题,如目标顾客是怎样看待公司及其产品与竞争对手的关系的?产品的性能、式样、包装、服务、配销、促销方式等变动是否正确?

(四) 现代营销和有效营销部门

虽然销售副总经理与营销副总经理的工作理当步调一致,但实际上,他们之间的关系常常带有互相竞争和互不信任的色彩。销售副总经理不甘愿让销售队伍在营销组合中的重要性有所降低,而营销副总经理则寻求在扩大非销售队伍的预算上有更多的发言权。

营销经理的任务是确定机会,制定营销战略和计划。销售人员的责任是执行这些计划。营销者依赖于营销调研,努力确定和了解细分市场,花费时间在计划上,从长计议,其目标是产品利润与获得市场份额。销售者与他不同,而是依赖于实际经验,努力了解每位购买者,花费时间在面对面的推销上,从短期利益考虑问题,并努力完成销售定额。

如果销售活动和营销活动之间冲突太大,公司总经理可以将营销活动置于销售副总经理的管理之下,也可以交由常务副总经理处理那些可能出现的矛盾,或者也可以由营销副总经理全权处理这类事务,包括负责对销售队伍的管理。许多公司终于采纳了最后一种解决办法,并形成了现代营销部门的基础,即由营销副总经理领导营销部门,管理下属的全部营销功能,包括销售管理。

一个公司可以有一个出色的营销部门,但在营销上可能会失败。这也取决于公司的其他部门对顾客的态度和它们的营销责任。如果它们把营销都推向营销部门并说:"他们是做营销工作的",该公司就不可能有效地执行营销功能。只有公司的全部员工都认识到他们的工作是选择该公司产品的顾客所给予的,该公司就有可能成为有效营销公司[图 14-1(d)]。

令人啼笑皆非的是,随着公司成本的削减,规模下降,反应缓慢,营销与销售部门受到重创,即便他们的任务在年年增加。在 1992~1994 年,销售和营销部门有超过 28%的白领下岗了。为了保留有效和有价值的员工在组织中,营销者和销售员必须在产生和让渡顾客价值和公司利润上更富创造性。

(五)以过程和结果为基础的营销

许多公司现在把它们的组织结构重新集中于关键过程而非部门管理。部门组织被许多人看成是顺利执行功能性业务过程的障碍,例如在新产品开发、顾客获得和维持、订单履行和顾客服务工作上。为了获得过程结果,公司现在可任命过程负责人,由他管理跨职能的训练小组工作。然后把营销人员和销售员作为过程小组成员参与活动。最后,营销人员对这个小组可以有一个实际联系责任,而营销部门与它是虚拟联系责任[图 14-1(e)]。每个小组定期发出对营销部门营销人员的成绩评价,营销部门还有责任作计划以训练它的营销员工,安排他们加入新的小组并评价他们的总成绩。

三、市场营销组织的基本形式

中国人民大学的郭国庆教授在他的《市场营销原理》(中国人民大学出版社 1995 年版)一书中把营销组织形式按照专业化组织的形式和内容划分为:职能型组织、产品型组织、市场型组织、地理型组织等 4 种基本形式。

(一)职能型组织

职能型组织结构的形式如图 14-2 所示。这类组织把职能当成营销的重点。而广告、产品管理和研究职能则处于次要地位。对于仅有一种或少数几种产品的企业,这种营销组织形式是有效的,但随着产品的增多和营销规模的扩大,这种组织形式就由于缺乏一个权威的协调和控制部门而暴露其缺陷。

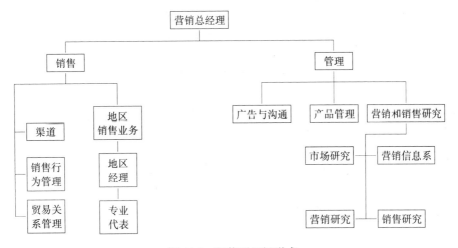

图 14-2 职能型组织形式

(二) 产品型组织

产品型组织是以产品经理制度来协调职能型部门冲突的市场营销组织形式。如图 14-3 所示,由一名产品销售经理负责,下设若干个产品线经理,实施分类管理。这种组织形式的优点在于产品营销经理能有效地协调各种营销职能,并对市场变化做出积极的反应。但这种形式由于管理链不清楚,存在多头领导、权责不明的问题,易造成管理上的混乱。而且,产品经理由于权威性不够,在协调部门关系问题时,效果受到一定影响。

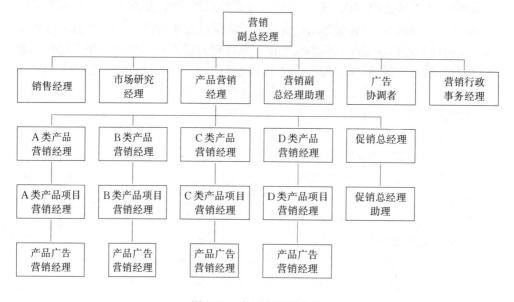

图 14-3　产品型组织形式

(三) 市场型组织形式

市场型组织形式是以市场结构为主导的营销组织形式。如图 14-4 所示,市场副总经理管辖若干名专业的市场经理,各市场经理视工作的需要再设若干下属的

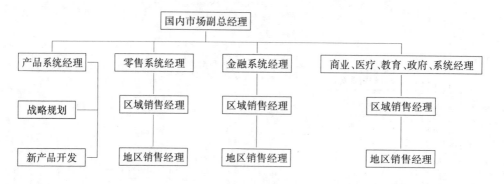

图 14-4　市场型组织形式

职能部门或职能经理。这种组织结构形式最大的优点在于贴近市场,有利于强化企业的市场开拓能力,但也存在权责不清和多头领导的毛病。

(四)地理型组织形式

地理型组织形式是按产品或市场的地域分布设置营销机构的组织形式(见图14-5)。这种形式特别适用于产品市场跨度较大、地域分布较广的企业。

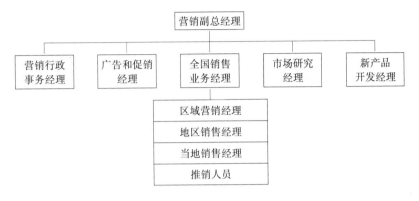

图14-5 地理型组织形式

四、房地产市场营销组织

(一)房地产市场营销组织结构

房地产市场营销的组织结构形式主要有如下三类。

1. 职能式组织结构

职能式组织结构就是按市场调研、推销、广告、计划等等市场营销职能设置机构并行使管理的组织形式(见图14-6)。

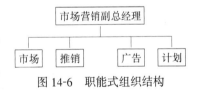

图14-6 职能式组织结构

职能式组织结构是最常见的房地产市场营销组织结构。其最大优点是灵活机动、简便易行。他可随时视需要扩展或缩小机构规模。组织内岗位职责明确,便于指挥和管理。但这种组织形式缺少一种统一的协调机制,加重了营销经理在协调工作上的压力。

2. 地区式组织结构

当一间房地产公司规模很大,项目涉及多个地区时,由于房地产的地域性非常明显,这些公司的市场营销大多采用按地区组织的结构形式。即每个地区设一个主管营销的经理人员,全面负责该地区的市场调研,营销计划、促销活动等有关事务(见图14-7)。

地区式组织结构形式特别适合规模大,涉及地域广的大型房地产企业。便于地区经理制定该地区的长远战略发展计划,其缺点在于一旦规模范围扩展的太大、太快,不利于总公司的控制和管理。

3. 项目式组织结构

项目式市场营销组织结构是一种临时性的,按项目及项目范围组织的营销机构(图14-8)。这种机构目的明确、责任具体、效率高、针对性强,但由于是临时性机构,不具备长远的目标,也不可能作长远的战略安排。

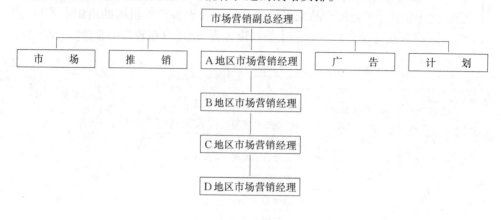

图 14-7 地区式组织结构

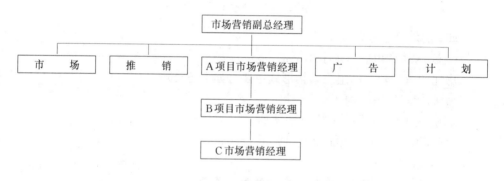

图 14-8 项目组织形式

(二) 房地产市场营销组织设计过程

市场营销组织设计的任务在于确定营销组织结构,配备营销组织资源、编制营销组织制度、考核与评估营销组织效率和效果。对于房地产企业而言,这个设计过程大致是按如下步骤进行的。

1. 分析营销组织环境

影响房地产市场营销的环境因素很多(详见第三章)。这些环境因素都从不同角度影响着市场营销活动,从而影响到市场营销组织的建设。因而,作为房地产市场营销组织设计的第一步,是要进行组织环境的调查与分析。尤其是关注如下几类关键因素。

(1) 企业竞争环境。竞争激烈的市场,需要进行大量的市场研究和分析,需要投入更多的宣传和广告费用。这时的市场营销组织,就需要加强市场调研和广告、促销方面的力量。

(2) 企业规模及项目分布。企业规模越大,市场营销组织的规模也越大,越有条件建设功能齐全、力量雄厚的市场营销组织。项目分布越广,市场营销组织规模也越大。尤其是那些希望长期开拓某一国、某一地区市场的开发商,一般需首先考虑的是在该国或该地区设立市场营销组织。相反的情况是,中小房地产开发企业的市场研究和营销活动大多委托专业性的公司承担,其市场营销组织规模则相应较小。

(3) 竞争环境及企业自身的竞争地位。竞争环境是企业竞争对手的状况,竞争地位是指企业相对于竞争对手的实力和地位。显然,无论是竞争环境还是竞争地位都将直接影响到企业市场战略定位于策略选择,从而决定了市场营销组织规模、形式的选择与资源安排。

2. 确定营销组织的业务活动范围

营销组织的业务活动范围取决于营销组织模式、任务,及其在企业内的战略地位。因公司经营环境不同,公司决策层经营理念及公司经营性质,业务范围不同,其间有很大差异。一般来讲,对于一个市场营销占有较重地位,职能范围较广的企业,其营销组织的业务活动范围大致有如下7个方面。

(1) 市场调查与研究。专门针对市场及顾客进行调查与研究的职能。既包括一般市场信息的捕捉与分析,也包括针对特殊市场、特殊顾客群体的调查研究与信息处理职能。

(2) 营销战略与策略研究。依据营销任务及对营销环境的研究而对营销方案的策划,是整个公司经营战略的重要构成部分,也是影响组织核心力量的关键职能。

(3) 营销计划的制定。依据营销战略与策略的安排,销售进度的要求,经过周密的成本核算编制实施方案的职能。

(4) 广告及其他促销活动。广告渠道的选择,广告形式的确定、广告词、广告画面的确定等广告活动;展销、展示、人员推销及其他促销活动的组织职能。

(5) 营销文件编写。包括营销计划、售楼书、各种宣传册子、宣传画、合同文件、各种客户表格等文件的编制、印刷。

(6) 销售。现场销售接待、楼盘状况介绍、楼盘参观引导、销售手续办理职能。

(7) 营销队伍管理。包括营销人员培训、考核、营销纪律监察、营销业绩考核等。

3. 建立营销组织职位

建立营销组织职位是指营销组织机构中职位类型,职位层次和职位数量的确定。一旦决定了营销机构的形式及其职能任务,就要依据任务的范围及任务量来确定各职位的相关问题了。

职位类型通常有领导型、参谋型、协调型和执行型四类。职位类型的确定既取决于岗位工作的需要,又取决于担当者个人的素质。要因时、因地、因人而异,不可能是一成不变的。职位层次是指岗位在整个管理链中层次的高低,它取决于该岗位决策影响范围的大小,直接指挥的下级数量的多少及该岗位在整个营销活动中地位的高低。一般而言,参谋型、协调型职位是为高层决策层服务的,职位层次越高,辅助型职位数量就越多。职位数量是指各岗位人员安排的合理数量,它既取决岗位性质,也取决于营销任务和期限要求。

4. 制定相应规章制度

制度是规范组织行为,维护组织正常运行,保障组织效率与效益的基础。任何机构的成立并不能自然顺利运行,必然要依赖制度的保障。因而,制度建设同样是营销组织设计的重要一环。房地产市场营销相关的主要制度体系有岗位责任制度,绩效考核制度,薪金及奖励制度,人员培训制度,检查制度及评价制度,信息管理制度等等。

5. 人员配置

招聘与录用职工,为组织的每个职位配备合格的人员,是市场营销组织建设最重要的一环。为此,必须事先为每个职位制定详细的工作任务说明书,提出录用标准,考核办法,从受教育程度、工作经验、个性特征及身体状况等方面提出明确要求。人员配备阶段的另一任务就是对组织成员进行适当的培训,包括礼仪、制度、相关技术知识的学习和实际操作实践的演练等,对于尽快使各职位人员进入状态,提高组织效率和效益是非常必要的。

6. 试运行

市场营销组织建设工作齐备后,便可进入组织的试运行阶段。试运行是机构正式按计划投入运行前的一个短暂期,一般是在企业内部环境或有限的开放环境,在严密的监视与考核气氛中进行。试运行的目的在于检验机构的运行机制是否正常,各职位的人员素质是否称职,职位层级与职位数量是否满足要求,实际操作是否熟练,文件资料是否齐全,员工仪表仪态是否合适等等,发现问题,及时调整。

第二节 房地产市场营销控制

一、控制及控制过程

控制是指为保证各项活动按计划进行,纠正其执行偏差的过程。正如法国著名的管理学家法约尔所指出的:"控制就是核查一个企业中所发生的每一件事是否符合规定的计划、已发布的指示及所制定的原则,其目的是指出计划实施过程中所出现的缺点和错误,以便改正和避免再犯。对一切事、人和活动都要控制"。由此可见,控制作为一项管理职能,几乎渗透到现代企业管理的各个领域和各个层次。

控制的目的在于发现偏离计划的偏差及其成因,采取正确的措施来纠正这些偏差,以确保计划的实施及计划目标的实现。

尽管由于控制对象的差异,管理控制活动的基本方法与内容有很大的区别,但是作为一项基本管理职能,控制过程大致上可用如下三个主要步骤予以描述。

(一) 计划与标准的制订

计划是控制的依据。任何一项控制活动必须以计划为基础。计划拟定的越明确、越全面和越具体,控制工作就会越有效。但是,由于计划的详细程度和复杂程度不一样,不同管理层需要控制的内容及详尽程度也差别很大。就需要在计划的基础上针对不同的需要制订一些控制标准。这些标准就是评定工作的尺度,它是从整个计划方案中挑选出来或分解出来作为评价相应工作成效的指标。

标准也可以是多种多样的,既有定量描述的,也有定性描述的;既有单项的、也有多项综合性的,一系列的标准就构成了一个标准体系。其中最好的、最主要的标准组合便构成一种考核指标体系。

(二) 成效与实绩的评定

依据计划和标准对工作成效与实绩进行评定的目的在于发现偏差,揭示偏差的成因。因而,成效与实绩的评定构成了控制活动的核心,这种评定活动的进行,尤其要注意如下几项要求。

1. 实时性要求

实时性要求就是要尽可能及时地发现偏差、纠正偏差。从而尽可能减少损失。这就要求建立有效的信息系统和早期预警系统。以便尽早地提供信息,尽快地鉴别原因、制订对策,纠正偏差。

2. 针对性要求

任何控制活动都是有目标的,因而,成效与实绩的评定必须针对具体的对象、具体的事物和具体的过程而进行。评定的结果必须便于查找原因并采取纠偏措施。所以,对公司或项目实施评定必须细化到具体事项。

3. 客观性要求

成效与实绩的评定必须是科学、客观、实事求是的。由于管理工作本身就带有许多主观、人为的因素,作为主要管理职能之一的管理控制,就很难完全避免主观因素的影响。这就要求在制订标准时,尽可能采取定量的或可以量化的指标。即使那些定性的指标,也应采取分等、计分之类的办法进行量化。在任何情况下,这些标准都应当是可测定和考核的。

(三) 偏差纠正

偏差纠正是控制的目的。偏差纠正的关键是在根据评定的结果发现偏差、查找原因的基础上制定纠偏措施,并执行这些措施。纠偏的措施是多方面的,有行政的、技术的、经济的、甚至还有更换责任者之类组织上的措施。究竟采取什么措施,应视问题的性质、对象的具体情况而定。

二、有效控制

控制的有效性表现在对计划目标实现的有效程度和对偏差纠正的及时性上。

一个有效的控制系统必须具有足够的能力保证计划的正确实施和计划目标的顺利实现;必须保证在尽可能短的时间内,发现并纠正已出现的偏差。为此,人们对建立有效控制系统提出了四项具体条件:

(一) 要适应控制对象的需要

一切控制技术和控制系统都应当适应它要控制的对象的要求。世界上的事物千差万别,各种不同的事物都有其自身的规律。人们所从事的一切活动都有其内在的,不同于其他活动的特殊规律和特殊要求。即使同为经济活动,不同的领域、不同的地域、不同的公司也有不同的特点。不可能设计一种适应所有条件的控制系统。

控制系统和控制技术还要反映它要服从的计划的要求。不同的计划或计划的不同阶段都有不同的特点,一个有效的控制系统应当适应这些要求。因而控制系统的设计应当是有针对性的。这种针对性,首要的要求就是适应控制对象的要求。

(二) 要适应控制者的需要

控制系统由控制者和控制技术、控制制度构成。控制活动由控制者实施。不同的控制者具有不同的管理职能,有不同的个性。他们往往需要控制不同的内容,习惯于不同的控制方法。因而,有效的控制应适应不同的控制者而设计成各具特色的系统。

(三) 要适应控制机构与控制机制的需要

控制机构是控制系统在组织上的实现。控制机制是控制运行实现的方式。有效的控制必须是人员、机构、技术、机制的有机的统一体。

(四) 应当是经济的、合理的

有效的控制必须是经济的。任何控制行为必然要投入资源。一个有效控制的花费(人、财、物)应当是合理的,这就决定着公司的主管人员只有在他们认为重要的问题上选择一些关键因素进行控制。如果控制系统适应企业的工作和规模,它就可能是经济的和合理的。

三、控制系统

控制系统是指由人、机构、制度和必要设备组成的,主要从事管理控制职能的系统。这种系统,由于其接受信息及实施控制职能间的关系,可分为反馈控制、前馈控制及防护性控制三类。

(一) 反馈控制

管理控制通常是一个如图 14-9 所示的反馈控制系统。上述控制过程可进一步细分为图示的八步骤。管理人员要通过预期成效(计划)与实际成效的对比研究,才能按事先规定的标准去评定实际工作成效,找出偏差。然后再由专业人员按照既定的方法分析产生偏差的原因,制定纠正偏差的措施与方案并付诸实施,以期纠正偏差。

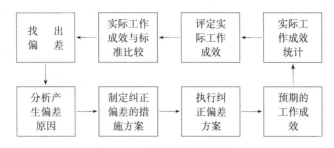

图 14-9 反馈控制系统控制过程

由上述控制过程可看出,反馈控制系统的最大优点是始终伴随控制对象的运动过程而工作、系统的效益与效率是很高的。但是,由于无可避免的等待时间,这种系统的时间滞后效应是客观存在的。纠偏措施一定要在偏差发生后才能出现,从实施过程中出现偏差到纠偏措施发挥作用,需要一段间隔时间。这个时间间隔主要由如下几部分构成:

1. 偏差出现到被识别(被检知)的时间;
2. 原因分析和措施制订时间;
3. 决策时间;
4. 实施纠偏措施及纠偏措施发挥作用的时间。

为了尽可能地缩短反馈控制系统的滞后时间,减少偏差带来的损失,应改善系统结构、提高控制效率。如采取措施加速信息采集和分析的速度,建立有效的早期预警系统;改善决策程序与方法,缩短措施提出与决策的时间。为此,在管理控制系统中,人们又提出了前馈控制与防护性控制两类系统。

(二) 前馈控制

鉴于反馈控制系统利用输出信息实施控制的滞后性。人们设想,有效的控制应当是面向未来的控制,即未来导向的控制,这便是前馈控制的基本思想。前馈控制依据对未来事物发展的预测来实施控制。如管理人员根据充足的事实,对事件的未来发展做出尽可能准确的预测,再将预测结果与计划值相比较,寻找偏差、制订措施、实施控制。因而,前馈控制往往在偏差出现之前就实行了有效的控制,彻底解决了反馈控制的滞后性问题。前馈控制的基本依据是对未来事态发展的预测,因而在这里信息的收集与处理就显得尤为重要。前馈控制应用的最重要的控制工具就是预测技术与计划评审技术(网络计划技术)。

(三) 防护性控制

防护性控制是指在计划实施过程中采取的控制手段。例如通过岗位责任制、承包责任制等组织手段,以及建立互相制约、互相监督约束机制,分解与落实的目标责任;通过定期检查、报告、评审、审计等管理措施所形成的检查与审核职能等等,对计划执行情况进行防护性控制。

显然,防护性控制充其量是上述两种控制系统在控制手段与方法上的补充。

对于复杂事项的控制,如大型项目投资控制,它并不能独立形成一个有效的控制系统。

四、控制技术

控制技术是指实施控制所采用的手段和方法。工程实践中常用的方法可分为传统控制技术和现代控制技术两类:

(一) 传统控制技术

传统控制技术是指管理人员长期以来就经常使用的控制方法。如:预算控制法、统计控制法、审计控制法和检查控制法等。

1. 预算控制法

预算控制是管理控制中广泛使用的方法。预算实际上是用数字形式编制的未来一定时期、实现一定目标的计划。预算描述的是事物预期的成果。一个好的预算必须建立在有效的计划基础上。预算把计划目标量化为数值,分解为与项目和组织相一致的各个组成部分。预算提供了计划控制下的授权,也提供了控制的基础和条件。

但是,由于预算过于详尽,而且预算往往是建立在历史数据基础上的计划,因此,过分地依赖预算实施控制,往往会使管理控制走入歧途。首先,太完整、太详尽的预算作为控制目标不仅没有必要,而且会使管理工作僵化,失去灵活性、增加管理费用,带来新的矛盾。其次,依赖过去资料编制的预算,往往隐含着效益与效率的下降。在处理不当的环境条件下,预算有可能成为管理工作马虎草率和效率低下的保护伞。

2. 统计控制法

统计控制是反馈控制的基础方法。企业或项目经营状况的统计资料,真实地反映了计划执行效果,无疑对控制是极为重要的。为了便于管理人员很好地理解统计数据所反映的规律,应尽可能地以图表形式描述,并尽可能使计划指标的表达形式和计量方法相一致。此外,为了便于管理人员把握统计资料所描述的变化趋势,还要对统计资料进行诸如回归分析、移动平均等数据处理。

3. 审计控制法

内部审计是管理控制的有效办法。内部审计是指企业内部的审计人员对企业的经营活动所作的定期且相对独立的评价。审计人员在审计过程中,除了审核会计账目是否正确反映了企业的财务状况外,也要评价其他方面的经营管理问题。因而,内部审计可作为公司管理控制的有效工具之一。

4. 检查控制法

检查是常用的管理控制手段。无论是定期检查还是临时抽查;无论是专题检查还是全面检查,均能通过精心组织的检查活动,获取大量信息,了解计划执行情况,发现偏差及其原因,实现其控制职能。

(二) 现代控制技术

上述各种传统控制技术,均属事后控制的反馈控制技术。为了提高控制效率,尽可能地减少偏差带来的损失,人们研究了利用应用数学方法和电子计算技术的现代控制技术。如管理信息系统、网络计划技术、应用数学方法等。

1. 管理信息系统

管理信息系统是指由人、电子计算机、应用软件、数据库构成的信息处理系统。由于电子计算机的大规模数据贮存及处理能力、高速运算能力,许多过去靠人力无法完成的计算分析工作都可很方便地实现,管理控制的前馈系统才能成为现实。管理信息系统作为一种管理控制的工具,其功能及效率主要取决于系统软件,尤其是应用软件的开发和利用。从某种意义上来讲,其潜在的功能几乎是无限的。因而,可以设想,随着现代科技水平的不断发展和人的认识水平的不断提高,管理信息系统作为一种十分有效的管理控制技术,必将使管理控制的能力大大提高。

2. 网络计划技术

网络计划技术用于管理控制又称计划评审技术,是以网络图来描述计划及计划实施情况的控制技术。由于网络图及其时间参数能很方便地描述计划中各部门及各事件间错综复杂的关系;能很形象地反映影响计划实施的关键线路和关键环节;能很明确地反映计划实施,尤其是时间上的实现(如工期)偏差所在,计划评审技术作为重要的管理控制技术已得到广泛的应用。

3. 应用数学方法

应用数学方法是指那些随着计算数学的发展和经济理论的进步而逐渐发展起来的现代数学方法。如相关与回归分析方法、线性规划法、模糊数学方法等。由于应用数学方法采用了数学模型,立足于严密的逻辑推理和数值运算,更深刻地反映了现象的内在规律,在管理控制中得到了广泛的应用。

五、房地产市场营销控制的基本内容

房地产市场营销控制是针对房地产项目营销活动实施的控制,是以项目营销方案、营销计划为依据的管理控制。控制目标在于保证项目营销方案按计划实施、营销目标按计划得以实现,从而保证项目开发建设与投资目标的顺利实现。

房地产市场营销控制贯穿于市场营销的全过程、涉及房地产市场营销活动的每一个环节。应该说,按照过程管理的观点来分析,凡是有营销活动的地方,都应该有控制。所以,房地产市场营销控制涉及的内容包罗万象。然而,从一项基本的管理职能来看,从项目市场营销的全局出发,这种控制当然是有重点的。每一个项目在编制市场营销方案时,都应当审时度势、针对项目的具体情况和项目面临的环境条件,抓住影响项目市场营销的关键因素,确定主要控制内容,选择适宜的控制工具和控制方法,实施有效控制。一般而言,房地产市场营销控制内容主要有如下几项。

(一)营销成本控制

营销成本即营销活动中所发生的各种费用。成本控制的依据就是成本计划。成本的高低直接影响到项目利润的大小，历来是营销控制的核心内容。营销成本控制除了传统的通过财务控制强化成本管理职能、严格成本列销审批程序，以及严格按照计划实施成本管理外，还可通过看板管理、专题研究、审计分析等手段实施控制。成本控制的内容不仅仅是成本总额，还应延伸到成本项目、成本单价、成本（费用）进度、总成本效益（单位面积销售成本率、营销收入成本率）及单项成本效益（如广告、展销、人员促销的成本效益）；成本控制要摆脱单纯"管"、"控"的概念，立足于分析，借助各种信息和分析手段，查找原因，制定对策，纠正偏差。

（二）营销进度控制

营销进度是按照项目开发进度、投资与融资需要及市场实际状况编制出来的实施性营销进度计划，是市场营销计划的核心内容。营销进度计划的顺利实施直接关系到项目投资的回收，关系到项目新一轮投资资金来源及前期借贷的按期归还。一旦营销进度不能按期实现，轻则影响项目的效益，重则给项目带来经营上的风险。因而，进度控制历来是市场营销控制的核心内容。营销进度控制的依据是营销进度计划。营销进度控制的有效工具是网络图。在编制营销进度计划时，用一种网络图的形式描述为项目的营销进度网络计划，这种工具能很形象地描述项目各种营销活动间的逻辑关系，清楚地表现影响营销进度目标实现的关键环节，从而有利于分析者研究问题，制定对策，纠正偏差。

（三）营销效率控制

市场营销的效率是指营销机构的工作效率，效率控制是依据效率指标，通过效率分析来实施的；是提高劳动效率、考核机构设置及人员编制的重要环节。通常的营销效率指标是人均销售量（面积、收入）。效率分析不可能适时进行，一般的做法是分阶段进行，按结果调整。

（四）营销效益控制

营销效益是指各种市场营销活动的经济效益。描述房地产市场营销活动经济效益的指标很多，如营销成本利润率、人均营销收益率等等。几乎每项营销活动都应编制其效率与效益指标，作为考核、评估的依据。市场营销的控制就是依据这些效益指标，在每个营销活动终了或阶段性结束时，对其效益状况进行控制。与其他控制一样，效益控制的目的在于保证项目市场营销经济效益目标的实现，从而保证项目投资经济效益目标的顺利实现。因而，营销效益控制的关键环节在于分析，在每项阶段性营销活动终了或是阶段性结束时，要对营销效益的测算结果及其影响因素进行深入而又实事求是地分析，查找原因、制定对策，纠正偏差。

（五）营销质量控制

市场营销的质量是指营销过程中顾客的满意程度。显然，这种质量最终会影响到营销业绩。因而，在房地产市场营销活动的各环节，都有质量控制问题，营销质量控制不同于成本与效益控制，不能待阶段性营销活动的终了再实施分析与控制,而应按适时控制的要求,进行即时有效地控制。因而,几乎在市场营销活动的每个环节,都要建立即时、有效的顾客意见反馈系统,都要进行周密的顾客意见征询、顾客回访活动。在阶段性总结和平时的检查过程中,要始终把顾客意见处理、顾客反馈信息作为分析、检查与控制的主要内容。

(六) 营销合同控制

合同作为项目市场营销过程中各种事项委托与受托的法律依据,在市场营销控制中具有重要意义。合同不仅界定了参与项目市场营销活动各方的关系、权利、义务、责任和利益,还明确规定了合同方在合作过程中的行为准则、工作程序。显然,这些合同条款的正常履行,对于项目市场营销目标的顺利实现关系极大,历来是市场营销控制的重点。营销合同控制的依据当然是合同及国家相应的法规。营销合同控制的主体内容有两类。一类是合同的合理性、合法性,即在合同签订过程中对合同条款的审核;另一类是合同在执行过程中,合同条款的有效性,这是在合同执行全过程均需严格控制的内容。

本 章 小 结

1. 市场营销组织是指从事市场营销活动的人的集合,是以市场为中心,以顾客为服务对象,以营销为目的的职能部门。

2. 市场营销组织作为一种框架体系,最基本的特性是灵活性和系统性。

3. 影响市场营销组织的基本要素有:市场、企业性质和规模、产品、管理制度、专业化程度。

4. 市场营销组织的基本形式有:职能型、产品型、市场型和地理型。

5. 房地产市场营销组织设计的基本任务在于确定组织结构、配备组织资源、编制组织制度、考核与评估组织效率。设计过程大致按分析环境、确定任务与范围、确定职位、制定制度、配备资源、试运行等程序进行。

6. 实施有效控制系统的基本条件包括适应控制对象、适应控制者、适应控制环境、经济合理。

7. 房地产市场营销控制的基本内容包括成本、进度、效率、质量和合同六项。

讨 论 题

1. 试由市场营销组织灵活的特性分析一家你所熟悉的公司营销机构的变迁过程。

2. 调查3~5间房地产营销代理公司,分析其组织结构形式,就其特点、适应性、优劣势做出分析报告。

3. 房地产市场营销如何实现前馈控制,试以营销成本控制为例设计一套控制方案(包括控制内容、时间、方法)。

4. 试述合同控制在市场营销控制中的地位和作用。常见的房地产市场营销合同有哪些,他们在控制环节中的重点内容是什么?

案例一　辛格公司销售组织的演变①

辛格公司是美国缝纫机行业最大的企业之一,其销售组织的建立和完善曾为许多机器制造厂商所效仿。它的一个突出特点就是依靠自己的销售组织提供专门的示范操作、安装、售后服务和维修以及信贷。

辛格公司于19世纪70年代晚期开始改组其销售部门。在那次改组以前,它在扩充生产时主要依赖独立的批发商。不过辛格公司的爱德华·克拉克已经进行了一段时间的耐心物色人才的工作,只要发现了能胜任的人选,他就用高薪雇员来取代这些代理商。他于1876年成为董事长以后就和他的副董事长麦肯齐一起决定要加速完成辛格公司销售网络缓慢的转变工作。

1878年11月,克拉克在一份通告中概述了最终的改组计划,并将通告发到所有的地区办事处。销售部门的经营将分为三个层次进行,最低一级是分支零售办事处,经理需向各地区的销售办事处报告。地区办事处相当于一个"总代理处",它们中的中层经理们要对三个总部中的一个负责。三个总部中,一个设在美国,两个设在欧洲。

按照克拉克的计划,分支零售办事处仍然是辛格公司销售分配网络的核心。分支办事处经理手下的职员至少包括一名总推销员、一名指导员、一名机械师和一名簿记员。克拉克认为,每个分支办事处(即后来的"补给站")所包含的最小区域应该是至少能对有5000人口的地区提供服务。他希望在全世界布满这样的办事处。

分支办事处经理及其属员的主要任务是监督推销员的工作,后者负责销售缝纫机,收取货款,以及安排对用户缝纫机的修理服务。这些推销员的报酬是周薪加上15%的销售佣金和10%的收回账款。假如分支零售办事处所包括的地区太大,则通常会再设立小的分支单位或补给站。分支办事处的经理和属员为推销员指定区域,下达命令,并在工作上给予帮助和指导。克拉克就是依靠这些推销员来维持并扩展辛格公司的市场的。

在管理的第二级,地区办事处的地区经理是关键人物。他手下有相当多的职员帮助他监督其辖区内分支办事处经理的工作情况,并帮助他们履行其职能。地区经理还得负责招收和培训新经理人员,以及确保从工厂到各分支办事处的机构和从各分支事处到总部的稳定的现金流量。他的办公室包括一名装运办事员、二名收款员、一名机械师、一名会计员、一名应收票据催款员以及一名总办事员或审计员。此外,还设有一名"流动视察员"以协作经理和各分支办事处经理之间保持密切的个人联系。1876年,麦肯齐又给每个国外的办事处加派了一名"副手",这

---

① 摘自李景泰,陈喆编著.市场营销竞争案例集粹.天津:南开大学出版社,1990

样一来无论是疾病、死亡或其他任何情况都不至于对生意的顺利经营造成太大的干扰了。

麦肯齐认为，建立这种遍布全球的组织结构，能使公司的销售力得到最大的发挥，并且会导致对属员工作的全面了解，并且有足够的能力去指导他们，使他们都能了解自己的工作从而避免时间的损失和干扰。管理人员将成为一支"组织良好、有责任感的军队，再也不是一群迷惑、散漫的乌合之众。"麦肯齐和克拉克相信，这个计划将使缝纫机的销售更有系统、更有效率，并且货款的回收也会更正常和更可靠。这种结构除了可以确保正常的现金流量以外，还能更有效地控制库存，更有把握地向零售单位发货。这样的协调对防止坐失销售良机，避免零售商库存缺货不按时交货来说，都是不可少的。最后，这种新的组织结构使得公司总部能够及时得到有关世界市场和一般商业情况的详尽信息。

辛格公司的改组工作不是仓促行事的。克拉克在提出计划时，要求地区经理仍在逐渐把工作纳入新组织时，善用自己的判断力。每一个分支零售办事处的地点和业绩都经过仔细审核。有些分支办事处被关闭了，有些则得到了加强。只要物色到适当人选并加以训练，就马上建立新的分支零售办事处。麦肯齐为了更有效地掌握这个网络，命令总公司派出流动审计员直接检查各分支办事处的一切交易。最初仅派往国外，后来也向国内各地派出。这些会计人员不仅要定期系统地审核每个分支办事处的账目，而且要报道由某一地方单位发展出的新的作业方式，以便向其他单位推广。麦肯齐写道，这样做是为了确保"以最有利的方式，使做生意的方法……达到某种统一。"

克拉克和麦肯齐对这项改组工作的关注，使辛格公司得以在海外和国内确保其支配地位。格罗弗和贝克公司就是因为未能建立一支自己的强大销售队伍，而在19世纪70年代的经济萧条中失败。惠勒和威尔逊公司对辛格公司这一创举的反应则是加紧建立自己的地区办事处和分支办事处网络。但由于受到辛格公司的挑战，未能在物色人选、制定作业程序以及其他组织事项上采取谨慎态度。辛格公司的高级人士对其竞争对手的错误却是旁观者清。辛格公司驻英办事处的主管在给克拉克的信中写道："我敢肯定，今年惠勒和威尔逊公司在各项经营中将亏损5万英镑。这项生意是不能用轻率的方式来经营的。"他说对了，惠勒和威尔逊公司从未发展出一套和辛格公司一样有效率的组织。在一个没有关税及专利保护的市场，组织乃是保证胜利的关键。辛格公司很快就几乎垄断了全世界市场。它于1906年吞并了惠勒和威尔逊公司。

20世纪最初10年，该公司在美国的分支办事处已经从200处增加到1700处，由6个地区办事处管辖。当分支办事处的数量急剧增加时，地区办事处的辖区却基本照旧，只是在6个地区办事处下面又进一步细分为82个分区办事处。

制造则仍然集中在几个大工厂里进行。伊丽莎白港、新泽西和基博威、苏格兰等地的工厂，是当时全世界首屈一指的缝纫机工厂。每家工厂都负有采购自己的补给和原料的重大任务。每家工厂也都与指定接纳其产品的营销辖区保持密切的联系。当辛格公司于1897年后进入俄国市场并在当地建立了第三家大厂时,这一模式又被重复了一遍。

由此可见,辛格公司经济威力的源泉在于它的组织结构。它的管理层级制,吸收、训练并仔细监督着其推销员和收款员,它能向客户提供长期信贷;它确保了机器的售后服务;最后,这一组织结构还使每周运到世界各地的2万~2.5万台缝纫机得以顺利地销售出去。这就是使辛格公司能够在世界市场上维持并扩大其廉价缝纫机的销售量的根本原因。

思 考 题

1. 由辛格公司营销组织机构的变迁分析机构设置的几项基本原则。
2. 试据此案例描绘克拉克为辛格公司营销机构改组方案制定的营销结构形式。包括结构图、人员配置、职能定位。

案例二　房地产营销代理(包销)合同纠纷案[①]

1997年12月30日,原被告签订《欣城苑内销商品房包销合同》,规定原告以被告名义对外独家销售欣城苑商品房总计11万 m^2,包销价格1850元/m^2。包销合同分两次签订,首次包销合同包销4万 m^2,执行完毕后签订第二次包销合同。原告如在首次包销合同生效后90日内销售率达到150套,则获得第二次包销权,否则,被告有权不签订第二次包销合同,并可根据情况解除本合同(4万 m^2)以外的房屋包销。合同还规定,对外销售的实际价格由原告确定,实际售价高于双方确定的包销价部分归原告所有,高出部分的税收由原告承担。被告自行销售本合同价高于1850元/m^2部分归被告,被告销售本合同范围内的房源,其销售利润计入原告的包销利润中。包销款的支付方式为:合同生效后5日内支付定金400万元,合同生效后60日内,再支付定金200万元,合同生效后第90日起,即从1998年3月30日至10月30日,原告逐月支付740万元包销款,最后一次支付包销款140万元,合计支付包销款5320万元。对于违约责任双方约定,原告违约则定金不予返还,如未付部分的房款,则向被告支付每日万分之五的违约金;被告违约则双倍退还定金。双方签订的《补充合同》还规定,首次包销合同生效之日起,被告给原告30日的准备期(包销合同执行期相应后延30日),被告应在30日内办理完房地产其他权利证明、房地产交易所及房地产登记处所办理的一切手续。如逾期办出,则原告付款日期相应顺延,并以销售房屋的清单作为合同附件,共包销房屋面积388712m^2,计446套房屋。该合同经公证后生效。1998年1月16日,原告支付被告钱款400万元,之后原告以原、被告及上海利达行房产顾问有限公司联名向外刊

---

① 摘自蔡玉天主编.房地产案例精选.上海:上海人民出版社,2000

登售楼广告,并以代理人的身份与客户订立预售合同。3月28日,原告致函被告,提出被告擅自将合同规定不能出售的房屋低价出售构成违约,要求被告承担违约责任,双倍返还定金。被告函复要求原告按约支付包销款,双方遂产生争议,诉至法院。

诉　辩

原告诉称:被告没有按包销合同规定履行自己的义务,理由是:

1. 被告所提供的房屋已被区住宅发展局公告要求停止销售。

2. 在包销房屋中的两幢房屋已由被告抵押给银行,造成原告与顾客签订的《销售合同》无法履行。

3. 被告将包销房屋范围内的房屋低于原告的销售价格销售。被告零售了合同规定的只能批量销售的房屋。因此,被告应该承担违反合同的法律责任,双倍返还定金。

被告辩称:《补充合同》约定30天的准备期是指广告营销策划、不是合同生效之日的延期,原告于1998年1月16日支付400万元已构成违约,由于原告未按约缴纳包销款故被告与银行的《售房监管合同》无法执行。原告对包销房屋中部分房屋已设立抵押是清楚的,造成预售合同无效的责任不在被告,原告没有告知被告当天的售价,被告不应承担低价销售的违约责任。区住宅发展局已撤销停止销售的公告。因此。承担违约责任的不是被告而是原告。

审　理

法院在审理中就原告在包销房屋中已销售的房屋面积及房款收入等情况,委托上海万隆审计事务所进行审计,结论为:截止审计日止,原告以被告名义与客户签订欣城苑物业预售合同67份,合同销售物业建筑面积5880m^2,合同总房款12262819元;原告销售欣城苑物业实际收取客户购房款7596233元,零星定金600元,合计7596833元,其中已开具收据给客户的4470637元,未开收据给客户的公积金及按揭贷款290万元及上海电视台咨询信息服务公司房款226196元(以广告制作费抵作房款)。原告与客户签订销售合同的67套房产中37套已全部收到购房款6588052元,19套只收取部分房款100818元,11套未收到购房款并与客户签订了退房协议。

法院认为,在原、被告签订的《欣城苑内销商品房包销合同》中,部分房产已由被告在签约之前设立抵押、故涉及该部分房产的包销合同内容应确认无效,其余关于包销行为的约定,未违反当时的法律规定,可认定有效。原、被告双方均应按约履行。在合同履行过程中,原告未就合同终止事宜与被告达成一致意见,即拒付应付款项,构成违约。被告擅自更改合同条款内容,低价销售房屋、也构成违约。由于双方违约,故原告要求被告双倍返还定金及被告反诉要求原告定金不予返还的诉请均不予支持。被告就延期付款问题对补充合同的解释与合同内容相悖,本院不予采信。因包销合同涉及无效条款,整个包销标的发生变更,且原、被告已无合作基础,故该包销合同应依法解除。在包销合同依法解除后,被告已收取原告的400万元应予以返还,原告已经销售的部分。在扣除其应得盈利部分外,按包销合同签订的价格向被告支付包销款,该钱款总数应扣除广告费抵作房款的数额。被告反诉请求不予支持。据此,依照《中华人民共和国民法通则》第八十条、第六十一条规定,原审法院于1999年3月24日做出判决:

一、原、被告订立的《欣城苑内销商品房包销合同》终止。

二、原告在判决书生效后10日内返还被告钱款6347026元;被告在判决书生效后10日内返还原告钱款400万(两者相抵,原告应返还被告钱款2347026元)。

三、原告其余诉讼请求不予支持。

四、被告反诉讼请求驳回。

本诉案件诉讼人民币30160元由原告承担24128元,被告承担6032元;反诉讼费人民币24090元由反诉原告自行承担。审计费用3万元由原、被告各承担1.5万元。

焦　　点

一、设立过抵押的房产包销合同是否有效?合同部分无效的内容是否影响整个合同的效力。

二、在合同双方均存在违约行为时,对合同定金应如何处理。

评　　析

房地产开发企业为了有效提高开发速度,在实际操作过程中经常在楼盘建成达到预售标准后委托另一家公司进行销售,自己则开始进行新的房地产开发。本案所谓包销合同即是这样一种委托代理销售合同。根据我国民法通则规定,民事行为的委托代理可以用书面形式,委托代理合同即是委托人将自己的事务交给受托人处理的书面形式。委托合同的法律特征是:第一,委托合同的目的必须处理委托人事务,其委托范围既包括法律事务也包括非法律事务。第二,委托合同可以是无偿单务合同也可以是有偿双务合同,完全取决于当事人双方的约定。第三,委托合同在合同双方当事人意思表示一致即告成立,无须以一定物的完成为要件。本案合同中被告是委托人,原告是受托人,委托事务为欣城苑内销商品房的销售。双方当事人还就房屋代理销售的价格、数量、销售方式、销售过程中双方的权利义务在合同中作了规定,因此,该合同符合委托代理合同有偿、双务特征。但是,符合了委托合同特征并不说明原、被告之间的合同就必然具有法律效力,根据我国民法通则规定,一份有效的合同除了具备合同形式要件外,还必须具备合同的实质要件。本案原、被告均为房地产开发有限公司,在签订委托合同的双方均具有内销商品房的销售资格，原、被告可以作为该合同的主体，被告作为委托人应对欣城苑商品房销售行为所产生的法律后果承担责任。根据房地产销售法律关系，被告作为卖方应当拥有房屋的所有权，并且在该房地产上未设定抵押。1994年上海市房地产抵押办法第三十条规定：除国家建设需要进行拆迁外，未征得抵押权人的书面同意，抵押人不得将已设定抵押权的房地产出售、交换、赠与、拆除或者改建。而本案被告将已设定抵押的部分欣城苑商品房也列入委托销售范围内，是违反国家政策法律规定的，因此，委托合同中对已经设定抵押的房屋的销售内容应为无效。

虽然合同有一部分内容无效，但根据我国民法通则第六十条"民事行为部分无效，不影响其他部分的效力的，其他部分仍然有效"的规定，原、被告的欣城苑内销商品房包销合同除设定抵押部分外，其他房产销售内容依然有效。原、被告就这一部分内容进行操作后的分配应按照合同的规定。因此，原告已经销售的房屋的销售款应按合同支付给被告。至于原、被告合同的解除，是由于法院根据实际情况，双方已无合作基础而判定的，原、被告双方均有违约，法院对双方指责对方的违约诉请均不予支持是正确的。

关于第二个焦点问题，实践中认识上的分歧比较大。从定金的功能来看，有补偿性、惩罚性或证约功能。由于我国法律尚未对此做出明确规定，一般的解释也只是针对不同的个案而做出不同的分析。我们认为定金交付除了具有证约功能外，以合同双方设定定金条款的目的来说，又具有违约前的担保功能和违约后的对异议方的补偿功能，对违约方的惩罚功能。因此定金法则的适用，只用于一方违约，另一方异议的前提下。双方都违约时，如要求违约的一方向违约另一方双倍退还定金或违约一方不返还对方已付定金，无疑是袒护了违约一方的非法利益。既然双方均是违约，那么在法律上应享有一个大致对等的待遇，而不应厚此薄彼，否则易显失公平。我国担保法等有关法律在定金法规适用上也做出了类似的规定。因此，法院在双方均有违约的情形下，不适用定金法则，体现了民法的公平原则无疑是正确的。

讨 论 题

1. 试谈阅读了此项房屋代销合同纠纷案后，你对房地产市场营销合同控制地位、作用的看法。

2. 房地产市场营销合同有哪些类型，每类合同要控制的主要环节和内容是什么？

阅读材料　房地产现场营销的基本活动[①]

房地产销售现场是接待顾客的主战场，如何将产品尽可能快地，尽可能全面地

[①] 摘自曹春尧著.房地产营销策略.上海：上海财经大学出版社，1999

为客户所接受,销售人员的基本动作是关键。下面,我们按照整个销售流程,将几个最基本的销售动作及其注意事项作一详细介绍。

一、接听电话

1. 基本动作

(1) 接听电话必须态度和蔼,语音亲切。一般先主动问候"××花园或公寓,你好",而后开始交谈。

(2) 通常,客户在电话中会问及价格、地点、面积、格局、进度、贷款等方面的问题,销售人员应扬长避短,在回答中将产品的卖点巧妙地融入。

(3) 在与客户交谈中,设法取得我们想要的资讯。

第一要件,客户的姓名、地址、联系电话等个人背景情况的资讯。

第二要件,客户能够接受的价格、面积、格局等对产品具体要求的资讯。

其中,与客户联系方式的确定最为重要。

(4) 最好的做法是,直接约请客户来现场看房。

(5) 马上将所得资讯记录在客户来电表格上。

2. 注意事项

(1) 销售人员正式上岗前,应进行系统训练,统一说词。

(2) 广告发布前,应事先了解广告内容,仔细研究和认真应对客户可能会涉及的问题。

(3) 广告当天,来电量特别多,时间更显珍贵,因此接听电话应以2~3分钟为限,不宜过长。

(4) 电话接听时,尽量由被动回答转为主动介绍、主动询问。

(5) 约请客户应明确具体时间和地点,并且告诉他,你将专程等候。

(6) 应将客户来电信息及时整理归纳,与现场经理、广告制作人员充分沟通交流。

二、迎接客户

1. 基本动作

(1) 客户进门,每一个看见的销售人员都应主动招呼"欢迎光临",提醒其他销售人员注意。

(2) 销售人员立即上前,热情接待。

(3) 帮助客户收拾雨具、放置衣帽等。

(4) 通过随口招呼,区别客户真伪,了解所来的区域和接受的媒体。

2. 注意事项

(1) 销售人员应仪表端正,态度亲切。

(2) 接待客户或一人,或一主一付,以二人为限,绝对不要超过三人。

(3) 若不是真正客户,也应照样提供一份资料,作简洁而又热情的招待。

(4) 未有客户时,也应注意现场整洁和个人仪表,随时给客户以良好印象。

三、介绍产品

1. 基本动作

(1) 交换名片,相互介绍,了解客户的个人资讯情况。

(2) 按照销售现场已经规划好的销售动态,配合灯箱、模型、看样板房等销售道具,自然而又有重点地介绍产品(着重于地段、环境、交通、生活机能、产品功能、主要建材等的说明)。

2. 注意事项

(1) 此时侧重强调本楼盘的整体优势点。

(2) 将自己的热忱与诚恳推销给客户,努力与其建立相互信任的关系。

(3) 通过交谈正确把握客户的真实需求,并据此迅速制定自己的应对策略。

(4) 当客户超过一人时,注意区分其中的决策者,把握他们相互间的关系。

四、购买洽谈

1. 基本动作

(1) 倒茶寒暄,引导客户在销售桌前入坐。

(2) 在客户未主动表示时,应该立刻主动地选择一户做试探性介绍。

(3) 根据客户所喜欢的单元,在肯定的基础上,作更详尽的说明。

(4) 针对客户的疑惑点,进行相关解释,帮助其逐一克服购买障碍。

(5) 适时制造现场气氛,强化其购买欲望。

(6) 在客户对产品有70%的认可度的基础上,设法说服他下定金购买。

2. 注意事项

(1) 入坐时,注意将客户安置在一个视野愉悦的便于控制的空间范围内。

(2) 个人的销售资料和销售工具应准备齐全,随时应对客户的需要。

(3) 了解客户的真正需求,了解客户的主要问题点。

(4) 注意与现场同仁的交流与配合,让现场经理知道客户在看哪一户。

(5) 注意判断客户的诚意、购买能力和成交概率。

(6) 现场气氛营造应该自然亲切,掌握火候。

(7) 对产品的解释不应有夸大、虚构的成分。

(8) 不是职权范围内的承诺应报现场经理通过。

五、带看现场

1. 基本动作

(1) 结合工地现况和周边特征,边走边介绍。

(2) 按照房型,让客户切实感觉自己所选的户别。

(3) 尽量多说,让客户始终为你所吸引。

2. 注意事项

(1) 带看工地的路线应事先规划好,注意沿线的整洁与安全。

(2) 嘱咐客户带好安全帽及其他随身所带物品。

六、暂未成交

1. 基本动作

(1) 将销售海报等资料备齐一份给客户，让其仔细考虑或代为传播。
(2) 再次告诉客户联系方式和联系电话，承诺为其作义务购房咨询。
(3) 对有意的客户再次约定看房时间。
(4) 送客至大门外或电梯间。

2. 注意事项

(1) 暂未成交或未成交的客户依旧是客户，销售人员都应态度亲切，始终如一。
(2) 及时分析暂未成交或未成交的真正原因，记录在案。
(3) 针对暂未成交或未成交的原因，报告现场经理，视具体情况，采取相应的补救措施。

七、填写客户资料表

1. 基本动作

(1) 无论成交与否，每接待完一组客户后，立刻填写客户资料表(一式两联)。
(2) 填写的重点：
   A. 客户的联络方式和个人资讯；
   B. 客户对产品的要求条件；
   C. 成交或未成交的真正原因。
(3) 根据客户成交的可能性，将其分类为：
   A. 很有希望、B. 有希望、C. 一般、D. 希望渺茫，这四个等级，以便日后有重点的追踪访问。
(4) 一联送交现场经理检查并备案建档，一联自己留存，以便日后追踪客户。

2. 注意事项

(1) 客户资料表应认真填写，越详尽越好。
(2) 客户资料表是销售人员的聚宝盆，应妥善保存。
(3) 客户等级应视具体情况，进行阶段性调整。
(4) 每天或每周，应由现场销售经理定时召开工作会议，依客户资料表检讨销售情况，并采取相应的应对措施。

八、客户追踪

1. 基本动作

(1) 繁忙间隙，依客户等级与之联系，并随时向现场经理口头报告。
(2) 对于A、B等级的客户，销售人员应列为重点对象，保持密切联系，调动一切可能，努力说服。
(3) 将每一次追踪情况详细记录在案，便于日后分析判断。
(4) 无论最后是否成交，都要婉转要求客户帮忙介绍其他客户。

2. 注意事项

(1) 追踪客户要注意切入话题的选择，勿给客户造成销售不顺、死硬推销的印象。

(2) 追踪客户要注意时间的间隔，一般以二到三天为宜。

(3) 注意追踪方式的变化：打电话，寄资料，上门拜访，邀请参加促销活动等等。

(4) 二人或二人以上与同一客户有联系时，应该相互通气，统一立场，协调行动。

九、成交收定

1. 基本动作

(1) 客户决定购买并下定金时，利用销售对答来告诉现场经理。

(2) 恭喜客户。

(3) 视具体情况，收取客户小定金或大定金，并告诉客户对买卖双方的行为约束。

(4) 详尽解释定单填写的各项条款和内容：

A. 总价款栏内填写房屋销售的总价；

B. 定金栏内填写实收金额，若所收的定金为票据时，填写票据的详细资料；

C. 若是小定金，与客户约定大定金的补足日期及应补金额，填写于定单上；

D. 与客户约定签约的日期及签约金额，填写于定单上；

E. 折扣金额及付款方式，或其他附加条件于空白处注明；

F. 其他内容依定单的格式如实填写。

(5) 收取定金要请客户、经办销售人员、现场经理三方签名确认。

(6) 填写完定单，将定单连同定金送交现场经理点收备案。

(7) 将定单第一联(订户联)交客户收执，并告诉客户于补足或签约时将定单带来。

(8) 确定定金补足日或签约日，并详细告诉客户各种注意事项和所需带齐的各类证件。

(9) 再次恭喜客户。

(10) 送客至大门外或电梯间。

2. 注意事项

(1) 与现场经理和其他销售人员密切配合，制造并维持现场气氛。

(2) 正式定单的格式一般为一式四联：订户联、公司联、工地联、财会联。注意各联各自应该被持有的对象。

(3) 当客户对某套单元稍有兴趣或决定购买但未带足足够的金额时，鼓励客户支付小定金是一个行之有效的办法。

(4) 小定金金额不在于多，三四百元至几千元均可，其主要目的是使客户牵挂我们的楼盘。

(5) 小定金保留日期一般以三天为限,时间长短和是否退还,可视销售状况自行掌握。

(6) 定金(大定金)为合约的一部分,若双方任一方无故毁约,都将该定金的1倍予以赔偿。

(7) 定金收取金额的下限为1万元,上限为房屋总价款的20%。原则上定金金额多多益善,以确保客户最终签约成交。

(8) 定金保留日期一般以七天为限,具体情况可自行掌握,但过了时限,定金没收,所保留的单元将自由介绍给其他客户。

(9) 小定金或大定金的签约日之间的时间间隔应尽可能地短,以防各种节外生枝的情况发生。

(10) 折扣或其他附加条件,应报现场经理同意备案。

(11) 定单填写完后,再仔细检查户别、面积、总价、定金等是否正确。

(12) 收取的定金须准确点收。

十、定金补足

1. 基本动作

(1) 定金栏内填写实收补足金额。

(2) 将约定补足日及应补金额栏划掉。

(3) 再次确定签约日期,将签约日期和签约金填写于定单上。

(4) 若重新开定单,大定金定单依据小定金定单的内容来填写。

(5) 详细告诉客户签约日的各种注意事项和所需带齐的各类证件。

(6) 恭喜客户,送至大门外或电梯间。

2. 注意事项

(1) 在约定补足日前,再次与客户联系,确定日期并做好准备。

(2) 填写完后,再次检查户别、面积、总价、定金等是否正确。

(3) 将详尽情况向现场经理汇报备案。

十一、换户

1. 基本动作

(1) 定购房屋栏内,填写换户后的户别、面积、总价。

(2) 应补金额及签约金,若有变化,以换户后的户别为主。

(3) 于空白处注明哪一户换至哪一户。

(4) 其他内容同原定单。

2. 注意事项

(1) 填写完后,再次检查户别、面积、总价、定金、签约日等是否正确。

(2) 将原定单收回。

十二、签订合约

1. 基本动作

(1) 恭喜客户选择我们的房屋。
(2) 验对身份证原件,审核其购房资格。
(3) 出示商品房预售示范合同文本,逐条解释合同的主要条款:
   A. 转让当事人的姓名或名称、住所;
   B. 房地产的坐落、面积、四周范围;
   C. 土地所有权性质;
   D. 土地使用权获得方式和使用期限;
   E. 房地产规划使用性质;
   F. 房屋的平面布局、结构、建筑质量、装饰标准以及附属设施、配套设施等状况;
   G. 房地产转让的价格、支付方式和期限;
   H. 房地产交付日期;
   I. 违约责任;
   J. 争议的解决方式。
(4) 与客户商讨并确定所有内容,在职权范围内作适当让步。
(5) 签约成交,并按合同规定收取第一期房款,同时相应抵扣已付定金。
(6) 将定单收回,交现场经理备案。
(7) 帮助客户办理登记备案和银行贷款事宜。
(8) 登记备案且办好银行贷款后,合同的一份应交给客户。
(9) 恭喜客户,送客至大门外或电梯间。

2. 注意事项

(1) 示范合同文本应事先准备好。
(2) 事先分析签约时可能发生的问题,向现场经理报告,研究解决的办法。
(3) 签约时,如客户有问题无法说服,汇报现场经理或更高一级主管。
(4) 签合同最好由购房户主自己填写具体条款,并一定要其本人签名盖章。
(5) 由他人代理签约,户主给予代理人的委托书最好经过公证。
(6) 解释合同条款时,在情感上应侧重于客户的立场,让其有认同感。
(7) 签约后的合同,应迅速交房地产交易管理机构审核,并报房地产登记机构登记备案。
(8) 牢记:登记备案后,买卖才算正式成交。
(9) 签约后的客户,应始终与其保持接触,帮助解决各种问题并让其介绍新客户。
(10) 若客户的问题无法解决而不能完成签约时,让客户先请回,另约时间,以时间换取双方的折让。

(11) 及时检讨签约情况，若有问题，应采取相应的应对措施。

十三、退户

1. 基本动作

(1) 分析退户原因，明确是否可以退户。

(2) 报现场经理或更高一级主管确认，决定退户。

(3) 结清相关款项。

(4) 将作废合同收回，交公司留存备案。

(5) 生意不在情谊在，送客至大门外或电梯间。

2. 注意事项

(1) 有关资金转移事项，均需由双方当事人签名认定。

(2) 持有争议无法解决，可提请仲裁机构调解或人民法院裁决。

第十五章　市场营销新概念

本章学习目的

1．了解网络营销的特点、形式及网络营销的基本程序。
2．理解关系营销的基本特征,了解关系营销的基本内容。
3．了解服务活动区别于其他经济活动的特征,理解服务营销规划内容及规划过程。
4．了解道德规范在现代经济活动中的管理作用,理解经济伦理的内涵和本质。
5．认识道德伦理工程的必要性。

第一节　网　络　营　销

一、网络营销特性

网络营销是借助于信息网络技术发展起来的营销。20 世纪下半叶,随着信息的高速发展,互联网在全球得到普及,越来越多的用户进入 Internet 网。这一全新的信息技术改变了人们的生活方式,也影响到人类社会的各个方面。它将全面改写人类的教育、娱乐、工作、购物、通讯、交往、交易。精明的企业发现了信息网技术中蕴涵的巨大商机。他们借助互联网发布广告,推销产品、网上交易。于是,一种全新的营销形式——网络营销便诞生了。专家们定义:网络营销是以计算机互联网技术为基础,通过顾客在网上直接接触的方式,以向顾客提供更好的产品和服务的营销活动。

网络营销之所以一经出现便迅速发展起来,就是因为它拥有传统营销手法无可比拟的特征。

1．方便和快捷

无论何时何地,只要有通讯联络,网络便可提供服务。顾客无须亲自到商店寻找货物,只要打开电脑、接上通讯线、点击网络,便可选择货物、实现购物。借助四通八达的物流配送系统,顾客往往可在 24 小时内得到所购的货物。网络营销的方便和快捷可想而知。

2．个性化服务

根据顾客的特殊要求提供相应的产品,是网络营销获得成功的关键因素。借助于网络可以把顾客对产品性能、材料、造型、配置、色彩的特殊要求直接输送到生产线上,甚至是材料准备车间,按顾客的要求生产其所要求的产品。这种个性化服务的营销形式大受顾客欢迎。

3. 降低营销成本

网络营销集广告推销与销售于一体,产品性能、公司信息都在网站,顾客可以随时查询,节省了大量印刷、包装、存储、运输费用,也节省了商店的店面、人工、水电等开支,大大降低了营销成本。网络营销将商品的生产与消费直接连接起来,减少了中间流通环节,既节约了商品流通过程的费用,也大大提高了全社会商品生产的效率。1997年,美国通用电器公司通过 Internet 网订购了 10 亿美元的货物,节约订购成本达 20%。

4. 扩展了营销空间,增加了营销机会

网络营销提供全天候的服务,大大增加了与顾客的接触机会,网络四通八达,延伸到社会的各个角落,大大扩张了商品营销的地域空间和社会领域,增加了营销机会。

5. 扩大了营销规模

利用网络技术,可以让小公司进入世界贸易,Internet 网延伸到哪里,哪里的上网者就是潜在的顾客。商品信息可以借助 Internet 网传送到全球的每个角落。无论规模大小,产值多少,都有实现全球贸易的梦想。在网络上进行营销,公司针对的是个别顾客的特定需要,提供个性化服务。营销质量的关键在于对顾客的需求反应速度。就此而言,无论公司规模大小,都处于同一起跑线上。企业规模不再是网络营销中竞争的决定力量。美国著名的网上书店 Amazom,是目前 Internet 网上最大的虚拟书店,仅有员工 110 名,1996 年的营业额却高达 100 万美元。

二、网络营销形式

Internet 网是网络营销的工具,按照利用 Internet 网开展营销活动的方式不同,可将网络营销划分为如下几种形式。

1. 电子商店

电子商店是借助 Internet 网建立的网上商店,是将商场的商品以多媒体信息的形式通过互联网,供顾客浏览、选购。电子商店有很多特点。首先,电子商店无须店面店铺、无须存货、无须店员,其经营成本很低;其次,电子商店货架的商品本身就是广告宣传的样品,商店本身同时具备促销功能,经营者不再承担促销宣传的费用,大大节约了营销成本;另外,电子商店可自动将顾客信息汇集并进行统计分析,便于经营者做出市场决策。

电子商店是目前商业网络化、网络营销运用最普遍、最充分的一种形式。据资料介绍,目前世界上已有 8 万多家电子商店。最著名的是世界第一家电子零售商——家庭购物网(Home Shopping Network),它已达到 10 亿美元的销售额,拥有 6500 万家庭顾客。随着互联网的普及,在网上销售产品或服务,已成为一种趋势,电子商店必将进一步发展壮大。

2. 网络广告

网络广告是指厂商在互联网上建立自己的服务器,向网上顾客发布产品信息,推销广告。网络广告可以跨越空间、时间的限制,将信息迅速传递到世界各地;网络广告往往采用多媒体技术,集文字、动画、声音、三维立体图像、虚拟现实等为一体,使浏览信息的顾客如身临其境,大大激发了顾客的购买欲望。效果比普通的报刊广告要好得多;网络广告费用低廉,为小公司能承受;网络广告还能借助某些软件精确统计广告信息浏览访问人数、访问过程,从而得出广告发布效果,而一般的大众媒介却无法做到这一点。

目前的网络广告主要有主页形式和电子邮件形式两种。主页形式是企业在获取 Internet 域名、建立 Web 服务器和企业主页之后,在自己的网页上进行广告宣传的形式。电子邮件形式是指企业把广告信息通过电子邮件直接发送给个人的形式,类似传统的邮寄广告。

3. 网络服务

利用 Internet 网络资源为用户服务,如网络访问、信息检索、软件开发、用户咨询、用户培训等。此外,公司出于营销目的,还可以借助互联网进行诸如:新产品市场反应测试、环境信息收集、行业联系、寻求合作之类的活动。

三、网络营销程序

网络营销程序就是网络营销的实际操作程序,实际上是电子商店的建设及运行操作程序。

1. 建立网站

建立网站是建设电子商店的首要步骤。公司要建设自己的电子商店,除了要拥有高速电脑、高速传输设备外,还必须在 Internet 网上建立自己的网站。这就像传统营销要建立自己的店铺一样。一般而言,网站建立按如下程序进行。

(1) 申请域名

Internet 的传输协议规定,任何连入网络的电子计算机必须有一个地址,以便别的计算机能识别它,访问它。连入网络的电子计算机拥有的地址叫 IP 地址,也称网址。它是由4组数字构成的。为了便于记忆,人们便发明了用域名来标识网址的方法,它是由英文字母来描述的,每个域名经域名服务器的翻译,对应着一组固定的 IP 地址。使每台计算机连入 Internet 网的计算机有了惟一的定位地址。

企业的域名一般应与企业现有的名称、拥有的品牌一致,以便记忆、查找。域名一般要到域名管理机构申请。国际域名的申请由"Internet 国际特别委员会"指定的注册中心受理,国内的二级地址与域名则由中国互联网信息中心负责。

(2) 构建 Web 服务器

web 服务器是一套基于 Internet 的符合万维网标准的计算机系统。企业建立 web 服务器,一般有自己构建或租用两种形式。

自己构建 Web 服务器,为企业所有,公司自己有处置权、调配权,服务器响应速度快,效果好,吸引顾客。因而尽管投资大、周期长,需要一支网络维护队伍,运行成本相对较高,但仍然是多数大公司的首选。租用 web 服务器提供网络空间,一般又分为单独租用(即企业拥有独立的网址和域名)及利用别人的独立的空间(在别人的网页上通过路径来连接)两种形式。这种形式访问速度慢、查询困难,影响营销效果,但投资少,无须自己维护,适用于小型公司。

(3) 设计网页

网页即网站的界面。用户访问企业的网站时,首先接触到的是企业的主页,这是用户访问其他页的主导页,因此主页的设计对于营销网建设的成败关系极大,必须精心设计、精心策划,以便吸引访问者、留住访问者。

2. 经营网站

经营网站是指对网站的经营管理。网站的生命力是访问网站的顾客,要吸引更多的浏览访问者,只有把网页设计的更有吸引力、更有顾客所关心的内容,满足顾客的需求。此外,在技术上还要注意以下几个问题:

(1) 简洁:信息简洁扼要、一目了然,操作简单、方便快捷;
(2) 互动:满足个性化服务的互动空间;
(3) 速度:网络连接速度太慢、网站信息过多,都会影响来访者;
(4) 恰当的营销定位。

网络营销与传统营销一样,要注重市场研究,进行市场细分和目标市场定位,要研究消费者需求。没有一个网站可以吸引到所有的浏览者,要提高网站的效率和浏览人数,一条重要的经验就是专业性和目标群体的惟一性。

第二节 关 系 营 销

一、关系营销的本质特征

关系是指人和人或人和事物之间的某种联系。社会学家把以人为中心的关系定义位人与自然、人与社会、人与人、人与自我四类。

传统的市场营销把营销活动定义为利用内部资源条件,对外部不可控因素(市场、顾客、竞争者)做出积极反应的过程。关系营销是反传统的新思维,关系营销的创立者认为:企业是社会经济系统中的一个子系统,企业营销目标要受到许多外在因素的影响,应当将企业置身于社会经济大环境中来考察其营销活动,应当重视企业与消费者、竞争者、供应商、分销商、政府机构和社会组织的互动作用,应当把建立与发展同相关个人及组织的关系作为市场营销的关键因素。这就是关系营销的理论出发点。关系营销的本质特征表现为如下四个方面。

1. 沟通

良好的沟通是关系营销的重要因素。沟通是一种利用符号(语言、文字、数码、图像、形体动作、展示物)表达的双向交流过程。

心理学家们向我们描绘了一个典型沟通过程(图 15-1)。在这个模型中发送

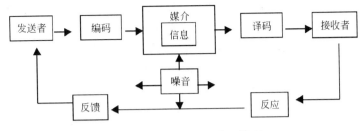

图 15-1　一个典型的沟通模型

者想要传达某一信息,他要将这一信息编码成一种可传送的形式,选择合适的媒介来承载并传递信息。

接受者收到编码信息后,再对信息进行解码,译成有意义的信息。在这个沟通过程中,还有一个反馈圈,即接受者将对信息的反应传递给信息发送者。反馈信息可以是直接的(陈诉、表情),也可以是间接的(信号、符号、动作)。

沟通过程的任何环节都可能来自各方面的干扰,影响沟通的效果。此外沟通效果还受如下因素的影响:

① 沟通环境:包括沟通的时间、地点、场景、人物、道具等;

② 沟通意图:指沟通各方欲达到的目的,在双方的交流中,为另一方所理解的信息往往会影响到该人对一句陈述、一个问题的反应;

③ 双方的信念和感情:沟通双方的信念、信仰及感情、性格、文化等精神层面的东西将对沟通双方解释自己的言行、理解对方的陈述产生重大的影响。

事实上,任何有效的沟通都是在"认知层"和"感情层"这两个层次上进行的。即人们在认知层沟通信息,在感情层沟通感情,而后者往往是前者成功的基础。

2. 协同

协同的概念源于德国物理学家赫尔曼·哈肯,他于1971年发表文章阐述了协同学的基本原理。他认为无论是无生命的世界、有生命的世界,甚至人类的上层建筑领域,都是一个系统,这个系统性质的改变是由于系统中各要素子系统间的相互作用所致。这个系统的运动不外乎两种基本形式:一种是自发的无序运动,最终导致系统的互解,另一种是子系统关联的协调、合作运动,最终使系统由自发走向有序。

协同学对系统宏观性质的研究通常是通过系统序参数的协同或竞争反映出来的。一方面是竞争,两种或多种因素的相互竞争的结果必然使某一种因素趋于主导,使相应的状态脱颖而出;另一方面是共生,两种或多种因素相互合作,造就另一种主导状态。由此看来,在经济活动领域,协调是另一种调节的机制和动力。一个系统通过调节,使主客之间相互适应,通过协同、合作不断解决矛盾和冲突,使系统从无序走向有序。这就是关系营销所赖以存在并发展起来的理论基础。

市场营销经济活动中,相关企业的联系从性质上看有两种存在状态。一种是对立的,一种是统一的。矛盾斗争(排斥、竞争、冲突、对抗、强制)和协调合作(支持、配合、协作、协议)是事物发展的两方面要求。在正常的市场机制条件下,市场营销行为要充分重视与顾客、分销商、政府、竞争者间建立长期的、彼此信任的、互利的关系,进入关系营销状态。企业市场营销的宗旨是从追求每一笔交易的利润最大化到追求各方利益的最优化,通过与营销网络中各方建立长期、稳定、良好的合作关系以追求销售额和销售利润的长期、稳定增长,这就是关系销售的终极目标。

3. 互惠与双赢

关系营销的基本目标是赢得公众的信赖、合作、好感与支持。因此,关系营销活动中一旦出现利益冲突时,企业只能舍弃实质利益,换来的则是宝贵的关系利益。

一般而言,出于竞争动机的交易往往是争取各自利益的最大化,而出于合作动机的交易则会谋求双方共同的利益。关系营销最终的现状就是实现买卖双方利益的互补、互利,追求双赢的最佳效果。

4. 控制

关系营销要求建立专门的部门,用于追踪企业与顾客、经销商、竞争对手的关系及态度。关系营销还要建立一个有效的反馈系统,用以连接关系的各方。公司由此而了解关系的动态发展与变化,以满足顾客的要求。

二、关系营销的运行模式

传统的市场营销主要研究的对象是市场和顾客。关系营销突破了这种框架,除了市场与顾客外,还拓展到企业与顾客、企业与分销商、企业与供应商、企业与竞争对手、企业与公共机构、企业与政府,以及企业内部员工之间的关系上。

市场营销的核心是交换,交换的主体是买方和卖方。因而市场营销的本质抽象如图15-2所示。买方和卖方之间有4种流动,即卖方把商品或劳务送至市场(买方),并从市场取得信息;买方将货币或其他相当物返还给卖方,同时反馈信息。

当然,由于专业化分工带来的市场职能的分离,由于激烈竞争环境所造成的企业与各专业市场职能(供应商、中间商、营销中介等)依赖性的增强,现代市场营销过程远远不是那么简单。图15-3描述了现代市场营销系统中的要素及其相互关系。

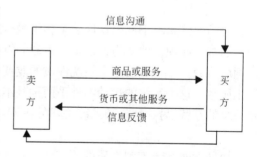

图 15-2 简单的市场营销系统

关系营销就是将图15-3中所有的联系关系纳入研究范围,而不仅仅局限于交易双方的互动过程。使用系统的方法来考察企业的所有活动,从而把市场营销的

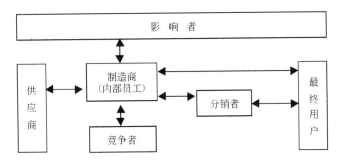

图 15-3 现代市场营销过程

视野扩展到图 15-4 所示的 6 个子市场模型。因而,关系营销的关系便由这 6 大关系构成。

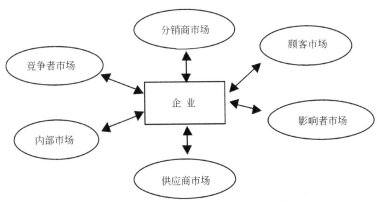

图 15-4 扩大的市场营销:六个子市场模型

1. 企业与顾客的关系

顾客是企业赖以生存和发展的基础,企业与顾客的关系便构成了关系营销的核心内容。

2. 企业与竞争者的关系

市场营销的竞争者既包括现有的竞争对手,也包括潜在的或代替品生产者的竞争对手。企业与竞争者的关系始终是关系营销十分关注的焦点。为避免两败俱伤的恶性竞争,应寻求双方的共同利益,形成互助适应,互助协调,共同发展的和谐局面。

3. 企业与供应商的关系

供应商是企业原材料和设备、备件的供给者,供应商的良好合作对于保证企业生产持续稳定、降低成本、提高质量具有重要意义。

4. 企业与分销商的关系

分销商承担了企业商品的分销任务,他们的工作业绩,当然关系到企业营销业绩和产品的声誉、市场占有率。因而,企业与分销商的关系应当是亲密和合作的伙伴关系。

5. 企业内部关系

企业内部关系包括内部部门间、内部员工间的关系。只有处理好内部关系,才能调动员工的主观能动性,极大地提高组织的效率和效益。为此,许多企业都在内部分配机制、劳动福利制度、企业文化以及管理伦理上下功夫,以尽可能建设良好的内部环境。

6. 企业与影响者的关系

影响者是泛指影响企业的各类机构、人群,如政府机构、公共团体、社区组织、行业协会、周边居民等等。企业在处理与影响者的关系时,应遵循服从、参与、互惠、合作的原则,要注意树立良好的公众形象,受到公众认可。

第三节 服 务 营 销

一、服务营销的基本概念

1. 服务与服务业

服务是服务的生产者向服务的享有者提供的产品,基本上是无形的活动或利益,不涉及或基本上不涉及实际产品的生产。服务业是服务行为构成的产业,这是一个庞大的体系。20世纪是服务业高速发展的世纪。第二次世界大战以后,西方经济发展的一大特征便是制造业的逐渐衰落,而服务业却迅速而高速地发展起来。1986年,全球服务业的从业人数已占世界劳动力总人数的50%以上。1990年,这个比例已上升到70%。蓬勃发展的服务业,对全球社会经济发展带来了巨大的冲击,已成为当今世界经济举足轻重的行业。

服务业包罗万象,五花八门,涉及国民经济的各个环节和社会生活的方方面面。要对其进行准确的界定和分类将十分困难。一般按如下特征进行概括性分类。

(1) 以买方为基础进行分类

按市场类型的不同分为消费者市场服务、产业市场服务和政府市场服务;按购买途径的不同分为便利性服务、购买服务、专卖服务及非寻找服务;按购买动机分为工具性服务、表现性服务。

(2) 以卖方为基础进行分类

按服务机构的性质分为公营服务、社会服务和私营服务;按服务功能的不同可分为教育、保健、金融、保险、法律等。

(3) 以服务提供形式为基础进行分类

按主要依赖人还是设备提供服务分为以人为基础的服务和以设备为基础的服务;按服务对象是否单一分为统一服务和定制服务。

2. 服务特征

服务区别于其他经济活动,具有如下特征。

(1) 服务的无形性

大多数的服务不具备实体,在它被购买前,是看不见、摸不着,只有通过观察,考核其他相关信息做出判断。

(2) 服务生产与消费的不可分离性

服务的生产与消费大多是同时发生的。因而服务的提供者与消费者在很多场合也是不可分离的。服务过程就是服务提供者与顾客相互作用的过程。

(3) 服务质量的不稳定性

服务产品质量不同于一般产品质量,服务产品生产过程中影响因素复杂,甚至受顾客习性、偏好、文化教养影响很大。服务产品质量不像一般产品质量那么稳定,往往是变化的。

(4) 服务产品的不可储存性

服务产品不可储存,因而,当服务需要波动时,往往直接影响服务质量。

3. 服务营销

服务营销是服务业与营销观念的组合,是将市场营销的理论和方法引入服务业后的产物。由于服务业不同于一般的产业,服务产品具有不同一般商品的特性,营销观念在引入服务业后也有相应的变化。

(1) 增加了三个要素

在传统市场营销要素 4P(产品、价格、促销、渠道)基础上,增加了 3P,即人员(People)、环境(Physical enviroment)、程序(Process)。这里的人员是指生产与提供服务的人员,即服务企业的员工;环境是生产与提供服务的环境条件;程序是指提供服务的过程。

(2) 增加了两个环节

服务营销特别注重企业内外的交互作用,在传统营销环节外又增加了内部市场营销和交互作用的市场营销两个环节。内部市场营销是指对企业内部员工的激励和培训。交互作用的市场营销是指提供服务过程中娴熟的接待和服务技能。

二、服务营销规划、实施过程

营销规划是营销活动的一系列逻辑安排,以营销目标制定为核心,围绕目标的实现,科学地进行营销策略的策划、资源的配置及营销方案的决策。营销规划已成为企业经营最主要的规划。营销规划不仅可协助企业各部门行为,还可增强企业预测外部环境变化的能力;把对突发事件的非理性反应降到最低;有效地配置资源、提高员工作业的自觉性和自主性;提高企业抗风险能力。麦克姆·麦克唐纳(M. Mc Donald)教授把服务营销规划过程归纳为如下 4 个阶段 10 个步骤。

1. 第一阶段是确定战略阶段。这一阶段的基本任务是确定本企业的使命和战略目标。

第一步是确定企业使命:企业使命是一份用以说明企业经营方针的简明扼要、

高度个性化的说明书。企业使命应当是企业经营原则、企业经营方针的承诺、宣言,应当强调企业的价值和对员工的要求。

　　第二步是确定企业的目标:企业目标是企业使命具体实现的价值标准。它由一系列定性的和定量的指标体系来描绘。通常,一间服务性的企业,其目标大致可分为经营性目标(如市场份额)、形象性目标(如知名度、荣誉等)、质量性目标(如满意率等)、内部管理性目标(如员工福利、员工培训等)。

　　2. 第二阶段是环境分析阶段。这一阶段包括环境评估、SWOT 分析和主要环境条件的设定三个步骤。

　　第三步是系统、公正地对企业营销状况及环境条件进行的评估和分析。其目的在于为管理人员提供尽可能详尽的说明外部环境、机遇、威胁、内部优势与劣势的信息,主要包括顾客分析和市场分析、竞争分析、环境分析、服务与产品分析、企业分析等。

　　第四步即 SWOT 分析,是针对营销竞争优势、劣势、机会和威胁进行的分析。是对评审结果的归纳和总结,应当通过简明扼要的形象语言描述企业营销状况。一般来讲,应当在企业层次、细分市场层次、主要服务或产品层次、竞争对手层次上展开 SWOT 分析。

　　第五步是主要环境条件的设定,即依据评审结果对未来诸如竞争对手的数量、政治经济环境、市场走势等进行设定。

　　3. 第三阶段为制定营销策略的阶段。它包括营销目标与策略编制、估算结果和制定应变计划三个步骤。

　　第六步是营销目标与策略的编制。在第二步企业目标设定完成后,营销目标的编制相对简单的多了。在这里要做的主要工作是将企业总的经营目标分解,为各个关键领域和关键环节设定更明确、更具体(通常是可度量的)的分目标。营销策略通常是指竞争性的策略,在这里一般是从成本管理和服务的特殊性入手。成本管理的出发点在于降低价格,在服务内容一样、服务质量不受影响的前提下,这通常是很有效的竞争手段。服务的特殊性在于更大限度地满足顾客地需求,吸引顾客的光顾,扩大市场份额。

　　第七步是估算结果,即凭借已有的资料评估所制定的营销策略将产生什么样的效果。一般而言,营销规划的评估主要内容不外乎预期销售收入、营销成本、运营费用、管理费用以及各项营销策略的预期效果。

　　第八步是制定应变计划,即为企业编制其他的、可替代的营销计划。如针对未来过于乐观的市场估计,按照可能遭遇的风险,编制防御性的应变计划。针对有可能出现的市场机会,制定进攻性的应变计划。

　　4. 第四阶段为资源配置、监控与详细计划阶段。这一阶段由营销预算及第一年实施方案编制两个步骤构成。

　　第九步即营销预算编制。在这一步骤中,需要把总的营销预算分解。至少应对年度收入预算、营销能力预算、资本费用和资金预算进行详细的分解和评估。

第十步为第一年度营销计划实施方案的编制阶段,是在总的规划方案、总营销目标指导下的实施性规划。一般而言,主要包括服务产品计划、服务产品的品牌计划、新服务产品的开发计划、服务管理计划、定价计划、成本计划、营销收入计划、利润计划、顾客服务计划、质量计划、监督、控制与分析计划等等。

第四节 经 济 伦 理

一、道德与制度

道德与制度是维系社会经济发展的两大支柱,是政府干预社会、调控经济的两种最基本的途径。用法律、法规、政策等制度形式来约束人们的行为,是一种硬约束;用道德理性、意识形态来推动人际和谐、减少监督成本,则是一种软约束。道德与制度相互作用、相互补充,在一定的条件下又相互转化,成为任何社会、任何阶段政府干预社会经济的两大手段。区别在于由于历史传统和文化底蕴的差异,以及不同的认识和条件,出现不同的偏好。

道德是指人们行为应当遵循的社会准则与规范,是在漫长的历史进程中为维系社会有序运行,制约危害他人的行为,张扬理性而逐渐形成的观念和舆论力量。道德以善恶、是非、诚伪为评价标准,通过社会舆论、信仰与信念、传统等力量来影响人们的心理、评价人们的行为。

制度是用以约束人的非理性行为,约定人的责任、权利和利益关系的程序和规则。制度形成的基础是人们在交易过程中所产生的利益冲突以及交易环境中的依赖关系。为解决这种冲突、维系这种关系而付之集体的力量。法律便是集体力量最典型、最主要的表现形式。事实上,对于人们行为具有约束力的法律制度,主要是针对经济人的有限理性和机会主义而设立的。

道德与制度历来就是人类用于启迪良知,抑恶扬善,管理社会秩序的两种基本手段。由于历史文化的差异、人性认识的差异、政治制度的差异、经济发达程度的差异,不同的国家,或一个国家不同的历史发展阶段,在两种基本手段偏好选择上会有较大的差异。然而,无论现实的偏好与选择有多大的差异,道德与制度从来就是不可分离的、是相互弥补、相得益彰的,是社会经济健康发展不可或缺的两种基本手段。

二、经济伦理

道德问题出现在人类的经济活动中,便是经济伦理问题。经济伦理是研究经济交往中人与人之间应当遵循的行为规范。经济伦理的实质是对人们在经济活动中的行为心理和行为表现的管理与规范。由于经济人潜在的机会主义倾向、有限的理性行为,由于交易过程客观存在的信息不对称,为了防止交易过程中的投机取巧、欺诈行为造成损人利己的后果,除了制订一套制度硬性制约处于有限理性状态下的各种损人利己行为外,还需要依赖判别是非的道德积累和道德规范和形成,这便是经济伦理。如中国传统提倡的取之有道、生财有道、用财有制、交往有信等一系列经济道德思想的传播,对规范国人的商业活动,无疑具有重要意义。道德规范在经济活动过程中的管理作用主要体现在如下三方面。

1. 协调人际关系,促进社会经济活动的有序和规范

通过道德规范的宣传和教育,在全社会弘扬理性、鼓励善良、鞭挞邪恶、树立正气,启迪理性,以形成良好的经济秩序,尽可能减轻个体对公共利益及对他人的损害。一般而言,制度越不健全、信息越不对称,人们对未来风险的防范能力就越差,经济伦理与道德规范的作用就越强。

2. 强化职业道德、净化职业环境

职业道德是社会各界各种职业劳动所承担的社会责任与职业人的劳动态度。一个国家的国民素质和整体道德状况,正是通过各行各业中的职业人的职业道德状况表现出来的。良好的职业人的职业道德状况表现出来的良好的职业道德观念和职业责任,将有利于净化职业环境、提高经济效率。反之,恶劣的职业表现,违反职业道德,不仅给团队带来直接的社会信誉、经济利益损害,也会在全社会造成损人利己、职业关系紧张、凝聚力涣散的危害。因此,重视企业道德建设,净化职业环境,是道德规范在微观经济机制上的重要管理功能。

3. 降低成本,提高效率

通过道德规范的宣传教育,有助于促进人的创造性劳动,提高劳动效率、降低生产成本、提高质量和经济效益。诚实守信、客观公正的行为道德规范有助于人们的合作与交往,减少推诿、怠慢、猜疑,从而大大降低谈判、签约的时间和成本费用。道德建设是一种潜移默化的过程,它利用传统文化积累所形成的观念氛围与关于道德风尚、善恶标准的社会舆论力量来调节人们的行为,从而达到人们行为交往的规范和经济活动的有序运行。降低监督成本、法律运行成本,从而提高管理效率、降低社会制度运行成本。

三、道德伦理工程

道德伦理工程是一种旨在构建企业道德行为环境,并通过制度化程序,在企业员工中灌输一种共同的责任感,从而将伦理作为企业的推动力量,塑造一种建立在人性、良知继承之上的企业伦理管理模式。

企业道德伦理工程并非仅仅停留在宣传上、说教层次上的纯精神层面的构想,而是一种通过制度化过程所形成的行为准则、对不良行为的监督与调查机制。企业道德伦理工程也不是千篇一律的,每个企业都应当在培育自己的正确价值观、确立自己向社会的责任承诺基础上,依据自身的历史文化、经营业务、行业特点以及服务对象的需求因素,考虑并实施自己的道德伦理准则。

伦理准则是指导企业行为的政策、法律和原则。一般而言,仅仅制定伦理准则是不够的,应使这些准则制度化,并成立相应的机构,监督准则的实施情况,教育和

培训员工,奖励和惩罚有关人员。

要使伦理准则有效,必须对公然违背准则的行为给予必要的制裁。尽管实施起来并不容易,但准则本身的存在,加之适当的教育就能通过澄清人们的认识而使伦理得以增强。现实的情况说明,强化经济伦理意识,改进企业伦理行为已势在必行。

本 章 小 结

本章简单介绍了当代市场营销涉及的新理论、新观念、新形势、新领域,它们既是市场营销不断发展的产物,也是人类科学技术、认知水平不断进步的结果。了解这些知识,有助于我们拓展视野、丰富知识,站在知识领域的前沿。

1. 网络营销是电子计算机技术与网络技术发展的结果。互联网在全球的普及,为经济活动开辟了一个崭新的领域。网络营销便是在这一基础上诞生的。网络营销由于它无可比拟的特性(方便、快捷、个性化服务、降低成本等等),一出世便迅猛发展,而且将更大规模地发展,人们预言,网络营销将彻底改变人们的生活方式,也将彻底改写营销学的历史。

2. 网络营销有两种基本形势,电子商店是网络营销最基本的形式。它是借助Internet 网建立的网上虚拟商店。由于其低廉的成本和高效率,吸引了商家的极大热情。

3. 电子商店的基本操作程序是:申请域名、构建 Web 服务器、设计网页、经营网站。电子商店的经营目标既要吸引尽可能多的浏览者,又要尽可能促成交易成功。因此,网页的设计、市场细分,以及价格与服务便成为电子商店成败与否的关键。

4. 关系营销的本质特征是沟通、协同、互惠、控制,关系营销的出发点是建立一种互惠互利、双赢的局面。

5. 关系营销的基本内容是把营销活动所涉及到的各种关系(顾客、竞争者、供应商、分销商、影响者)统统纳入关注和影响范畴,以期建立良好的关系,促成互利互惠的良好局面。

6. 服务营销是服务业的营销。服务业包罗万象,涉及国民经济的各个环节和社会生活的方方面面。提出服务营销问题,一方面是因为服务业已成为当代社会经济发展极重要的领域,另一方面也是服务业自身发展的需要。

7. 由于服务业不同于一般产业的特征(如服务的无形性、不可分离性、不可存储性以及质量的不稳定性),服务营销比传统营销增加了三个因素(人员、环境和程序)和两个环节(内部市场营销、交互作用市场营销)。

8. 服务营销规划是编制服务营销方案与服务营销计划的过程。一般而言,服务营销规划按十大步骤进行(确定企业使命、确定企业目标、营销环境评估、SWOT分析、条件设定、营销目标和策略的编制、目标估算、制定应变计划、营销预算编制、第一年度实施方案的制定)。

9. 道德问题出现在经济活动中,便是经济伦理。道德与制度是维系社会经济持久、和谐发展的两大支柱。经济伦理的提出一方面是由于高度发展的商品经济对人类社会健康发展负面影响所致,另一方面也是人类认知水平提高、理性思维发展,人类进步的表现。

10. 道德规范在经济活动过程中的管理作用主要体现在协同人际关系、净化职业环境、提高劳动效率三个方面。

11. 道德伦理工程是企业伦理制度化的建设工程,是当代企业管理的核心建设,是构建企业文化、企业精神支柱的基础工程。

12. 每个企业的道德规范不是千篇一律的,每个企业都应当视自身的特点(历史、文化、业务性质)和企业所处环境条件来制定自身的伦理规范。道德伦理规范也不是空洞的说教,要辅之以必要的制度、规定及监督、奖惩措施,才能行之有效、达到目的。

讨 论 题

1. 什么是基于Internet网的虚拟电子商店？试描绘1到2个你所熟悉的电子商店。(如该商店的网址、主营业务、主页特点、交易形式、服务质量、吸引你的长处、存在问题等等)。

2. 你认为个性化服务会成为未来市场营销的主要竞争手段吗？试用你最熟悉的市场营销业务分析个性化服务的现状和前景。试述房地产营销个性化服务的前景。

3. 为什么关系营销会提到议事日程上来？关系营销的本质特征是什么？试就房地产的市场营销分析其关系营销的基本内容。

4. 为什么说人员是服务营销应增加的一个重要因素,内部营销和交互作用营销是服务营销应增加的两个重要环节。试就房地产中介服务行业的情况说明上述问题。

5. 经济伦理问题在现阶段提出,有什么现实意义和未来意义？试就房地产经济活动过程中存在的问题,描述其必要性。

案例一　广告宣传中的伦理问题[①]

最近我市一家房地产公司一连数日在广州多家报纸登出了一则并不十分起眼的"道歉声明",声明一出,议论四起。

该声明声称:该公司在出售位于天河某路段的××花苑商住楼时,由于没有征询附近开发商的意见,擅自将房价每平方米比天河平均楼价低出约2000元出售,大大影响了同行的利益,为此特向有关同行表示道歉,并准备将楼价调高,以表诚

---

① 摘自:《广州日报》(1996.5.26)

意。已出售的楼房,则维持原价。

这则声明刊出之后,引起了广州市物价部门的关注。有关负责人认为,售卖商住楼的价格是放开的,广州市目前楼盘供过于求,企业完全可以根据市场供求自行定价,而合理的降价既可提高企业市场竞争力,也有利于消费者,是受到法律保护的,企业无须向同行道歉,莫非该公司与同行之间有价格协议?有关部门于是深入调查。

"道歉声明"的帷幕被揭开了。原来,该公司所售卖的××花苑,位于天河某路段的最北端,靠铁路边,偏离中心街市,商住楼的每个单元除厨房与洗手间外,没有房间间隔,更谈不上装修,售价为每平方米4500~4800元之间。相比之下,同一路段南端靠近天河区中心的某大厦为一级一类装修,售价达每平方米7000元以上,业内人士认为,商住楼没有间隔,不搞装修,每平方米可降低成本逾2000元,以地理位置稍差的××花苑计,售价比该地段一级一类装修的商住楼便宜2000余元是正常的。事实上,该地段不同装修档次的商住楼均有相应的买家,不存在因××花苑定价政策而令其他房地产商"利益"受损的情况。该地段的房地产商从未达成过销售价格协议。因此,××花苑也无须自作多情向同行"道歉"。正如××花苑售楼人员直言,该公司的价位是剔除了间隔墙及装修成本的,所赚利润与其他同行大致相近,"道歉"不过是一种宣传手法而已。市物价局的负责人指出,价格竞争是市场的重要组成部分,市场经济需要公正、公平、公开的竞争。这则"道歉声明"在以下方面有违公平竞争的原则:它让已购买该公司商住楼的顾客以为得了实惠;以"低价"引诱对购买商住楼有兴趣的顾客;影射同行"吃水"较深;为下一步提价制造借口。

随着广州人收入水平的提高,越来越多的广州市民会购置房产。然而,房地产毕竟是近几年来兴起的一个行业,一般市民对房地产的专业知识了解不多,人们购买住房决不可能像购买百货一样货比三家,因此,有必要对房地产商发布价格信息做出规范。类似虚假标价、明码而不实价等种种不正当的价格发布,是误导消费者行为,也是不正当竞争行为。市有关部门已注意到市场上目前各种不正当的价格行为,正制定有关法规,规范市场价格秩序。

讨 论 题

1. 以这一则广告纠纷为例,论述提倡广告伦理的现实意义。
2. 试举例说明广告陷阱对正常的市场经济秩序的危害。

案例二 内部关系营销的一个范例[1]

团队推销 四人小组

王明是中国人寿保险公司总部的销售部主任,他和另外几个营销员向大公司

---

[1] 摘自:梅清豪编著.21世纪新营销.北京:世界图书出版社,2000

推销各种类型的保险方案。团队推销是王明推销生涯中的准则。员工保险方案变得如此的复杂和成本高昂,以至于一般的公司都有一个有关此方面的专家,甚至首席执行官也卷入其中。"这就是本行业的性质,"王明说,"有许多的不同专业,而且客户也变得精明起来。"因此,为了用口头报告推销吸引一群来自顾客方的专家和执行人员,中国人寿保险公司不得不组织一个相当的团队队伍。

这次特殊拜访,目的是向一家大型的投资银行推销伤残险——就伤残险的标准而言,这是一个大项目。中国人寿保险公司最近拜访了另外两家大名鼎鼎的投资银行。

在团队拜访未成行之前,建议使用一个人来假装代表未来客户。在对这一问题的反馈基础上,"我们了解到议题是什么,因此,我们能够准备一场符合他们要求的口头报告。"位于问题表最上端的是收入的界定,这是人们所集中关注的;员工收入——它为伤残险确定基准——在投资银行中波动幅度较大,因此,这一问题顺理成章地受到关注。王明认为这没问题,他只是把收入问题列到前边并作为他上门拜访议程的中心(他并不知道,当口头报告受到干扰时,所有重要之点将会丢失)。

中国人寿保险组织了一个销售团队,成员的筛选基于级别及其专业技能。最后确定的4人是:王明;王明营销队伍中一位高级的小组代表(王明的老板),一个地区副总裁,负责所有的伤残险项目的副总裁,使小组具有"技术诀窍"和决策权力。客户"需要一个能在现场做出决策和承诺的人",王明解释道。而将访问的对方投资银行的人士包括银行的一名副总裁、办公室主任和一名财务经理。

随着销售小组的成立,各种麻烦伴随实际工作开始出现了。小组成员做了详细的日程安排并列出了他们所要涉及的各个要点。他们准备了一个综合很多打破坚冰的会谈和预审的开场白。王明解释说,在这个小组的口头报告的开头,提纲挈领地谈及将到来的重要的事情,"我们得确保我们将涉及他们想要讨论的各个方面,所以,我们并没有只顾进行我们的报告而不涉及他们所关注的东西。"最终结果是,正巧发生了这样的事情,但并不是因为缺乏对此的警惕。

小组为每一个成员分配了一个角色,例如销售代理,他将主持开场白。王明将在结束时发言,并恳求做成这一笔生意,同时,他将监控整个过程,确保小组涉及到了所有重要的问题,并在离题时提些问题(一个很好的策略,但没起作用)。中国人寿保险这几个人从没在一起做过口头展示,所以,在总部的这三个人花了5个小时进行演练,他们进行了提问和回答,及演练了小组推销中的重要部分。王明指出,"你并不需要演讲,而是应该鼓励付出与获取","有时,这很困难,因为你并不一定认识全部的这些人"。这是小组销售中的一个不同的精神动力,人们在同伴及上级面前讲话更为小心,即使如此,王明还努力推动客户的参与,并且每隔一段时间就问:"关于这一点,你们有什么问题,或我们继续下去?"

"小组口头报告可能会成为个人议程的牺牲品,"王明说。一次,王明参加一个共有10个人的口头展示报告,其中一人曾是中国人寿保险公司另一工作中的客户。这一客户不停地提出一些与他以前的工作有关而与当时话题不相干的问题。"他那些非常具体的问题让我们离题。如果我们回答了那些问题,我们将失去另外9名客户。""仔细检查你的个人议事日程,你必须能控制会议室的局面,"王明说。一个技巧是:知道谁是决策者,投其所好。在他们探访投资银行家们那一天,中国人寿保险公司的小组乘了早上的一班火车去天津。在那儿,他们没吃中餐,给副总裁作了一个口头报告。下午2:30,他们来到了投资银行的会议室,刚一到达,他们就必须抓紧时间:"他们让我们在1个小时内结束,因为1个小时后他们自己有一个重要会议。"这次报告的大部分进行得很顺利。

这位高级小组代表来了一个很有吸引力的开场白。王明说:"我们谈到了为什么有些客户只找新的伤残保险提供者,因为这些提供者注意到了他们的要求。我们使用了一些参考资料来说明我们的优势,我们为其他投资银行客户所做的一些事情,这些东西的确引起了他们的兴趣,"这调子似乎很有希望,"气氛是非常友好的"。中国人寿保险公司的小组尽可能防止将口头报告变成一场演讲。"整个进程都是相互作用的,客户不停地提问,而我们不停地回答"。

但发生了一个致命的问题,销售小组的一个成员忽略了客户所关心的一个问题即收入问题。结果是,"我们没有表现出对这个主要问题做出清楚解释,"王明说。其他的成员试图重新回到这一问题上来,但没能成功。"真是没有办法打断他,"王明说,他解释这样会显得对自己人很无礼。而且,在那时候"客户们就被这样甩到一边,他甚至可能并没有在倾听,"王明说,"我们失去了一个重要的决策者。一旦你失去某人,要重新得到他是很难的。"

中国人寿保险公司小组的四人从会议室中走出来时是不高兴的,但他们马上准备纠正错误,在他们回总部途中,他们起草了一封信给该决策者。他们说:"我们听你的,我们知道你的需要,我们将遵守诺言。"这封信很短,很精确和有效。很快地,他们做成了这笔生意。

王明说团队推销有其优势:"你能从展示者和客户那里积累这么多知识。这种沟通是非常好的。好的团队小组的确能使一个口头展示取得好的效果。"

这个案例证明了当前推销活动的一个新趋势是成功的——分配好角色、经过预先准备的团队推销要比个人一次次上门劝说好得多。

思 考 题

1. 团队和团队精神在当代市场营销活动中的意义何在?
2. 你认为这种形式的推销在房地产市场营销中有借鉴价值吗?

阅读材料

房地产经纪人职业资格制度暂行规定

(人事部、建设部人发〈2001〉128号、2001年12月18日)

第一章 总 则

第一条 为了加强对房地产经纪人员的管理,提高房地产经纪人的职业水平,规范房地产经纪活动秩序,根据国家职业资格制度的有关规定,制定本规定。

第二条 本规定适用于房地产交易中从事居间、代理等经纪活动的人员。

第三条 国家对房地产经纪人员实行职业资格制度,纳入全国专业技术人员职业资格制度统一规划。凡从事房地产经纪活动的人员,必须取得房地产经纪人员相应职业资格证书并经注册生效。未取得职业资格证书的人员,一律不得从事房地产经纪活动。

第四条 本规定所称房地产经纪人员职业资格包括房地产经纪人执业资格和房地产经纪人协理从业资格。

取得房地产经纪人执业资格是进入房地产经纪活动关键岗位和发起设立房地产经纪机构的必备条件。取得房地产经纪人协理的从业资格,是从事房地产经纪活动的基本条件。

第五条 人事部、建设部共同负责全国房地产经纪人员职业资格制度的政策制度、组织协调、资格考试、注册登记和监督管理工作。

第二章 考 试

第六条 房地产经纪人执业资格实行全国统一大纲、统一命题、统一组织的考试制度,由人事部、建设部共同组织实施,原则上每年举行一次。

第七条 建设部负责编制房地产经纪人执业资格考试大纲、编写考试教材和组织命题工作,统一规划、组织或授权组织房地产经纪人执业资格的考前培训等有关工作。

考前培训工作按照培训与考试分开、自愿参加的原则进行。

第八条 人事部负责审定房地产经纪人执业资格考试科目、考试大纲和考试试题,组织实施考务工作。会同建设部对房地产经纪人执业资格考试进行检查、监督、指导和确定合格标准。

第九条 凡中华人民共和国公民,遵守国家法律、法规,已取得房地产经纪人协理资格并具备以下条件之一者,可以申请参加房地产经纪人执业资格考试:

(一)取得大专学历,工作满6年,其中从事房地产经纪业务工作满3年。

（二）取得大学本科学历，工作满4年，其中从事房地产经纪业务工作满2年。

（三）取得双学士学位或研究生班毕业，工作满3年，其中从事房地产经纪业务工作满1年。

（四）取得硕士学位，工作满2年，从事房地产经纪业务工作满1年。

（五）取得博士学位，从事房地产经纪业务工作满1年。

第十条　房地产经纪人执业资格考试合格，由各省、自治区、直辖市人事部门颁发人事部统一印制，人事部、建设部用印的《中华人民共和国房地产经纪人执业资格证书》。该证书全国范围有效。

第十一条　房地产经纪人协理从业资格实行全国统一大纲，各省、自治区、直辖市命题并组织考试的制度。

第十二条　建设部负责拟定房地产经纪人协理从业资格考试大纲。人事部负责审定考试大纲。

各省、自治区、直辖市人事厅（局）、房地产管理局，按照国家确定的考试大纲和有关规定，在本地区组织实施房地产经纪人协理从业资格考试。

第十三条　凡中华人民共和国公民，遵守国家法律、法规，具有高中以上学历，愿意从事房地产经纪活动的人员，均可申请参加房地产经纪人协理从业独立核算考试。

第十四条　房地产经纪人协理从业资格考试合格，由各省、自治区、直辖市人事部门颁发人事部、建设部统一格式的《中华人民共和国房地产经纪人协理从业资格证书》。该证书在所在行政区域内有效。

第三章　注　　册

第十五条　取得《中华人民共和国房地产经纪人执业资格证书》的人员，必须经过注册登记才能以注册房地产经纪人名义执业。

第十六条　建设部或其授权的机构为房地产经纪人执业资格的注册管理机构。

第十七条　申请注册的人员必须同时具备以下条件：

（一）取得房地产经纪人执业资格证书。

（二）无犯罪记录。

（三）身体健康，能坚持在注册房地产经纪人岗位上工作。

（四）经所在经纪机构考核合格。

第十八条　房地产经纪人执业资格注册，由本人提出申请，经聘用的房地产经纪机构送省、自治区、直辖市房地产管理部门（以下简称省级房地产管理部门）初审合格后，统一报建设部或其授权的部门注册。准予注册的申请人，由建设部或其授权的注册管理机构核发《房地产经纪人注册证》。

第十九条　人事部和各级人事部门对房地产经纪人员执业资格注册和使用情

况有检查、监督的责任。

第二十条　房地产经纪人执业资格注册有效期一般为三年,有效期满前三个月,持证者应到原注册管理机构办理再次注册手续。在注册有效期内,变更执业机构者,应当及时办理变更手续。

再次注册者,除符合本规定第十七条规定外,还须提供接受继续教育和参加业务培训的证明。

第二十一条　经注册的房地产经纪人有下列情况之一的,由原注册机构注销注册:

(一) 不具有完全民事行为能力。

(二) 受刑事处罚。

(三) 脱离房地产经纪工作岗位连续2年(含2年)以上。

(四) 同时在2个及以上房地产经纪机构进行房地产经纪活动。

(五) 严重违反职业道德和经纪行业管理规定。

第二十二条　建设部及省级房地产管理部门,应当定期公布房地产经纪人执业资格的注册和注销情况。

第二十三条　各省级房地产管理部门或其授权的机构负责房地产经纪人协理从业资格注册登记管理工作。每年度房地产经纪人协理从业资格注册登记情况应报建设部备案。

第四章　职　　责

第二十四条　房地产经纪人和房地产经纪人协理,在经纪活动中,必须严格遵守法律、法规和行业管理的各项规定,坚持公开、公平、公正的原则,信守职业道德。

第二十五条　房地产经纪人有权依法发起设立或加入房地产经纪机构,承担房地产经纪机构关键岗位工作,指导房地产经纪人协理进行各种经纪业务,经所在机构授权订立房地产经纪合同等重要业务文书,执行房地产经纪业务并获得合理佣金。

在执行房地产经纪业务时,房地产经纪人员有权要求委托人提供与交易相关的资料,支付因开展房地产经纪活动而发生的成本费用,并有权拒绝执行委托人发出的违法指令。

第二十六条　房地产经纪人协理有权加入房地产经纪机构,协助房地产经纪人处理经纪有关事务并获得合理的报酬。

第二十七条　房地产经纪人和房地产经纪人协理经注册后,只能受聘于一个经纪机构,并以房地产经纪机构的名义从事经纪活动,不得以房地产经纪人或房地产经纪人协理的身份从事经纪活动或在其他经纪机构兼职。

房地产经纪人和房地产经纪人协理必须利用专业知识和职业经验处理或协助处理房地产交易中的细节问题,向委托人披露相关信息,诚实信用,恪守合同,完成委托业务,并为委托人保守商业秘密,充分保障委托人的权益。

房地产经纪人和房地产经纪人协理必须接受职业继续教育,不断提高业务水平。

第二十八条　房地产经纪人的职业技术能力:

(一) 具有一定的房地产经济理论和相关经济理论水平,并具有丰富的房地产专业知识。

(二) 能够熟练掌握和运用与房地产经纪业务相关的法律、法规和行业管理的各项规定。

(三) 熟悉房地产的流通环节,具有熟练的实务操作技术和技能。

(四) 具有丰富的房地产经纪实践经验和一定资历,熟悉市场行情变化,有较强的创新和开拓能力,能创立和提高企业的品牌。

(五) 有一定的外语水平。

第二十九条　房地产经纪人协理的职业技术能力:

(一) 了解房地产的法律、法规及有关行业管理的规定。

(二) 具有一定的房地产专业知识。

(三) 掌握一定的房地产流通的程序和实务操作技术及技能。

第五章　附　　则

第三十条　本规定发布前已长期从事房地产经纪工作并具有较高理论水平和丰富实践经验的人员,可通过考试认定的办法取得房地产经纪人执业资格,考试认定办法由建设部、人事部另行规定。

第三十一条　通过全国统一考试,取得房地产经纪人执业资格证书的人员,用人单位可根据工作需要聘任经济师职务。

第三十二条　经国家有关部门同意,获准在中华人民共和国境内就业的外籍人员及港、澳、台地区的专业人员,符合本规定要求的,也可报名参加房地产经纪职业资格考试以及申请注册。

第三十三条　房地产经纪人协理从业资格的管理,由省、自治区、直辖市人事厅(局)、房地产管理部门根据国家有关规定,制定具体办法,组织实施。各地所制定的管理办法,分别报人事部、建设部备案。

第三十四条　本规定由人事部和建设部按职责分工负责解释。

第三十五条　本规定自发布之日起施行。

参 考 文 献

1. 邝鸿.市场学概论.北京:中央广播电视大学出版社,1990
2. [美]菲利普·科特勒等,喻利军译.市场营销导论.北京:华夏出版社,2001
3. 李宝山.管理经济学.北京:企业管理出版社,1997
4. 郭日庆,成栋.市场营销新论.北京:中国经济出版社,1997
5. 金永山.市场营销学通论.北京:北京工业大学出版社,2000
6. [美]弗雷德·R·戴维,李志宁译.战略管理.北京:经济科学出版社,1998
7. 刘洪玉主编.建筑市场与房地产营销.北京:中国建筑工业出版社,1998
8. 苏亚民.市场营销学.北京:中央广播电视大学出版社,1993
9. [美]哈罗德·孔茨,海因茨·韦里克,张晓君等译.管理学.北京:经济科学出版社,2000
10. 冯佳,喻颖正,章伟杰.现代房地产经典营销全录.广州:暨南大学出版社,1999
11. [美]菲利普·科特勒,梅汝和、梅清豪等译.营销管理 分析、计划、执行和控制.(第九版).上海:上海人民出版社,2001
12. 左农等编著.楼盘营销策划实战全录.广州:广东旅游出版社,2001
13. [美]查尔斯、W、小兰姆等著,杨洁等译.营销学精要.大连:东北财经大学出版社,2000
14. [美]v、V、布鲁尔著,于华民等译.市场营销理论与实务.成都:西南财经大学出版社,2000
15. 潘蜀健主编.房地产经营学.北京:中国建筑工业出版社,1996
16. 潘蜀健,陈琳编著.房地产项目投资.北京:中国建筑工业出版社,1999
17. 叶剑平编著.房地产市场营销.北京:中国人民大学出版社,2000
18. 陶排主编.市场营销学.北京:经济科学出版社,1998
19. 陶铁胜主编.市场营销理论与实务.上海:上海三联书店,2000
20. 张文贤主编.市场营销创新.上海:复旦大学出版社,2002
21. 毕星,翟丽主编.项目管理.上海:复旦大学出版社,2000
22. 曹春尧著.房地产营销策划.上海:上海财经大学出版社,1991
23. 陈少峰著.伦理学的意蕴.北京:中国人民大学出版社,2000
24. 于九如主编.投资项目风险分析.北京:机械工业出版社,2000
25. 蔡育天主编.房地产案例精选.上海:上海人民出版社,2000
26. 管理方法计划、控制、决策.北京:中国国际广播出版社,1998
27. 邝鸿.市场学概论.北京:中央广播电视大学出版社,1990
28. 李宝山.管理经济学.北京:企业管理出版社,1997
29. 郭日庆,成栋.市场营销新论.北京:中国经济出版社,1997
30. 金永山.市场营销学通论.北京:北京工业大学出版社,2000
31. [美]弗雷德·R·戴维,李志宁译.战略管理.北京:经济科学出版社,1998

32. 苏亚民.市场营销学.北京:中央广播电视大学出版社,1993
33. 冯佳,喻颖正,章伟杰.现代房地产经典营销全录.广州:暨南大学出版社,1999
34. 周三多.管理学—原理与方法(第三版).上海:复旦大学出版社,1999
35. 柯惠新,丁立宏编著.市场调查与分析.北京:中国统计出版社,2000
36. 于海江编著.如何做市场调研.大连:大连理工大学出版社,2000
37. [美]盖伦.E.格里尔等著,龙胜平等译.房地产投资决策分析.上海:上海人民出版社,1998
38. 叶茂中著.叶茂中谈调研.北京:中华工商联合出版社,2001
39. [美]拉里.西编著,文岳译.市场调研.北京:机械工业出版社,2000
40. 于建春,方勇编著.服装市场调查与预测.北京:中国纺织出版社,2002
41. 石旭升主编.地产诡计.广州:广东经济出版社,2000
42. 喻颖正等编著.现代地产全案解决.广州:暨南大学出版社,2000